Erschienen im
Jubiläumsjahr 2002
bei Klett-Cotta

GLÜCK

Ausgewählt und
herausgegeben von
Franz Josef Wetz

Klett-Cotta

INHALT

DREI
VERLORENES & GESCHENKTES GLÜCK

VIER
UNERWARTETES GLÜCK & RAUSCH

PROLOG

VOR DEM GLÜCK

Nie wirst du in der Erfahrung so viel erleben,
wie du im Lesen lernen wirst.
Enea Silvio Piccolomini

Ich bin glücklich, also bin ich.
Ich bin nicht glücklich, also schreibe ich.
Selbst die schlechteste aller Welten wird
durch das Glück aus den Angeln gehoben.
Maximilian Dorner

Franz Josef Wetz

BUCH UND GLÜCK. DER MENSCH – EIN LESEWESEN

Das Glück schläft in Büchern, man muß es nur wecken. Dabei scheinen wir manche Bücher gar nicht erst verstehen zu müssen, weil wir uns beim Lesen unmittelbar von ihnen verstanden fühlen. Welches Buch würde ein leidenschaftlicher Leser wohl auf eine einsame Insel mitnehmen?

Bücherwürmer gibt es nicht erst seit heute. Schon lange genießt das Buch in der Kulturgeschichte hohe Wertschätzung, obwohl im Zeitalter der neuen Medien nicht mehr festzustehen scheint, ob auch künftige Generationen sich noch an Büchern erfreuen werden.

Die berühmte Bibliothek von Alexandria mit ihrem für die damalige Zeit ungewöhnlich großen Bestand von schätzungsweise 700 000 Schriftrollen hätte ohne Kulturbegeisterte niemals entstehen können. Im Laufe ihrer 550jährigen Geschichte sollten fast das gesamte hellenistische Schrifttum sowie die wichtigsten fremdsprachigen Werke gesammelt werden. Der Untergang dieser ersten großen staatlichen Bibliothek im Jahre 272 n. Chr., die bei Kämpfen zwischen Kaiser Aurelian und Zenobia, der Herrscherin von Palmyra, in Flammen aufging, ist ein schwerer, unersetzlicher Verlust für die gesamte Menschheit.

Bibliotheken haben die Aufgabe, kulturelle Leistungen der Menschen vor dem Versinken im Meer des Vergessens zu retten. Aber wie die Zerstörung der im 3. Jahrhundert n. Chr. gegründeten Bibliothek von Alexandria aufs deutlichste beweist, schlummert auf dem Grunde jeder bislang gelungenen Bewahrung einer Schrift stets auch die Gefahr ihres unwiderruflichen Zerfalls – die Ahnung einer letzten Vergeblichkeit aller Bemühungen, der Macht der gefräßigen Zeit zu entrinnen. Mag so manches Buch mit dem ehrgeizigen Streben nach ewiger Dauer geschrieben worden sein, der Tag wird kommen, an dem es der Vergessenheit anheimfallen wird, weil es dann nicht mehr existiert oder niemand mehr lebt, der sich noch an es erinnern könnte.

Ohne die Möglichkeit zur Erinnerung kann es nach platonischer Philosophie keine Wahrheit, nach christlicher Lehre keine Erlösung und nach psychoanalytischer Theorie keine Heilung geben. Doch ohne das Pathos der Erinnerung gäbe es auch keine Bibliotheken als Archive der Vergangenheit, die für begrenzte Zeit über ein eigenes Gedächtnis zu verfügen scheinen.

Allerdings ist die Geschichte auch voll mit Vorbehalten gegen das Buch und die Menschen, die das Treiben der Welt von ihren Studierzimmern aus verfolgen. Für das antike Griechentum ist eine Privilegierung gehörter Worte gegenüber geschriebenen Wörtern charakteristisch – die Unterordnung der Schrift unter die gesprochene Sprache. Man denke bloß an die Geringschätzung des Buches am Schluß von Platons *Phaidros*. Darin bewertet Sokrates das Reden höher als das Schreiben, da Bücher nur tote Gelehrsamkeit überlieferten, die sich dem lebendigen Gespräch entziehe, und zur Vernachlässigung des Gedächtnisses führten. Was in Büchern steht, muß man nicht wissen, man kann es nachschlagen! Hierzu paßt, daß es in der Antike kein Beispiel für die Erfahrung der Welt als eines lesbaren Buchs gibt. Die Griechen lasen nicht in der Natur wie in einem Buch, sondern vergegenwärtigten den sichtbaren Kosmos durch sinnlich-geistige Anschauung.

Erst nachdem das eine wahre Buch der Welt – das Buch der Bücher: die Bibel – geschrieben war, konnte die Welt selbst als lesbares Buch, das Buch der Natur, erkannt werden, wie Hans Blumenberg betont. Erst dadurch wurde die Welt lesbar und lesenswert. So entstand das Bild von der Lesbarkeit der Welt. Die Schriftzüge Gottes, der mit eigener Hand das Weltbuch geschrieben hatte, waren groß und herrlich in allen Dingen zu erkennen. Jedes Lebewesen wurde jetzt als Schriftzeichen der Natur interpretiert, die von sich aus spricht, wenn man ihr nur zuhört, und der Mensch galt als der vornehmste Buchstabe im Buch der Schöpfung.

Aber so sehr die Metapher vom Buch der Natur im lateinischen Mittelalter, dem sie entstammt, Gültigkeit hatte: aufs Ganze der damaligen Zeit gesehen schob sich das papierene Buch an die Stelle der äußeren Wirklichkeit. Denn daß die Natur ein lesbares Buch sei, hierüber las man wieder fast nur in Büchern.

Gerade die monotheistischen Religionen entwickelten eine metaphysische Auffassung vom Wesen heiliger Bücher, die auf göttlicher Eingebung beruhten. Dies erklärt teilweise die Ehrfurcht, mit der über Jahrhunderte kostbare Handschriften verwahrt, abgeschrieben und verziert wurden. Im Christentum geht man sogar so weit, die Gottheit selbst mit dem Wort zu identifizieren, das vor zwei Jahrtausenden menschliche Gestalt angenommen habe: »Im Anfang war das Wort, und das Wort war bei Gott, und Gott war das Wort« steht am Beginn des Johannes-Evangeliums im Neuen Testament. Hierbei scheint das Buch der Bücher, in dem die Offenbarung der Heilswahrheit festgehalten wurde, jedes weitere Buch zu erübrigen, ist doch der Heiligen Schrift bereits zu entnehmen, was sich zu wissen lohnt und wie es sich mit dem Menschen und der Welt verhält.

Wo immer in der Geschichte ein solcher Absolutismus des Buches entstand, konnte aus spielerischer Offenheit leicht bitterer Ernst werden, weil es jetzt keinen Platz mehr für viele Wahrheiten gab. Fortan existierten nur noch eine Wahrheit und viele Abweichungen davon – Irrlehren und Grenzüberschreitungen. In solchen Situationen kommt es schnell zu Bücherverboten und im Grenzfall sogar zu Bücherverbrennungen – sei es durch einen Girolamo Savonarola oder einen Joseph Goebbels. Verblendete Fanatiker übergaben im Laufe der Geschichte zahllose Werke namhafter Philosophen, Wissenschaftler, Lyriker, Sachbuch- und Romanautoren den Flammen; »Säuberung von zersetzen-

dem Schrifttum« heißt das in der Sprache der Unmensch-
lichkeit.

Die Angst vor dem geschriebenen Wort geht bei den Wis-
sens- und Machteliten besonders seit der revolutionären
Erfindung des Buchdrucks in der Mitte des 15. Jahrhunderts
durch Johannes Gutenberg um. Schon zu Beginn des 16. Jahrhunderts prüften Zensoren druckreife Manuskripte und
überwachten Bibliotheken. Im Jahre 1501 verpflichtete Papst
Alexander I. erstmals die Buchdrucker, vor Veröffentlichung
eines Textes die Erlaubnis zum Druck beim zuständigen
Bischof einzuholen. Schwarze Listen verbotener Bücher entstanden, die zuvor der Zensur zum Opfer gefallen waren –
1543 in Venedig und 1544 in Paris. Doch das bekannteste und
beständigste Verzeichnis verbotener Bücher – der sogenannte *Index librorum prohibitorum* – geht auf die römische Kurie
im Jahre 1559 zurück. Dieses immer wieder erweiterte und
überarbeitete Verzeichnis wurde 1571 noch ergänzt durch
eine Liste der von anstößigen Stellen zu säubernden Bücher – den *Index expurgatorius librorum*. Bemerkenswerterweise setzte der Vatikan 1745 sogar die Bibel auf diesen Index –
der erotischen Abschnitte im Alten Testament wegen.

Doch gab es in der Vergangenheit nicht bloß kirchliche
Zensuren von Büchern, die im Verdacht der Irrlehre standen,
sondern auch staatliche Verfahren gegen Schriften, welche
die öffentliche Moral anzugreifen schienen. Als das Gegenteil von Zensur und Publikationsverbot gilt in demokratischen Staaten das Recht, sich frei in Wort und Schrift äußern

zu können und seine Meinung ungehindert veröffentlichen zu dürfen. Solches Recht gibt es weder im faschistischen Totalitarismus noch im sozialistischen Realismus oder religiösen Fundamentalismus. Hier müssen Druckerlaubnisse bei offiziellen Stellen eingeholt werden. Unliebsame Texte werden zensiert, verboten, beschlagnahmt, in sogenannte »Giftschränke« eingeschlossen, wenn nicht auf den angezündeten Scheiterhaufen dümmlich-belehrender Arroganz verbrannt. Die Politik- und Religionsgeschichte ist voll von Beispielen für solche Verordnungen und Maßnahmen.

Von diesen grausamen Verfahren gegen das Buch unterschieden bleiben Bedenken grundsätzlicher Art: Lesen und Schreiben vermehren die Kenntnisse der Menschen, und je mehr diese wissen, desto kritischer im Urteil und desto feiner im Geschmack werden sie. Infolgedessen wird es immer schwieriger, ihre Zweifel zu zerstreuen und ihre Wünsche zu erfüllen. So wachsen mit dem Buch die Ansprüche der Menschen an Wissen und Leben und damit die Möglichkeiten zu Unsicherheit und Unzufriedenheit.

Allerdings bezweifelten schon zu Beginn der Neuzeit namhafte Wissenschaftler wie Galilei, daß die Wahrheit überhaupt in Büchern stehe. Diese finde man nicht einmal in den Werken solch großer Autoritäten wie Aristoteles. Damals begannen die Gelehrten, die Wahrheit mit Fernrohren, Mikroskopen und Meßgeräten im Universum zu suchen. Anstatt die Kraft der Augen für das Lesen alter Texte zu verschwenden, betrachteten und erforschten sie lieber die Welt selbst, die — auch ein Buch — Gott in mathematischer Sprache verfaßt habe, deren Schriftzeichen Dreiecke, Kreise und andere geometrische Figuren bildeten. So traten papierene Welterfahrung und experimentelle Naturerkenntnis in Konkurrenz zueinander; Buch und Natur standen nun gleichsam Rücken an Rücken.

Aber nicht bloß experimentierende Naturwissenschaftler begannen in der Natur selbst wie in einem Buch zu lesen, Klassiker wie Goethe und Romantiker wie Brentano taten es auch. Allerdings bedeutete für sie, das große Buch der Natur zu studieren, etwas anderes, als wissenschaftliche Experimente durchzuführen. Der Schlüssel zur Lesbarmachung der Natur sei weniger die Wissenschaft als vielmehr die Poesie, die sich der naturwissenschaftlich-technischen Erklärung widersetze. Letztere geriet damals immer stärker in den Verdacht, die Welt zu entzaubern und dabei als gottverlassene Öde zu entwerten. War die Welt eben noch ein lesbares Buch voller Sinn, der den Menschen Geborgenheit versprach, so erfüllte das wissenschaftlich gelesene Buch der Natur ihr Sinnverlangen nicht mehr.

Ähnlich verhält es sich mit dem Bild vom *Buch des Lebens*, das gleichfalls innerhalb eines ursprünglich religiösen Zusammenhangs entstand: Wer im Buch des Lebens aufgelistet ist, darf der Heiligen Schrift zufolge auf ein himmlisches Dasein nach seiner irdischen Existenz hoffen. Heute verstehen wir unter dem »Buch des Lebens« häufig nur noch das entschlüsselte menschliche Erbgut — ein Buch mit mehreren Milliarden aneinandergereihter Buchstaben, das 800mal umfangreicher als die Bibel ist. Die entdeckte Buchstabenfolge ergibt, für sich betrachtet, noch keinen lesbaren Sinn; sinnvolle Worte und Sätze müssen in diesem Text erst entdeckt – als Gene isoliert und decodiert – werden. Aber schon jetzt steht fest: Dieses Buch des Lebens – mag es auch für Forscher, Wirtschafts- und Gesundheitsexperten spannend zu lesen sein – besteht für den nach umfassendem Sinn und praktischer Orientierung fragenden Menschen aus lauter weißen, unbeschriebenen Blättern, die so leer sind wie im unermeßlichen Universum die Räume stumm.

Nun wurde in der Vergangenheit nicht immer nur zugunsten echter Welterfahrung vor dem Buch gewarnt, sondern oft auch im Namen der Lebenserfahrung: Nie werde man aus Büchern so viel lernen können wie in der Welt, heißt es bis heute manchmal voller Mißtrauen gegen bloßes Bücherwissen. Kenntnis des Lebens und tote Büchergelehrsamkeit bildeten einen Gegensatz, meinen vor allem die literarischen Analphabeten unserer Zeit.

Das sahen die Humanisten der Renaissance, die sich gleichermaßen welt- und buchfreudig verhielten, noch ganz anders. Der Reichtum des Lebens spiegele sich ebenso in den Schätzen der kulturellen Überlieferung wie an den Schauplätzen der unberührten Natur. Der Humanist und spätere Papst Pius II., Enea Silvio Piccolomini, schrieb in einem Brief aus dem 15. Jahrhundert: »Nie wirst du in der Erfahrung so viel erleben, wie du im Lesen lernen wirst.« Die damit einhergehende hohe Wertschätzung des Buches teilten die meisten Schriftsteller der Renaissance — allen voran der Vater des Humanismus aus dem 14. Jahrhundert: Francesco Petrarca. Anknüpfend an den römischen Politiker und Philosophen Marcus Tullius Cicero aus dem 1. Jahrhundert v. Chr., der sich in seinen *Atticus-Briefen* und *Tusculanen V* als leidenschaftlicher Buchliebhaber darstellt, für den es nichts Schöneres gebe als Schrifttümer über die Welt und das Leben, hielt auch Petrarca Bücher für wertvoller als Gold und Edelsteine. Ausdrücklich wies er auf seine unersättliche Gier nach Büchern hin, die seiner Meinung nach zu mehr Selbst- und Welterkenntnis sowie zu moralischer Besserung führen könnten. Ständig war er auf eine Vergrößerung seiner Bibliothek bedacht. Statt das Buch zu tadeln, wollte er es auf diesem Wege vielmehr adeln.

Doch was erhoffte sich Petrarca vom Dialog mit Büchern, wenn er sich aus dem Lärm der Stadt in die Einsamkeit seines Landhauses in der Provence zum Studium zurückzog? In *De vita solitaria II* und *Ad Familiares III, 18* bezeichnet er Bücher als angenehme, gelehrte, nützliche Lebensgefährten, die — so es gewollt werde — mal schwiegen, mal redeten, zu Hause blieben oder einen auf Reisen begleiteten. Bücher seien oft zum Plaudern und Scherzen aufgelegt. Sie könnten Mut zusprechen, Kraft im Unglück geben, Trost und Rat spenden sowie Maßhalten im Glück lehren.

Ein ähnliches Lob der Bücher wie Petrarca stimmte auch Michel de Montaigne in seinen *Essais III, 3* an. Bücher seien die beständigsten und sichersten Freunde im Leben, ein Trost des Alters und der Einsamkeit, eine heilsame Ablenkung von Langeweile und Schmerz — eben eine gute Wegzehrung für den Geist auf seiner Lebensreise, auf der sie einem wahre Freude schenken sowie echte Hilfe leisten könnten. Das Buch — ein Freund, den man in der Tasche tragen kann.

Wie stark die Verehrung des Buches als Kostbarkeit im Humanismus der Renaissance war, beweist ein bemerkenswerter Brief von Niccolò Machiavelli vom 10. Dezember 1513, in dem er berichtet, daß er — wenn es Abend werde — nach Hause gehe, um sich dann in sein Studierzimmer zu begeben. Dort lege er an der Tür seine von der Mühe des Tages verschmutzten Alltagskleider ab und ziehe edle, festliche Gewänder an, ehe er sich mit seinen Büchern als treuen Lebensbegleitern mehrere Stunden befasse. Durch den Wechsel seiner Garderobe wollte er seinen Büchern und ihren Verfassern höchste Ehre erweisen. Bei dieser abendlichen Lektüre verspürte er großes Glück und fühlte weder Armut noch Kummer. — Bücher, Briefe und Besuche können aufregend, unterhaltsam und lehrreich sein, doch offenbar vermögen passionierte Leser ihren Büchern länger zuzuhören als ihren Mitmenschen.

Nie wieder wurde die beglückende Kraft des Buches so stark empfunden wie zu jener Zeit. Gleichwohl fehlt es auch später nicht an Zeugnissen mit Lobreden auf das Buch. Nach Theodor Fontane gehören zu einem glücklichen Leben nicht nur nette Freunde, satt zu essen und eine warme Schlafstelle, sondern ebenso ein gutes Buch. In Teil X, Kapitel 5 von Thomas Manns *Buddenbrooks* ist es der alternde, von Todesahnungen geplagte Thomas Buddenbrook, der sich eines Tages mit wachsender Ergriffenheit in ein Buch Schopenhauers vertieft und nicht merkt, wie die Zeit verfließt. Das Buch fesselt und überwältigt ihn, da es seine Augen für die wahre Beschaffenheit von Welt und Leben öffnet. Es umnebelt seinen Sinn und erfüllt ihn dabei für Augenblicke mit dankbarer Zufriedenheit und großem Glück.

Solche Erfahrungen mit Büchern sind immer möglich. Gleichwohl wäre es ein Irrtum zu glauben, Bücher seien selbstverständliche Kulturgüter. Der Mensch mag von Natur ein kluges Tier sein, ein buchfreudiges Lesewesen ist er deshalb nicht. Die Möglichkeit hierzu hängt von handfesten Bedingungen ab. Sie setzt außer der Erfindung der Schrift auch die Buchdruckerkunst voraus, die wir seit dem 15. Jahrhundert — der Übergangszeit vom Mittelalter zur Neuzeit — mit dem Namen Johannes Gutenberg verbinden. Dessen technische Innovationen, die das arbeits- und zeitaufwendige Abschreiben von Handschriften, das vor allem hinter Klostermauern geschah, schon bald ersetzten, bedeuteten eine starke Zunahme der Schriftlichkeit. Kopisten, die schöne Abschriften mit Miniaturen erstellten, wurden fast über Nacht überflüssig. Allerdings konnte der Mensch erst seit der Alphabetisierung der Öffentlichkeit durch die Einführung der allgemeinen Schulpflicht in Europa während des 19. Jahrhunderts als lesefreudiges Lebewesen angesehen werden.

Lange Zeit besaßen die Printmedien eine Monopolstellung, wenn es um die Speicherung und Weitergabe von Informationen ging. Dieses Monopol der Schrift- und Buchkultur haben inzwischen neue Medien wie Rundfunk, Fernsehen, Telefon, Fax, E-Mail, CD-ROM und Internet gebrochen. Bedrückte Drucker und verlegene Verleger sehen in den neuen Technologien eine Bedrohung für das Buch, dessen Ende heraufzuziehen scheint. Aber wenn auch das Buch durch den Siegeszug der neuen Massenmedien eine audiovisuelle und digitale Konkurrenz bekommen hat, verschwinden wird es darum noch lange nicht. Das Internet führt genausowenig zum Untergang des Buches wie einst die Erfindung des Films oder der Schallplatte zur Schließung von Theatern und Konzerthäusern. Nicht nur, daß die neuen Technologien mittlerweile selbst bei der Herstellung und dem Vertrieb von Büchern mitwirken – es sei nur an die elektronische Textverarbeitung erinnert. Davon abgesehen, werden wohl die meisten von uns auch künftig Romane, Gedichte sowie die unterschiedlichsten Abhandlungen über Welt und Leben lieber im Buch als am Monitor lesen – Börsendaten selbstverständlich ausgenommen. Vor diesem Hintergrund scheint es sinnvoll, sich auf die friedliche Koexistenz verschiedener Medien einzustellen.

So wird trotz der modernen Informationstechnologien das Buch weiter vielen Zeitgenossen der Erholung und Unterhaltung, als Ratgeber und Trost sowie als Quelle zuverlässigen Wissens, sittlicher Bildung und praktischer Orientierung dienen. Seit jeher erwachsen Wissen und Bildung aus der standhaften Weigerung des Menschen, auf der Stufe bloßer Selbsterhaltung und Bedürfnisbefriedigung stehenzubleiben.

Allerdings sind Bücher nicht nur Dokumente schöpferischer Vielfalt und herausragender Talente — sozusagen die Seitensprünge menschlicher Nachdenklichkeit aus dumpfer Gedankenlosigkeit. Sie sind zugleich Zeichen der Ungewißheit, Not und Schutzbedürftigkeit unserer endlichen Existenz, die zeitlebens von quälenden Fragen umgetrieben wird, auf die wir immer wieder von neuem mitteilenswerte Antworten suchen. Hierbei kann schon das bloße Schmökern in einem Buch seinem Leser vermitteln, daß bis heute Erkenntnis nicht immer nur auf Anwendung drängt, sondern gelegentlich in sich selbst Genüge, Ruhe und Erfüllung findet.

Das Buch ist ein Mittel, den Wirren der Welt und ihrer Zeit zu entfliehen. Es kann sogar illusionslose Aufklärung über einen selbst und die Welt leisten, heilsamen Abstand schaffen und einen neuen Aufbruch ins Leben vorbereiten. Aus Berichten von ehemaligen Lagergefangenen und Frontsoldaten wird deutlich, wie sehr ein Buch eine kleine Insel inmitten des Meeres von Elend und Verzweiflung sein kann. Bücher können Steine ins Rollen bringen — Steine der Weisen und des Anstoßes ebenso wie Steine, die vom Herzen fallen. Jedoch hat der einfache Rückzug aus der Alltagswelt in den abgeschiedenen Winkel einer Bücherecke zur bloßen Entspannung gleichfalls seine Berechtigung.

Das Glück hat viele Seiten – auch solche zum Umblättern, wie das vorliegende Buch beweist. Dieses ist nicht nach festen Rubriken und einer einheitlichen Ordnung gegliedert – gemäß der allgemeinen Erkenntnis, daß alles Menschliche mehr Bruchstück als ein in sich gerundetes, abgeschlossenes Ganzes darstellt. Dementsprechend folgen hier auf knappe Aphorismen ausführliche Reflexionen, Gedichte gehen historischen Betrachtungen voraus, und Literatur mündet in Psychologie und Kulturphilosophie. Zur besseren Orientierung wurden den Sachbeiträgen kurze Erläuterungen vorangestellt. Die ebenso lockere wie wohlüberlegte Anordnung der Texte, denen allen die Suche nach dem Glück oder die Frage nach dem Unglück gemeinsam ist, ergibt sich aus dem vielseitigen Verlagsprogramm. Allerdings verdankt sie sich auch dem glücklichen Zufall und setzt als Leser nachdenkliche Flaneure mit Sinn für Müßiggang voraus.

Obwohl sich niemand sein Wissen allein aus Büchern beschaffen kann, die unsere Erfahrungen in und mit der Welt nicht zu ersetzen vermögen, können Bücher uns doch lehren, Leben und Welt klarer zu sehen, und dadurch zur Vertiefung und Erweiterung unseres Erfahrungshorizonts beitragen. Der Mensch – ein Lesewesen!

MAXIMILIAN DORNER
SPUREN ZUM GLÜCK

> Daß der Sänger dir singt, was ihn die Muse gelehrt;
> Weil der Gott ihn beseelt, so wird er dem Hörer zum Gotte,
> Weil er der Glückliche ist, kannst du der Selige sein.
> Schiller, Das Glück

Das Glück wirft keine Schatten voraus. Aber plötzlich ist der entgegenkommende Fahrradfahrer ein Bote, ein stillgelegtes Gleis eine Richtschnur und der wolkenlose Himmel eine lang versprochene Belohnung. So *meint* nun alles etwas, drängt sich auf. Die Welt zeichnet sich dem Glücklichen ab hinter einer dunstblauen Silhouette des Unsagbaren. Das Ausmaß des Glücks läßt sich so wenig bestimmen, wie ihm ein Zeitraum zuzuordnen ist: die Gelegenheit eines einzelnen Momentes, eines langen Tages oder das Glück eines ganzen Lebens? Sein Glück umschließt ihn wie eine Blase, die – bewegt er sich nur etwas zu schnell – platzt. Er stammelt, er stottert, er ist sprachlos. Dabei möchte er unentwegt sprechen. Aber er weiß nicht mehr wie. Die Augen gingen ihm über. Doch der Kelch versinkt, bevor er noch den Mund öffnen kann: »Trank nie einen Tropfen mehr.« Aufschreiben müßte man es. Jetzt sofort, damit alle es wissen. Nichts fordert mehr Ewigkeit als das niedergeschriebene Glück.

Das Unglück am Glück ist, daß die Glücklichen unablässig darüber sprechen, anstatt es schweigend zu genießen. Zuerst lächeln sie. Auf einmal bemerken sie die anderen. Diese sollen auch wissen, was den Glücklichen bewegt! Schon sind sie für das Glück verloren. Daran ist etwas Eigentümliches, zutiefst Ungerechtes: Es will zugleich erlebt, ausgesprochen und verheimlicht werden. *Kaum daß ich's verhehle, so glücklich bin ich.* Glück wird unversehens zu einem Phänomen der Kommunikation und so zu einem wertvollen und gehüteten Schatz der Literatur. Kein Schriftsteller, der, so sehr sich die Welt seinem eigenen Glück auch verschließt, es nicht mit gespitzter Feder aufspießen möchte. Selbst das Schreiben darüber muß, wie sein Gegenstand selbst, den Umständen abgetrotzt werden. Ich bin glücklich, also bin ich. Ich bin nicht glücklich, also schreibe ich. Selbst die schlechteste aller Welten wird durch das Glück aus den Angeln gehoben. Es gehört nicht zu ihr, auch nicht zur Zeit, wie Ernst Jünger hervorhebt: *Es gibt keine glücklichen Zeiten; es gibt nur zeitloses Glück.* — Dem ›Obwohl‹ des Glücks steht das ›Weil‹ des Unglücks gegenüber. Die Welt verursacht das Unglück (wie wir wissen, sind am eigenen Unglück immer andere schuld!), und der Mensch stemmt sich mit seinem Verlangen nach Glück, einem wankelmütigen Bundesgenossen, dagegen. Dafür reicht manchmal schon ein Versprechen aus, in der Religion, in der Politik, in der Liebe: Fortuna ist Herrscherin und Gegnerin der Welt — *Fortuna Imperatrix Mundi* überschreibt Carl Orff den ersten Abschnitt der »Carmina Burana«. Aber von Herrschaft soll hier nicht die Rede sein.

Nur einen Moment später ist das Glück Vergangenheit, die Welt wieder auf Normalmaß geschrumpft. Der gerade noch Glückliche lehnt sich erschöpft zurück wie nach einer schleichend langen Anstrengung und weiß doch nicht, warum. Wie ein Strohfeuer erlischt das Glück in einem Augenblick, fällt in sich zusammen, wenn es sich nicht rechtzeitig mitteilen läßt. Man läuft ungeduldig wartend durch die Wohnung, aber glücklich! Es brennt auf der Lippe, so heiß glüht das Glück! Aber schon wenn der Schritt des Heimkommenden auf der Treppe zaghafter ist als sonst, wenn die Tür langsamer aufgeht, das Schlüsselsuchen unverhältnismäßig lange dauert, dann schon verglüht es, wird das Gefühl dumpf und schal. Wie eine Beleidigung spuckt man es aus mit dem Vorwurf: Wärst du früher gekommen, hättest du wenigstens den Schlüssel eher gefunden! Dann hättest du noch gesehen, wie schön es mich gemacht hat! Wie es meine Augen zum Leuchten brachte! Vor unseren Füßen liegt noch ein wenig kalte Asche. Mutlosigkeit überfällt uns.

Glück des anderen

Gerade das Glück, das Paradies des Menschseins, ist vermint mit Tabus. Sich Glück im Krieg vorzustellen kommt — ganz sicher zumindest denen, die ihn nicht miterleben mußten —

eigenartig fremd vor, fast ungehörig. Das Glück im Krankenhaus läßt man unter dem Aspekt der Genesung gerade so durchgehen. Aber ein Glück am Kranksein selbst ist ein geradezu unanständiger Gedanke. Die bloße Tatsache des Glücklichseins beleuchtet mit grellem Licht die Umstände des Glücklichen. Da uns die Seligkeit aus der Gegenwart herauslöst, uns unangreifbar macht für alle Mißhelligkeiten, ist sie ein Affront für die Umwelt. Die Anmaßung, »trotz allem« glücklich gewesen zu sein, besitzt eine subversive Kraft. Die Provokation des Glücks setzt zu dem Zeitpunkt ein, an dem man es mitteilt.

Wie können wir das Glück des anderen ertragen? Feine, kaum sichtbare Linien legen fest, wie weit das eigene Glück kommuniziert werden darf. Gert Hofmann zeichnet in seinem klugen Roman »Das Glück« diese Grenzen des Verständnisses nach. Vater und Mutter, im Begriff sich zu trennen, werden von den Kindern belauscht: *Wie, rief der Vater, wenn sie das Wort sagte, und die Mutter breitete die Arme aus und rief: Mein Glück, mein Glück! Dabei hob sie es aus den anderen Wörtern, die sie auch gesagt hatte, weit heraus und ließ es lange schweben. Es war ihr Lieblingswort. Die Schwester stand mit ihren Puppen im Gang und gähnte. Sie fragte: Wovon redet sie? [...] Vom Glück, sagte ich, vom Glück! Von welchem? – Von ihrem, sagte ich. Dann kam wieder eine Pause. Während dieser Pause versuchten wir, uns das Glück der Mutter vorzustellen, jeder für sich. Wir konnten aber nicht.*

Des anderen Glück wird beim Blick durch das Schlüsselloch zerkleinert, verträglich gemacht durch die Rede, mit

Galle abgeschmeckt und weitergereicht. Das schreckliche Ungeheuer Gerücht, die Fama aus Vergils »Aeneis«, nährt sich vom Glück wie ein Parasit. (Und läßt für den Neid immer noch genug übrig.) In diesem Punkt ist die Literatur mit ihrem permanenten Raunen, Wispern und beredten Schweigen von Glück nicht so weit von den Marktplätzen entfernt. Die neuseeländische Autorin Katherine Mansfield war eine solche Prophetin des Glücks, tänzelnd auf dem schmalen Grat zwischen Kitsch und Tragik. Früh verstorben nach einem kurzen, hektischen, glückdurchtränkten Leben. *Was kann man tun, wenn man dreißig ist und an der eigenen Straßenecke plötzlich von einem Glücksgefühl, von einem Gefühl reinen Glücks überwältigt wird, als hätte man plötzlich einen leuchtenden Schnitz Nachmittagssonne verschluckt und als brennte es einem in der Brust und jagte einen kleinen Funkenregen durch den ganzen Körper, bis in jeden Finger und Zeh? [...] Oh, gibt es denn keine Möglichkeit, das auszudrücken, ohne ›öffentliches Ärgernis zu erregen‹?* Die Protagonistin in der Erzählung »Glück« sucht verzweifelt jemanden, dem sie ihr unbegreifliches Empfinden mitteilen könnte, und findet doch nur, Ironie des modernen Erzählens, die Geliebte ihres Mannes als Bundesgenossin. Sie teilen ihr Glück im Anblick eines blühenden Birnbaums. So etwas geht weder im Leben noch in der Literatur gut. Kurz darauf fliegt der Betrug auf. Aber, so schließt die Erzählung mehrdeutig, *der Birnbaum war so herrlich wie zuvor, so voller Blüten, und so still.*

Das Glück des anderen muß rückübersetzt werden in die

Strukturen des eigenen Glücks. Der Unterhaltungsfilm drückt auch deswegen seine Protagonisten in ausgestanzte Paßformen für jedermann, in unwahrscheinliche Klischees, um das »happy end« erträglich und somit überhaupt erst kommunizierbar zu machen. Diesen hohen Grad an Unverbindlichkeit kann sich die Literatur nicht leisten. Darum erlaubt sie sich die positive Schlußwendung nur selten – und wenn, dann unter ironischen Vorzeichen. Die Komödie hat sich mit ihrem der Konvention entsprechenden Ende immer auch unseriös gemacht: *Glücklich ist, wer vergißt, was doch nicht zu ändern ist*, ist das Credo der Straußschen »Fledermaus«. Im offenen Ende drückt sich der sehnliche Wunsch nach der Verschiebung des Glücks hinter die Erzählzeit aus und damit die Kapitulation vor dem Versuch, das Glück der Protagonisten auf die Bühne des Lebens zu bringen.

Bleibt noch die Möglichkeit, den Ausschluß des Glücks aus dem künstlerischen Weltentwurf zum Programm zu erheben. Sich selbst jeden Gedanken an das Glück zu vergällen oder aber gleich den Pessimismus als einen Gegenentwurf zu feiern wie Gottfried Benn (nicht zu sprechen von notorischen Schwarzsehern wie Thomas Bernhard): *Was die weiße Rasse angeht, so weiß ich nicht, ob ihr Leben Glück ist, aber jedenfalls ihr Denken ist pessimistisch. Der Pessimismus ist das Element des Schöpferischen.* Bei aller Verklärung des Pessimismus tastet sich aber auch Benn beharrlich an die Leerstelle Glück heran. In seinen letzten, abschiedstrunkenen Gedichten mit einer lauernden Faszination, um sich im letzten Moment mit großer, vielleicht nicht ganz ehrlicher Geste davon abzuwenden: *dumm sein und Arbeit haben / das ist das Glück.* Dabei wirkt diese radikale Verknappung schon von Altersmilde durchtränkt, vergleicht man sie mit dem Sarkasmus in den Gedichten der Zwanziger: *Familienglück: der Rammelalte, / der Schweißfuß und das Spülklosett — / hier tröpfelt die geschwollne Falte, / das Flirt-Minette.* In der Verneinung des Glücks als Idylle für die Kleinfamilie haben sich schon die Stoiker ein heimliches Wohlergehen versprochen. Üblicherweise wird in solchen Argumentationen das Glück — mit Erich Fromms Unterscheidung — mit dem Haben in Verbindung gebracht, die Bedürfnislosigkeit des erhaben Schauenden mit dem Sein. Alles Rauschhafte, alles ausschweifend Dionysische muß nicht nur verworfen, sondern konsequenterweise auch moralisch abgewertet werden. Dieser Vorgang hallt im »Lohengrin« nach in Elsas trotziger Behauptung: *Es gibt ein Glück, das ohne Reu.* Auch wenn bei den zahlreichen Affären des Librettisten Richard Wagner mit verheirateten Frauen die Reue meist auf dem Fuße folgte ... — So viel Erfolg ist dem anderen (und der anderen, wie zahlreiche Frauenromane mit beharrlicher Einmütigkeit behaupten) nicht zu gönnen! Die in ihrem Stolz verletzte Ortrud plant bereits, dieses Glück zu zerstören.

Erinnertes Glück

Weil das Glück bis auf Widerruf an den Moment gefesselt bleibt, an den Augenblick, der verweilen soll und wie ein ungezogenes Kind immer davonläuft, ist das erinnerte Glück gleichzeitig das Eingeständnis einer Niederlage und triumphaler Sieg über die Zeit. Schließlich wird das Glück immer erst rückblickend als solches diagnostiziert, so auch bei Goethe. *Doch das Glück bleibt immer größer, fern von der Geliebten sein.* Daß diese Einsicht sich nicht flächendeckend durchgesetzt hat, sondern meist ihr Gegenteil angenommen wird, unterstreicht August Graf von Platen: *Von dir geschieden, trenn ich mich vom Glücke.* – Gerade in der Liebe gilt ja: Wie man es macht, macht man es verkehrt.

Je deutlicher das Glück von außen kommt, als unverhofftes Ereignis, als Lottogewinn oder ähnliches, desto leichter ist es zu identifizieren. Aber selbst der Ausruf »Was für ein Glück!« reagiert rückwirkend auf das bereits Eingetretene. – Um aber vergangenes Glück wiederherzustellen, bedient man sich der Erinnerung. Lichtenberg bietet in seinen Sudelbüchern eine Mnemotechnik der Glücksempfindung an: *Um uns ein Glück, das uns gleichgültig scheint, recht fühlbar zu machen, müssen wir immer denken, daß es verloren sei, und daß wir es diesen Augenblick wieder erhielten, es gehört aber etwas Erfahrung in allerlei Leiden dazu, um diese Versuche glücklich anzustellen.* Winnie, Hauptfigur in Samuel Becketts Stück »Glückliche Tage«, antizipiert die Umwandlung des Glücks von etwas

Gegenwärtigem in Vergangenes bereits im Akt des Ausspre-
chens: *Ein glücklicher Ausdruck tritt in ihr Gesicht und wird stärker.*
Winnie: Oh, dies ist ein glücklicher Tag, dies wird wieder ein glückli-
cher Tag gewesen sein! — Immer wieder blitzen im langen Fluß
ihres Monologisierens solche Beschwörungen gemeinsamen Glücks auf. Schließlich bietet das Gespräch die elegan-
teste Ausgangsbasis, um sich gemeinsam an das Glück her-
anzutasten. Gerade wenn man sich nicht in der Mitte von
Glücklichen befindet, kann es im Zustand *einer geselligen*
Schonung mehr wirken als eine wohlmeinende, aber rohe Hilfe. Diese
besonders sympathische Form des Umgangs hat Theodor
Fontane in seinen Romanen vollendet beschrieben. Nicht
erst im »Stechlin«, dem großen Alterswerk, beschreibt er im
Glanz der Verklärung die Vergegenwärtigung des Glücks in
der Konversation: *Erzähle mir etwas Hübsches, etwas von Glück*
und Freude. Gibt es nicht eine Geschichte: Die Reise nach dem Glück.
Oder ist es bloß ein Märchen, fragt Cécile ihren Mann. Die lako-
nische Antwort: *Es wird wohl ein Märchen sein.* Bei aller
Gesprächseuphorie kann aber auch Fontane in fast allen seinen Romanen der Versuchung nicht widerstehen, seinen
Figuren ihr Spielzeugglück wieder wegzunehmen. Übrig
bleiben die Liebhaber am Grab der Frauen wie in »Cécile«
oder die Eltern in »Effi Briest«. Nur in »L'Adultera« gelingt es
der Hauptfigur, in Überwindung gesellschaftlicher Konventionen ihr eigenes Glück auch zu realisieren. — Dabei instru-
mentalisiert Fontane sehr geschickt das Glück für seine Dra-
maturgie: Eigentlich geht es um die Ehe, aber damit diese

unattraktiv oder unaushaltbar wird, muß der weiblichen Hauptfigur erst ein kleines Glück außerhalb des Treuegelöbnisses in Aussicht gestellt werden.

Sprachen für das Glück

Kaum ein Begriff zieht soviel »syntaktische« Folgen nach sich, einen solchen Rattenschwanz an Erklärungen von ›wenn‹ und ›aber‹ und ›obwohl‹, wie das Glück. Und bleibt dennoch autark gegen bestimmte Fügungen. Selbst Gott kann man für tot erklären, das Glück läßt sich nicht einmal krank schreiben. Es ist ein unzerstörbarer Motor der Sprache, der vor allem in Krisenzeiten rund läuft, von unseren Träumen gespeist.

Die Daumenprobe auf das Glück läßt sich einfach machen. Man setze dazu, was man will: »Glück und . . .«. Sofort weiß man instinktiv: Funktioniert oder nicht. Ein paar Versuche: »Glück und Autobahn«, Fehlanzeige. »Glück und Wein«, kein Problem! – Mit »Glück und Geld« kommt man zu einem Grenzfall. Das Geld ist ein ähnlich schwer zu beschreibender Begriff wie das Glück, der erst mit konkretem Inhalt, mit Wert eben, gefüllt werden muß. Das Glück des Reichen ist suspekt, das des Armen Trost. – In der öffentlichen Wahrnehmung hat das Glück gefälligst für ausgleichende Gerechtigkeit zu sorgen. Jemand hat dies oder jenes nicht, aber zumindest ist er glücklich. Der andere besitzt dieses und jenes, trotzdem ist er nicht glücklich, weil die Menschen ja nie zufriedenzustellen sind! Dahinter steckt eine subtile Inanspruchnahme des Glücks, das im Bund mit dem Schicksal Unzulänglichkeiten des menschlichen Zusammenlebens ausgleichen soll. Um das nicht allzu augenscheinlich zu machen, wird es oft nicht beim Namen genannt, sondern auf die individuelle Lebenssituation hin umgetauft: Tschechows drei Schwestern nennen es ›Moskau‹, sonnigere Gemüter ›Italien‹ (Winckelmann, Goethe) oder ›Venedig‹ (Marcel Proust).

Als Einundzwanzigjähriger schrieb Kleist einen merkwürdigen Aufsatz, der sich schon im preziösen Titel quält, aber alle für das Schreiben über das Glück wesentlichen Sprachnormen entfaltet: *Aufsatz, den sichern Weg des Glücks zu finden und ungestört — auch unter den größten Drangsalen des Lebens — ihn zu genießen!* — Wer so beginnt, muß Glück drin gend nötig haben oder schwört ihm endgültig ab. Oder aber versucht, die launische Fortuna durch ein steuerbares Instrument zu ersetzen. Diesen Weg geht der junge Kleist in seinem Schreiben an den eigenen Hauslehrer mit streberhaftem Ehrgeiz: Glück nämlich, so doziert er, ist nur handhabbar als Synonym für Tugend. Zur Begründung unterscheidet er zunächst zwischen Innen und Außen: *Wenn also die Regel des Glücks sich nur so unsicher auf äußere Dinge gründet, wo wird es sich denn sicher und unwandelbar gründen. Ich glaube da, mein Freund, wo es auch nur einzig genossen und entbehrt wird, im Innern.* Kleists Standortbeschreibung ist eingebettet in eine Unterscheidung zwischen dem wahren und dem falschen

Glück. Das wahre und richtige ist das der Tugend einge-schriebene: *Nein, nein, mein Freund, die Tugend, und einzig allein nur die Tugend ist die Mutter des Glücks und der Beste ist der Glück-lichste.* Wem widerspricht Kleist da eigentlich so tempera-mentvoll? Einer inneren Stimme, die vielleicht doch das eigene Glück mitsamt der Tugend anzweifelt und nach dem äußeren Wohlergehen schielt? – Die beiden Unterscheidun-gen werden traditionell zusammengebracht. So ist das äußere Glück gleichzeitig das falsche und das innere das wahre. Merkwürdigerweise wird in diesem Zusammenhang von jedem Philosophen oder Schriftsteller mit dem als falsch erkannten Glück des anderen argumentiert. Das eige-ne Glück oder Unglück wird immer als wahr empfunden und entzieht sich der unmittelbaren Kritik. Dieser Mißgunst sitzen selbst Adorno und Horkheimer auf: *In der falschen Gesellschaft hat Lachen als Krankheit das Glück befallen und zieht es in ihre nichtswürdige Totalität hinein.* Schließlich kann im Spät-kapitalismus *jeder glücklich werden, wenn er sich nur mit Haut und Haaren ausliefert* – wie gut, daß sich die beiden mit Zähnen und Klauen dieser Vereinnahmung zu entziehen trachteten. Ob die Erfüllung dieser Argumentation wirklich glücklicher macht, muß vor allem im Falle Kleists dahingestellt bleiben.

Allen dialektischen Unkenrufen zum Trotz sind jedoch jegliche Angriffe der Kulturindustrie auf das Glück geschei-tert. Kaum ein anderer Begriff konnte jeder ideologischen Vereinnahmung so lange entzogen bleiben wie einer, der zugleich alles und nichts meint. Alles hat darin Platz, vom

Kleinsten bis zum Größten, das Banale und das Erhabene. Ein Ring des Einverständnisses umschließt ihn. Der Preis für diese Loslösung aus dem Moralischen ist die Entpersonalisierung des Glücks. Fortuna ist nicht mehr die Schutzherrin, sondern Zufall, Schicksal oder eben das Glück: ›*Es ist alles Glück nur Glück*‹ ist das Resultat mancher literarischen Phänomene nicht minder als der meisten politischen. Der Gedanke an das ewige Glück zielt nicht mehr auf ein tugendhaftes Leben, sondern auf den von der Werbung versprochenen und vom Leben dann meist ohne Zuhilfenahme ihrer Konsumgüter erfüllten Moment. Diese Partikularisierung und Rückführung auf den Momentcharakter wie auch das Versprechen des individuellen Glücks entbinden den Begriff aber auch von seiner sozialen Verbindlichkeit.

Die beiden Unterscheidungen von innen/außen und wahr/falsch standen noch dafür ein, über eine Werteordnung das Glück in den Griff zu bekommen. Wurde zunächst das ewige Glück als Belohnung für das tugendsame Leben ausgegeben, säkularisiert schon Kleist diesen Gedanken, indem er ihn nicht theologisch begründet, sondern zur Herzenssache macht. (Merkwürdigerweise billigt er der Kunst in diesem Diskurs keinen Platz zu.) Dabei läßt sich der Gedanke einer Ineinssetzung von Tugend und Glück ohne viel Zutun aus der moralischen Umklammerung lösen. Der französische Philosoph Alain überdehnt die Verknüpfung und läßt die Tugend im Glück ganz verschwinden (und nicht, wie noch bei Kleist, das Glück in der Tugend aufgehen): *Ich bin also der Meinung, daß Glück der Tugend nicht nur nicht entgegen, sondern seinerseits Tugend ist.*

Das Motiv der Weggablung zwischen Glück/ewiger Friede und Unglück/irdische Wonnen existiert im großen als Weltentwurf bei Augustinus und im kleinen als Lebensentscheidung noch im 20. Jahrhundert bei Stefan George: *Warte nur noch diese tage / Sie entscheiden / Ob du leiden / Oder ob du glück erwirbst.* – Das Motiv, daß einzig das Warten auf das Glück lebbar ist, hat die Literatur seit dem späten 19. Jahrhundert beschäftigt. Tschechows Figuren sind noch Amateure des Wartens auf Besserung mit einer sozial legitimierten Hoffnung. Becketts absurdes Theater feiert nach dem Ausbleiben des Menschheitsglücks in zwei Weltkriegen dann schon den professionell Wartenden. – Das Glück des Nichts entdeckte parallel auch die zeitgenössische Musik seit John Cage. Und erst in den letzten Jahren gelang es dem Schweizer Theaterregisseur Christoph Marthaler, Ironie, Humor und das Warten wieder miteinander zu versöhnen. In Mißkredit steht bis heute das schnelle Glück. Der temporäre Rausch war – zumindest der deutschen Literatur – immer schon verdächtig. So avancierte er zu einer Metapher für den Inbegriff des falschen Glücks. In der Kunst geht dies über Puschkins »Pique Dame« bis zu Dostojewskis »Spieler« für die Glücksritter unselig aus. Ein Hoheslied also auf das langsam sich Vollendende: *Die Jagd nach dem Glück führt in die Dickichte. Das Glück muß eintreten [...]. Das Leben darf sich nicht beschleunigen; es muß sich verlangsamen nach Art der Ströme, die dem Meere zufließen.*

Beschriebenes Glück

›Beschriebenes Glück‹ meint zweierlei: Das Glück, dieser unwahrscheinliche Moment des Lebens, wird aufgezeichnet und gleichzeitig überschrieben von seinen Chronisten. Schicht um Schicht wird der Gips des Erzählens darüber- gelegt, bemalt und wieder übermalt. Thomas Mann erstickt so Hans Castorps spät aufbrechendes Zauberbergglück regelrecht. Die langersehnte Stunde der Aussprache mit der angebeteten Madame Chauchat versinkt, als es soweit ist, hinter der Erinnerung an die unerreichte Jugendliebe. Doch damit nicht genug. Der Erzähler stößt seinen eben erst sprachmündig gewordenen Helden aus der Muttersprache, läßt ihn sich im Französischen abmühen und versetzt ihn, weil der wehmütige Ironiker das Glück sich wohl anders nicht erlauben darf, auch noch in einen Zustand be- schwingten Angeheitertseins in der Auszeit des Karnevals. Zurück bleibt eine Textmaske, die man mühelos von dem Protagonisten abziehen kann. Mit dieser kann man dann auch das eigene Glück modellieren, es nachstellen und sich darin spiegeln. *Denn ein Glück,* so endet Manns Prosaskizze gleichen Titels, *ein kleiner Schauer und Rausch von Glück berührt das Herz, wenn jene zwei Welten, zwischen denen die Sehnsucht hin und wider irrt, sich in einer kurzen und trügerischen Annäherung zusammenfinden.*

Über das Glück zu schreiben ist nicht einfach. Kunst und Kitsch kommen sich bedenklich nahe, vielleicht mehr noch:

zehren voneinander, wenn zum Beispiel Nana Mouskouri singt: *Glück ist wie ein Schmetterling, es kommt und geht und fliegt davon, so wie ein bunter Luftballon, den man nicht halten kann.* Oder, im selben metaphorischen Umfeld, mit den Worten des Literaten Jeremias Gotthelf: *Das wahre Glück der Menschen ist eine zarte Blume, tausenderlei Ungeziefer umschwirret sie, ein unreiner Hauch tötet sie. Zum Gärtner ist ihr der Mensch gesetzt, sein Lohn ist Seligkeit, aber wie Wenige verstehen ihre Kunst, wie Viele setzen mit eigener Hand in der Blume innersten Kranz der Blume giftigsten Feind; wie Viele sehen sorglos zu, wie das Ungeziefer sich ansetzt, haben ihre Lust daran, wie dasselbe nagt und frißt, die Blume erblaßt!* Aber die vorsichtigsten Gärtner des Glücks bleiben doch dessen tollkühne Phänomenologen. Es dürfte nicht schwerfallen, den je eigenen Lieblingsschriftsteller als Apologeten des Glücks zu entdecken, wie das Elisabeth Binder unlängst mit Vladimir Nabokov passierte: *Es gibt wohl kaum einen anderen Autor, bei dem das »Glück« eine so prominente, ja programmatische und die Poetik prägende Rolle spielte wie bei Nabokov.* – Man ersetze das letzte Wort durch Cervantes, Musil, Tolstoi etc. – die Aussage bleibt doch nicht weniger richtig.

Die Kunst der pfleglichen Zurückhaltung beherrscht wie kaum eine Zeitgenossin Brigitte Kronauer. In dem kleinen Prosastück »Die Überraschung der Sängerin« schickt sie eine greise Fortuna, eine gebrochene Göttin der künstlerischen Verführung, noch einmal hinaus in die Welt des Hamburger Hauptbahnhofs – selbst schon eine, die geführt werden muß wie der blinde Seher Teiresias –, mit dem fe-

sten Willen, noch einmal das Füllhorn des Glücks auszu-
schütten über einen Ahnungslosen. Doch dieser Ahnungs-
lose ist ein schlafender Obdachloser, der ihr Ansinnen wie
einst Diogenes seinen freien Wunsch mit einem lässigen
Ausspucken quittiert: Geh mir aus der Sonne. Glück ist
immer möglich im Unmöglichen und unmöglich im Möglichen: *Dieses Vergnügen beim Anblick des wochentäglichen Morgenlichts an erhöhter Stelle hatte sie sich nicht mehr zugetraut.*

Zutrauen ist eine Voraussetzung für das Erleben von
Glück. Will man dann auch noch ein Rezeptbuch verfassen,
ist schon eine gehörige Portion Selbstsicherheit nötig. Deswegen halten sich Schriftsteller (Kleist als Ausnahme
wurde schon erwähnt) damit wohlweislich zurück oder
beschränken sich auf das Raunen wie Peter Handke in seinem »Versuch über den geglückten Tag«. Sätze, die beginnen mit: Für eine Portion Glück nehme man ... (meist: ein
Kilo Tugend, ein Pfund Selbstvergessenheit und eine Prise
Grundpessimismus), findet man am ehesten bei verbisse-
nen Ethikern. Beispielsweise bei Schopenhauer: Er siedelt
seine Glückslehre gleich explizit an zwischen Stoizismus
und Machiavellismus, aber selbst davon ist nichts Erfreuli-
ches zu erwarten: *Obenan stände der Satz, daß positives und voll-
kommnes Glück unmöglich; sondern nur ein komparativ weniger
schmerzlicher Zustand zu erwarten* – dann doch lieber gleich der
Literatur das Thema überlassen!

Grenzmarken des Glücks

Der Tod und das Glück sind zwei Seiten des Stillstands. Die Idylle des Todes fällt mit der Ruhe des Betrachters zusammen, Tod und Leben fließen ineinander über. Aus dieser Vereinigung des Unvereinbaren speiste sich auch das Provokationspotential von Gottfried Benns frühen Gedichten. Sie schildern Idyllen wie das Nest junger Ratten *in einer Laube unter dem Zwerchfell.* Die Leiche des dazugehörigen Mädchens liegt nicht zufällig gerade im Wasser. Schließlich steht es – seit den Flüssen Styx und Lethe in der griechischen Mythologie – für den Übergang zwischen Tod und Leben. Benns Gedichte provozieren mit geglückten Bildern des Verfalls. Morgue, die Leichenhalle, mauserte sich zum Tummelplatz für die lyrischen Ichs einer ganzen Generation, deren Herz im Ersten Weltkrieg verbrannt war. Hierhin gehört auch Ernst Jüngers oft kritisierter Ästhetizismus seiner Kriegsdarstellung. Sie kann auch gelesen werden als ein Versuch, dem Grauen des Krieges wenigstens die Schönheit zu lassen, um dann zumindest so etwas wie ein Glück der Beobachtung zu wahren. Das Glück im Unglück zu verteidigen ist eine schriftstellerische Strategie (man denke nur an Peter Handkes frühen Roman »Wunschloses Unglück«). Schon im Akt des Betrachtens liegt ein Moment von Glück: *Laß sie [die Schönheit, M. D.] die Glückliche sein, – du schaust sie, du bist der Beglückte.* Der glückliche Tod aber bleibt ein unüberwindbares Paradox des Lebens und überwindbar nur in der Literatur.

Schlafendes Glück

Das Glück ist die wohl letzte große Idee des Menschen, die sich nicht beschädigen läßt. Eben weil sie durch alles zu beschädigen ist. Die Verwundbarkeit im Einzelfall macht es als Idee unverwundbar. Und die Kehrseite seiner Unantastbarkeit ist seine Unherstellbarkeit. Auch wenn Chemiker meinen, sie hätten dafür eine Formel gefunden. Sie täuschen sich, denn sie können davon nicht anders sprechen als über eine Formel wie andere auch. Ihre Logik straft sie Lügen, denn das Glück läßt sich nur erzählen, nicht beweisen. Weil Schriftsteller nur beobachten und nicht herstellen, ist bei ihnen das Glück so gut aufgehoben; denn: auch wenn sie leiderfahren darum einen Bogen machen, spüren sie es doch immer auf und thematisieren es. Allein im Jahr 2000 sind mindestens drei Dutzend Bücher in Deutschland erschienen, die das Glück schon im Titel führen! Sie sind die eigentlichen Glücksboten. Nicht Politiker, die das Glück versprechen. Nicht die es sich nehmen und nicht die, die wissen, wie man es sich erhält, sondern die Archäologen, die Spurensucher des Glücks sind seine besten Anwälte: *Tendenz: es gibt vielerlei Glück, und wo dem Einen Disteln blühn, blühn dem Andern Rosen. Das Glück besteht darin, daß man da steht, wo man seiner Natur nach hingehört; selbst die Tugend- und Moralfrage verblasst daneben. [...] Das Ganze: der Roman meines Lebens oder richtiger die Ausbeute desselben.* — So Theodor Fontane zu seinem Romanfragment »Allerlei Glück«. Wen wundert es, daß der Roman Fragment geblieben ist?

Wir rollen auf eine Brücke zu, über einen ausgetrockneten Fluß. »Le temps de lire«, die Zeit zu lesen, heißt ein kleiner Bücherladen in einem verschlafenen französischen Provinznest. Lesen führt auf einem gewundenen Pfad immer zu Prousts »Temps retrouvé«, der wiedergefundenen Zeit. Dort steht es dann wieder, das Versprechen auf etwas ganz anderes. Jeder, der davon reden will, spricht eine andere Sprache. Sei's drum. Obwohl wir immer und immer wieder ›Glück‹ rufen, meinen wir doch immer etwas anderes. Darüber selbst läßt sich wenig mehr sagen. Über das Glück schreiben ist zäh, vom Glück schreiben in den glücklichen Fällen federleicht.

Doch jedesmal wenn man es hinschreibt, wiegt das Wort schwerer, verliert seinen Glanz. Immerhin, die Ufer dieses Stroms aus glitzerndem Gold lassen sich beschreiben, immer wieder neu. Sanft verschwimmt die Welt mit einem Hauch von Regenbogen in den sich kräuselnden Wellen. Getragen von der Hoffnung, bedroht vom kleinsten Hauch, Mißfallen, Kitsch.

Fontane, in einem Brief an seinen Verleger Hans Hertz vom 12. Oktober 1889:

Ein Zufall machte dabei einen beinah wehmüthigen Eindruck auf mich: Über meinen Gedichten steht das

Glück

nur als Wort, aber man denkt doch momentan an die Möglichkeit der Erfüllung und dieses flüchtige Gefühl, diese Hoffnung mit dem hippo-

kratischen Gesicht ist eben das Wehmüthige. Aber es geht nicht tief; ich bin drüber weg.

Wir können nicht alle glücklich sein. Oder doch zumindest nicht immerzu. Und es sind die Glücklichsten meist nicht, die darüber schreiben. Aber wir können immerzu davon lesen. Unersättlich.

Das Glück schläft in Büchern.

Zitierte Literatur

Dieser Beitrag versucht mit einigen Beispielen zu zeigen, daß das Glück am besten in der Literatur aufgehoben ist. Daraus folgt zwangsläufig, daß die Auswahl an Belegen einer gewissen Willkür – glücklichen Fügungen eben – unterliegt, die im besten Falle vielleicht für diese Behauptung einsteht. M. D.

Klett-Cotta

Benn, Gottfried: *Sämtliche Gedichte*, Stuttgart: 3. Aufl. Verlag Klett-Cotta 2001.

Binder, Elisabeth: »Glück. Zu Vladimir Nabokovs Berliner Poetik«; in: *Merkur*. Deutsche Zeitschrift für europäisches Denken, H. 628, Stuttgart: Verlag Klett-Cotta 2001.

Eichendorff, Joseph Freiherr von: *Werke und Schriften*. Band 1, Stuttgart: Cotta 3. Aufl. 1978.

Fontane, Theodor: *Briefe an Wilhelm und Hans Hertz 1859–1898*. Hrsg. von Kurt Schreinert und Gerhard Hay, Stuttgart: Ernst Klett Verlag 1972.

George, Stefan: *Gedichte*. Auswahl und Nachwort von Ernst Klett, Stuttgart: Verlag Klett-Cotta 3. Aufl. 1999.

Jünger, Ernst: *Tagseite — Nachtseite. Maximen und Gedanken aus dem Werk Ernst Jüngers.* Ausgewählt von Katharina Ayen, Stuttgart: Verlag Klett-Cotta 1996.

Kronauer, Brigitte: *Die Einöde und ihr Prophet. Über Menschen und Bilder,* Stuttgart: Verlag Klett-Cotta 1996.

Platen, August von: *Des Glückes Gunst* . . . Zit. nach: George, Stefan (Hrsg.): *Deutsche Dichtung.* Dritter Band: *Das Jahrhundert Goethes,* Stuttgart: Verlag Klett-Cotta 1995.

Andere Verlage

Adorno, Theodor W. und Horkheimer, Max: *Dialektik der Aufklärung. Philosophische Fragmente,* Frankfurt a. M.: Fischer Taschenbuch Verlag 15. Aufl. 2001.

Alain: *Die Pflicht glücklich zu sein,* Frankfurt a. M.: Suhrkamp 1982.

Beckett, Samuel: *Glückliche Tage,* Frankfurt a. M.: Fischer Taschenbuch Verlag 1985.

Benn, Gottfried: *Lyrik und Prosa. Briefe und Dokumente. Eine Auswahl,* Wiesbaden: Limes Verlag, 8. Aufl. 1971.

Fontane, Theodor: *Allerlei Glück. Plaudereien, Skizzen und Unvollendetes.* Ausgewählt und hrsg. von Otto Drude, Frankfurt a. M.: Insel Verlag (it) 1982.

— *Cécile.* Roman, Wien: Mangus Verlag o. J.

Goethe, Johann Wolfgang: *Berliner Ausgabe,* hrsg. von Siegfried Seidel: *Poetische Werke,* Bd. 1, Berlin: Aufbau Verlag 1960.

— *Unterhaltungen deutscher Ausgewanderten,* Stuttgart: Philipp Reclam jun. 1996.

Gotthelf, Jeremias: *Ausgewählte Werke in 12 Bänden,* hrsg. von Walter Muschg, Bd. 5, Zürich: Diogenes 1978.

Hofmann, Gert: *Das Glück. Roman,* München: dtv 1995.

Kleist, Heinrich von: *Sämtliche Werke,* Stuttgart: Deutscher Bücherbund 1976.

Lichtenberg, Georg Christoph: *Schriften und Briefe*, hrsg. von Wolfgang Promies, Bd. 1, München: Carl Hanser Verlag 1967.

Mann, Thomas: *Sämtliche Erzählungen in zwei Bänden*. Bd. 1, Frankfurt a. M.: S. Fischer Verlag 2. Aufl. 1987.

Mansfield, Katherine: *Sämtliche Erzählungen in zwei Bänden*. Bd. I, Frankfurt a. M. und Wien: Büchergilde Gutenberg 1997.

Schiller, Friedrich: *Gedichte*, Leipzig: Reclam-Verlag 1990.

Schlegel, Friedrich: *Kritische Friedrich-Schlegel-Ausgabe*, hrsg. von Ernst Behler. Erste Abteilung: Kritische Neuausgabe, Bd. I, Zürich: Schöningh 1958.

Schopenhauer, Arthur: *Die Kunst, glücklich zu sein. Dargestellt in fünfzig Lebensregeln*, München: Verlag C. H. Beck 1999.

Wagner, Richard: *Die Musikdramen*, München: dtv 3. Aufl. 1983.

EINS

ERSEHNTES & ERINNERTES GLÜCK

Ihr alle kennt die wilde Schwermut,
die uns bei der Erinnerung an Zeiten des Glücks ergreift.
Wie unwiderruflich sind sie doch dahin,
und unbarmherziger sind wir von ihnen getrennt
als durch alle Entfernungen.
Ernst Jünger

Es gibt keine glücklichen Zeiten,
es gibt nur zeitloses Glück.
Ernst Jünger

EDUARD MÖRIKE
GEDICHTE

UM MITTERNACHT

Bedächtig stieg die Nacht an's Land,
Lehnt träumend an der Berge Wand,
Ihr Auge sieht die goldne Waage nun
Der Zeit in gleichen Schalen stille ruhn,
    Und kecker rauschen die Quellen hervor,
    Sie singen der Mutter, der Nacht, in's Ohr
      Vom Tage,
    Vom heute gewesenen Tage.

Das uralt alte Schlummerlied,
Sie achtet's nicht, sie ist es müd';
Ihr klingt des Himmels Bläue süßer noch,
Der flücht'gen Stunden gleichgeschwungnes
Joch.
    Doch immer behalten die Quellen das Wort,
    Es singen die Wasser im Schlafe noch fort
      Vom Tage,
    Vom heute gewesenen Tage.

ER IST'S

Frühling läßt sein blaues Band
Wieder flattern durch die Lüfte,
Süße, wohlbekannte Düfte
Streifen ahnungsvoll das Land.
Veilchen träumen schon,
Wollen bald kommen
— Horch, von fern ein leiser Harfenton!
    Frühling, ja du bist's
    Frühling, ja du bist's!
Dich hab' ich vernommen!

SEPTEMBERMORGEN

Im Nebel ruhet noch die Welt,
Noch träumen Wald und Wiesen:
Bald siehst du, wenn der Schleier fällt,
Den blauen Himmel unverstellt,
Herbstkräftig die gedämpfte Welt
In warmem Golde fließen.

Aus: Eduard Mörike: *Gedichte*, Stuttgart und Tübingen: Verlag der J. G. Cotta'schen Buchhandlung 1838, S. 236, 37, 36.

ERNST JÜNGER

AUF DEN MARMORKLIPPEN

Ihr alle kennt die wilde Schwermut, die uns bei der Erinnerung an Zeiten des Glückes ergreift. Wie unwiderruflich sind sie doch dahin, und unbarmherziger sind wir von ihnen getrennt als durch alle Entfernungen. Auch treten im Nachglanz die Bilder lockender hervor; wir denken an sie wie an den Körper einer toten Geliebten zurück, der tief in der Erde ruht und der uns nun gleich einer Wüstenspiegelung in einer höheren und geistigeren Pracht erschauern läßt. Und immer wieder tasten wir in unseren durstigen Träumen dem Vergangenen in jeder Einzelheit, in jeder Falte nach. Dann will es uns scheinen, als hätten wir das Maß des Lebens und der Liebe nicht bis zum Rande gefüllt gehabt, doch keine Reue bringt das Versäumte zurück. O möchte dieses Gefühl uns doch für jeden Augenblick des Glückes eine Lehre sein!

Und süßer noch wird die Erinnerung an unsere Mond- und Sonnenjahre, wenn jäher Schrecken sie beendete. Dann erst begreifen wir, wie sehr es schon ein Glücksfall für uns Menschen ist, wenn wir in unseren kleinen Gemeinschaften dahinleben, unter friedlichem Dach, bei guten Gesprächen und mit liebevollem Gruß am Morgen und zur Nacht. Ach, stets zu spät erkennen wir, daß damit schon das Füllhorn reich für uns geöffnet war.

So denke ich auch an die Zeiten, in denen wir an der Großen Marina lebten, zurück — erst die Erinnerung treibt ihren Zauber hervor. Damals freilich schien manche Sorge, mancher Kummer uns die Tage zu verdunkeln, und vor allem waren wir vor dem Oberförster auf der Hut. Wir lebten daher mit einer gewissen Strenge und in schlichten Gewändern, obwohl kein Gelübde uns band. Zweimal im Jahre ließen wir indessen das rote Futter durchleuchten — einmal im Frühling und einmal im Herbst.

Im Herbste zechten wir als Weise und taten den köstlichen Weinen, die an den Südhängen der Großen Marina gedeihen, Ehre an. Wenn wir in den Gärten zwischen dem roten Laube und den dunklen Trauben die scherzenden Rufe der Winzer vernahmen, wenn in den kleinen Städten und Dörfern die Torkel zu knarren begannen und der Geruch der frischen Trester um die Höfe seine gärenden Schleier zog, stiegen wir zu den Wirten, den Küfern und Weinbauern hinab und tranken mit ihnen aus dem bauchigen Krug. Dort trafen wir immer heitere Genossen an, denn das Land ist reich und schön, so daß unbekümmerte Muße in ihm gedeiht, und Witz und Laune gelten als bare Münze in ihm.

So saßen wir Abend für Abend beim fröhlichen Mahl. In diesen Wochen ziehen vermummte Wingertswächter vom Morgengrauen bis zur Nacht mit Knarren und Flinten in den

Gärten umher und halten die lüsternen Vögel in Schach. Spät kehren sie mit Kränzen von Wachteln, von gesprenkelten Drosseln und Feigenfressern zurück, und bald erscheint dann ihre Beute auf Weinlaub gebettet in großen Schüsseln auf dem Tisch. Auch aßen wir gern geröstete Kastanien und junge Nüsse zum neuen Weine und vor allem die herrlichen Pilze, nach denen man dort mit Hunden in den Wäldern spürt – die weiße Trüffel, die zierliche Werpel und den roten Kaiserschwamm.

Solange der Wein noch süß und honigfarben war, saßen wir einträchtig am Tisch, bei friedlichen Gesprächen und oft den Arm auf die Schulter des Nachbarn gelegt. Sobald er jedoch zu arbeiten und die erdigen Teile abzustoßen begann, wachten die Lebensgeister mächtig auf. Es gab dann glänzende Zweikämpfe, bei denen die Waffe des Gelächters entschied und bei denen sich Fechter begegneten, die sich durch die leichte, freie Führung des Gedankens auszeichneten, wie man sie nur in einem langen, müßigen Leben gewinnt.

Aber höher noch als diese Stunden, die in funkelnder Laune dahineilten, schätzten wir den stillen Heimweg durch Gärten und Felder in der Tiefe der Trunkenheit, während schon der Morgentau sich auf die bunten Blätter schlug. Wenn wir das Hahnentor der kleinen Stadt durchschritten hatten, sahen wir zu unserer Rechten den Seestrand leuchten, und zu unserer Linken stiegen im Mondlicht gleißend die Marmorklippen an. Dazwischen eingebettet streckten sich die Rebenhügel aus, in deren Hängen sich der Pfad verlor.

An diese Wege knüpfen sich Erinnerungen an ein helles, staunendes Erwachen, das uns zugleich mit Scheu erfüllte und erheiterte. Es war, als tauchten wir aus der Lebenstiefe an ihre Oberfläche auf. Gleichwie ein Pochen uns aus unserm Schlaf erweckt, fiel da ein Bildnis in das Dunkel unseres Rausches ein — vielleicht das Bockshorn, wie es dort der Bauersmann an hohen Stangen in den Boden seiner Gärten stößt, vielleicht der Uhu, der mit gelben Augen auf dem Firste einer Scheuer saß, oder ein Meteor, das knisternd über das Gewölbe schoß. Stets aber blieben wir wie versteinert stehen, und ein jäher Schauer faßte uns im Blut. Dann schien es uns, als ob ein neuer Sinn, das Land zu schauen, uns verliehen sei; wir blickten wie mit Augen, denen es gegeben ist, das Gold und die Kristalle tief unter der gläsernen Erde in leuchtenden Adern zu sehen. Und dann geschah es, daß sie sich näherten, grau und schattenhaft, die uransässigen Geister des Landes, längst hier beheimatet, bevor die Glocken der Klosterkirche erklangen und bevor ein Pflug die Scholle brach. Sie näherten sich uns zögernd, mit groben, hölzernen Gesichtern, deren Miene in unergründlicher Übereinstimmung heiter und furchtbar war; und wir erblickten sie, zugleich erschrockenen und tief gerührten Herzens, im Weinbergland. Zuweilen schien es uns, als ob sie sprechen wollten, doch bald entschwanden sie wie Rauch.

Schweigend legten wir dann den kurzen Weg zur Rautenklause zurück. Wenn das Licht in der Bibliothek aufflammte, sahen wir uns an, und ich erblickte das hohe, strahlende Leuchten in Bruder Othos Gesicht. In diesem Spiegel erkannte ich, daß die Begegnung kein Trug gewesen war. Ohne ein Wort zu wechseln, drückten wir uns die Hand, und ich stieg ins Herbarium hinauf. Auch ferner war von solchem nie die Rede zwischen uns.

Oben saß ich noch lange am offenen Fenster in großer Heiterkeit und fühlte von Herzen, wie sich der Lebensstoff in goldenen Fäden von der Spindel wand. Dann stieg die Sonne über Alta Plana auf, und leuchtend erhellten sich die Lande bis an die Grenzen von Burgund. Die wilden Schroffen und Gletscher funkelten in Weiß und Rot, und zitternd formten sich die hohen Ufer im grünen Spiegel der Marina ab.

Am spitzen Giebel begannen nun die Hausrotschwänzchen ihren Tag und fütterten die zweite Brut, die hungrig zirpte, als würden Messerchen gewetzt. Aus den Schilfgürteln des Sees stiegen Ketten von Enten auf, und in den Gärten pickten Fink und Stieglitz die letzten Beeren von den Reben ab. Dann hörte ich, wie die Tür der Bibliothek sich öffnete, und Bruder Otho trat in den Garten, um nach den Lilien zu schauen.

Aus: Ernst Jünger: *Auf den Marmorklippen* (Sämtliche Werke, Band 15). Stuttgart: Verlag Klett-Cotta 1978, S. 249–252.

Tony Earley
GRANNYS BRÜCKE

1953, als er sechzehn Jahre alt war und die Kellnerin im Diner an der Straße nach Lake Lure ihm das Herz gebrochen hatte, lief mein Vater von zu Hause fort. Mit zwei seiner Kumpel verließ er die roten Lehmfarms und roten Matschwege von Polk County in North Carolina und setzte sich nach Florida ab. Florida war damals überwiegend von Mädchen bewohnt – Mädchen in Badeanzügen, die frischen Orangensaft tranken und für Jackie Gleason tanzten und sich in Zwölferreihen auf Skiern hinter den großen Booten von Cypress Gardens übers Wasser ziehen ließen –, und mein Vater und seine Kumpel hatten einen Plan: Sie wollten die Zeiten des Latzhosentragens, des Düngerschleppens und Gott-hasse-ich-es-Ernest-Tubb-im-Radio-zu-hörens auf der Landstraße hinter sich abrollen lassen wie den Faden von einer Spule. Wenn sie die Grenze nach Florida überquerten, würden sie Männer sein, coole Typen mit Sonnenbrillen und Bundfaltenhosen und rosa Hemden und Ducktails bis hier. Sie würden Arbeit finden – als Rettungsschwimmer vielleicht –, und um Mädchen zu finden, nun, da brauchten sie nur die Tür aufzumachen und in die Sonne rauszutreten.

Als mein Vater und seine Kumpel vermißt wurden, meldete sich Dads Ex-Freundin (meine Mutter, die in seiner Gunst vorübergehend durch die Kellnerin im Diner an der Straße nach Lake Lure ersetzt worden war) und enthüllte, wohin sie hatten fliehen wollen. Sie hatte in Buster Wilsons Laden aufgeschnappt, wie sie über ihren Plan redeten. Der bis dahin nebelhafte, mit Kummer und Sorge vermischte Zorn meiner Großmutter Earley verdüsterte sich zu einer wirbelnden, hysterisch sprühenden Wolke, die nur in eine Richtung wehen konnte: nach Florida. Sie nahm die Mutter von Kumpel Nummer Eins ins Schlepptau und bestieg einen Bus nach Süden.

Granny Earley wurde 1904 im Flecken Rock Springs in Polk County als Odessa Searcy geboren. Zwar konnte man von jeder erhöhten Stelle in Polk County sehen, wo der Rest der Welt begann, doch einen Weg von der erhöhten Stelle dort hinauszufinden, überstieg damals für die meisten Leute aus der Gegend jede Möglichkeit. Rutherfordton, die nächste Stadt von einer Größe, die die Bezeichnung tatsächlich verdiente, lag zwanzig Meilen über unbefestigte Straßen entfernt, eine Tagesreise mit dem Pferdewagen, und obwohl die Stadt über einen Eisenbahnanschluß mit der Welt verbunden war, war sie kaum ein Zentrum der Zivilisation zu nennen. Noch in den Sechzigern und Siebzigern, als ich dort aufwuchs, war die Bevölkerung auf bloße dreitausend angewachsen. Ihrer Armut und der Abgeschiedenheit zum Trotz wuchs Granny deutlich mit dem Gefühl auf, daß hinter den

Bergen *Perspektiven* winkten, daß es draußen in der Ferne
Dinge gab, Dinge, für die sie nicht einmal einen Namen
hatte. Sie besaß eine scharfe, bisweilen listige Intelligenz
und einen ungerichteten, fast pathologischen Ehrgeiz, der
sich für das Gefäß, das ihn barg, letzten Endes als unnütz,
wenn nicht gar schädlich erwies. Daß sie kaum je aus den
fünf Quadratmeilen herauskam, in denen sie alle bis auf
ganz wenige Tage ihrer achtundsiebzig Jahre verlebte, blieb
lebenslang ein Quell cholerischer Frustration. »Sie hatte
Feuer im Bauch«, sagt mein Vater, »aber sie hat ihr Leben auf
einem roten Lehmhügel verbracht und den Boden ver-
flucht.«

Grannys Eltern, Romeo und Sarah Searcy, waren fromme
Baptisten und halb-analphabetische Farmer, die nie mehr
als ein krankes Maultier oder ein trockener Sommer von der
Katastrophe trennte. »Bei mein tot«, schrieb ihre Mutter in
einem Brief, den sie in die Familienbibel legte, »sol dise
bibel odssa haben von ire Mutter mit ire libe von Mutter.«
Sie nahmen Granny nach fünf Jahren von der Zwergschule
in Rock Springs, weil sie überzeugt waren, daß sie alles
gelernt hatte, was ein Mädchen wissen mußte. Als sie dreizehn oder vierzehn war, schickten sie sie nach Spartanburg
in South Carolina in eine Textilfabrik zur Arbeit, erfuhren
aber bald darauf, daß Samstag abends in der Fabrik zum
Square Dance aufgespielt wurde, und holten sie wieder nach
Hause. Zurück in Polk County, wählte Granny die beste der
beschränkten Möglichkeiten, die sich vor ihr auftaten: Sie

heiratete einen gutaussehenden Mann. Charlie Earley war klein, aber außerordentlich stark für seine Größe und hatte vor nichts in dieser Welt Angst außer davor, Schulden zu machen. Eines Sonntags, nachdem sie achtzehn geworden war, an dem Tag, als die Heiratserlaubnis ablief, die sie sich heimlich besorgt hatten, schlichen sich meine Großeltern nach der Kirche davon und heirateten. Später am selben Nachmittag ertappte eine von Grannys Schwestern meinen Großvater mit seiner Hand bei meiner Großmutter in der Bluse und verpetzte die beiden. (»Er hat an meinen Nuckeln gespielt«, war Grannys Formulierung.) Als Granny sich weigerte, sich von dem Mann loszusagen, den ich gut vierzig Jahre darauf als Paw-Paw Earley kennenlernte, legte sich meine Urgroßmutter Searcy krank ins Bett und verkündete, sie müsse sterben. Granny blieb jedoch standhaft, und nach einigen Tagen beschloß meine Urgroßmutter, daß sie doch nicht sterben müsse, erhob sich aus dem Bett und lebte noch vierzig Jahre weiter.

Während der Zeit, als er meine Großmutter freite, hatte mein Großvater eine Farm gepachtet und verdingte sich zusätzlich gegen Lohn in Sägewerken und gelegentlich in Schnapsbrennereien. Zudem brachte er in die Ehe einen Grundwiderspruch mit, der eigens dazu erfunden schien, in meiner Großmutter einen Zorn zu entfachen, der sechsundfünfzig Jahre lang sporadisch immer wieder aufflammte: War er einerseits ein guter, ehrlicher Mann, der zu gewaltigen Kraft- und Arbeitsleistungen fähig war, so ging ihm andererseits jeder Ehrgeiz ab. Nach ihrer Heirat weigerte sich Paw-Paw, einen eigenen Hof zu kaufen, weil er dazu hätte Geld borgen müssen. Statt dessen zogen er und Granny von einer Pächterhütte in die nächste, bis sie kein Essen mehr kochte und damit drohte, ihn zu verlassen. Mit hungrigem Bauch borgte er sich Geld von einem Onkel und kaufte eine kleine, mit Ach und Krach rentable Farm auf einem Hügelkamm, die er den Rest seines Lebens ohne nennenswerten Effekt bewirtschaftete. »Ich bin früher so wütend auf ihn geworden, daß ich einfach mit den Fäusten auf ihn eingeprügelt hab«, erzählte mir Granny kurz vor ihrem Tod. »Ich hab auf ihn eingedroschen, bis er meine Hände genommen hat und gesagt hat: ›Jetzt hör mal. Es reicht, Mama.‹« Bis in die späten fünfziger Jahre arbeitete Paw-Paw mit Maultieren, dann kaufte mein Vater, der nach der High School in einer Textilfabrik arbeiten ging, einen Traktor für die Farm.

Als ich ins High-School-Alter kam, war Grannys Ehrgeiz zu einer Form trauriger Duldung geronnen. Ihren Gang, ihre Art zu reden und ihr Auftreten hatte sie an dem ausgerichtet, wie sie sich eine reiche Frau — eine Dame der Gesellschaft — vorstellte. Jahrelang färbte sie sich die weißen Haare schwarz, bis sie sich gegen Ende ihres Lebens allmählich einem seltsamen, chemischen Kastanienbraun näherten. Sie stellte ihre Kleidung zu Farbkombinationen zusammen, über die man bei einem Paradiesvogel gestaunt hätte. Sie trug extravagante Hüte und aufwendigen Mode-

schmuck, stolzierte die Hauptstraße auf und ab und machte in Kaufhäusern Szenen. Wenn man ihr unversehens in
der Öffentlichkeit begegnete, hatte man bisweilen den Eindruck, in ein Kostümstück geraten zu sein, bei dem man
keine Ahnung hatte, worum es ging. Noch in den letzten
Stunden ihres Lebens tat sie, als wäre sie jemand, der sie
eigentlich nicht war. Kurz vor ihrem Tod, in der Notaufnah-
me, wollte der Arzt, der sich ihrer angenommen hatte, ihr
die Handtasche abnehmen und sie meiner Mutter reichen.
Doch Granny, die es meiner Mutter nie verziehen hatte, daß
sie ihren Jüngsten geheiratet hatte, ließ den Riemen nicht
los. Sie sah meiner Mutter direkt in die Augen und sagte
zum Doktor: »Die Frau habe ich in meinem Leben noch nicht
gesehen.«

Als mein Vater von zu Hause fortlief, war meine Großmutter neunundvierzig Jahre alt und noch auf der Höhe ihrer
Kraft und ihrer Fähigkeiten, doch wie ich Granny kenne,
wird sie bereits vorausschauend den Punkt gesehen haben,
an dem sich die Straße, auf der sie unterwegs war, unaus-
weichlich bergab wandte. Ihre beiden älteren Söhne waren
schon ausgezogen, und es muß ihr klar gewesen sein, daß
mein Vater mit seinen sechzehn Jahren, selbst wenn er
wohlbehalten nach Polk County zurückkehrte, nicht mehr
lange zu Hause wohnen würde. Paw-Paw kratzte immer
noch zufrieden in seinem kleinen Stück miesen Boden
herum, und nichts wies darauf hin, daß er den Wunsch oder

die Initiative entwickeln würde, Größeres in Angriff zu nehmen. Granny muß das Gefühl gehabt haben, um sie schnüre sich die Welt zusammen und werde kleiner, als sie ohnehin schon war. Vielleicht war es diese Verzweiflung, die sie dazu trieb, in Rutherfordton wie eine wilde Frau in den Bus zu steigen oder wie eine Naturkraft, die keiner Vernunft mehr zugänglich war. Vielleicht war ihr einziges Ziel, die zwei Jahre zu retten, in denen eines ihrer Kinder noch mit bei ihr im Haus leben würde.

Ich frage mich, ob ihr solcherlei Gedanken durch den Kopf gingen, als der Bus in Spartanburg einfuhr, vorbei an der Fabrik, in der sie als junges Mädchen gearbeitet hatte, oder ob sie noch immer von Kummer überwältigt war, weil sie glaubte, sie würde meinen Vater nie wiedersehen. An welchem Punkt ging ihre Hysterie im Gedröhn des Busmotors und dem Summen der Räder unter, so daß sie merkte, daß sie von Fremden umgeben war, die nach wer-weiß-wohin fuhren, um wer-weiß-was zu machen? An welchem Punkt hat sie schließlich aus dem Fenster geschaut und entdeckt, daß sie in ein neues Land gekommen war, in dem nichts, auf das ihr Blick fiel, hätte neuer sein können, selbst wenn es Gott erst vor einem Augenblick frisch geschaffen hätte? Doch vor allem frage ich mich, was ihr durch den Kopf gegangen sein muß, als sie in Jacksonville aus dem Bus stieg und ihr zum erstenmal aufging, daß Florida ein *Staat* war, daß schon allein in Jacksonville mehr Menschen lebten, als sie in ihrem ganzen Leben gesehen hatte, daß sie genausoviel Aussicht hatte, ihren Sohn zu finden, wie sie eine Aussicht hatte, auch nur eines von den vielen namenlosen Dingen zu bekommen, die sie glücklich machen würden.

Irgendwo in South Carolina hatten mein Vater und Kumpel Nummer Zwei angefangen »O Mein Papa« zu singen, woraufhin Kumpel Nummer Eins so vor Heimweh zerflossen war, daß sie mit ihm in Columbia aussteigen und ihm eine Karte für die Heimfahrt kaufen mußten. Die Fahrkarte kostete sie den größten Teil ihres gemeinsamen Geldes. Vater und Kumpel Nummer Zwei blieb noch gerade genug Geld, um es bis nach St. Petersburg zu schaffen, wo sie als Landstreicher verhaftet wurden. Vater saß auf einer Parkbank in der Sonne, als der Streifenwagen hielt. Der Vater von Kumpel Nummer Zwei schickte ihnen telegrafisch die Kaution und das Fahrgeld.

Sie waren eher wieder zu Hause als Granny. Die Jungen gingen wieder zur Schule, beschämt und als Helden zugleich. Vater versöhnte sich mit meiner Mutter, die Jahre später, als sie mit mir schwanger war, in einer Frauenarztpraxis in San Antonio, Texas, unvermittelt der einstigen Kellnerin vom Diner an der Straße nach Lake Lure gegenübersaß. Sie unterhielten sich höflich, wurden aber keine Freundinnen. Meine Großmutter verließ den Staat North Carolina, außer zu gelegentlichen, eintägigen Verwandtenbesuchen im westlichen South Carolina, nie wieder.

Als ich Granny das letzte Mal zu Hause besuchte, schlüpf-
te ich mühelos in die Rolle, die ich ihr gegenüber schon häufig gespielt hatte: Ich war der sensible junge Mann, der
Schriftsteller werden wollte; sie war die Frau, die aus dem
Blickwinkel gesammelter Erfahrung Rückschau auf ihr
Leben hält. Sie erzählte mir, wie sie vor Jahren auf der Reise
überraschend über die unglaublichste Brücke gekommen
sei. Die Brücke schoß so weit über das Wasser, daß sie die
andere Seite kaum sehen konnte. Sie führte so hoch in die
Luft, daß sie kaum atmen konnte, während sie drüberfuhr.
In weiter Ferne sah sie einen riesigen Dampfer auf den
Hafen zuhalten, und die Brücke war so hoch, daß das Schiff
drunter durch paßte. Hinter dem Schiff lag das Meer, über
das es gekommen war. Sie erzählte mir, daß die Fahrt über
die Brücke das Imposanteste war, was sie je erlebt hatte.

Erst viel später ging mir auf, daß die Brücke, die sie mir
beschrieben hatte, die Brücke über den Cooper River in
Charleston, South Carolina, war und daß sie, als sie sie sah,
auf dem Weg nach Florida gewesen war, um meinen Vater zu
suchen. Sie erwähnte nicht, daß sie zusammen mit der Mutter von Kumpel Nummer Eins gefahren war, daß sie keine
Ahnung gehabt hatte, wohin die Fahrt ging, und nicht, daß
die Leute noch jahrelang leise hinter ihrem Rücken über das
Abenteuer gelacht hatten. Sie beschloß vielmehr, nach
gewiß reiflicher Auswahl aus einer von ihr als unzureichend
empfundenen Bandbreite von Möglichkeiten, mir zu berichten, daß sie einmal einen so außerordentlichen Anblick

genossen hatte, daß sie durch den Anblick selbst zu einer außerordentlichen Frau geworden war. In einem alchemistischen Willensakt nahm sie einen Bus, eine Brücke und eine gescheiterte Reise und verwandelte sie in den Höhepunkt eines Lebens. Es war nicht direkt eine Lüge, sie hatte nur die Erinnerung poliert, bis sie aussah wie Hoffnung. Sie hatte ihre Stimme erhoben, um »Hier bin ich! Hier bin ich!« zu rufen, auch wenn sie schon schwächer und schwächer klang und schließlich gar nicht mehr zu hören war.

Aus: Tony Earley: *Somehow Form a Family. Stories That Are Mostly True. Eine Familie, irgendwie. Größtenteils wahre Geschichten.* Aus dem Amerikanischen von Karen Nölle-Fischer, Stuttgart: Verlag Klett-Cotta 2002.

J. R. R. TOLKIEN

DIE UNGEHEUER UND IHRE KRITIKER

ÜBER MÄRCHEN

[...] Elbenmärchen sind von Menschen, nicht von Elben geschrieben. Die menschlichen Geschichten von den Elben sind zweifellos erfüllt vom Thema der Flucht vor dem Nichtsterbenkönnen. Aber wir dürfen von unseren Geschichten nicht erwarten, daß sie sich immer über unseren gewöhnlichen Horizont erheben. Oftmals tun sie's. Selten wird uns in ihnen etwas deutlicher eingeschärft als die Lehre, welch eine Last eine solche Art der Unsterblichkeit oder, richtiger, das endlos verlängerte Leben wäre, in das der »Flüchtling« entkommen möchte. Denn solche Lehren zu erteilen ist das Märchen besonders geschickt, heute wie eh und je. Der Tod ist das Thema, das George MacDonald am meisten beschäftigt hat.

Doch der Trost des Märchens hat noch einen anderen Aspekt als die phantastische Befriedigung uralter Wünsche. Sehr viel wichtiger ist der Trost, den der *glückliche Ausgang* gewährt. Fast möchte ich die Behauptung wagen, daß jedes vollständige Märchen glücklich enden muß. Zumindest will ich aber sagen, daß die Tragödie die echte Form des Dramas ist, sein höchster Zweck; und das Gegenteil gilt vom Märchen. Da wir für dieses Gegenteil offenbar kein Wort besitzen, möchte ich es die *Eukatastrophe* nennen. Die *eukatastrophische* Erzählung ist die echte Form des Märchens und sein höchster Zweck.

Der Trost des Märchens, die Freude über den glücklichen Ausgang oder, richtiger, die gute Katastrophe, die plötzliche Wendung zum Guten (denn kein Märchen hat ein echtes Ende), diese Freude, welche das Märchen so vortrefflich zu bereiten weiß, ist ihrem Wesen nach nicht »eskapistisch« oder »wirklichkeitsflüchtig«. In ihrem märchenhaften — oder sekundärweltlichen — Rahmen ist sie eine plötzliche und wunderbare Gnade: Mit ihrer Wiederholung ist niemals zu rechnen. Sie verleugnet nicht das Dasein der *Dyskatastrophe*, des Leidens und Mißlingens, denn deren Möglichkeit ist die Voraussetzung für die Freude der Erlösung; sie verleugnet (dem Augenschein zum Trotz, wenn man so will) die endgültige, allumfassende Niederlage, und insofern ist sie Evangelium, gute Botschaft, und gewährt einen kurzen Schimmer der Freude, der Freude hinter den Mauern der Welt, durchdringend wie das Leid.

Es ist das Wahrzeichen des guten Märchens von der höheren oder vollständigeren Art, daß es, so wildbewegt auch das Geschehen, so phantastisch oder schrecklich auch die Abenteuer, bei dem kindlichen oder erwachsenen Zuhörer in dem Augenblick, wo die »Wende« eintritt, ein Anhalten des Atems bewirken kann, ein Pochen und Sichweiten des Herzens, das ihn den Tränen nahe (oder nicht nur nahe) bringt, so heftig, wie es Dichtung, gleich welcher Form, nur erzielen kann, und mit einem eigentümlichen Charakter.

Sogar moderne Märchen erreichen manchmal diese Wirkung. Sie ist nicht leicht zu erreichen. Sie hängt von der ganzen Geschichte ab, in der sich die Wende ereignet, und doch wirft sie ihren Glanz auf das Vorausgegangene. Eine Geschichte, in der dies auch nur einigermaßen gelungen ist, kann nicht ganz mißraten sein, was für Fehler sie im übrigen auch haben mag und wie vermischt oder verworren ihre Absichten sein mögen. Dies gilt sogar für *Prince Prigio*, ein Märchen, das Andrew Lang selbst geschrieben hat und das in vieler Hinsicht unbefriedigend ist. Wenn aber alle Ritter zum Leben erwachen, ihre Schwerter heben und ausrufen »Lang lebe Prinz Prigio«, dann hat unsere Freude ein wenig von jener seltsamen mythischen Qualität des Märchens, mehr als dem beschriebenen Geschehnis zukommt. Langs Geschichte hätte überhaupt nichts von dieser Eigenart, wäre dieses Geschehnis nicht ein Stückchen gediegener Märchenphantasie innerhalb einer Geschichte, die im Hauptteil von eher leichtfertiger Art ist, mit dem halb mokanten Lächeln der gepflegten, höfischen *Conte*. Sehr viel stärker und eindringlicher ist die Wirkung in einer ernsthaften Erzählung von Märchenart. In solchen Märchen blitzt im Augenblick der »Wende« ein Bild von Freude und Herzenslust auf, das für diesen Augenblick aus dem Rahmen heraustritt, manche Fäden im Netz der Erzählung sogar reißen und einen Glanz hindurchfallen läßt.

Seven long years I served for thee,
The glassy hill I clamb for thee,
The bluidy shirt I wrang for thee,
And wilt thou not wauken and turn to me?
He heard and turned to her.[1]

Epilog

Diese Freude, die ich als das Wahrzeichen des echten Märchens (oder der Romanze) herausgehoben habe, oder als sein Kennzeichen und seine Besiegelung, verdient noch eine weitere Betrachtung. Wohl jeder Schriftsteller, der eine Sekundärwelt, ein Phantasiereich schafft, jeder Zweitschöpfer wünscht in gewissem Maße, ein echter Schöpfer zu sein, oder hofft aus dem Wirklichen zu schöpfen — hofft, daß die Eigenart dieser Sekundärwelt (wenn auch nicht alle Einzelzüge) von der Wirklichkeit abstammen oder in sie einmünden. Denn wie sollte er, gemäß der Definition des Wörterbuchs, jene Eigenschaft einer »innerlich folgerichtigen Realität« zuwege bringen, wenn sein Werk nicht in gewisser Weise an der Realität teilhätte? Das Besondere der »Freude« im gelungenen Phantasiewerk kann so als ein plötzliches Durchschimmern der tieferen Wahrheit oder Wirklichkeit erklärt werden. Sie gewährt nicht nur einen »Trost« im Leid dieser Welt, sondern auch eine Befriedigung und eine Antwort auf die Frage: »Ist es wahr?« Die Antwort, die ich auf diese Frage anfangs gegeben habe, lautete (ganz richtig):

»Wenn du deine kleine Welt gut gebaut hast, dann — ja dann ist es wahr in jener Welt.« Das wird dem Künstler genügen (oder dem Teil von ihm, in dem er Künstler ist). Die »Euka-tastrophe« aber zeigt uns in einem kurzen Aufblitzen, daß es eine höhere Antwort geben mag — einen fernen Wider-schein oder ein Echo des *Evangeliums* in der wirklichen Welt. Daß ich dieses Wort gebrauche, nimmt schon einiges von meinem Epilog vorweg. Es ist dies ein bedenkliches und gefährliches Thema. Es ist vermessen von mir, daran zu rühren. Wenn mir aber erlaubt sein sollte, hierzu in irgend-einer Hinsicht etwas Richtiges zu sagen, so wäre dies natür-lich nur ein Zipfel von einer unermeßlich reicheren Wahr-heit, die nur endlich ist mit Rücksicht auf das endliche Begriffsvermögen des Menschen, für den dies geschaffen wurde.

Ich stehe nicht an zu sagen, daß ich bei dem Versuch, die christliche Erzählkunst von dieser Seite her zu verstehen, schon seit langem das Gefühl habe (ein freudiges Gefühl), daß Gott die verderbten Schöpferkreaturen, die Menschen, auf eine Weise erlöst hat, welche diesem und anderen Aspekten ihres seltsamen Wesens gemäß ist. Die Evangelien enthalten ein Märchen — oder eine Erzählung von weiterem Charakter, die das Wesen des Märchens ganz in sich schließt. Sie enthalten vielerlei Wunder — insbesondere Wunder der Kunst,[2] Schönes und Bewegendes: »mythische« Wunder in ihrer vollkommenen, in sich ruhenden Bedeu-tung. Und eines dieser Wunder ist die größte und vollständigste Eukatastrophe, die man sich denken kann. Diese Erzählung aber ist in die Geschichte und in die Primärwelt eingegangen; der Wunsch und Ehrgeiz der Zweitschöpfung ist zur Erfüllung des Schöpfungswerkes erhoben worden. Christi Geburt ist die Eukatastrophe der menschlichen Geschichte. Die Auferstehung ist die Eukatastrophe der Erzählung von der Fleischwerdung. Diese Erzählung beginnt und endet in Freude. Wie keine andere Erzählung hat sie eine »innerlich folgerichtige Realität«. Keine andere erscheint uns Menschen als wahrhaftiger, und keiner anderen haben so viele skeptische Menschen aufgrund ihrer inneren Vorzüge Glauben geschenkt. Denn als Kunstwerk besitzt sie die erhabene Überzeugungskraft der primären Kunst, das heißt der göttlichen Schöpfung. Sie abzuweisen führt entweder zur Traurigkeit oder zur Wut.

Es ist nicht schwer, sich die eigentümliche Erregung und Freude vorzustellen, die man empfände, wenn ein besonders schönes Märchen sich als im »primären« Sinne wahr, wenn das Erzählte sich als historisch erwiese, ohne daß es die mythische oder allegorische Bedeutung, die es besessen hatte, deshalb unbedingt verlieren müßte. Nicht schwer ist es, weil man sich dazu nichts ganz und gar Fremdartiges vorstellen muß. Die Freude wäre von genau dem gleichen Charakter, obwohl nicht von gleicher Stärke, wie die Freude über die »Wende« in einem Märchen: Es ist eine Freude, die nach einer primären Wahrheit schmeckt. (Andernfalls hieße sie nicht Freude.) Sie blickt voraus (oder zurück, die Rich-

tung ist in dieser Hinsicht unerheblich) auf die große Eukatastrophe. Die christliche Freude, die *Gloria*, ist von derselben Art, hoch und selig über jedes Maß (unendlich, wenn
wir nicht nur Endliches ertragen könnten). Diese Erzählung
aber ist erhaben, und sie ist wahr. Die Kunst ist wahrge-
macht worden. Gott ist der Herr der Engel, der Menschen —
und der Elben. Legende und Wirklichkeit sind eins geworden.

In Gottes Reich aber drückt das Dasein des Höchsten
nicht das Kleinste nieder. Der erlöste Mensch bleibt dennoch Mensch. Die Geschichten und Phantasien gehen weiter, und so soll es sein. Das Evangelium hat die Legenden
nicht abgeschafft, es hat sie geheiligt, insbesondere den
»glücklichen Ausgang«. Noch immer muß der Christ sich
mühen, mit Leib und Seele; er muß leiden, hoffen und sterben. Doch nun kann er sehen, daß all seine Neigungen und
Fähigkeiten einen Sinn haben, der eingelöst werden kann.
So groß ist die ihm verliehene Gabe, daß er nun vielleicht
mit Recht vermuten darf, daß er selbst durch seine Phantasie daran mitwirken könne, die Schöpfung mit vielerlei
Laubwerk zu bereichern. Alle Geschichten sollen wahr werden, und doch werden sie am Ende, nach ihrer Einlösung,
den Formen, die sie von uns erhalten hatten, so ähnlich oder
unähnlich sein wie der endlich erlöste Mensch dem gefalle-
nen, den wir kennen.

Anmerkungen

[1] The Black Bull of Norroway. [Sieben lange Jahre hab ich für dich gedient, / den Glasberg hab ich für dich erstiegen, / das blutige Hemd hab ich für dich gewaschen, / und nun willst du nicht erwachen und mich ansehen? / Er hörte sie und sah sie an.]

[2] Die Kunst liegt hier in der Erzählung selbst, weniger darin, wie erzählt wird; denn Verfasser dieser Erzählung waren nicht die Evangelisten.

Aus: J. R. R. Tolkien: *Die Ungeheuer und ihre Kritiker.* Gesammelte Aufsätze. Aus dem Englischen von Wolfgang Krege, Stuttgart: Verlag Klett-Cotta 1987, S. 196–201.

STEFAN GEORGE
WERKE

ENTRÜCKUNG

Ich fühle luft von anderem planeten.
Mir blassen durch das dunkel die gesichter
Die freundlich eben noch sich zu mir drehten.

Und bäum und wege die ich liebte fahlen
Dass ich sie kaum mehr kenne und Du lichter
Geliebter schatten — rufer meiner qualen —

Bist nun erloschen ganz in tiefern gluten
Um nach dem taumel streitenden getobes
Mit einem frommen schauer anzumuten.

Ich löse mich in tönen · kreisend · webend ·
Ungründigen danks und unbenamten lobes
Dem grossen atem wunschlos mich ergebend.

Mich überfährt ein ungestümes wehen
Im rausch der weihe wo inbrünstige schreie
In staub geworfner beterinnen flehen:

Dann seh ich wie sich duftige nebel lüpfen
In einer sonnerfüllten klaren freie
Die nur umfängt auf fernsten bergesschlüpfen.

Der boden schüttert weiss und weich wie molke . .
Ich steige über schluchten ungeheuer ·
Ich fühle wie ich über lezter wolke

In einem meer kristallnen glanzes schwimme —
Ich bin ein funke nur vom heiligen feuer
Ich bin ein dröhnen nur der heiligen stimme.

*

Wir schreiten auf und ab im reichen flitter
Des buchenganges beinah bis zum tore
Und sehen aussen in dem feld vom gitter
Den mandelbaum zum zweitenmal im flore.

Wir suchen nach den schattenfreien bänken
Dort wo uns niemals fremde stimmen scheuchten ·
In träumen unsre arme sich verschränken ·
Wir laben uns am langen milden leuchten

Wir fühlen dankbar wie zu leisem brausen
Von wipfeln strahlenspuren auf uns tropfen
Und blicken nur und horchen wenn in pausen
die reifen früchte an den boden klopfen.

Ist es neu dir was vermocht

Dass dein puls geschwinder pocht?

Warte nur noch diese tage ·

Sie entscheiden

Ob du leiden

Oder ob du glück erwirbst.

Ach du weisst dass du nicht stirbst

Ruft es wiederum: entsage!

Warte nur noch diese tage

Sie entscheiden

Ob du leiden

Oder ob du glück erwirbst.

Stefan George: *Sämtliche Werke in 18 Bänden*. Hrsg. von der Stefan George Stiftung Stuttgart. *Der Siebente Ring*. Bearb. von Ute Oelmann. Bd. VI/VII, Stuttgart: Verlag Klett-Cotta 1986, S. 111. *Das Jahr der Seele*. Bearb. von Georg P. Landmann. Bd. IV, Stuttgart: Verlag Klett-Cotta 1982, S. 15. *Die Bücher der Hirten- und Preisgedichte. Der Sagen und Sänge und der Hängenden Gärten*. Bearb. von Ute Oelmann. Bd. III, Stuttgart: Verlag Klett-Cotta 1991, S. 61.

MIHALY CSIKSZENTMIHALYI

LEBE GUT!

Dieses Buch handelt vom Glück, vom persönlichen Glück eines jeden Menschen. Mihaly Csikszentmihalyi, der in Italien geborene Sproß ungarischer Eltern, der jetzt in Chicago lehrt, zeigt, wie man auf dem persönlichen Weg weiterkommen kann und auf was man achten muß, wenn man nach seinem Glück sucht. Denn nichts ist so schwierig, wie ein sinnerfülltes, glückliches Leben zu führen.

DER INHALT DER ERFAHRUNG

Wir haben gesehen, daß die produktiven, die erhaltenden und die Freizeitaktivitäten den Großteil unserer psychischen Energie beanspruchen. Doch die eine Person liebt vielleicht ihre Arbeit und die andere haßt sie; der eine genießt möglicherweise seine Freizeit, und der andere langweilt sich, wenn er nichts zu tun hat. Das, womit wir uns tagaus, tagein beschäftigen, hat viel mit der Qualität unseres Lebens zu tun; doch wie wir unser Tun erleben, ist noch wichtiger.

In mancher Hinsicht sind Emotionen die subjektivsten Elemente des menschlichen Bewußtseins, da allein die Person selbst erkennen kann, ob sie tatsächlich Liebe, Scham, Dankbarkeit oder Glück empfindet. Dennoch ist ein Gefühl zugleich der objektivste Inhalt des Geistes, weil im allgemeinen das »Kribbeln im Bauch«, das wir bekommen, wenn wir verliebt, beschämt, ängstlich oder glücklich sind, für uns wirklicher ist als alles, was wir in der äußeren Welt beobachten oder was uns die Wissenschaft oder die Logik lehrt. So geraten wir häufig in eine paradoxe Position: Betrachten wir andere, sind wir gleichsam Verhaltenspsychologen — wir tun als unerheblich ab, was sie sagen, und vertrauen nur dem, was sie tun. Betrachten wir dagegen uns selbst, gehen wir wie Phänomenologen vor und nehmen unsere inneren Gefühle ernster als äußere Ereignisse oder manifeste Handlungen.

Die Psychologie hat bis zu neun grundlegende Emotionen identifiziert, die sich bei den Angehörigen ganz verschiedener Kulturen zuverlässig durch den Gesichtsausdruck bestimmen lassen. Deswegen scheint es, als wäre allen Menschen — ebenso wie sie alle sehen und sprechen können — eine Reihe von Gefühlszuständen gemeinsam. Um es so weit wie möglich zu vereinfachen: Man kann sagen, daß sich alle Gefühle durch eine grundlegende Dualität auszeichnen — entweder sind sie positiv und angenehm oder negativ und unangenehm. Und ebendieses einfache Merkmal der Emotionen hilft uns, das zu wählen, was für unser Befinden gut ist. Ein Säugling fühlt sich zu einem menschlichen Gesicht hingezogen und strahlt, wenn er die Mutter sieht, weil dies ihm hilft, eine tiefe Bindung mit seiner Pflegeperson einzugehen. Wir verspüren Lust, wenn wir essen oder mit einem Angehörigen des anderen Geschlechts zusammen sind, weil unsere Gattung nicht überleben würde, wenn wir nicht nach dem Essen und Sex suchten. Und wir empfinden fast instinktiv Abneigung beim Anblick von Schlangen und Insekten, bei üblen Gerüchen und Dunkelheit — alles Dinge, die im Laufe der evolutionären Vergangenheit eine ernste Bedrohung für das Überleben darstellten.

Neben den »reinen«, genetisch programmierten Emotionen haben Menschen eine Vielzahl feiner und zärtlicher wie auch verderbter Gefühle entwickelt. Durch die Entstehung des selbstreflexiven Bewußtseins kann der Mensch auf eine Weise, wie es kein anderes Lebewesen vermag, mit seinen Gefühlen »spielen«, sie vortäuschen oder sogar manipulieren. Die Lieder, Tänze und Masken unserer Ahnen haben Furcht und Ehrfurcht, Freude und Rauschzustände hervorgerufen; die gleiche Wirkung haben heute Horrorfilme, Rauschmittel und Musik. Doch ursprünglich dienten Emotionen als Signale zur Entzifferung der äußeren Welt, wohingegen sie sich heute oft vom Objekt in der Wirklichkeit gelöst haben und man sich ihnen um ihrer selbst willen hingibt.

Glück ist das typische Beispiel einer positiven Emotion. Viele Denker seit Aristoteles haben schon diese Ansicht vertreten: Unser gesamtes Tun zielt auf das Erleben von Glück. Im Grunde begehren wir weder Reichtum noch Gesundheit noch Ruhm als solche — wir sehnen uns danach, weil wir hoffen, dadurch glücklich zu werden. Aber nach Glück streben wir nicht, um dadurch etwas anderes zu erwerben, sondern um seiner selbst willen. Wenn Glück also tatsächlich

das grundlegende Ziel im Leben ist: was wissen wir dann
darüber?

Bis zur Mitte des 20. Jahrhunderts widerstrebte es Psy-
chologen, das Thema »Glück« zu untersuchen, denn das in
den Sozialwissenschaften vorherrschende Paradigma des
Behaviorismus besagte, die subjektiven Emotionen seien
nicht hinreichend faßbar, um zum Gegenstand wissenschaftlicher Forschung gemacht zu werden. Seit der Empi-
rismus im akademischen Leben der USA in den letzten Jahr-
zehnten an Boden verloren hat – so daß die Bedeutung des
individuellen Erlebens wieder verstärkt zur Kenntnis
genommen wird –, werden die Studien zum Thema »Glück«
allerdings wieder energisch vorangetrieben.

Die dabei gewonnenen Erkenntnisse erscheinen sowohl
vertraut als auch überraschend. Verblüffend ist zum Beispiel folgende Einsicht: Trotz aller Probleme und Tragödien
sagen Menschen auf der ganzen Welt in der Regel, daß sie
eher glücklich als unglücklich seien. Bei repräsentativen
Untersuchungen in den USA gibt in der Regel ein Drittel der
Befragten an, sie seien »sehr glücklich«, und nur ein Zehn-
tel, sie seien »überhaupt nicht glücklich«. Die Mehrheit
stuft sich oberhalb der mittleren Markierung als »ziemlich
glücklich« ein. Ähnliche Ergebnisse haben Untersuchungen
aus Dutzenden anderer Länder erbracht. Wie ist das möglich, wo doch zu allen Zeiten Philosophen in ihren Reflexionen über unser bisweilen so kurzes und schmerzliches
Leben wiederholt zum Ausdruck gebracht haben, daß die

Erde ein Jammertal sei und daß wir Menschen einfach nicht fürs Glück geschaffen seien? Vielleicht liegt der Grund für diesen Widerspruch ja darin, daß Propheten und Philosophen nicht selten Perfektionisten sind und jede Form von Unvollkommenheit als eine Art von »Beleidigung« empfinden, während wir anderen schon froh sind, trotz all dieser Mängel und Fehler überhaupt am Leben zu sein.

Natürlich gibt es auch eine pessimistischere Erklärung, und die lautet: Wer von sich behauptet, einigermaßen glücklich zu sein, täuscht entweder den Forscher, der die Umfrage durchführt, oder aber – und das ist wahrscheinlicher – er »pfeift im dunklen Wald«. Schließlich haben wir uns seit Karl Marx an den Gedanken gewöhnt, daß sich ein Fabrikarbeiter zwar für glücklich halten mag, daß dieses subjektive Glücksempfinden jedoch eine Selbsttäuschung ist und nichts bedeutet, da er objektiv durch das System, das seine Arbeitskraft ausbeutet, entfremdet ist. Jean-Paul Sartre hat uns erklärt, daß die meisten Menschen unter einem »falschen Bewußtsein« litten und sich selber einredeten, sie lebten in der besten aller möglichen Welten. In jüngerer Zeit haben Michel Foucault und die postmodernen Denker deutlich gemacht, daß das menschliche Sprechen überhaupt nicht die wirklichen Ergebnisse widerspiegele, daß es sich dabei vielmehr um eine Form der Erzählung, um ein selbstreferentielles Reden handele. Solche Kritiken der Selbstwahrnehmung beleuchten zwar wichtige Themen, die man zur Kenntnis nehmen muß, doch leiden sie unter der intellektuellen Anmaßung von Gelehrten, die glauben, die eigenen Deutungen der Wirklichkeit sollten Vorrang vor der unmittelbaren Erfahrung der Mehrheit haben. Trotz der tiefreichenden Zweifel Marx', Sartres und Foucaults bin ich jedoch der Ansicht: Sagt jemand von sich, er sei »ziemlich glücklich«, so hat niemand das Recht, diese Äußerung außer acht zu lassen oder sie dahingehend zu interpretieren, daß sie das Gegenteil meint.

Eine andere Reihe vertrauter und dennoch erstaunlicher Ergebnisse hängt mit der Beziehung von materiellem Wohlergehen und Glück zusammen. Erwartungsgemäß bewerten sich die Einwohner wohlhabender und politisch stabiler Länder als besonders glücklich (z. B. sagen Schweizer und Norweger häufiger, sie seien glücklich, als Griechen oder Portugiesen). Dies gilt allerdings nicht in allen Fällen (z. B. behaupten die ärmeren Iren häufiger, glücklich zu sein, als die reicheren Japaner). Aber innerhalb ein und derselben Gesellschaft besteht nur ein sehr geringer Zusammenhang zwischen der Finanzkraft des einzelnen und seiner Zufriedenheit mit dem Leben. So empfinden sich beispielsweise Milliardäre in den USA nur geringfügig als glücklicher als US-Amerikaner mit einem mittleren Einkommen. Und obwohl sich – bei inflationsbereinigtem Dollarwert – die privaten Einkommen in den Vereinigten Staaten zwischen 1960 und den 90er Jahren verdoppelt haben, ist der Anteil der Personen, die von sich behaupten, sehr glücklich zu sein, stetig bei 90 Prozent geblieben. Eine Schlußfolgerung, die diese Ergebnisse zu rechtfertigen scheinen, besagt: Jenseits der Schwelle der Armut lassen sich die Chancen, glücklich zu werden, auch durch zusätzliche Ressourcen nicht merklich steigern.

Das Maß, in dem sich Menschen als glücklich einschätzten, ist auch von einer Reihe von Persönlichkeitsmerkmalen abhängig. Zum Beispiel wird sich ein extrovertierter Typ, der gesund ist, über eine große Selbstachtung verfügt, in einer stabilen Ehe lebt und gläubig ist, sehr viel eher als glücklich bewerten als ein chronisch kranker, introvertierter und geschiedener Atheist mit geringem Selbstwertgefühl. Bei der Analyse dieser Beziehungs»cluster« hat der Skeptizismus der postmodernen Kritik durchaus Sinn. So wird beispielsweise eine gesunde, gläubige Person eine »glücklichere« Erzählung über ihr Leben konstruieren als eine unzufriedene, und zwar ungeachtet der tatsächlichen Qualität ihres Erlebens. Da wir das »Roh«material der Erfahrung stets durch den Filter unserer Deutungen wahrnehmen, bilden die Geschichten, die wir über unser Befinden erzählen, einen wesentlichen Bestandteil unserer Emotionalität. Aus diesem Grund wird eine Frau, die sagt, sie sei glücklich, und die zwei Jobs hat, um ihren Kindern ein Dach über dem Kopf zu bieten, in der Tat glücklicher sein als eine Frau, die es nicht einsieht, warum sie sich in einem einzigen Job abrackern soll.

Aber Glück ist sicherlich nicht die einzige Emotion, die es verdient, genauer betrachtet zu werden. Will man die Qualität des Alltagslebens steigern, ist Glück vielleicht sogar der falsche Ausgangspunkt. Zum einen variieren Selbst-Berichte über Glück nicht in dem Ausmaß von Person zu Person, wie dies bei anderen Gefühlen der Fall ist; denn so unerfüllt ein Leben auch sein mag – die meisten Menschen gestehen es sich nur höchst ungern ein, daß sie unglücklich sind. Und zum andern sagt dieses Gefühl eher etwas über eine Person allgemein aus als über eine Person in einer Situation. Anders ausgedrückt: Mit der Zeit halten sich manche Menschen schließlich den äußeren Umständen zum Trotz für glücklich, während andere gewohnheitsmäßig vergleichsweise unzufrieden sind, und das ganz unabhängig davon, was ihnen widerfährt. Die anderen Gefühle werden sehr viel stärker durch unser Tun beeinflußt, davon, mit wem man zusammen ist, oder auch vom Ort, an dem man sich gerade befindet. Diese Stimmungen sind einer direkten Veränderung leichter zugänglich, und weil sie zudem mit unserem Glücksempfinden in Zusammenhang stehen, können sie auf lange Sicht vielleicht das Durchschnittsniveau menschlichen Glücks heben.

Als wie aktiv, stark und aufmerksam man sich empfindet, hängt beispielsweise zu einem großen Teil davon ab, was man tut. Befassen wir uns mit einer schwierigen Aufgabe, nehmen diese Empfindungen an Intensität zu; sie nehmen an Intensität ab, wenn wir bei unseren Bemühungen scheitern oder überhaupt nichts versuchen. Wofür wir uns entscheiden, kann sich deswegen auch direkt auf unser

Gefühlsleben auswirken. Weil wir uns zudem eher glücklich fühlen, wenn wir voller Energie und Tatkraft sind, kann sich im Laufe der Zeit die Entscheidung für ein bestimmtes Tun dann auch auf unser Glück auswirken. Entsprechend empfinden die meisten Menschen, daß sie im Zusammensein mit anderen fröhlicher und umgänglicher sind, als wenn sie allein sind. Einmal mehr besteht zwischen Fröhlichkeit sowie Geselligkeit und Glück ein enger Zusammenhang – was vermutlich erklärt, warum extrovertierte Menschen im Durchschnitt glücklicher sind als introvertierte.

Die Lebensqualität hängt aber nicht allein von Glücksgefühlen ab, sondern auch davon, was man für sein Glück tut. Steckt man sich keine Ziele, die der eigenen Existenz einen Sinn verleihen, und setzt man seinen Geist nicht ganz ein, dann erreichen die angenehmen Gefühle nur einen Bruchteil unseres Potentials. Von einem Menschen, der innere Ruhe und Zufriedenheit erlangt, indem er sich von anderen zurückzieht und »seinen Garten bebaut«, so wie Candide bei Voltaire, läßt sich wohl kaum behaupten, daß er ein erfülltes Leben führe. Hat man keine Träume und geht man keine Wagnisse ein, läßt sich nur ein blasser Abklatsch von Leben zustande bringen.

Emotionen verweisen auf innere Zustände des Bewußtseins. Negative Gefühle wie Traurigkeit, Furcht, Angst oder Langeweile rufen im Geist »psychische Entropie« hervor, das heißt einen Zustand, in dem wir unsere Aufmerksamkeit nicht wirksam einsetzen, um uns Aufgaben in der Außenwelt zu widmen, weil wir sie zur Wiederherstellung unserer subjektiven inneren Ordnung benötigen. Positive Empfindungen wie Glück, Stärke oder Wachheit sind dagegen Zustände der »psychischen Negentropie«, da sich unsere Aufmerksamkeit nicht beim Grübeln oder bei Selbstmitleid aufbraucht und unsere seelische Energie so ungehindert in die Gedanken beziehungsweise die Aufgaben fließen kann, in die wir sie aufgrund unseres Entschlusses investieren.

Hat man sich entschieden, sich einer anstehenden Aufgabe zu widmen, dann hat man sich, wie man sagt, »etwas vorgenommen« oder »ein Ziel gesetzt«. Wie lange und wie intensiv wir an unseren Zielen festhalten, hängt von unserer Motivation ab. Deshalb sind Absichten, Ziele und Motivationen Erscheinungsformen psychischer Negentropie. Sie »zentrieren« die psychische Energie, legen Prioritäten fest und schaffen so Ordnung im Bewußtsein. Fehlt diese Struktur, werden unsere Denkvorgänge willkürlich, und in vielen Fällen wird sich auch unser Gefühlsleben rasch abschwächen.

Ziele sind normalerweise hierarchisch angeordnet. Dabei kann das Spektrum von recht trivialen Entscheidungen, beispielsweise eine Eisdiele aufzusuchen und ein Eis zu kaufen, bis zu dem Entschluß reichen, sein Leben für sein Heimatland aufs Spiel zu setzen. Im Verlauf eines durchschnittlichen Tages tun Menschen, so sagen sie, zu einem

Drittel ihrer Zeit das, was sie tun, auf eigenen Wunsch, zu einem Drittel, weil sie es mußten, und während des letzten Drittels, weil sie nichts Besseres vorhatten. Die Anteile unterscheiden sich jeweils nach Alter, Geschlecht und Tätigkeit; Kinder glauben, daß ihnen mehr Wahlmöglichkeiten offenstehen als ihren Vätern; Männer meinen, sie hätten mehr Optionen als ihre Ehefrauen; was man zu Hause tut, wird eher als freiwillig wahrgenommen als das, was man im Beruf tut.

Zwar sprechen recht viele Anzeichen dafür, daß sich jemand dann am wohlsten fühlt, wenn sein Tun freiwillig ist, doch geht es ihm nicht am schlechtesten, wenn er aus Pflicht handelt. Dagegen stellt sich das höchste Maß an psychischer Entropie dann ein, wenn das Handlungsmotiv auf dem Gefühl beruht, nichts anderes zu tun zu haben. Daher sind sowohl eine intrinsische Motivation (etwas tun wollen) als auch eine extrinsische Motivation (etwas tun müssen) dem Zustand vorzuziehen, in dem man wie zufällig und ohne irgendein Ziel handelt, auf das man sich konzentrieren könnte. Da viele Menschen einen großen Teil des Lebens auf solche Weise als grundlos und »motivationslos« erleben, bleibt für den einzelnen viel Raum zu Verbesserungen.

Absichten konzentrieren unsere psychische Energie auf kurze Sicht, während Ziele in der Regel langfristig ausgerichtet sind. Welche Ziele wir verfolgen, wird am Ende formen und bestimmen, welche Art des Selbst wir im Laufe der Zeit entwickeln. Was die Ordensschwester Mutter Teresa radikal von der Popsängerin Madonna unterscheidet, sind die Ziele, in die sie jeweils zeit ihres Lebens Aufmerksamkeit investiert haben. Fehlt ein Zusammenhang von Zielen, läßt sich vermutlich kein einheitliches Ich entwickeln. Erst durch den geregelten Einsatz unserer psychischen Energie, den uns Ziele ermöglichen, bringt man Ordnung in seine Erfahrungen. Diese Ordnung, die sich in vorhersehbaren Handlungen, Gefühlen und Entscheidungen zeigt, wird dann im Laufe unseres Lebens als mehr oder weniger einzigartiges »Selbst« erkennbar.

Die Ziele, die man anstrebt, prägen darüber hinaus auch unsere Selbstachtung. Vor mehr als hundert Jahren schrieb William James, daß unsere Selbstachtung vom Verhältnis von Erwartungen und Erfolgen abhängt. So kann eine Person ein niedriges Selbstwertgefühl entwickeln, entweder weil ihre Ziele zu hoch gesteckt sind oder weil sie zu wenig Erfolg hat. Deshalb verfügt nicht zwangsläufig der, welcher am meisten leistet, über die größte Selbstachtung. Anders, als man erwarten würde, haben asiatisch-amerikanische Schüler mit ausgezeichneten Zensuren häufig ein niedrigeres Selbstwertgefühl als die in schulischer Hinsicht weniger erfolgreichen Angehörigen anderer Minderheiten, weil die Ziele der ersteren im Verhältnis zu ihren Erfolgen bedeutend höher angesetzt sind. Mütter, die ganztätig arbeiten, haben eine geringere Selbstachtung als nicht berufstätige Mütter. Erstere erreichen zwar mehr, aber ihre Erwartungen übersteigen zugleich auch die Erfolge. Im Gegensatz zur weitverbreiteten Vorstellung ist es deshalb nicht immer ratsam, die Selbstachtung eines Kindes zu steigern — zumal nicht dadurch, daß man seine Erwartungen herunterschraubt.

Es gibt noch andere falsche Vorstellungen, was Absichten und Ziele betrifft. So weisen manche Autoren darauf hin, daß die Religionen des Ostens, zum Beispiel einige Formen des Hinduismus und Buddhismus, die Abschaffung der Intentionalität als Voraussetzung für Glück begriffen hätten. Einzig durch den Verzicht auf jedwedes Verlangen und durch die Erlangung einer absichtslosen Existenz könne man hoffen, Unglück zu vermeiden, heißt es. Viele junge Leute in Europa und Amerika hat dieser Gedankengang derart beeindruckt, daß sie versuchten, sämtliche Ziele zurückzuweisen — weil ihrer Meinung nach einzig und allein ein völlig spontanes und willkürliches Verhalten zum »erleuchteten« Leben führt.

Meiner Ansicht nach ist diese Lesart der Botschaft aus dem Osten ziemlich oberflächlich. Schließlich stellt das Bemühen, jegliches Verlangen abzuschaffen, an sich schon ein ungeheuer schwieriges und ehrgeiziges Unterfangen dar. Die meisten Menschen sind so tiefgreifend durch genetisch und kulturell bedingte Wünsche programmiert, daß es zu ihrer Befriedigung einer geradezu übermenschlichen Willenskraft bedarf. Wer erwartet, durch Spontaneität die Festlegung von Zielen vermeiden zu können, folgt meist nur blindlings den Zwecken, die von Instinkten und Erziehung vorgegeben werden. Und am Ende entwickelt sich der

Betreffende gar nicht selten zu einer so armseligen, von Lüsten bestimmten und vorurteilsbeladenen Person, daß ein guter und weiser buddhistischer Mönch entsetzt wäre.

Die wahre Botschaft der östlichen Religion zielt, so scheint mir, nicht auf die Abschaffung aller Ziele ab. Vielmehr wird uns geraten, den meisten unserer Absichten, die wir spontan entwickeln, mit Mißtrauen zu begegnen. Um in einer bedrohlichen, von Mangel beherrschten Welt überleben zu können, haben uns die Gene so programmiert, daß wir gierig sind, nach Macht streben und andere dominieren wollen. Aus demselben Grund lehrt die soziale Gruppe, in die man hineingeboren wird, nur demjenigen zu vertrauen, mit dem uns eine gemeinsame Sprache und Religion verbindet. Die Vergangenheit mit ihrer Trägheit und ihrer Unbeweglichkeit bedingt, daß das genetische oder kulturelle Erbe einen großen Teil unserer Ziele prägt. Ebendiese Ziele, so erklären uns Buddhisten, müssen wir lernen, »in den Griff zu bekommen«. Ein solches Vorhaben erfordert allerdings eine ausgesprochen starke Motivation. Paradoxerweise kann die Zielsetzung, programmierte Ziele zurückzuweisen, verlangen, daß man ständig seine ganze psychische Energie investiert. Da ein Yogi oder ein buddhistischer Mönch jedes bißchen Konzentration braucht, damit die programmierten Begierden nicht in sein Bewußtsein eindringen, bleibt ihm kaum seelische Kraft für irgend etwas anderes. Folglich entspricht die Praxis der östlichen Religionen fast genau dem Gegenteil der im Westen üblichen Deutung.

Daß man mit den eigenen Zielen umzugehen lernt, ist ein wichtiger Schritt, um Erfüllung im Alltag zu erreichen. Dies beinhaltet jedoch weder die Extremform der Spontaneität auf der einen noch die der zwanghaften Kontrolle auf der anderen Seite. Die beste Lösung besteht vielleicht darin, zu verstehen, woher die eigene Motivation kommt, und sich, während man erkennt, wohin die eigenen Wünsche gehen, in aller Bescheidenheit Ziele zu setzen und Ordnung im Bewußtsein zu schaffen, ohne daß man allzuviel Unordnung in der sozialen oder materiellen Umgebung hervorruft. Weniger als das zu versuchen heißt, die Gelegenheit versäumen, das eigene Potential auszuschöpfen, und mehr zu versuchen bedeutet, das eigene Scheitern vorzuprogrammieren.

Die dritte Art von Inhalten des Bewußtseins, neben Gefühlen und Zielen, bilden die kognitiven Operationen des Geistes. Das Thema »Denken« ist so komplex, daß eine systematische Behandlung an dieser Stelle völlig ausgeschlossen ist. Statt dessen sollte man es so vereinfachen, daß man über es im Rahmen des alltäglichen Lebens sprechen kann. Überdies ist Denken ein Vorgang, der unsere seelische Energie strukturiert. Gefühle konzentrieren die Aufmerksamkeit, indem sie den gesamten Organismus entweder in einer Weise der Annäherung oder der Vermeidung aktivieren. Ziele bewirken das gleiche, indem sie uns eine Vorstellung von den ersehnten Ergebnissen liefern. Gedanken ordnen die Aufmerksamkeit, indem sie Bilderfolgen erzeugen, die auf irgendeine bedeutungsvolle Weise miteinander zusammenhängen.

So besteht beispielsweise eine der Grundoperationen des Geistes in der Verknüpfung von Ursache und Wirkung. Wie dies im Leben eines Menschen geschieht, läßt sich mühelos bei einem Kleinkind beobachten, das zum erstenmal entdeckt, daß es durch eine Handbewegung das Glöckchen über seinem Bett zum Klingeln bringen kann. Diese einfache Verbindung liefert das Modell, auf dem viele unserer späteren Denkvorgänge beruhen.

Im Laufe der Zeit nehmen die Schritte, die von den Ursachen zu den Wirkungen führen, jedoch an Abstraktheit zu und entfernen sich immer weiter von der konkreten Wirklichkeit. So erwägt etwa ein Elektriker, ein Komponist oder ein Börsenmakler gleichzeitig Hunderte möglicher Verknüpfungen zwischen den Symbolen, mit denen sein Verstand operiert — zwischen Watt und Ohm, Noten und Takten, Kaufen und Verkaufen von Aktien.

Mittlerweile dürfte klar geworden sein, daß Gefühle, Absichten und Gedanken in unserem Bewußtsein keine je eigenen, voneinander getrennten Erlebnisfolgen sind, sondern daß sie ständig miteinander verknüpft sind und einander beeinflussen, indem sie auftreten. Ein Beispiel: Ein junger Mann verliebt sich, und er erfährt all die für die Liebe charakteristischen Gefühle. Da er beabsichtigt, das Herz seiner Angebeteten zu erobern, beginnt er darüber nachzudenken, wie er ans Ziel seiner Wünsche gelangen könnte. Er nimmt an, daß ihn die junge Frau beachten wird, wenn er sich einen flotten Schlitten zulegt. Damit er sich ein neues Auto kaufen kann, wird nun das Ziel »Geld verdienen« in das Vorhaben, der Freundin den Hof zu machen, eingebettet. Aber nun kann die Tatsache, daß er mehr arbeiten muß, der ersehnten Angelpartie mit Freunden in die Quere kommen und negative Gefühle hervorrufen, die wiederum neue Gedanken erzeugen, die ihrerseits vielleicht die Ziele des jungen Mannes in Übereinstimmung mit seinen Gefühlen bringen – der Erlebnisstrom birgt viele solcher Informationen gleichzeitig.

Wer Denkoperationen bis zu einer gewissen Tiefe ausführen will, muß lernen, sich zu konzentrieren. Lenkt man seine Aufmerksamkeit nicht auf etwas Bestimmtes, dann gerät das Bewußtsein in einen Zustand des Chaos. Im Normalzustand muß der Geist einen wahren Ansturm von Informationen bewältigen: Willkürliche Gedanken folgen blitzschnell aufeinander, anstatt sich in logischen kausalen Folgen anzuordnen. Wenn man nicht gelernt hat, sich zu konzentrieren und sich anzustrengen, zerstreuen sich die Gedanken, ohne daß man zu irgendwelchen Schlußfolgerungen gelangt. Sogar zum Tagträumen – also zur Verknüpfung von angenehmen Vorstellungsbildern, die eine Art Film im Kopf erzeugen – braucht man Konzentrationsfähigkeit; offenbar können aber heute viele Kinder ihre Aufmerksamkeit nicht mehr so weit steuern, daß sie zu Tagträumen imstande sind.

Die Konzentration verlangt um so größere Anstrengungen, je stärker sie unseren Gefühlen und Motivationen »gegen den Strich geht«. Deshalb wird es einem Schüler, dem Mathematik ein Greuel ist, schwerfallen, sich so lange auf ein Lehrbuch zur Differential- und Integralrechung zu konzentrieren, bis er die darin enthaltenen Informationen aufgenommen hat, und er wird starker Anreize bedürfen (z. B., keine »5« zu bekommen), damit er sich weiter konzentrieren kann. Je schwieriger eine Aufgabe ist, desto schwerer fällt es in der Regel, sich auf sie zu konzentrieren. Wenn man aber etwas gern tut und dazu auch motiviert ist, kann man sich sogar dann mühelos konzentrieren, wenn sich objektiv große Schwierigkeiten einstellen.

Wenn das Thema »Denken« aufkommt, glaubt man meistens, es gehe in erster Linie um die Frage der Intelligenz. Dabei interessiert man sich vor allem für die Unterschiede zwischen den Individuen in ihrem Denkvermögen, etwa im Sinn der Sätze: »Wie hoch ist mein IQ?« oder »Er ist ein Mathematikgenie«. Intelligenz spielt bei einer Vielfalt mentaler Prozesse eine Rolle, zum Beispiel dabei, wie leicht es jemandem fällt, mathematische Größen zu erfassen und mit ihnen umzugehen, oder dabei, mit wieviel Gespür jemand die Informationen aufnimmt, die in Wörtern enthalten sind. Wie Howard Gardner gezeigt hat, läßt sich der Begriff »Intelligenz« jedoch so stark erweitern, daß er die Fähigkeit einschließt, alle möglichen Informationen – darunter Muskelempfindungen, Klänge, Gefühle und visuelle Formen — zu unterscheiden und einzusetzen. So werden manche Kinder mit einer überdurchschnittlichen Empfindungsfähigkeit gegenüber Klängen geboren. Sie sind in der Lage, Töne und Tonhöhen besser als ihre Altersgenossen zu unterscheiden, und wenn sie älter sind, fällt es ihnen leichter, Noten zu lesen und mehrstimmige Lieder mitzusingen. Entsprechend können aus kleineren Vorteilen am Beginn des Lebens große Unterschiede auf dem Gebiet der visuellen, sportlichen oder mathematischen Fähigkeiten werden.

Angeborene Begabungen können sich jedoch nur dann zu einer reifen Intelligenz entwickeln, wenn man lernt, seine Aufmerksamkeit zu steuern. Nur durch die umfassende Investition von psychischer Energie kann ein musikalisches Kind zum Musiker oder ein mathematisch begabtes Kind zum Ingenieur oder Physiker werden. Der Erwerb der erforderlichen Kenntnisse und Fähigkeiten, mit denen man die geistigen Operationen vollziehen kann, die einem berufstätigen Erwachsenen abverlangt werden, erfordert erhebliche Anstrengungen. Mozart war ein Wunderkind und ein Genie; aber nur weil der Vater den Sohn zum Üben zwang, kaum daß dieser den Windeln entwachsen war, konnte sich seine Begabung in so hohem Maße entfalten. Indem man lernt, sich zu konzentrieren, gewinnt man die Kontrolle über die seelische Energie, den grundlegenden »Treibstoff«, von dem alles Denken abhängt.

Im Alltagsleben kommt es selten vor, daß sich die verschiedenen Erlebnisinhalte im Einklang miteinander befinden. Im Büro ist meine Aufmerksamkeit vielleicht konzentriert, weil der Chef mir eine Aufgabe übertragen hat, die gründliches Nachdenken verlangt. Weil ich dieser besonderen Tätigkeit meistens aber nur höchst ungern nachgehe, bin ich von der Sache her, also intrinsisch, nicht besonders motiviert. Gleichzeitig lenken mich möglicherweise Angstgefühle ab, die dem launischen Verhalten meines heranwachsenden Sohnes gelten. Deshalb konzentriert sich ein Teil meiner Gedanken zwar auf die Aufgabe, aber ich gehe nicht völlig darin auf. Das heißt aber nicht, daß in meinem Geist ein völliges Durcheinander herrscht, sondern nur, daß in meinem Bewußtsein ein gewisses Maß an Entropie herrscht: das heißt, Gedanken, Gefühle und Absichten treten in den Vordergrund und verschwinden dann wieder, wobei sie gegensätzliche Anreize hervorrufen, so daß ich mich erst für die eine und dann wieder für eine andere Sache interessiere. Oder, um ein anderes Beispiel anzuführen: Vielleicht gehe ich nach Büroschluß noch gerne mit Freunden ein Glas Bier trinken, bekomme jedoch Schuldgefühle, weil ich nicht gleich nach Hause zu meiner Familie zurückkehre, und bin wütend auf mich, weil ich Zeit und Geld vergeude.

Diese beiden Szenarien sind im Grunde nicht ungewöhnlich. Das Alltagsleben ist voll davon: Nur selten empfinden wir die innere Ruhe und Ausgeglichenheit, die entsteht, sobald das Herz, der Wille und der Geist »mit einer Stimme

sprechen«. Statt dessen »drängeln« sich die widerstreiten-
den Wünsche, Absichten und Gedanken im Bewußtsein, so
sehr wir uns auch bemühen, sie zu ordnen.

Aber betrachten wir nun einige andere Möglichkeiten.
Stellen Sie sich vor, Sie wedeln einen Berg hinunter: Sie konzentrieren sich auf Ihre Bewegungen, die Position der Skier,
den Luftstrom, der Ihnen am Gesicht vorbeipfeift, die vor-
beihuschenden schneebedeckten Bäume. In Ihrem Kopf ist
jetzt kein Raum mehr für Konflikte oder Widersprüche.
Immerhin könnte ein ablenkender Gedanke oder ein ablen-
kendes Gefühl dazu führen, daß Sie kopfüber im Schnee lan-
den. Und wer wollte das riskieren? Sie finden Ihre Abfahrt
absolut phantastisch und möchten nur eines: daß sie ewig
dauern möge und Sie völlig in diese Erfahrung eintauchen
könnten.

Wenn Skilaufen Ihnen nicht sehr viel bedeutet, stellen
Sie sich einmal andere Aktivitäten vor, in die man »ein-
taucht«: Dabei kann es sich darum handeln, in einem Chor
zu singen, einen Computer zu programmieren, zu tanzen,
eine Partie Bridge zu spielen oder ein gutes Buch zu lesen.
Oder wenn Sie Ihren Beruf lieben, so wie viele Leute, kann
es der Augenblick sein, da Sie sich ganz und gar in eine
schwierige chirurgische Operation vertiefen oder in einem
schwierigen Geschäftsabschluß aufgehen. Dieses völlige
»Aufgehen« in einer Tätigkeit kann auch während sozialer
Interaktion stattfinden, beispielsweise wenn sich gute
Freunde unterhalten oder eine Mutter mit ihrem Kind

spielt. Gemeinsam ist solchen Momenten, daß das Bewußtsein voller Erlebnisse ist, die sich miteinander im Einklang
befinden. Im Unterschied zu dem, was uns allzuoft im Alltag widerfährt, befinden sich unser Fühlen, unser Wollen
und Denken in diesen Augenblicken in Übereinstimmung.

Diese außergewöhnlichen Momente habe ich als *flow*-
Erlebnisse oder -Erfahrungen bezeichnet. Mit der Metapher
des »flow« haben Menschen vielfach das Gefühl mühelosen
Handelns beschrieben, das sich in Augenblicken einstellt,
die in ihrem Leben als besonders schön herausragen. Sport-
ler nennen diese Erfahrung »an die Grenze gehen«, Mystiker
sprechen vom Zustand der »Ekstase«, Künstler und Musiker
von einer Art ästhetischer Verzückung. Zwar geraten Sport-
ler, Mystiker und Künstler auf ganz unterschiedlichen
Wegen in den *flow*-Zustand, doch beschreiben sie ihr Erleben auf verblüffend ähnliche Weise.

In der Regel stellt sich *flow* ein, wenn sich eine Person
einem deutlichen Zusammenhang von Zielen gegenüber-
sieht, die angemessene Vorgehensweisen erfordern. Bei
Spielen wie Schach, Tennis oder Poker gerät man leichter in
flow, weil die Ziele und Handlungsregeln es dem Spieler
ermöglichen, zu handeln, ohne sich zu fragen, was er tun
und wie er es tun sollte. Für die Dauer der Partie lebt der
Spieler in einem geschlossenen Universum, in dem gleichsam alles schwarz oder weiß ist. Dieselbe Zielstrebigkeit entsteht auch, wenn man ein religiöses Ritual ausübt, ein
Musikstück spielt, einen Gobelin webt, ein Computerpro-

gramm schreibt, auf einen Berg steigt oder eine Operation durchführt. Tätigkeiten, die *flow* erzeugen, kann man als »*flow*-Aktivitäten« bezeichnen, weil sich bei ihnen die Wahrscheinlichkeit einer solchen Erfahrung erhöht. Im Gegensatz zum normalen Leben lassen *flow*-Tätigkeiten zu, daß man sich auf eindeutig bestimmte und miteinander vereinbare Ziele konzentrieren kann.

Ein weiteres typisches Merkmal von *flow*-Aktivitäten besteht darin, daß sie uns sofortiges »Feedback« geben, das heißt, man weiß genau, wie gut man etwas gemacht hat. Nach jedem Spielzug kann man feststellen, ob man seine Position verbessert hat oder nicht. Nach jedem Schritt weiß der Bergsteiger, daß er ein paar Zentimeter höher gestiegen ist. Nach jedem Takt eines Liedes hört man, ob die Noten, die man angeschlagen hat, der Partitur entsprechen. Der Weber sieht, ob die letzte Reihe der Stiche zum Muster des Gobelins paßt. Die Chirurgin erkennt, und zwar schon während sie den Schnitt vornimmt, ob sie es vermieden hat, mit dem Skalpell ein Blutgefäß zu durchtrennen, oder ob es zu einer plötzlichen Blutung kommt. Im Büro oder zu Hause wissen wir dagegen manchmal lange Zeit nicht, was wir »geschafft« haben, während wir im *flow*-Zustand normalerweise genau darüber Auskunft geben können.

In der Regel entsteht *flow*, wenn wir unsere Fähigkeiten voll einsetzen, um eine Herausforderung zu bestehen, die wir gerade noch bewältigen können. Zum optimalen Erleben gehört normalerweise ein feines Gleichgewicht zwischen der eigenen Handlungsfähigkeit und den verfügbaren Möglichkeiten zum Handeln (siehe Abb.). Überfordert uns eine Aufgabe, so reagieren wir erst frustriert, dann besorgt und schließlich ängstlich. Ist eine Anforderung im Verhältnis zu den eigenen Fähigkeiten zu leicht, ist man erst entspannt und dann gelangweilt. Empfindet man das Niveau der Anforderungen wie auch den Grad des nötigen Könnens als eher niedrig, wird man am Ende teilnahmslos. Entspricht eine schwierige Herausforderung einem großen Können, so kann das zu einem völligen Aufgehen in der Aktivität führen. Darin unterscheidet sich der *flow*-Zustand vom normalen Leben. Der Bergsteiger hat dieses Gefühl, wenn ihm der Berg seine ganze Kraft und Energie abverlangt, die Sängerin, wenn das Lied den Einsatz ihres gesamten stimmlichen Spektrums verlangt, der Weber, wenn das Muster des Gobelins komplizierter ist als bei allen seinen vorhergehenden Arbeiten, und die Chirurgin, wenn eine Operation neue Techniken oder eine unerwartete Abänderung erfordert. An einem gewöhnlichen Tag empfindet man dagegen oftmals Angst und Langeweile.

Flow-Erfahrungen ermöglichen blitzartige Augenblicke intensiven Lebens vor diesem glanzlosen Hintergrund.

Sind die Ziele klar, ist Feedback vorhanden und befinden sich Anforderungen und Fähigkeiten im Gleichgewicht, wird die Aufmerksamkeit gelenkt und vollständig investiert. Wegen der umfassenden Anforderungen an die psy-

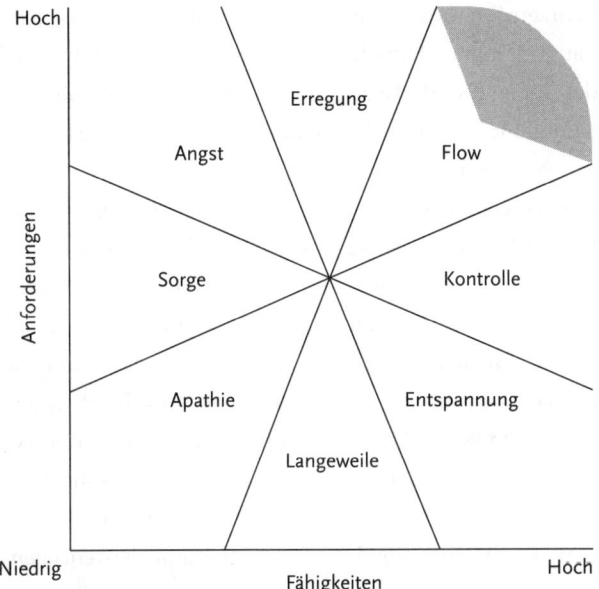

Die Erlebnisqualität als Funktion des Verhältnisses von Anforderungen und Fähigkeiten. Optimales Erleben oder *flow* stellt sich ein, wenn beide Variablen hoch sind.

Quellen: nach Massimini & Carli 1988; Csikszentmihalyi 1990.

chische Energie ist jemand, der *flow* erlebt, völlig auf etwas konzentriert. Nun ist im Bewußtsein kein Raum mehr für ablenkende Gedanken oder Gefühle, die nichts mit der Sache zu tun haben. Jede Gehemmtheit verschwindet, und man fühlt sich stärker als sonst. Das Zeitgefühl weicht vom normalen Empfinden ab: Stunden scheinen in Minuten dahinzueilen. Wenn das ganze Sein einer Person im völligen

»Wirken« von Körper und Geist beansprucht wird, ist jede Tätigkeit lohnend um ihrer selbst willen, und das Leben findet seine Rechtfertigung in sich. In der harmonischen Sammlung der körperlichen und seelischen Energie kommt es schließlich am Ende zu sich selbst.

Es ist vor allem dieses ungeteilte innere Beteiligtsein am *flow*-Erlebnis und weniger das Empfinden von Glück, das zu einem exzellenten Leben führt. Erleben wir *flow*, so sind wir nicht glücklich; denn um Glück zu empfinden, müssen wir uns auf innere Zustände konzentrieren, und das würde die Aufmerksamkeit von der momentanen Aufgabe abziehen. Nähme ein Bergsteiger sich Zeit für Glücksgefühle, wenn er an eine schwierige Passage kommt, könnte er in die Tiefe stürzen. Auch die Chirurgin kann sich während einer schwierigen Operation keine Hochstimmung leisten, ebensowenig wie ein Musiker, wenn er eine anspruchsvolle Sonate spielt. Erst wenn die Aufgabe bis zum Ende durchgeführt ist, haben wir Zeit und Muße und können auf das Geschehene zurückblicken. Dann aber überwältigt uns ein Gefühl der Dankbarkeit für das herausragende Erlebnis – und wir sind im nachhinein glücklich. Allerdings kann man auch ohne *flow*-Erlebnisse rundum zufrieden sein. So kann man sich auch über das passive Wohlgefühl durch einen ausgeruhten Körper, warmen Sonnenschein oder über eine heitere, ausgeglichene Partnerschaft freuen. Obendrein handelt es sich um Augenblicke, die man in lieber Erinnerung behält, auch wenn diese Art von Glück ausgesprochen zerbrechlich ist und von günstigen Umständen abhängt. Das Glück, das im *flow* erfahrbar wird, haben wir dagegen selbst verursacht, und es führt im Bewußtsein zu zunehmender Komplexität und verstärktem Wachstum.

Das Diagramm der Abbildung läßt sich auch so deuten, daß es die Ursachen anzeigt, warum *flow* zu persönlichem Wachstum führt. Nehmen wir an, jemand befindet sich in dem Bereich, der in dem Diagramm mit dem Begriff »Erregung« gekennzeichnet ist. Das ist gar kein schlechter Zustand, denn man ist erregt, konzentriert, tatkräftig und »bei der Sache« – aber man fühlt sich nicht besonders stark, fröhlich oder als Herr der Lage. Wie kann man nun in den erfreulicheren *flow*-Zustand gelangen? Die Antwort liegt auf der Hand: indem man neue Fähigkeiten, Fertigkeiten erwirbt. Oder betrachten wir den mit dem Begriff »Kontrolle« bezeichneten Bereich. Auch hier handelt es sich um einen positiven Erfahrungszustand, in dem man glücklich, stark und zufrieden ist. Aber meist fehlen uns die Konzentration, die innere Beteiligung sowie das Gefühl, daß unser Tun von Bedeutung ist. Wie gerät man also wieder in *flow*? Indem man die Anforderungen erhöht. Erregung und Kontrolle sind für das Lernen von großer Wichtigkeit. Die anderen Zustände sind weniger förderlich. Ist man beispielsweise ängstlich oder besorgt, erscheint der Schritt zum Erreichen von *flow* allzuoft so fern, daß man sich in eine weniger anspruchsvolle Situation zurückzieht, anstatt den Versuch zu wagen, sie zu bewältigen.

Deshalb dient das *flow*-Erlebnis als »Magnet« für Lernprozesse – das heißt, für die Entwicklung neuer Niveaus in den Anforderungen und Fähigkeiten. In einer idealen Situation würde sich eine Person ständig weiterentwickeln und dabei an allem, was sie tut, Freude haben. Leider kommt so etwas selten vor. Gewöhnlich sind wir so gelangweilt und teilnahmslos, daß wir nicht in den *flow*-Bereich kommen. Und deshalb füllt man den Geist mit konfektionierten, vorgefertigten Anreizen vom Video-Regal oder mit beliebigen anderen Formen professionell erstellter Unterhaltung. Oder wir fühlen uns ganz überwältigt und können uns nicht vorstellen, daß wir die erforderlichen Fähigkeiten entwickeln, und verfallen daher lieber in den von künstlichen Entspannungsmitteln wie Drogen oder Alkohol ausgelösten Zustand der Apathie. Man muß zwar viel Energie aufwenden, um optimale Erfahrungen zu machen, aber allzuoft sind wir unfähig oder nicht bereit, uns überhaupt erst einmal »richtig anzustrengen«.

Wie oft erlebt man *flow*? Das hängt davon ab, ob wir bereit sind, auch eine leichte Annäherung an den Idealzustand als Beispiel für *flow* zu akzeptieren. Fragt man beispielsweise eine ausgewählte Gruppe typischer Amerikaner: »Gehen Sie je in einer Sache so vollständig auf, daß nichts anderes mehr eine Rolle spielt und Sie alles um sich herum vergessen?«, so antwortet ungefähr ein Fünftel mit »ja«, das passiere ihnen oft, bis zu mehrere Male am Tag; 15 Prozent antworten mit »nein«, so etwas widerfahre ihnen nie. Diese

Häufigkeit ist anscheinend recht stabil und universell. Eine kürzlich durchgeführte Umfrage unter einer repräsentativen Auswahl von 6469 Deutschen zur selben Frage ergab folgende Antworten: »Oft«: 23 Prozent; »Manchmal«: 40 Prozent; »Selten«: 25 Prozent; »Nein« oder »Ich weiß nicht«: 12 Prozent. Bezöge man sich lediglich auf die intensivsten und erhabensten *flow*-Erlebnisse, so würden die Zahlen natürlich sehr viel niedriger liegen.

Im allgemeinen berichten Personen, sie erlebten *flow*, wenn sie ihrer Lieblingsbeschäftigung nachgehen — Gartenarbeit, Musikhören, Kegeln, beim Zubereiten einer guten Mahlzeit. *Flow* stellt sich aber auch beim Autofahren, bei Gesprächen mit Freunden und überraschend oft am Arbeitsplatz ein. Sehr selten stößt man auf Berichte von *flow*-Erfahrungen während passiver Freizeitbeschäftigungen wie beispielsweise Fernsehen oder Ausruhen. Weil aber beinahe jede Tätigkeit *flow* hervorrufen kann — vorausgesetzt, alle relevanten Elemente sind vorhanden —, wird es möglich, die Lebensqualität zu steigern, indem man dafür sorgt, daß klare Ziele, direktes Feedback, Fähigkeiten, die sich mit den Handlungsmöglichkeiten im Gleichgewicht befinden, sowie die übrigen Voraussetzungen für *flow* einen möglichst gleichbleibenden Bestandteil des Alltagslebens bilden.

Aus: Mihaly Csikszentmihalyi: *Lebe gut! Wie Sie das Beste aus Ihrem Leben machen.* Aus dem Amerikanischen von Michael Benthack, Stuttgart: Verlag Klett-Cotta 1999, S. 30–51.

GIULIA SISSA

DIE LUST UND DAS BÖSE VERLANGEN

Menschen sind unersättlich, sie wünschen, sie wollen, sie begehren
und sind doch nie auf Dauer zufriedenzustellen. Ihre Sorge um das
Glück kommt nie zur Ruhe, weil fast jeder Genuß, statt ihren sehn-
suchtsvollen Drang zu stillen, die Begierden erst anstachelt. Giulia
Sissa zeigt in ihrem Buch, daß Lusterfüllung häufig nicht zur Sättigung
oder gar zu innerem Frieden führt, sondern im Gegenteil viel öfter zu
einer Verstärkung des Verlangens, das immer wieder von neuem auf-
flammt.

DIE MENSCHLICHE BEGIERDE IST UNERSÄTTLICH

Die Rückkehr zu Freud von Jacques Lacan stellt sich in
Wahrheit als eine Rückkehr zu Platon heraus, zur griechischen Philosophie der Begierde, die sich in einer ununterbrochenen Bewegung befindet, auf asymptotischer Flug-
bahn, auf der immer wieder enttäuschenden Suche, die
trotzdem unaufhörlich wiederholt wird. Das Thema des
Unmöglichen, des Scheiterns, des Unvollendeten stachelt
das Lacansche Denken gründlich an und verleiht ihm eine
philosophische Kohärenz, deren antiker Widerhall mittlerweile vertraut klingen muß. Unmöglich ist da zunächst ein
Zustand des Genügens, in dem ein Objekt in der Lage wäre,
eine Begierde in angemessener, spezifischer Weise zufriedenzustellen. »Die Analyse zeigt, daß die Liebe im wesent-

lichen narzißtisch ist, und verrät, daß die Substanz des angeblich Objektiven – das sind scheinheilige Sprüche – in Wirklichkeit das ist, was in der Begierde den Rest, die Ursache nämlich, und die Aufrechterhaltung ihrer Unbefriedigtheit, ja seiner Unmöglichkeit ausmacht.« (Lacan 1975, S. 12) Anstelle des Freudschen Objekts – dem geeigneten Mittel, um eine bestimmte Triebregung effektiv zu befriedigen – führt Lacan das Motiv der Begierde ein, eine Art aristotelischen Beweger, der sich gleichsam oberhalb des appetitiven Hangs aufhält und dessen Schwung unterhält, statt ihm ein Ende zu setzen. Das Begehren wird von den Dingen in Bewegung gesetzt, die es determinieren und es lebendig halten, statt es zu besänftigen. Das Leben der Begierde ist ihre Unbefriedigtheit. Dies betrifft nicht nur, in pathologischer Hinsicht, die neurotischen Wünsche, wie wir es bei Freud gesehen haben, sondern das Begehren im allgemeinen, die Begierde des Menschen. Das Unbefriedigtsein koinzidiert mit der Struktur der Begierde selbst und als solcher. Zu diesem Fehler kommt noch ein weiterer: Der Genuß des anderen ist in gleicher Weise unerreichbar. Man genießt nur sein eigenes Sexualorgan, man gelangt nie in den vollständigen und absoluten Besitz des anderen Körpers. Ein begehrenswerter Körper lockt, kitzelt, weckt das Verlangen, aber er erfüllt nicht, denn er wirkt, insofern er Determination des Triebimpulses ist, und nicht – nach den objektiven *und freudianischen* scheinheiligen Sprüchen – als erreichbares Ziel. »Der Genuß des Anderen, der Körper des Anderen erhebt

sich von nirgends anders her als aus der Unendlichkeit.«
(Ebd., S. 13) Unvermeidliche Gedankenassoziation: Zenons
Paradox. »Achill kann, das steht fest, die Schildkröte nur
überholen, er kann sie nicht einholen. Erst im Unendlichen
holt er sie ein.« Der Genuß ist somit phallisch in dem Sinn,
daß er für uns in der Lust eines Teils unseres Körpers
besteht, eines Teils, der sich sozusagen vermittelnd zwischen uns und den anderen Menschen, der unsere Begierde
auslöst, drängt und uns ihm näherbringt, vor allem aber von
ihm trennt. Aus der Sicht dieses Genusses, der immer einen
Schritt hinter seiner Ursache herhinkt, gehen die Frauen
eine nach der anderen vorüber, Urgrund und Rest eines
unstillbaren Begehrens.

So sehr es das Freudsche Bemühen war, zu verstehen, wie
ein Trieb den Weg zu der bewußten und geeigneten Befriedigung findet, die auf ihn wartet und uns endlich von ihm
befreit, so sehr ist es die Lacansche Befürchtung, mitanse-
hen zu müssen, wie die Begierde im Genuß verkümmert,
sich erschöpft und auslöscht. Mit dem Nirwana-Genuß-
Modell konfrontiert, scheint Lacan sich darum zu sorgen,
die Begierde zu retten, sie vor der vernichtenden Befriedigung zu beschützen. »Man muß sich fragen, auf welche
Weise man anständig mit den Begierden umgehen kann.
Das heißt, wie läßt sich das Begehren im Akt retten? Das
Begehren findet normalerweise im Akt eher seinen Kollaps
als seine Verwirklichung, und im besten Fall stellt er nur
seine Höchstleistung, seine heroische Geste dar. Wie, frage

ich, dem Akt das Verlangen bewahren, das, was man auch als einfache oder heilsame Beziehung bezeichnen könnte?« (Lacan 1991, S. 14) Durch eine buchstabengetreue Lesart von *Jenseits des Lustprinzips* gelangt Lacan zu dieser radikalen Position: Das Verlangen stürzt im Genuß zusammen. Man muß daher einsehen, daß es niemals in ihm zum Ziel kommen kann. Wenn der Genuß das Nirwana ist, tut man besser daran, nie den Fuß hineinzusetzen.

Sicher lädt Freud zu einer solchen Lesart ein. Die sinnliche Lust ist der Tod des Begehrens, wir haben das zur Genüge wiederholt. Aber sie ist, wie man es schöner nicht sagen könnte, ein *kleiner* Tod, eine momentane Auslöschung der Erregung. Mein Verlangen, mit einer bestimmten Person zu schlafen, verschwindet, weil dieses einzelne Ziel erreicht ist, doch meine Fähigkeit, andere Begierden gegenüber derselben Person oder anderen zu empfinden, schwindet deshalb nicht. Im Gegenteil, ich bin mir sogar sicher, mit einem Wiedererwachen des Triebes rechnen zu können, der eben erloschen ist. Wenn ich für diesen Liebhaber nur sexuelles Begehren hege, weiß ich, daß es meinem Interesse für ihn bestimmt ist, nach und nach weniger zu werden, aber ich werde andere begehren. Wenn ich jedoch auch eine Liebe lebe, die von Zeit zu Zeit ihr körperliches Ziel aufschieben kann, dann ist vorherzusehen, daß meine Lust, mich ihm erneut hinzugeben, wieder aufblühen kann (vgl. Freud 1921, S. 112). Für Freud verringert also die Befriedigung das Verlangen, während die unbefriedigten sexuellen Gelüste – die er als »Zärtlichkeit« bezeichnet — es wiederbeleben. Es stimmt also, daß eine einzelne Triebregung in der Befriedigung zum Ende kommt und daß eine erotische Leidenschaft von einer gewissen Behinderung des sexuellen Vollzugs zehrt, das macht die Begierde aber nicht unersättlich. Jedes Triebereignis gelangt als einzelnes normalerweise zur Entladung, die für Freud ganz sicher eine Realisation darstellt.

Zu Beginn dieser so naheliegenden wie mißklingenden Lektüre des Freudschen Textes findet sich eine philosophische Gangart: Ihr Symptom tritt in einer grammatischen Wendung in Erscheinung, ihre Wirkung besteht in einer Bevorzugung des Problems von Objekt und Ursache. Lacan spricht immerzu im Singular von *der* Begierde und setzt ihr den bestimmten Artikel voran: *die* Begierde. Freud beschäftigt sich im Gegenteil immer mit *einer* Triebregung, deren individuelles Schicksal er verfolgt. Während es nun recht dramatisch ist, wenn das Verlangen im Zusammenstürzen des Genusses untergeht, wie wir von Lacan hören, ist es wiederum möglich, daß ein bestimmter Triebimpuls auf die eine oder andere Art seinen Weg zu einer Befriedigung findet, die keineswegs das überfließende Gewimmel der anderen Begierden gefährdet, ganz zu schweigen von der Begierde im ganzen. Im Gegenteil macht die Befriedigung des einen Verlangens den Weg für andere Triebimpulse auf andere Ziele und Objekte hin frei. Die Linderung befreit.

Lacan vermittelt den Eindruck, als fürchte er im Genuß den schlimmsten Feind der Begierde. Was bleibt vom Verlangen, wenn es einmal den Kollaps seiner angeblichen Verwirklichung empfangen hat? Überlebt es, heißt das, daß es keine Befriedigung gegeben hat. Für Freud ist dagegen der einzig wahre Antagonist einer Triebregung die Verdrängung, die Flucht des Ich vor einer Triebforderung, die ihm untragbar erscheint. Die Weigerung, sie ins Bewußtsein dringen zu lassen, also ihr mit um so größerem Recht in der Realität Befriedigung zu verschaffen, verdammt diese Bewegung dazu, unbewußt zu bleiben und darüber hinaus immer wieder dauerhafte Widerstände zu erzeugen, die die anderen Begierden, die mit ihr in Verbindung stehen, beeinträchtigen. Wenn es also etwas gibt, das die Gesamtheit der begehrenden Aktivität zu lähmen droht, sind es die Langzeitwirkungen der kindlichen Verdrängungen. Eine befriedigte Begierde zeigt im Gegenteil, daß viele andere auch zu ihrem Ziel gelangen können.

Mit der Frage der Begierde ist die nach dem Objekt verbunden. Lacan schiebt das Gerede beiseite, die Illusion nämlich, die Begierde könne ein geeignetes Objekt finden. Statt dessen führt er eine aristotelische Kausalität ein und besteht auf der Tatsache, daß die Ursache der Begierde als Unterstützung ihrer Nichtbefriedigung wirkt. Die vollständige Befriedigung ist undenkbar, weil sie die Begierde ersticken würde und außerdem kein Objekt dazu fähig wäre. Freud war in diesem Punkt zu keiner Zeit in Verlegenheit, denn er hat nie besonderen Wert auf das Objekt gelegt. Ein Triebimpuls kommt aus einer Quelle, dem Körper, und visiert ein Ziel an, die Entladung. Sein Objekt ist das Mittel, das ihn zu einer bestimmten Befriedigung führt (vgl. Freud 1915, S. 85 f.). Sofern Verdrängung, Widerstand oder Sublimation abwesend sind, wird er immer wieder neue Reize finden, solange es lebendige Körper gibt. Die Objekte werden vorübergehen und eine Folge von ebenso vorübergehenden Auslöschungen der Erregung möglich machen.

Die Hegelsche Dialektik führt einen abstrakten Begriff der Begierde in die Psychoanalyse ein und infolgedessen eine Dimension des Unendlichen, die ihr fremd war. Der gleitende Übergang von Triebregungen in der Mehrzahl, die jede für sich befriedigt werden können, bei Freud zur »Begierde« bei Lacan, die zur »Begierde nach dem Begehren« wird, verändert wesentlich die Theorie der Neurosen und folglich der Drogensucht (Lacan 1986, S. 357). Die lacanschen Psychoanalytiker verstehen den unwiederbringlichen Verlust des mütterlichen Objekts und die Notwendigkeit, ihn zu betrauern, als eine Verurteilung der »Sehnsucht im menschlichen Wesen«, sein Objekt nie mehr wiederzufinden. Alle vorfindbaren Objekte werden folglich *die* Begierde keineswegs sättigen, sondern die Erwartung eines unerreichbaren Genusses immer nur enttäuschen. Zusammengenommen heißt das, daß jedes wie auch immer geartete Vergnügen als Symptom funktioniert: die verschobene Befriedigung eines anderen und unerfüllten Wunsches, dem nach der Mutter, dem verlorenen und daher unerreichbaren Objekt. Die frigide Form der Hysterie, mit ihrer Unruhe und

Nie-Zufriedenheit, rückt zum Paradigma der menschlichen Sehnsucht auf.

Doch auch die Drogensucht in ihrer Unersättlichkeit läuft Gefahr, zum Paradigma der Begierde zu werden, die per definitionem neurotisch ist, da nichts sie sattmachen kann, denn alles, was man begehrt, kauft, besitzt, ist nur Mutter-ersatz. Diese beunruhigende Nachbarschaft gibt Anlaß zu verschiedenen Reaktionen. Sie kann einen etwa dazu füh-ren, in Freuds Kokain eine Art Materialisation der Begierde zu sehen, indem man das Wohlbefinden und die Euphorie, die Freud genoß, als Erregung auffaßt. Wir haben gesehen, daß Freud seine Erfahrungen als Mediziner und gleichzeitig sich selbst behandelnder Patient wiederholt, indem er sich in den Kopf gesetzt hat, Kokain als Anästhetikum anzu-sehen.

Natürlich stimuliert dieses Wundermittel in kleinen Dosen das Nervensystem, in etwas höheren Mengen entfal-tet es jedoch eine ganze Palette sedativer Wirkungen, die in Wirklichkeit jene sind, nach welchen die Medizin sucht: angenehme Gefühle der Befriedigung, der Ruhe, des Wohl-befindens, der Euphorie, der Ekstase. Das Alkaloid der Kokapflanze macht die Schleimhäute schmerzunempfind-lich. Es unterdrückt Hunger, Durst, Müdigkeit. Seine wohl-tuenden Wirkungen sind im täglichen Leben um so schät-zenswerter, als man sich geschwächt oder deprimiert fühlt. Weil man sich ganz am Boden fühlt, wirkt das Mittel Wun-der, indem es einen wieder aufrichtet, bis zum Normalzustand, einer Nullmarke der Leichtigkeit und der guten Laune. Mehr noch, der Koks beruhigt wie Opium und Morphium, aber ohne den Ärger der Abhängigkeit. Ganz im Gegenteil, man verabreicht es bei der Behandlung der Drogensucht gerade, um den Drang zu unterdrücken, den die Gewohnheit hervorbringt. Wir erkennen auf Anhieb den Zusammenhang einer Mannigfaltigkeit von Indikationen, die sich auf eine Formel bringen lassen: Das Kokain wirkt als Medikament gegen alle Erregungszustände, gleich ob es sich um Leiden oder Triebregungen handelt, ohne sie jemals selbst hervorzurufen.

In der Freudschen Logik wird aus ihm ein Gegenmittel für die Unruhe der Wünsche, bis dahin, daß es niemals Objekt eines Triebwunsches wird und im Gegenteil den nach Morphium oder Opium bekämpft. Die Freudsche Logik ist hier wie übrigens überall eine Logik des negativen Genusses, eine Algebra, in der *genießen* heißt, eine durch einen heftigen Energiestrom verursachte Spannung loszuwerden und zu Normalbedingungen, zur Ruheform der Energie, zurückzukehren. Diese Sicht des Kokains scheint nun aber aus der Lacanschen Perspektive ganz unwahrscheinlich: Diese Droge, deren erregende Kraft man mittlerweile kennt (und die Freud natürlich nicht unterschätzen konnte), kann nur Erregung, also Begierde, verkörpern. Das, was Freud zweifellos unter Euphorie verstand – sich wohlfühlen, frisch und zum Schreiben und Arbeiten bereit sein –, ist das nicht gerade der Wunsch? Nicht für Freud, nicht für den Theoretiker des Trägheitsprinzips, der die Wellen nervöser und psychischer Spannung gerade als die Ursache der Unlust ansah. Die Euphorie Freuds ist das Gegenteil der Begierde; sie ist die Ruhe. So unglaublich es uns scheint — und ich bin selbst ganz der Meinung, daß das kurios ist: Freud hat seine persönliche Erfahrung mit dem Kokain wiederhergestellt und wiedererlebt, so als hätte er es mit einem idealen Morphium zu tun, einem Opiat, das derart effizient wäre gegen die plötzlichen Energieschübe, daß es sogar das Verlangen nach dem giftigen Opium behandeln könnte! Man muß die historische Tatsache akzeptieren, daß Freud trotz der Erfahrung mit dem Kokain nicht den Beweis für einen appetitiven Genuß erbracht hat: Seine Erfahrung blieb für ihn die mit einem Schmerzmittel, einem Appetitzügler, Beruhigungsmittel für alle Formen der Lust.

Das Modell einer ungesättigten Begierde, die sich aus ihrer eigenen Unbefriedigtheit nährt, scheint perfekt dafür geeignet, um die Lust auf die Droge gedanklich zu fassen, diesen »Durst, der im Likör entsteht«, um es mit einem Bild Baudelaires auszudrücken. Am häufigsten jedoch scheint die Gefahr, die Unersättlichkeit der Begierde mit dem Mangel an der Droge zusammenfallen zu sehen, dazu zu führen, daß man einen Unterschied und sogar eine Antinomie erkennt. Was den Psychoanalytiker angeht: die Deutlichkeit, mit der man sehen kann, wie die Begierde auf einen unheilbaren Mangel zurückgeht; was dagegen den Süchtigen betrifft: »die Illusion, ein geeignetes Objekt zu finden«, der

Irrtum, den er übrigens mit der ganzen Konsumgesellschaft teilt. Jemand, der Drogen anpreist, *leugnet* unaufhörlich den Mangel, den die »Prothese« bedeutet, welche das Drogenobjekt darstellt. In Wahrheit ist es der Drogensüchtige, der sehr schnell erfährt, daß das Verlangen dazu bestimmt ist, unerfüllt zu bleiben. Wenn es etwas gibt, worauf die Drogenkonsumenten nicht hereinfallen, ist es die Unfähigkeit ihres Stoffs, ihren Appetit auf immer zu stillen. Diese Lektion des Platonismus hat der Stoff sie gelehrt.

Literatur

Freud, S.: *Triebe und Triebschicksale* (1915), StA, Bd. 3, S. 81–102.

— *Massenpsychologie und Ich-Analyse* (1921), StA, Bd. 9, S. 65–134.

Lacan, J.: *Le Séminaire, Buch XX*, Encore, Paris 1975.

— *Le Séminaire, Buch VII*, L'Éthique de la psychanalyse, Paris 1986

— *Le Séminaire, Buch VIII*, Le Transfert, Paris 1991.

Aus: Giulia Sissa: *Die Lust und das böse Verlangen. Eine Philosophie der Droge.* Aus dem Französischen von Christine Schmutz, Stuttgart: Verlag Klett-Cotta 1999, S. 206–213.

ZWEI

FLÜCHTIGES & ZEITLOSES GLÜCK

> You know then that it is not the reason
> That makes us happy or unhappy.

> Und du erkennst, daß es nicht der Verstand ist,
> Der uns unglücklich macht oder glücklich.
> Wallace Stevens

> Der Pessimist ist insofern der glücklichste Mensch,
> als er nur angenehm überrascht werden kann.
> Erwin Chargaff

> E chi mi avrebbe detto la mia vita
> così bella, con tanti dolci affanni,
> e tanta beatitudine romita!

> Wer hätte mir das schon vorausgesagt: Mein Leben,
> so schön, so voller süßen Kummers,
> voll soviel einsamer Glückseligkeit!
> Umberto Saba

Erwin Chargaff
BEMERKUNGEN

Aphorismen

»Das Glück kommt nur ungerufen.« Aber wie einer auf dieser Welt es zuwege bringt, sich so zu verkleiden, daß er es nicht zu rufen scheint, werde ich nie ergründen können.

Geschichte ist die Summe der immer wieder nicht eingetroffenen Weltuntergänge.

Allein mit sich selbst zu sein, ist nicht das größte Unglück: man kann auch allein sein ohne sich selbst.

Hölle ist, wo man weiß, daß man vergessen hat; Himmel, wo man auch dies vergessen hat.

Alles, was du dir je gewünscht hast, wirst du in der Hölle haben; aber auf ewig.

Das größte Glück ist, Zeit zu haben; aber wenn es uns zuteil wird, gibt es uns nicht mehr.

Wenn es nur nicht die Glücklichen wären, die der Welt predigen, daß Glück nicht alles ist!

Das größte Glück des Menschen ist die Unwiederbringlichkeit.

Es ist das Glück des Menschen, daß er nur die Vergangenheit hat als Vorbild der Zukunft.

Wahre Freude muß grundlos sein. Ich habe sie fast nie verspürt; immer stieß ich auf den Grund.

Es gibt unzählige Arten der Hölle, aber nur ein Paradies. Das macht die Betrachtung der Hölle so viel unterhaltsamer.

Glücklich, die wenige Gedanken haben, aber diese stark.

Man sucht, was man findet.

Der Pessimist ist insofern der glücklichste Mensch, als er nur angenehm überrascht werden kann.

Was sagte der tote Descartes, als er ins Paradies kam: »Non sum, ergo fui« oder »Non cogito, ergo non sum?«

Je unreligiöser die Menschen werden, desto religiöser werden ihre Kriege.

Vom Unsäglichen darf man nicht einmal schweigen.

Die einzige Sprache, die man im Turm von Babel nicht hörte, war Babylonisch.

Es muß Zeiten gegeben haben, wo es ein Wunder war, wenn kein Wunder geschah.

Unsere Welt ist bevölkert von verzweifelten Optimisten.

Die Diskrepanz in den Meinungen, ob Gott die beste aller möglichen Welten gewollt habe, kann nur zu dem Schlusse führen, daß Gott und wir nicht den gleichen Geschmack haben.

Die Welt sieht wie eine erste Korrekturfahne aus, über welcher Gott die Tinte ausgegangen ist.

Der Teufel ist ein besserer Logiker als Gott.

Aus: Erwin Chargaff: *Bemerkungen*, Stuttgart: Verlag Klett-Cotta 1981, S. 17, 18, 42, 44, 46, 47, 49, 58, 60, 61, 62, 83, 97, 118, 129, 139, 140, 152, 158, 162.

GOTTFRIED BENN
GEDICHTE

EINSAMER NIE –

Einsamer nie als im August:
Erfüllungsstunde – im Gelände
die roten und die goldenen Brände
doch wo ist deiner Gärten Lust?

Die Seen hell, die Himmel weich,
die Äcker rein und glänzen leise,
doch wo sind Sieg und Siegsbeweise
aus dem von dir vertretenen Reich?

Wo alles sich durch Glück beweist
und tauscht den Blick und tauscht die Ringe
im Weingeruch, im Rausch der Dinge –:
dienst du dem Gegenglück, dem Geist.

Eure Etüden

Eure Etüden,
Arpeggios, Dankchoral
sind zum Ermüden
und bleiben rein lokal.

Das Krächzen der Raben
ist auch ein Stück —
dumm sein und Arbeit haben:
das ist das Glück.

Das Sakramentale —
schön, wer es hört und sieht,
doch Hunde, Schakale
die haben auch ihr Lied.

Ach, eine Fanfare,
doch nicht an Fleisches Mund,
daß ich erfahre, wo aller Töne Grund.

Das Gedicht »Einsamer nie —« ist dem Band *Statische Gedichte* von Gottfried Benn entnommen, Zürich 1983, S. 59 (© 1983 Arche Verlag AG, Raabe + Vitali, Zürich). Siehe auch: Gottfried Benn: *Sämtliche Gedichte*, Stuttgart: Verlag Klett-Cotta 2. Aufl. 1999; S. 135, S. 292.

Juan Ramón Jiménez
STEIN UND HIMMEL

Amanecer dichoso,
con luz en tus serenas ilusiones
para dorar las cumbres y las simas
de los males;
¡cuánto más grato al cuerpo y al espíritu
el claro aroma de tu flor visible,
que el aroma inefable, que ha quedado
— igual que el de un ungüento que se ha ido —
de la flor de la noche, aroma
con toda la pasión de lo invisible!

¡Momentánea dulzura de la vida,
en que la realidad — ¡y aun mal despierta! —
supera al sueño!

GLÜCKLICHER Tagesanbruch,
schimmernd in deinen heitren Erwartungen,
die mit Gold überziehen die Schroffen und die Schlünde
des Unheils;
wieviel erquicklicher noch für den Körper, den Geist
der klare Duft deiner sichtbaren Blüte
als der unsagbare Duft, der zurückblieb
— gleich dem Hauche eines entschwundnen Balsams —
von der Blüte der Nacht, ein Duft
mit all der Leidenschaft des Unsichtbaren!

    Augenblickliche Süße des Lebendigen,
womit die Wirklichkeit — noch kaum erwacht! —
den Traum übertrifft!

Aus: Juan Ramón Jiménez: *Stein und Himmel. Piedra y cielo.* Gedichte spanisch und deutsch. Übertragen von Fritz Vogelgsang, Stuttgart: Verlag Klett-Cotta 3. Aufl. 1996, S. 76 f.

RAFAEL ALBERTI
ÜBER DIE ENGEL – SOBRE LOS ÁNGELES

EL ÁNGEL BUENO
  Dentro del pecho se abren
  corredores anchos, largos,
  que sorben todas las mares.

  Vidrieras,
  que alumbran todas las calles.

  Miradores,
  que acercan todas las torres.

  Ciudades deshabitadas
  se pueblan, de pronto. Trenes
  descarrilados, unidos
  marchan.

  Naufragios antiguos flotan.
  La luz moja el pie en el agua.

  ¡Campanas!

Der gute Engel

In der Brust tun sich auf einmal
lange, geräumige Gänge
auf, die alle Meere schlürfen.

Farbfenster,
die alle Straßen erleuchten.

Altane,
die alle Türme herbeiholen.

Leblose Städte bevölkern
sich im Nu. Entgleiste Züge
kuppeln sich zusammen, rollen
weiter.

Versunkne Galeonen segeln.
Das Licht netzt den Fuß im Wasser.

Glockenklänge!

Gira más de prisa el aire.
El mundo, con ser el mundo,
en la mano de una niña
cabe.

¡Campanas!

Una carta del cielo bajó
    un ángel.

Geschwinder kreiselt die Luft.
Die Welt, obwohl sie noch immer
Welt ist, hat Platz in der Hand
eines kleinen Mädchens.

Glockenklänge!

Einen Brief aus dem Himmel hat ein
   Engel herabgebracht.

Aus: Rafael Alberti: *Über die Engel. Sobre los ángeles.* Gedichte spanisch und deutsch. Übertragen und mit einem Nachwort von Fritz Vogelgsang, Stuttgart: Verlag Klett-Cotta 2. Aufl. 1994, S. 52 f.

VICENTE ALEIXANDRE
DIE ZERSTÖRUNG ODER DIE LIEBE

LA DICHA

No. ¡Basta!
Basta siempre.
Escapad, escapad; sólo quiero,
sólo quiero tu muerte cotidiana.

El busto erguido, la terrible columna,
el cuello febricente, la convocación de los robles,
las manos que son piedra, luna de piedra sorda
y el vientre que es el sol, el único extinto sol.

¡Hierba seas! Hierba reseca, apretadas raíces,
follaje entre los muslos donde ni gusanos ya viven,
porque la tierra no puede ni ser grata a los labios,
a esos que fueron, sí, caracoles de lo húmedo.

Matarte a ti, pie inmenso, yeso escupido,
pie masticado días y días cuando los ojos sueñan,
cuando hacen un paisaje azul cándido y nuevo
donde una niña entera se baña sin espuma.

DAS GLÜCK

Nein. Genug!
Für immer genug.
Entflieht, entflieht; ich will nur,
will nur deinen täglichen Tod.

Der aufrechte Rumpf, die schreckliche Säule,
der fiebernde Hals, der fordernde Ruf der Eichen,
die Hände, die Stein sind, Mond aus taubem Gestein,
und der Bauch, der die Sonne ist, die einzige erloschene
    Sonne.

Werde zu Gras! Verdorrtes Gras, verknäultes
    Wurzelwerk,
Laubmasse zwischen den Schenkeln, wo nicht einmal
    Würmer noch leben,
denn die Erde kann nicht einmal den Lippen behagen,
ihnen, die doch Schnecken der Feuchte waren.

Dich töten, ungeheurer Fuß, ausgespiener Gips,
Fuß, Tag um Tag zerkaut, solang die Augen träumen,
solang sie eine blaue, einfältig frische Landschaft bilden,
wo ein makelloses Mädchen badet in Wellen ohne Schaum.

Matarte a ti, cuajarón redondo, forma o montículo,
materia vil, vomitadura o escarnio,
palabra que pendiente de unos labios morados
ha colgado en la muerte putrefacta o el beso.

No. ¡No!
Tenerte aquí, corazón que latiste entre mis dientes
    larguísimos,
en mis dientes o clavos amorosos o dardos,
o temblor de tu carne cuando yacía inerte
como el vivaz lagarto que se besa y se besa.

Tu mentira catarata de números,
catarata de manos de mujer con sortijas,
catarata de dijes donde pelos se guardan,
donde ópalos u ojos están en terciopelos,
donde las mismas uñas se guardan con encajes.

Muere, muere como el clamor de la tierra estéril,
como la tortuga machacada por un pie desnudo,
pie herido cuya sangre, sangre fresca y novísima,
quiere correr y ser como un río naciente.

Dich töten, dich, rund verklumptes Gerinnsel, Gestalt
    oder Haufen,
gemeine Materie, Erbrochenes oder Spottgebild,
Wort, das, an violetten Lippen haftend,
herabgehangen ist in den verwesten Tod oder den Kuß.

Nein. Nein!
Dich hier haben, Herz, das pochte zwischen meinen
    entsetzlich langen Zähnen,
an meinen Zähnen oder zärtlichen Nägeln oder Speeren,
oder am Zittern deines Fleisches, wenn es reglos dalag
wie die zähe Echse, die man wieder und wieder küßt.

Deine Lüge, ein Zahlenkatarakt,
ein Katarakt von beringten Frauenhänden,
Katarakt von Medaillons, in denen Haare verwahrt sind,
in denen Opale und Augen auf Samt gebettet liegen,
wo selbst die Fingernägel noch auf Spitzentüchlein
    gebahrt sind.

Stirb, stirb wie das Jammern der fruchtlosen Erde,
wie die Schildkröte, die ein nackter Fuß zerquetscht hat,
ein verwundeter Fuß, dessen Blut, ein frisches,
    quelljunges Blut,
so laufen und leben will wie ein eben entspringender
    Fluß.

Canto el cielo feliz, el azul que despunta,
canto la dicha de amar dulces criaturas,
de amar a lo que nace bajo las piedras limpias,
agua, flor, hoja, sed, lámina, río o viento,
amorosa presencia de un día que sé existe.

Ich singe den glücklichen Himmel, die Bläue, die
    knospend aufbricht,
singe das Glück, sanfte Geschöpfe zu lieben,
zu lieben, was zur Welt kommt unter den reinen Steinen,
Wasser, Blume, Blatt, Lamelle, Fluß oder Wind,
liebevolle Gegenwart eines Tages, von dem ich weiß:
    er ist da.

Aus: Vicente Aleixandre: *Die Zerstörung oder die Liebe*. Gedichte. Spanisch und deutsch. Übertragung und Nachwort von Fritz Vogelgsang, Stuttgart: Verlag Klett-Cotta 1978, S. 102–105.

UMBERTO SABA
CANZONIERE

DOPO LA TRISTEZZA

Questo pane ha il sapore d'un ricordo,
mangiato in questa povera osteria,
dov'è piú abbandonato e ingombro il porto.

E della birra mi godo l'amaro,
seduto del ritorno a mezza via,
in faccia ai monti annuvolati e al faro.

L'anima mia che una sua pena ha vinta,
con occhi nuovi nell'antica sera
guarda un pilota con la moglie incinta;

e un bastimento, di che il vecchio legno
luccica al sole, e con la ciminiera
lunga quanto i due alberi, è un disegno

fanciullesco, che ho fatto or son vent'anni.
E chi mi avrebbe detto la mia vita
cosí bella, con tanti dolci affanni,

e tanta beatitudine romita!

NACH DEM TRAURIGSEIN

Das Brot da schmeckt nach Erinnerung.
Ich eß' es in der jämmerlichen Osteria, dort,
wo der Hafen so besonders öd und vollgerammelt ist.

Vom Bier schmeck ich das Bittre,
eingekehrt, halbwegs, am Rückweg,
gegenüber den bewölkten Bergen und dem Leuchtturm.

Die Seele, die ihren Kummer überwunden hat,
beobachtet, mit neuen Augen, im alten Abend,
den Hafenlotsen mit der schwangren Frau;

ein Schiff mit langem Schornstein,
sein altes Holz erschimmert in der Sonne,
der gleich lang ist wie die zwei Bäume da: Zeichnung,

kindische, die ich gemacht hab, es ist zwanzig Jahre her:
— Wer hätte mir das schon vorausgesagt: Mein Leben,
so schön, so voller süßen Kummers,

voll soviel einsamer Glückseligkeit!

Aus: Umberto Saba: *Canzoniere*. Gedichte italienisch/deutsch. Übersetzt von Gerhard Kofler, Christa Pock und Peter Rosei. Stuttgart: Verlag Klett-Cotta 1997, S. 12 f.

WALLACE STEVENS

DER PLANET AUF DEM TISCH

OF MERE BEING
The palm at the end of the mind,
Beyond the last thought, rises
In the bronze distance,

A gold-feathered bird
Sings in the palm, without human meaning,
Without human feeling, a foreign song.

You know then that it is not the reason
That makes us happy or unhappy.
The bird sings. Its feathers shine.

The palm stands on the edge of space.
The wind moves slowly in the branches.
The bird's fire-fangled feathers dangle down.

VOM BLOSSEN SEIN

Die Palme am Ende des Geistes,
Jenseits des letzten Gedankens, ragt auf
In bronzener Ferne,

Ein goldgefiederter Vogel
Singt in der Palme einen fremden Gesang,
Ohne menschlichen Sinn, ohne menschliches Fühlen.

Und du erkennst, daß es nicht der Verstand ist,
Der uns unglücklich macht oder glücklich.
Der Vogel singt. Seine Federn glänzen.

Die Palme steht am Rande des Raumes.
Der Wind bewegt sich langsam in den Zweigen.
Die feuerflittrigen Flügel des Vogels hängen herab.

Wallace Stevens: *Der Planet auf dem Tisch*. Gedichte und Adagia englisch und deutsch. Übertragung und Nachwort von Kurt Heinrich Hansen, Stuttgart: Verlag Klett-Cotta 1983, S. 42 f.

Mario Luzi
WEIN UND OCKER

PUR CHE ...

Che nascita, che morte, che stagioni,
ombra che sei, tritata a questa mola
pur che un vetro si turbi, una speranza
di fiori brilli e trepidi sui vasi.

Nascita e morte, verità veloce ...
Si è qui, come si deve, in una parte,
in un punto del tempo, in una stanza,
nella luce, nel divenire eterno.

Altra sorte non so che non sia questa,
siedo rapito in questa fiamma fine,
guardo la chiara lamina febbrile
del giorno, mentre in cielo è già inverno.

Wenn nur ...

Welche Geburt, welch Sterben, welche Zeiten,
du Schatten, der sich bricht an diesem Stein,
wenn nur ein Glas sich trübt und eine Hoffnung
auf Blumen strahlt und bangt über den Schalen.

Geburt und Sterben, die geschwinde Wahrheit ...
Hiersein, wie sich's gehört, in einem Teil,
an einem Punkt der Zeit, in einem Zimmer,
im Licht, im Übergang zum Ewigsein.

Ich weiß kein anderes Los als dieses eine,
sitze entzückt in dieser feinen Flamme,
schaue das fieberhelle Blatt des Tages,
während am Himmel schon der Winter steht.

Aus: Mario Luzi: *Wein und Ocker.* Ausgewählte Gedichte italienisch und deutsch. Aus dem Italienischen übertragen und mit einem Nachwort versehen von Hanno Helbling, Stuttgart: Verlag Klett-Cotta 1993, S. 150 f.

Jorge Carrera Andrade
POEMAS / GEDICHTE

Cartel electoral del verde
Verde marino, almirante de los verdes.
Verde terrestre, camarada de los labradores,
innumerable anticipo de la felicidad de todos,
cielo infinito del ganado que pasta frescas eternidades.

Luz submarina del bosquecillo
donde plantas, insectos y pájaros viven consumiéndose
en el amor callado de un dios verde.
Olor verde de la carnosa cabuya
que en su marmita vegetal elabora
un profundo licor
hecho de lluvia y sombra.

Mesa tropical donde suda con su penacho verde
la cabeza tatuada de la piña.
Arbustos de jorobas verdes,
parientes pobres de las colinas.

Wahlplakat des Grüns

Meergrün, Admiral der grünen Töne;
Erdgrün, Kamerad der Bauern;
unzählbarer Vorschuß auf die Glückseligkeit aller,
unendlicher Himmel des Viehs, das frische Ewigkeiten
    weidet.

Tiefseelicht des Wäldchens,
wo Pflanzen, Insekten und Vögel leben, sich verzehrend
in der verschwiegenen Liebe zu einem grünen Gott.
Grüner Geruch des fleischigen Pitahanfs,
der in seinem gewachsenen Topf
ein starkes Gebräu
aus Regen und Schatten erzeugt.

Tropentisch, wo unter grünem Helmbusch
das tätowierte Haupt der Ananas schwitzt.
Sträucher mit grünen Buckeln,
arme Verwandte der Hügel.

Verde música de los insectos que cosen sin cesar
el paño grueso de la grama,
los zancudos que habitan en los violines
y el redoblar del opaco tamborcillo verde de la rana.

La verde cólera del cacto
y la paciencia de los árboles que recogen en su red verde
una pesca milagrosa de pájaros.

Todo el verde aplacador del mundo
ahogándose en el mar, trepando las montañas hasta el
    cielo
y corriendo en el río escuela de desnudez
y en la vaca nostálgica del viento.

Grüne Musik der Insekten, die unablässig
das rauhe Zeug des Hundsgrases nähen;
der langbeinigen Schnaken, die in den Violinen wohnen;
und der Wirbel auf der düsteren kleinen grünen
    Trommel des Frosches.

Der grüne Grimm des Kaktus
und die Geduld der Bäume, die mit ihrem grünen Netz
eine Wunderbeute an Vögeln fischen.

All das besänftigende Grün der Welt,
das im Meer sich ertränkt, die Berge bis hinauf zum
    Himmel erklimmt
und nacheilt dem Fluß — Schule der Nacktheit —
und dem sehnsüchtigen Rind des Windes.

Aus: Jorge Carrera Andrade: *Poemas / Gedichte*. Spanisch und deutsch, Übertragung und Nachwort von Fritz Vogelgsang. Stuttgart: Verlag Klett-Cotta 1980, S. 82 f.

BRIGITTE KRONAUER

DIE ÜBERRASCHUNG DER SÄNGERIN

Eine seit acht Jahren verwitwete Frau, die vor dem Zweiten
Weltkrieg an Provinzbühnen als Sängerin gearbeitet hatte
und jetzt in einem Heim lebte, das sie nur noch selten und
etwas mühsam und immer ängstlicher für kleine Erledi-
gungen verließ, wurde neulich, an ihrem 79. Geburtstag,
zum ersten Mal nach langer Zeit, von ihrer Wohnung am
Ostrand Hamburgs zum Hauptbahnhof und in die Innenstadt begleitet.

»Ich muß mich freuen«, sagte sich die Frau schon auf dem
Weg zur S-Bahn, »einfach freuen«, sagte sie sich verwundert,
als sie die in der winterlichen Jahreszeit erst spät aufgehen-
de Sonne in den obersten Fensterreihen der Häuser und auf
den wie nachgiebig scheinenden Mauern sah. Dieses Vergnügen beim Anblick des wochentäglichen Morgenlichts an
erhöhter Stelle hatte sie sich nicht mehr zugetraut, auch
wenn sie, und das fühlte sie wohl, keine Miene dabei verzog.
Etwas anderes, die Werkzeughallen, die Betriebe in Hinter-
höfen, keine richtigen Fabriken eigentlich, von früher, die
fielen ihr ein, mit rußigen Scheiben und einer Helligkeit hinter dem undurchsichtigen Glas, als würde dort wer weiß was
Großartiges hergestellt und eine Geheimsache.

Im Hauptbahnhof gelang es der Enkelin unbeschadet, für sie beide den Weg zur Rolltreppe zu bahnen durch das Gedränge der Körper hindurch, alle in wippender, in einer Wellenbewegung, und wenn ein Kopf dabei die anderen kurz überragte, meinte die Frau jedesmal, sie hätte jemanden erkannt oder umgekehrt. Es war ein willkommener, winziger Schrecken und immerhin, oben, auf der Tribüne, dort, wo die Rolltreppen hinführten, standen junge Männer mit strammen Hinterteilen, an Gitter gelehnt, die Leute, die zu ihnen hochfuhren, taxierend. Natürlich, sie wußte Bescheid, die Stricher! Die süchtigen Strichjungen!

Sie hielt sich am Galeriegeländer fest und spürte, daß sie, schon beinahe gegen ihren Willen, anfing zu lächeln, es lächelten die Fältchen ihres Gesichts, wie es doch nur noch sehr selten vorkam. Mit einem schwach stöhnenden Überschwenglichkeitsgeräusch atmete sie ein und aus und sagte nichts zur Enkelin, aber zu sich selbst: »Ach! Das brausende Leben!«

Es gefiel ihr, von einem festen Standort aus die Leute unten auf den Bahnsteigen und schräg ansteigend auf den Treppen zu betrachten, mit auf einmal so ungewohnt und wohltuend überforderten Augen, oder auch, sie durch die Lider hindurch zu wittern, die schnellen, luftigen Massen, die an ihr vorübertrieben auf die Ausgänge zu. »Ein rechtes Babylon!« murmelte sie heiter, und am besten war die große Anzahl, ihre erstaunliche Geschwindigkeit. Sie kamen von dort und gingen nach da, und sie wurden einfach nicht

weniger. »Wie lange die noch alle leben werden!« begeister-
te sie sich. Insgesamt strotzten die, strotzten vor Kraft und
vor Übermut! Man konnte es fast als Geruch wahrnehmen.
Die Mengen gingen ja wie auf Anordnung, wie losgeschickt
und beauftragt. Jeder hatte eine Erledigung im Sinn.

Die Enkelin, die selbst auch noch Jahrzehnte leben würde,
faßte ihren Arm energischer, und nun fluteten sie, so gut es
sich machen ließ, zwischen und mit den anderen, in eine der
zwei Richtungen vorwärts. Es kam der Frau so vor, als strömte ihr etwas in Form eines leichten, feinperligen Regens entgegen oder in Gestalt eines Beifalls, der sich nicht beruhigen
wollte, der lediglich anschwoll und manchmal, ohne zu ver-
ebben, ein bißchen leiser wurde.

An zwei, drei Stellen aber war etwas ganz und gar Regungs-
loses, ungerührt und ein wenig abseits, um sich eindrucksvoll vom Geschiebe und Gerenne abzuheben, unvergänglich
und vielleicht abgebrüht oder dem Schwarm die Stirn bie-
tend als menschliche Burg und angewurzelte Doppelfigur: die
Zeugen Jehovas. Das waren sie doch wohl, wie eh und je, um
keinen Preis der Welt von ihrem Platz zu verrücken. Gut, daß
man auch sie hier nicht vergessen hatte und sie noch mit-
mischten durch wahrzeichenhaftes Hinhalten ihrer Zeitschrift in Höhe ihrer Brust, ein Turm oder Fels in der Bran-
dung. Auch wenn man sich ihre Gesichter, obschon sie als
einzige ja stillhielten, niemals merken konnte.

Sie erkannte bisher niemanden, und keiner merkte was
von ihrer Anwesenheit, aber schwamm man nicht, trotz der

notgedrungenen eigenen Langsamkeit, sehr vielversprechend mit allen voran? Von einer freundlichen Verwandten
zuverlässig gestützt, wurde man in die große Halle ge-
schwemmt. Zu vieles hatte sich verwirrend geändert. Allein
wäre es ihr übel ergangen. Aber so? »Gott sei Dank«, sagte
sie laut. Die Enkelin fragte nicht, warum. Mir ihrer jungen
Anverwandten strömte die Frau durch das Gewimmel der
Riesenhalle und hoffte, mit heiler Haut hinauszukommen
ans Tageslicht.

Von einer Seite hörte sie plötzlich, vermutlich auf einer
Mundharmonika gespielt, das Lied: »Blaue Nacht, o blaue
Nacht im Hafen.« Oder nicht? Immer nur Bruchstücke dran-
gen zu ihr her, aber nein, bestimmt: Es war das Lied: »Blaue
Nacht« aus alter Zeit! Zum Mitsummen, vielleicht sogar zum
vorsichtigen Mitsingen? Da war auch das schon zu Ende.

Oder taugte ihr Gehör nicht mehr? Und marschierten die
anderen bloß deshalb so flink und flott, weil sie wegen der
untauglichen Beine eben nur so zäh vorankam? Die Jahre
plünderten sie aus, aus und bettelarm. Denn war es wirklich
»Blaue Nacht« gewesen, das Lied auf der, ja, Mundharmonika? Man verlor ganze Zeilen der schönen Gedächtniskraft,
mußte sie hergeben. Jeden Monat ein bißchen mehr wurde
man ausgeraubt, in diesem Moment aber aus der Halle
geschoben, ob sie wollte oder nicht. Die Menge riß draußen
nicht ab, die wohl noch reißendere Menschenflut.

Bei dem, was sie jetzt sah, ballte sie leicht die rechte Faust
in der Manteltasche. Stoppelige, sonst jedoch, soweit sie im

Vorbeitreiben mit Hilfe der Enkelin feststellen konnte, ordentlich und auch warm gekleidete Männer saßen auf dem Boden, an die Außenwände des Bahnhofsgebäudes gedrückt, einer auf einer Matratze, einer mit brennenden Kerzen, am Vormittag um sich herum aufgestellt, an geschütztem Ort. »Pennbrüder, von altersher!« sagte sie, »Da seid ihr ja!«

Die Frau, an ihrem 79. Geburtstag — erst der 80. sollte größer gefeiert werden —, war also dabei, ihr Geschenk einzukassieren, nämlich den Gang mit der Enkelin durch die Stadt.

Ein zweites Präsent wollte sie selbst liefern, den Plan dafür aber niemandem verraten. Eine Lächerlichkeit, das wußte sie, freute sich aber darauf und würde es in die Länge ziehen. Eben hatte sie sich, nach dem Wirbeln und Kreiseln der Fußgänger und Passanten ringsum, daran erinnert, und zwar anhand ihrer eigenen schmächtigen, wie eingelaufenen, sich verkrümelnden Faust in der Tasche.

Es ging nun, obschon die Frau neben ihrer Begleiterin doch jeden Schritt selbst tun mußte, in einer gewaltigen Vereinnahmung, mit Erlaubnis der Ampeln hinein in die eigentliche Innenstadt, in der großen Menge aufgehoben und manchmal abgesetzt. Die alte Frau schritt regelrecht selbstvergessen mit den vielen Körpern zusammen aus, ein Gang ins Blaue. Sie ließ es darauf ankommen, wo man sie hinbrächte, hinbeorderte und dort hoffentlich nicht vergäße. Ihr war alles recht, wenn sie nur Luft kriegte, niemand sie umwürfe und irgendwann später eine Wende in Richtung Heimat ermöglicht würde. Durch die Enkelin blieb sie auch in dieser Sache zuversichtlich, trotz der bösen, in Wahrheit nur schlimmen Beine.

In ihrem eigenen Leib, zwischen den Fahrzeugen einerseits, die Krach schlugen, und den stummen Schaufenstern andererseits, spürte sie die Hauptwoge, Heerscharen von Partikelchen, gleichmäßig, ohne Rangfolge fließend, flitzend. Sie taumelte aber nicht, denn die Kleine hielt sie solide aufrecht. Früher war sie einmal Sängerin gewesen. Nichts Besonderes, Operetten, zuerst Schulchor, Kirchenchor. Es wieselte das alles durch sie hindurch. Allerdings hatte sie etwas vor, eine Bagatelle, schon seit Wochen, eine Art Zweck, sogar Ziel, vielmehr Absicht.

Hier hockte auch wieder ein Mann an einer Hausmauer, nahe der Unterwäsche und den Backwaren, dick angezogen an den Füßen, über die man leicht stolpern konnte. Ein Charakterkopf. Sie besaß den Blick dafür noch immer. Ein Bühnenheld und Bariton!

»Menschen, womöglich Tausende von Menschen«, erwähnte die alte Frau ihrer Enkelin gegenüber. Aber da, wie auffällig und ganz allein, mit viel freiem Raum um sich herum, eine einzelne Person, ein junges Mädchen, erbärmlich jung und dünn, wortlos die Arme werfend, ein kleines Mausgesichtchen mit viel Haar auf dem Kopf, ein Zündholzgeschöpfchen, aber es war in Wirklichkeit nicht viel Haar, nur so gekämmt, mit aller Kraft gesträubt, damit der

Kopf anschwoll insgesamt. Es sollte sich um einen Star handeln. Das erkannte jeder, auch wenn die Fernsehkamera noch nicht lief. »Tonja Total« sei ihr Name, sagte jemand. Die Zuschauer standen im Halbkreis bereit, und schon sang das Mädchen mit seiner Zwergenstimme fünfmal eine Schlagerzeile. Das Publikum klatschte zur Probe, auf ein Zeichen hin, sehr ausgelassen drauflos, man merkte, zu seinem eigenen Jux nur. An diesem, auch der zugigen Straße sich darbietenden Talent mußte man seine erheblichen Zweifel haben. Auf ein Kommando begann der Star mit den Augen zu rollen, unter der Last des unselig steifen, allzu lockigen, trübblonden Haares, und tat den Mund, hin- und hertanzend, wieder auf. Es war jetzt der Ernstfall mit einem gutwillig gesungenen dreistrophigen Liedchen, gesungen, als wäre das große Glück vom Himmel über das Mädchen hereingebrochen, was ihm aber, bei allem Wohlwollen, niemand glauben konnte. Ach nein, das sah die alte Frau noch gut und blitzschnell, untrüglich. Mit dem armen Ding würde es nichts, nicht in hundert Jahren. Alles, was dieser Star Tonja je leisten könnte, hatte er schon für den momentanen Auftritt ins Spiel gebracht und bereits verscherzt, ahnte es noch nicht, noch sagte dem Mädchen keiner die Wahrheit, aus bedenklichen, sogenannten allzu menschlichen Gründen.

Die Zuschauer vermuteten es vielleicht. Manche schmunzelten freundlich, etwas peinlich berührt auch. Nur direkt vor der kleinen Sängerin, den befohlenen Abstand respektierend, selbstvergessen und über das Gesicht bezaubert lächelnd, sah die alte Frau, stand eine ebenfalls alte Frau, eine Frau vom Dorf nur, aus einer Kleinstadt, vom Donner gerührt, trug eine große Einkaufstasche, stand da mit aufleuchtendem Gesicht, stand im wunderbaren Morgenlicht von vorhin, auf den alten Mauern. Das Mädchen, als hätte man es euphorisch gefeiert, verneigte sich jetzt tief. Vor einem Spiegel oder vor dieser weltentrückten Großmutter, der Großmutter Tonja Totals, mußte sie die tadellos absolvierte, deplazierte Geste geübt haben, öfter als ihr Lied.

Ach, dachte die alte Sängerin und ließ die Augen wandern von der einzigen überwältigten Zuschauerin zu deren Enkelin und zurück, als junge Frau habe ich oft überlegt, wie ich als alte dastehen würde. Jetzt bin ich es! Sie ballte zur inneren Festigkeit und auch Befestigung und um sich an etwas zu erinnern, ihre Faust in der Tasche und spürte doch, wie sie selbst von einer riesigen, unsichtbaren Faust Jahr um Jahr immer mehr zusammen- und ineinandergedrückt wurde.

Das Voranschieben und Strudeln der Leute setzte sich weiter fort. Kaum zu glauben, daß es wirklich alles Menschen waren. Und ich, fragte sich die Neunundsiebzigjährige, was bin denn ich wohl für meine blutjunge Verwandte neben mir? Eine Hexe, die ihr auf die Schulter gesprungen ist, damit man sie herumschleppt! Kommt sie sich vor wie Christopherus, dem sein Schützling mit jedem Schritt schwerer wird? Ich bin wohl mein eigener Fährmann, ich ächze unter meiner eigenen Lästigkeit. Aber einmal, früher, da war es anders. Da hatte ich mein treulich hingerissenes Publikum. Ein Vermögen konnte jemand leicht ausgeben, wenn er eins besaß, für den Sänger, der plötzlich, nachdem die Zuhörer fürchteten, alles Gefühl sei ihnen längst erstorben und die Musik überhaupt ein Betrug, den Beweis erbringt, plötzlich den Leidenschafts- und Glücksbeweis siegreich erbringt. In Feuerfunken sprühte und stob sie damals dem notwendigerweise zahlenden Publikum entgegen. Ja, so war es gewesen.

Kaum zu glauben, daß die Massen ruckender Körper ausnahmslos Menschen sein sollten! Jeder und jeder, für und für ein Mensch.

Die Musik überhaupt ein Betrug? Ihr kam der Satz: »Man merkt sofort, seine Freude beim Begrüßen ist nur Verstellung« in den Sinn, als hätte jemand »Blaue Nacht« gepfiffen. Eine Behauptung über einen Hund, in bitterer Enttäuschung gesagt. Die Freude nur Verstellung? Unsinn. Sie sah in solch strenger Auffassung von der Redlichkeit der Gefühle nichts durch und durch Gutes, eher einen Unverstand.

Da ging der Satz schon unter. Man wurde von der Mönckebergstraße in die Große Bergstraße, auf die Alster zugespült. Gespült, jawohl! Das sollten alles Menschen, richtige Menschen sein, die man kennenlernen wollte? Nein, im Grunde mochte sie mit denen nichts zu tun haben, sie waren zu übermächtig, zu viele, in der Übermacht. Es konnte nichts Rechtes sein und werden mit ihnen. Fast empfand sie einen Widerwillen, daß sie sich einstmals Leuten um jeden Preis hatte aufdrängen wollen mit ihrer Stimme, ihrem Gesang, auf einer Bühne als wer weiß was.

Aber es war sicher das Richtige gewesen, sich an den Satz zu erinnern und neben dieser kleinen Verwandten zu gehen in dem Gestürme und Gestöber um sie her. Hier gab es ja gar keinen Halt, kein Halten.

»Meine Mutter hat sonntags mit dem Kopfhörer auf den Ohren die Messe gehört und dabei die Markklößchen für die Familie geformt. Mein Vater aß so gern Pferdesauerbraten. Im Ruhrgebiet war das, in den Kneipen. Die Kneipenwirte zogen den Arbeitern das Geld aus der Tasche. Die Arbeiter blieben arm, die Wirte wurden reich. Durch die Arbeiter und den Pferdesauerbraten, nach dem Ersten Weltkrieg«, sagte sie zu ihrer Enkelin, die das überhaupt nicht hörte. Das machte nichts, die Hauptsache, es wurde von ihr, der alten Frau, in diesem Voranschieben der allgemeinen Figuren einmal gesagt.

»Mein Mann, dein Großvater, spielte im Laufe unserer Ehe mehr und mehr Schach. Er war anders als ich«, erzählte sie vor sich hin und fuhr in Gedanken fort: Ein schöner Mann, etwas Besonderes, darum habe ich ihn geheiratet. Den vielen Versuchungen wegen seines guten Aussehens hat er insgesamt oft tapfer widerstanden – da war sie ja, die Alster, nach so langer Zeit! – im Gegensatz zu mir. Ich habe ihnen immer nachgegeben. Weil ich aber so kühl wirkte, trauten sich wenige an mich ran. Insofern sind wir beide, mein lieber Mann und ich, wohl alles in allem auf die gleiche Menge an Ehebrüchen gekommen, jeder auf seine Weise. Eine gute und gerechte Ehe, muß man schon sagen.

Gleich würden sie rechts die Binnenalster und links die Kleine Alster haben. Man mußte aufpassen, das mitzukriegen, ohne daß man umgestoßen wurde und unterging. Eilig geradeaus, entweder in die eine oder in die andere Himmelsrichtung. Daran galt es sich zu halten, sonst gab es eine Störung, einen Stau oder Zusammenstoß. Wie viele aber in Rollstühlen gefahren wurden! Zum Zeichen für etwas Bestimmtes bewegte sie kurz die Hand in der Manteltasche und stellte sich ein Klimpern dazu vor, ein Klirren. Von den Behinderten, auf alle denkbaren Weisen Versehrten, konnte man die unteren Körperformen und ihre Verunstaltung nur mutmaßen. Kriegsopfer waren kaum mehr dabei, aber statt dessen sogar Kinder. Was mochte ihnen alles fehlen! Erstaunlich, daß so viele nicht aus eigenen Kräften vorankamen! Manche waren ganz mit prallen Einkaufstüten behängt und auf den Knien damit vollgestellt, ihre Köpfe kuckten dazwischen heraus und fielen kaum noch als etwas anderes auf. Sie trieben einfach mit, die in den Rollstühlen, in Mengen vorhanden, jederzeit nachlieferbar.

Die Frau am Arm ihrer Enkelin schwankte auf der Brücke nahe den Alsterarkaden. Das rührte nicht vom Wind her. Alles taumelte ja in dieser Gesamtbewegung ohne Unterschied. Man ging um ein Haar unter in diesem Kornfeld, zwischen diesen Unsummen von Ähren, es kam ja durchaus auf keinen an. Man wurde eingeschläfert und dachte kaum noch daran, sich zu behaupten.

Aber da zuckte sie zusammen, hörte nämlich sehr scharf und nah die Sirene eines Unfallwagens. Es klang wie auf einer rasend schnellen Berg- und Talfahrt und schoß feurig, als feuriger Faden durch die vor sich hinpilgernde Masse. Ein kleiner, erfrischender Schock. Das Martinshorn, die Polizei, die Feuerwehr, das Sanitätsauto! Entschlossener zog die Enkelin sie an sich, vielleicht um sie zu stärken? Diese Sirene war ein, wenn auch nur noch gespieltes, Händeringen zur Errettung, zur Betonung eines Einzelfalls, fühlte sie, die alte Sängerin.

Wäre ich nur schon wieder in meinem Zimmer in Sicherheit, dachte sie in diesem Augenblick und schämte sich gleich hinterher, froh, daß niemand den undankbaren Gedanken lesen konnte. Das Zimmer ist mein Hauptschauplatz, da bin ich gut eingefügt. So sah sie ja auch ihre lieben Verstorbenen, an ihren speziellen Orten, in einer Küche, einem Büroraum, eine Garderobe, einem Atelier, einem Garten. Es waren die Bilder, die kuppelhaften Umgebungen der Toten, kleine, private Kapellen in ihrem Gedächtnis, für jeden von ihnen errichtet.

An der Station Jungfernstieg hatte ein Mann einen Stand für sich aufgebaut mit Schildern, die ihr die Enkelin vorlas. Durch einen Autounfall war sein Gesicht zerstört worden, viele Fotos dokumentierten die Operationen, er bat um Spenden für weitere. In der Mitte von alldem er selbst mit seiner blau-roten, furchtbaren Haut und den vage an die entsprechenden Stellen gesetzten Lippen, Augen, Nasen-löchern.

Auf die sorgloseste, selbstverständlichste Weise stiegen die vielen Jungen die Treppen von unten hoch, auf die dümmste und dickfelligste Weise, während die Nerven der alten Frau doch dünner und dünner wurden. Unerschöpf-lich war der Vorrat an diesen flinken Gestalten aus den unte-ren Etagen, die einmündeten in den Generalstrom. Der Mann mit dem fürchterlichen Gesicht befand sich schon wieder ein Stück hinter ihnen, obwohl doch die Beine ermü-deten bei jedem neuen Schritt.

Jetzt mußte sie es sich eingestehen. Nein, sie mochte diese Mengen nicht leiden, diese Scharen, die keine Ruhe gaben. Sie hatte genug von ihnen, von diesem maschinellen Kopf-an-Kopf, allmählich schon genug von sich selbst. Sich selbst wurde sie ja so gleichgültig, daß sie einen guten Trost brauchte. »Es reicht mir mit eurer Stadt!« murmelte sie feindselig vor sich hin. Sie verabscheute das nun alles. War sie nicht eigentlich längst eine Menschenhasserin gewor-den, die den Rest ihres Lebens im Frost zubrachte? Jawohl, so verhielt es sich. Sie ballte, von der Enkelin unbemerkt, erschrocken ihre Hand.

Aus eigener Kraft hätte sie sich kaum noch zurechtge-funden, umgekippt wäre sie in dem besinnungslosen Ge-trampel auf dem breiten Bürgersteig. Ja, nochmals ja, sie ver-abscheute sie alle, die Entgegenkommenden, einheitlich, aus einem Guß, und die hinter und mit ihr Gehenden, zu denen sie selbst x-beliebig zählte, die waren keinen Deut besser geraten. Schon früher hatte sie in überfüllten Zügen ein großer Menschenüberdruß gepackt, und das Mittel dagegen? Sie stellte sich die Insassen einfach schlafend vor, ihre plötzlich entwaffneten Gesichter. Das genügte schon zu ihrer Besänftigung. Aber hier, mein Gott, warum solche Bataillone, und das rund um die Erde, alles schwarz von Passanten!

Sie versuchte nicht, die Attacke schwerer Misanthropie abzuwehren. Es war die geeignete Stimmung für ihr Vorhaben. Nichts Großartiges, ihr Plan, das nicht. Nicht mehr, letzten Endes, als in den Kinderjahren, am Ende einer Wanderung, der Höhepunkt, die Limonade in einer Waldgaststätte, an die man vorher immerzu gedacht hatte. Durch ihre Abneigung, sie wußte es nur zu gut, kam sie, trotz wachsender Erschöpfung, erst in Fahrt.

Die obdachlosen Bettler, manchmal mit Hunden, die Zigeunerinnen mit vermummten Säuglingen oder säuglingsgroßen Puppen, boten sich den Blicken in unterschiedlichen Haltungen dar auf der windigen Jungfernstiegstrecke, ineinandergekrümmt, wie schlafend oder anbetend, leblose Stoffballen oder eigensinnige Gläubige. Solche, die mit den Augen oder Lippen Ansprachen hielten, und andere, die ihre verstümmelten Gliedmaßen demütig abspreizten als drohenden Appell. Sie studierte das sorgfältig, veranlaßte die Enkelin, einige Male stehenzubleiben, wenn sie einen Typus nicht gleich zuordnen konnte. Wesentliche Neuerungen gab es nicht. Nichts versäumt, keine Überraschungen bei den Elendsgestalten im Stadtinventar.

Ihr begann das Herz hastiger zu schlagen, wahrhaftig übereilt zu pochen in der Vorfreude auf ihre Belohnung? Wohltat? Den Schabernack? Unversehens geriet sie jedoch in die Klemme, denn so feierlich, wie seit langem ersonnen, würde es sich durch ihre Saumseligkeit nicht mehr machen lassen. Sie hatte der bereits ungeduldigen Enkelin einen Cafébesuch oben im Alsterhaus, mit dem berühmten Blick weit über das Wasser versprochen, und sie waren am letzten Eingang angelangt und sogar schon ein Stückchen darüber hinaus. Die alte Frau mußte vorgeben, sich noch immer nicht trennen zu können vom »brausenden Leben«, und doch hielt sie nur Ausschau nach dem ersten besten, der sich ihr bot, jetzt mußte auch der Mittelmäßigste, der Sang- und Klangloseste willkommen sein.

Da stand sie vor ihm, widersetzte sich der an ihr zerrenden Enkelin, die so viel Zaudern wegen eines simplen Almosens, was sollte es sonst sein, nicht begriff. Eine hingeschmolzene, eingedrückte, verfallene und zu den Seiten ausgelaufene Figur wie ein verunglücktes Backwarenstück, der Kopf unter einer Pudelmütze gesenkt. Sie hätte ihm so gern in die Augen gesehen! Ihre alten Pennbrüder besaßen, mitten im Verwitterten, doch die allerschönsten, frierendsten und feurigsten Augen. Wie hatte sie es sich ausgemalt, wenn sie, dem schließlich Erkorenen zugeneigt, die Faust aus ihrer Tasche holte und einen Moment vor seinem Gesicht, als sollte er raten, in der Luft schweben ließe, so daß sie beide, er und sie, den Atem anhielten, wie es wohl weiter ginge. Und beide würden lächeln, weil man einander erkannte, ertappte oder erkannte, bis sie den schweren Beutel umdrehte, genau über seinem aufgestellten Hut, der Schachtel, der Dose, und aus möglichst beträchtlicher Höhe, wegen des Klangs und herrlichen Sturzes, dreihundert einzelne Pfennige, Glück bringende Pfennige und zudem in ihrer Verschwendungssucht als Extraglanz zehn Fünfzigpfennigmünzen, silbern und leicht, acht Mark im ganzen, in seine Sammeldose regnen ließe, wasserfall- und sturzseeartig, füllhornhaft, als Fortuna selbst, für einen Augenblick.

Dieser hier würde gar nicht hochsehen in seinem Rausch, in seinem resignierten Tiefschlaf, betäubt von den tausendfachen Schritten der Vorüberlaufenden. Da lächelte die alte Frau für sich allein, daß ihr Plan so schiefgehen sollte. Hoch hielt sie ihre Faust mit dem Geldsäckchen über den ineinandergesunkenen, unkenntlichen Mann, über den zwischen die Schultern gerutschten, wie abgeschlagenen Kopf, drehte dann, dem Eingreifen der Enkelin flugs zuvorkommend, die Öffnung nach unten und überschüttete ihn, übergoß den ganzen stillen Mann mit dreihundertzehn wegspringenden Münzen, badete ihn, um elf Uhr dreißig, neben dem Alsterhaus in eitel Silber und Gold, bis er sein Gesicht zeigte — ich wußte es ja, ein Bühnenbild, dachte sie noch — und ihr mit einem Knurrlaut nun allerdings etwas Schwarzes, Kautabak oder Schleim, in gerader Linie entgegenspuckte.

P. S. Eine andere Person, die schon lange Witwe, noch länger Hausfrau und sehr viel früher einmal Sekretärin gewesen war, ging, was sie schon Jahre nicht mehr getan hatte, durch eine der größten Städte Deutschlands. Schwiegertochter und Tochter befanden sich rechts und links von ihr, und die beiden konnten am Gesichtsausdruck der Frau, die leider immer seltener lachte, sich das Lachen einfach abgewöhnt hatte und nur in Ausnahmefällen noch lächelte, konnten nicht erraten, ob ihr das Treiben nun gefiel oder nicht. Stellte sie sich das Metropolenleben zuhause viel lodernder vor? Strengte es sie übermäßig an? Sie sah nicht recht hin, jedenfalls nur mit Geringschätzung, oder registrierte es eigentlich gar nicht, ging nur, mit leisem Widerstreben, wie es schien, geradeaus, bis sie einen Bettler entdeckte, der an einer Mauer lehnte. Sogleich blieb sie stehen, begann lebhaft in ihrer Tasche, die sie gegen Diebe fest verschlossen hatte, zu suchen, bog energisch ab gegen ein Schaufenster, um in Ruhe ihre Geldbörse hervornehmen zu können, und wählte eine Münze aus. Dann ging sie schräg hinüber zu der Arkadenmauer und berührte die Hand des Bettlers. Da zuckte der Mann seufzend zusammen und schrie beinahe auf: Wie sie ihn doch erschreckt habe! Die Frau aber ergriff seine Hand, und während sie gleichzeitig die Münze in sie legte, hielt sie die Hand fest und drückte und schüttelte sie, oder

der Mann war es, der sie nun gar nicht mehr losließ, und die beiden jüngeren Frauen beobachteten, wie die beiden vielleicht gleich Alten, ohne zu lächeln, die Hände einander drückend, ohne auf die Zeit zu achten, die Blicke ineinander versenkten, als kennten sie sich oder als erfüllten sie eine nur ihnen beiden bekannte Vorschrift, in großer und sachlicher Gewissenhaftigkeit, ohne Ansehen der Umstände und ohne irgendwelche Rücksichten, bis sie sich schließlich trennten und voneinander entfernten. Tochter und Schwiegertochter aber sahen das alles mit einem sie überrumpelnden Schmerzgefühl, sie wußten nicht, ob der Wehmut oder gar — und ihnen gleich unbegreiflich — der Reue und vergaßen es nicht bis zu ihrem Tod im Jahre 2010 und 2012.

Aus: Brigitte Kronauer: *Die Einöde und ihr Prophet. Über Menschen und Bilder,* Stuttgart: Verlag Klett-Cotta 1996, S. 67–80.

JAAP SCHOLTEN

DIE BLONDE GÖTTIN

Draußen war es dunkel. Auf der Gracht fuhren lallend die Fahrradfahrer vorbei. Ich tippte eine erste Zeile. Es klingelte an der Tür. Der Vermieter, dachte ich, zur Abwechslung klingelte er einmal. Ich ging hinunter. Anja Possa! Sie hatte ganz rote Backen vor Kälte. Ich stieg vor ihr die Treppe hoch und setzte mich auf meinen Stuhl. Ich wußte nicht, was ich tun sollte, also tat ich so, als wäre ich furchtbar beschäftigt. Der geniale Künstler. Sie ging um den Tisch herum, nahm die Keksdose, roch an einem Löffelbiskuit und legte es in die Blechdose zurück. Sie stellte sich neben mich. Ich spürte ihre Hüfte an meinem Arm.

»Ich habe gehört, du willst Schriftsteller werden.«

»Da hast du was Falsches gehört. Ich will kein Schriftsteller werden, nee, tausend Dank. Ich will was schreiben, was machen.«

Anja Possa ließ sich auf meinem Schoß sinken: »Was schreibst du denn so?« Sie las die erste Zeile. Sie wackelte leicht mit ihrem Hintern.

»Zeig doch mal, wie du das machst – schreiben.«

Ich legte meine Arme um sie, ich konnte die Tasten gerade noch berühren und klapperte los. »Ich kann nicht blind schreiben.« Eine weder zu unterdrückende noch zu verbergende Erektion drängte sich auf. Anja Possa tat, als bemerkte sie nichts, und rutschte weiter auf meinem Schoß hin und her.

»Ich dachte, du wolltest mich nicht mehr sehen, Anja!«

»Oh, ich war neugierig; wollte nur wissen, wie es dir geht.« Sie drehte sich um und schaute mich an: »Was machst du eigentlich an deinem Geburtstag? Du willst ihn doch nicht wieder allein feiern, oder? Das finde ich so pathetisch.« Sie drehte sich wieder zum Tisch, warf noch einmal einen Blick auf die Schreibmaschine und sah sich dann im Zimmer um. Schamlos rollte sie ihren Hintern und fragte: »Zeigst du mir das Haus?«

Ich nahm die Hände von der Tastatur und legte sie vorsichtig auf ihre Titten, die sich anfühlten wie Turteltauben. Ich sagte: »Okay.«

Irgendeine Feministin hat mal gesagt, die Männer seien umgekehrte Midasse: Was sie auch anfaßten, es verwandele sich in Scheiße. Dem konnte ich nur zustimmen. Dieses Gefühl nach dem Verführungsakt, ein Zerstörer zu sein, alles kaputtzumachen und doch nicht anders zu können! Ich verstand die Schwarze Witwe vollkommen; man muß ihn abmurksen, sobald er seine Schuldigkeit getan hat. Ich fühlte mich Anja Possa ferner als je zuvor. Wir waren einander fremd geworden. In weniger als einer Stunde war mehr zerbrochen, als hundert Briefe hätten kitten können. So sehr hatte ich nach diesem Moment verlangt – und jetzt war es, als hätten wir versucht, einander umzubringen. Ich wußte, daß es irreparabel war. Mit einer bis ins Mark reichenden Selbstverachtung brachte ich sie zur Haustür und gab ihr einen schlaffen Abschiedskuß.

Vor der Tür lag eine Postkarte. Ein nacktbusiges Mädchen in seeländischer Tracht. Ich wußte gleich, von wem sie war. Ich machte die Tür zu und hob die Karte vom verschlissenen Linoleumboden, während Anja Possa auf ihrem Fahrrad, ohne sich noch einmal umzusehen, um die nächste Ecke verschwand. In ziemlich bescheidener, regelmäßiger Handschrift stand geschrieben. *Gut. Weiter so. Dann haben wir noch vor Ende des Jahres ein Buch. Thomas Rap.*

Singend drehte ich den Schlüssel in der Haustür um.

Aus: Jaap Scholten: *Die blonde Göttin*. Zuerst erschienen in der Literaturzeitschrift *Bunker Hill*. © 1997 Jaap Scholten. Aus dem Niederländischen von Ira Wilhelm, Stuttgart: Verlag Klett-Cotta 2002.

Arnold & Clifford Lazarus
DER KLEINE TASCHENTHERAPEUT

Vater und Sohn Lazarus haben hier viele Werkzeuge zusammengetragen, mit denen Sie sich und Ihre Lieben psychisch fit halten können. Das Buch ist mit vielen wertvollen Einsichten gespickt, so daß praktisch alle Leser darin Aufschlußreiches, Nützliches und Hilfreiches finden. Wer die Ratschläge beherzigt, für den kann das Ergebnis nur eine gesteigerte Lebenszufriedenheit sein.

UNGLÜCKLICH MACHEN WIR UNS SELBST

Caroline war nicht glücklich. Sie sah sich als Opfer der Umstände. Ihre Unzufriedenheit führte sie auf eine lange Reihe äußerer Einflüsse zurück (auf andere Menschen, die Wirtschaftslage, das Wetter, die Regierung, ihren Arbeitgeber usw.). Nie kam ihr in den Sinn, daß ihre Art, die Dinge zu sehen, die eigentliche Hauptursache ihres Elends war.

Die weitverbreitete Neigung, die eigene Unzufriedenheit auf äußere Ursachen zurückzuführen, gehört zu den folgenreichsten psychischen Fehlleistungen. Deutlich wird das an Sätzen wie: »Seine Bemerkung hat mich maßlos geärgert!«, »Was sie gesagt hat, hat mich sehr verletzt!« oder »Ich war am Boden zerstört, weil er mir einen Rüffel verpaßt hatte!«

Die wahre Ursache von Verärgerung oder Kränkung ist

nicht das, was andere zu uns sagen. Vielmehr regen wir *uns selbst* über das auf, was wir hören oder erleben. Im Grunde wissen wir das auch: Nur Schläge tun weh – bloße Worte können uns nichts anhaben.

Doch so wahr das auch sein mag: Selbst uns Erwachsenen fällt es schwer, wirklich daran zu glauben. Sonst würden wir uns nämlich psychologisch gesehen nicht so ungenau ausdrücken wie: »Seine Bemerkung hat mich aufgeregt!«, sondern treffender sagen: »Ich habe mich aus der Fassung gebracht, als er diese Bemerkung machte!« Wir würden zum Beispiel sagen: »Ich kränkte mich, als sie mich so kritisierte« oder »Ich habe dafür gesorgt, daß es mir schlecht ging, als er mir einen Rüffel verpaßte.«

Solange wir ganz zu Unrecht äußere Ursachen für unser Unglück verantwortlich machen, können wir nicht viel daran ändern. Wenn wir uns aber vor Augen halten, daß wir uns angesichts von Widrigkeiten selbst aus dem Gleichgewicht bringen, dann können wir auf eine Veränderung hinarbeiten.

Ein junger Mann zum Beispiel war äußerst bekümmert, weil seine Freundin sich weigerte, von ihren Verabredungen mit anderen Männern abzulassen. »Was sie da tut, regt mich wirklich auf«, sagte er. »Nein«, erwiderten wir, »die Aufregung ist *Ihr* Werk.« Und dann fragten wir ihn: »Wie stellen Sie es an, sich selbst so völlig aus dem Gleichgewicht zu bringen?«

Es dauerte nicht lange, bis wir gemeinsam dahinterka-
men, daß er sich aus der Fassung brachte, indem er in irra-
tionalen Selbstgesprächen zahlreichen widersinnigen Vorstellungen nachhing. Daraufhin zeigten wir ihm, wie er
aufhören konnte, sich selbst derart unglücklich zu machen,
nur weil seine Freundin es an Begeisterung fehlen ließ.

Machen Sie sich klar, daß Ihre Art zu fühlen von Ihrer Art zu denken
abhängt. Dann können Sie die Situation in die Hand nehmen, anstatt
ihr Spielball zu sein.

Versetzen Sie sich in schlechte Stimmung, wenn die
Schwiegereltern zu Besuch kommen oder jemand Sie her-
unterputzt? Dann finden Sie erst einmal heraus, wie Sie
diese Mißstimmung denn im einzelnen erzeugen. Was sagen
Sie zu sich selbst? Im nächsten Schritt können Sie beschlie-
ßen, etwas dagegen zu unternehmen und falsche Gedanken-
gänge unschädlich zu machen. Schließlich werden Sie feststellen, daß Sie sich nicht länger unglücklich machen,
sondern Gleichmut bewahren.

Arnold A. Lazarus, Clifford N. Lazarus: *Der kleine Taschentherapeut. In*
60 Sekunden wieder o. k. Aus dem Amerikanischen von Christoph Trunk,
Stuttgart: Verlag Klett-Cotta 1999, S. 62ff.

ARNOLD LAZARUS & ALLEN FAY

ICH KANN, WENN ICH WILL

Lazarus und Fay setzen sich in diesem Buch direkt mit den Einstellungen und Handlungen auseinander, die das psychische Leid von Menschen verursachen können. Sie gehen dabei von der Voraussetzung aus, daß solche Verhaltensweisen irgendwann einmal gelernt wurden und deshalb auch wieder verlernt werden können. Der Leser soll lernen, seine Fehler selbständig zu überwinden, ohne Hilfe eines Psychotherapeuten. Die Autoren sagen nur, was zu tun ist. Tun muß es jeder selbst.

EINIGE MENSCHEN SIND BESSER ALS ANDERE

Eine junge Frau, die für eine Hamburger Werbeagentur arbeitete, neigte dazu, sich ganz und gar wertlos zu fühlen und völlig deprimiert zu sein, wenn sie all die attraktiven, strahlenden und wohlhabenden Leute sah, mit denen sie täglich in Berührung kam. Der Tatsache, daß sie lebhaft, freundlich und zuverlässig war, schenkte sie keine Beachtung, nahm jedoch an, daß das die meisten Menschen wären und daß diese Eigenschaften weniger wichtig wären.

Sie glaubte:

1. Menschen mit hoher Intelligenz, gutem Aussehen, Geld, sportlichem Talent, künstlerischen Fähigkeiten, Macht und Prestige sind bessere Menschen als diejenigen, die diese Eigenschaften nicht aufweisen.

2. Diese Eigenschaften machen einen glücklich.

3. Ohne diese Eigenschaften ist es sehr schwer, glücklich zu sein.

4. Die Leute respektieren in Wirklichkeit nur diejenigen, die diese äußerlichen Merkmale besitzen.

Glauben SIE irgend etwas davon?

Aus: Arnold Lazarus und Allen Fay: *Ich kann, wenn ich will*. Aus dem Amerikanischen von Wolfgang Pauls, Stuttgart: Verlag Klett-Cotta 9. Aufl. 1996, S. 86.

DREI

VERLORENES & GESCHENKTES GLÜCK

> Man trifft die Glücklichen selten —
> sie machen kein Aufhebens von sich.
> Ernst Jünger

> Was die weiße Rasse angeht,
> so weiß ich nicht, ob ihr Leben Glück ist,
> aber jedenfalls ihr Denken ist pessimistisch.
> Gottfried Benn

> Aber die Bemühung, diesen Traum der Vernunft
> vom vollkommenen Glück in einem adäquaten Begriff zu denken,
> führt in ähnliche Antinomien wie die Bemühungen der Metaphysik,
> so etwa wie das Ganze der Wirklichkeit zu denken.
> Robert Spaemann

Emile M. Cioran

GESCHICHTE UND UTOPIE

Der französische Philosoph Emile Michel Cioran (1911–1995), Sohn eines griechisch-orthodoxen Priesters aus Rumänien, denkt radikal negativ. Alle Sinnversprechen der Religion, Metaphysik und Geschichte entlarvt er als illusionär. Statt sich aber mit der entzauberten Wirklichkeit auszusöhnen, klagt er die Welt und alles Leben in gleichermaßen schrecklichen wie schönen Sprachbildern als unzumutbar, verfehlt und nichtig an. Im Rausch ausweigloser Verzweiflung verfängt für Cioran kein Trost mehr, und doch lebt in ihm bis zuletzt der alte Traum glücklicher Augenblicke weiter.

Unglück der Geschichte

In jeder Großstadt, wie sie auch heißen mag, in die der Zufall mich verschlägt, wundere ich mich darüber, daß es dort nicht jeden Tag Aufstände gibt, Massaker, eine namenlose Metzelei, ein Durcheinander wie beim Weltuntergang. Wie können auf einem so beengten Raume so viele Menschen miteinander leben, ohne einander zu vernichten, ohne sich tödlich zu hassen? Allerdings, sie hassen sich, aber sie sind nicht auf der Höhe ihres Hasses. Diese Mittelmäßigkeit, diese Ohnmacht retten die Gesellschaft, sichern ihre Dauer und Festigkeit. Von Zeit zu Zeit ereignet sich irgendein Erdstoß, und unsere Instinkte ziehen Vorteil daraus; dann fahren wir fort, einander in die Augen zu sehen, als ob nichts geschehen wäre, und zusammenzuwohnen, ohne einander allzu offensichtlich zu zerreißen. [...]

Aber noch mehr wundere ich mich darüber, daß manche Menschen, obwohl die Gesellschaft ist, wie sie ist, sich in den Kopf gesetzt haben, eine andere, völlig verschiedene zu konzipieren. Woher mag soviel Naivität, soviel Narrheit kommen? [...]

Auf der Suche nach neuen Erfahrungen und im Augenblick, als ich daran verzweifelte, noch welchen zu begegnen, kam mir der Gedanke, mich auf die utopische Literatur zu stürzen, ihre »Meisterwerke« zu studieren, mich davon durchdringen zu lassen, mich darin zu wälzen. [...] Einige Monate damit verbringen, die Träume von einer besseren Zukunft, einer »idealen« Gesellschaft zu sichten, das Unlesbare zu verschlingen – welch ein Geschenk! Ich beeile mich hinzuzufügen, daß diese abstoßende Literatur reich an Belehrungen ist und man nicht völlig seine Zeit verliert, wenn man sich mit ihr beschäftigt. Gleich anfangs wird einem dabei die (je nachdem befruchtende oder verheerende) Rolle klar, die in der Genesis der Ereignisse nicht etwa das Glück selbst, sondern der *Glücksbegriff* spielt, und dieser Begriff erklärt auch, [...] warum jede Epoche sich so angelegentlich mit Phantastereien über das Goldene Zeitalter beschäftigt. Wenn man diesem Phantasieren ein Ende machte, müßte eine totale Stagnation die Folge sein. Wir handeln nur in der Bezauberung durch das Unmögliche, das heißt soviel wie: eine Gesellschaft, die unfähig ist, eine Utopie zu erzeugen und sich ihrem Dienst zu weihen, ist von Sklerose und Ruin bedroht. Die Weisheit, die sich von nichts bezaubern läßt, empfiehlt das gegebene, existierende Glück; der Mensch lehnt es ab, und nur diese Ablehnung macht aus ihm ein Geschichtswesen, ich meine einen Liebhaber des *eingebildeten* Glücks.

»Bald wird das Ende von allem da sein; es wird sein ein neuer Himmel und eine neue Erde«, lesen wir in der Apokalypse. Lasse den Himmel weg, behalte nur die »neue Erde«, und du hast das Geheimnis und die Formel der utopischen Systeme; um genauer zu sein, müßte man vielleicht »Erde« durch »Staatsgemeinschaft« ersetzen; aber das ist nur eine Einzelheit; was zählt, ist die Perspektive eines neuen Ereignisses, das Fieber einer wesentlichen Erwartung, einer heruntergekommenen, modernisierten Parusie: daraus entspringen diese Systeme, die den Enterbten so teuer sind. Das Elend ist offenbar die große Hilfsmacht des Utopisten; es ist die Materie, in der er arbeitet, der Grundstoff, aus dem er seine Gedanken ernährt, die Vorsehung seiner Besessenheit. [...]

Und wo sollten sie herkommen, diese Staaten, die das Böse nicht einmal streift, wo man die Arbeit segnet und den Tod nicht fürchtet? Dort läßt man sich ein Glück angelegen sein, das aus geometrischen Idyllen gemacht ist, aus reglementierten Ekstasen, aus tausend Wundern, die zum Speien sind, denn das Schauspiel einer *vollkommenen* Welt, einer fabrizierten Welt kann keine anderen bieten. [...] Um eine

echte Utopie auszudenken, mit Überzeugung das Bild einer
Idealgeschichte zu malen, dazu gehört eine gewisse Dosis
Harmlosigkeit. [...] Die Personen darin sind Automaten, Fiktionen oder Symbole: keine ist wahr, keine geht über den
Wirklichkeitsgrad einer Strohpuppe hinaus, einer mitten in
weglosen Welten verlorenen Idee. [...] Blutleer, vollkommen
und nichtig, vom Guten geblendet, sündlos und lasterlos
ohne Dichte und ohne Umrisse, ganz und gar nicht eingeweiht ins Dasein, in die Kunst, vor sich selbst zu erröten, die
eigenen Gewissensqualen und Beschämungen zu variieren,
haben sie kaum eine Ahnung von dem Vergnügen, das uns
der Niedergang unserer Nächsten einflößt, von der Ungeduld, mit der wir ihren Sturz erhoffen und von Stufe zu
Stufe verfolgen. [...]

[Die Utopie] ist dem Anomalen, dem Formlosen, dem
Unregelmäßigen feindlich gesinnt und strebt nach der Festigung des Homogenen, des Typischen, der Wiederholung
und der Orthodoxie. Aber das Leben ist Bruch, Ketzerei,
Abweichung von den Normen der Materie. Und der Mensch
ist im Verhältnis zum Leben eine Ketzerei zweiten Grades,
Sieg des Individuellen, der Willkür, Erscheinungsform der
Verirrung, ein schismatisches Tier, das die Gesellschaft —
diese Summe von schlummernden Ungeheuern — auf den
rechten Weg zurückzubringen trachtet. Das wachende Ungeheuer ist der Ketzer in höchster Potenz, es ist inkarnierte
Einsamkeit, Frevel gegen die allgemeingültige Ordnung, es
findet Gefallen daran, eine Ausnahme zu sein. [...]

Indem die Utopie das Irrationale und das Irreparable verbannt, setzt sie sich auch in Gegensatz zur Tragödie, diesem Paroxysmus, dieser Quintessenz der Geschichte. In einem vollkommenen Staat müßte jeder Konflikt aufhören; die Willensregungen wären dort gedrosselt, besänftigt oder gleichsam durch Wunderkraft zur Konvergenz gebracht; dort würde einzig die Einheit herrschen, ohne Beimischung von Zufall oder Widerspruch. Die Utopie ist eine Mixtur aus puerilem Rationalismus und säkularisiertem Engelsglauben.

Wir sind vom Bösen überschwemmt. Nicht daß alle unsere Taten böse wären; aber wenn es uns geschieht, daß wir gute Werke tun, leiden wir an ihnen, weil sie unsere spontanen Regungen blockiert haben: Die Praxis der Tugend läßt sich auf eine Bußübung zurückführen, auf Lehrjahre der Kasteiung. [...]

Nichts vermag den metaphysischen Sinn der Sehnsucht besser zu entschleiern als ihre Unfähigkeit, mit irgendeinem Moment der Zeit zusammenzufallen; darum sucht sie Trost in einer weit zurückliegenden, unvordenklichen Vergangenheit, die den Jahrhunderten widersteht und gleichsam vor allem Werden liegt. [...] Zur Quelle der Zeiten kehrt sie zurück, um dort das echte Paradies wiederzufinden, dessen Verlust sie immer wieder beklagt. Dagegen wird der Quelle, aus der das Paradies auf Erden entspringt, recht eigentlich die Dimension der Sehnsucht fehlen: ihr umgedrehtes, verfälschtes und getrübtes Heimweh richtet sich auf die Zukunft, denn der »Fortschritt« fasziniert es, zeitliche Replik, grimassierende Metamorphose des ursprünglichen Paradieses. Ob durch Ansteckung, ob durch Automatismus, diese Metamorphose hat sich schließlich und letztlich in jedem von uns vollzogen. Wohl oder übel setzen wir auf die Zukunft, machen daraus eine Wundermedizin. [...]

[Solange utopische Konstruktionen] uns ihr Zeichen aufprägen, erwarten wir unsere Erlösung von außen, vom Lauf der Dinge und vom Vormarsch der Kollektive. Daraus entstand der »Sinn der Geschichte«, den die Moderne an die Stelle des Fortschritts setzen sollte, ohne wirklich Neues hinzuzufügen. [...] Kein Paradies [aber] – wenn nicht im tiefsten Innern unseres Wesens, gleichsam im Ich des Ichs. [...]

Wendet man ein, daß wir nur ein Phantom durch ein anderes ersetzen – die ewige Gegenwart, an die wir denken, sei nicht mehr wert als die Fabeln des Goldenen Zeitalters, und das ursprüngliche Ich, die Grundlage unserer Hoffnungen, ziehe das Vakuum an und sei ihm zu guter Letzt gleichzusetzen? Meinetwegen! Aber enthält ein Vakuum, das die Fülle spendet, nicht mehr Realität als die Geschichte in ihrer Gesamtheit?

Emile M. Cioran, *Geschichte und Utopie.* Stuttgart: Verlag Klett-Cotta, 3. Aufl. 2001, S. 91–94, 96–100, 102, 130.

ERNST JÜNGER
HELIOPOLIS

DAS SYMPOSION

[...] Inzwischen hatte Costar die Gläser frisch gefüllt und präsentierte dem Philosophen für seine Pfeife das Stäbchen aus thermischem Metall, das glühend auf einem tönernen Teller lag. Ortner schlug nun, der Regel folgend, die sich bei den Symposien gebildet hatte, ein Thema vor:

»Wir wollen über den ›Augenblick des Glückes‹ sprechen und von jedem hören, was er davon hält. De Geer beginnt.«

Lucius überlegte eine Weile und blickte in sein Glas. Dann leerte er es und begann:

»Das Glück trägt für mich Züge des Unberührten, des Unbeschriebenen. Wenn ich es mit einem Schatz vergleiche, so liebe ich daran den Augenblick, in dem ich ihn voll in meinem Besitz fühle, doch keine Verfügung darüber traf. Es ist ein potentieller Zustand, den die Illusion belebt. Stets spielt das Weiße in ihn ein. Die weißen Flächen stimmen mich heiter: ein Feld im Schnee, der Brief, der uneröffnet, das Blatt Papier, das wartend auf meinem Tische liegt. Bald werde ich es mit Zeichen, mit Buchstaben bedecken und trage dadurch von seinem Schimmer ab.

Daß man beginnen könnte, ganz neu beginnen: das ist ein köstliches Gefühl. Dazu gehört auch das Bewußtsein des Unerkannten, des Verborgenen, des Heimlichen. Das Glück ist Kinderzeit und Rückkehr der Kinderzeit. Wir treten in das Gefecht des Lebens ein und haben noch alle Reserven in der Hand. Dann löst die Niederlage den Traum vom Siege ab.

Wenn ich mich glücklicher Stunden entsinne, dann fallen mir die weißen Städte am Saum der Wüste ein, die Häfen jenseits der Hesperiden, in denen ich unter falschem Namen landete. Kein Wäschestück, kein Zettelchen läßt ahnen, wer ich bin. Die Spuren im Sande sind gelöscht. Sie schlossen sich wie die Furche des Schiffes, mit dem ich kam. Ich kenne nur den Namen eines Agenten und werde ihn am Abend in einer dunklen Gasse aufsuchen. Bis dahin ist der Tag auf eine neue und unbekannte Weise mir geschenkt. Die feinen Fäden, mit denen die Gewohnheit, der Alltag, die Pflicht uns binden, sind zerschnitten, und damit zieht Freiheit wie in den Träumen ein. Ich werde einen Tag verbringen, der jenseits der Gesetze liegt, als ob ich den Ring besäße, der Unsichtbarkeit verleiht. Mir wird der einsame Jubel jenes Zwerges deutlich: der Jubel darüber, daß niemand meinen Namen kennt. Gewaltig tritt die Versuchung an mich heran.

Als ob ich starken Wein getrunken, indische Drogen genossen hätte, verändert sich die Welt. Im Maß, in dem ich mich des Willens, der Aktion enthalte, nimmt die Herrschaft zu. Ich sitze am Frühstückstisch, und ein dunkler

Diener schenkt den Kaffee ein. Indem ich sein Lächeln, das Glänzen seiner Augen betrachte, erkenne ich, daß ich der unbekannte Gast bin, den er allmorgendlich bedient. Doch ist ihm auch bewußt, daß ich sein Schicksal bin. Wir sind zugleich im Einverständnis und im Kontrast, heiter und abwägend. Ich könnte jetzt den Bann durchbrechen, indem ich ihn beschenkte, auf meine Knie zöge, ihm offenbarte, daß ich der Kenner ihm unbekannter Wünsche und Träume bin. Doch mehre ich, indem ich schweige und mich enthalte, meine Macht.

Das ist die Ouvertüre; ihr schließen sich Gänge durch den Hafen, durch die Bazare und engen Viertel an. Der Anblick der Menschen, die dort wimmeln, steigert meine Heiterkeit. Je weniger ich ihre Namen, ihre Geschäfte, ihre Sprache kenne, desto lichter tritt ein geheimer Sinn hervor. Sie werden von innen illuminiert.

Im Fluge steigt die Sonne zum Zenit und senkt sich dem Meere zu. Die Zeit wird leicht und schmerzlos; die Bilder ordnen sich freundlich einander zu. Die Menschen leben in mir; ich fühle ihre Gedanken, Taten, Leiden in der Betrachtung mit.

Der Lichtstoff reichert sich an wie auf Tapeten, deren Muster sich erhellt. Ich gebe den Bildern Antwort, sende sie wie aus einem Spiegel in die Welt zurück. Das Auge wird sonnenhaft, die Welt ein Bildersaal. Sie formt sich zu Melodien, die ich komponiere; das Glück der Maler, der Dichter, der Liebenden wird mir vertraut.«

»Das Glück liegt in der Illusion«, begann nun der Maler, »und die Erfüllung ist sein Tod. Was läßt uns zaudern zwischen dem Augenblick, in dem wir die Frucht im Laube leuchten sehen, und jenem, in dem die Hand sie bricht? Wir möchten die Spanne des Glückes ausdehnen.

Ich denke an die Begegnung mit Coralina, an unser erstes Rendezvous. Wir hatten uns bis dahin nur in der Gesellschaft gesehen.

Längst vor der angegebenen Stunde stand ich auf der Brücke am Feuerturm. Ich hatte ihr einen unsinnigen Brief geschrieben und war mir des Absurden der Lage wohl bewußt. Dennoch belebte mich eine starke Spannung wie einen Jäger, den in Erwartung eines äußerst scheuen, ja wohl kaum wahrnehmbaren Wildes der Augentrug bedroht.

In dieser Unruhe flog auf mich zu, was man den Augenblick des Glückes nennt, berührte mich wie ein Geschoß. Ich sah, wie Coralina von der Brücke mir entgegenschritt, sie hatte mich bereits von fern erkannt. Die Mischung von Glück und Bangen, die mich ergriff, war wie ein Wirbel, der die Wirklichkeit zugleich verschärfte und zu zerstören drohte; sie zeigte, daß ich sowohl Wild wie Jäger war. Noch kämpfte das Unwahrscheinliche der Illusion mit der Gewißheit des Augenscheins. Noch war das Wesen, das sich mir mit leichten Schritten nahte, ein Inbild der Träume, wie es dem Beschwörenden erscheint. Und doch gewann es Realität. Ich sah das grüne Kostüm, die rote Tasche am langen

Bande, wie man sie damals nach Art der Jägerinnen trug. Und alles erschien mir wunderbar an der Sekunde — wie etwa, daß inmitten Tausender von Menschen ihr Blick allein auf mich gerichtet war. Schon knüpfte sich das Geheimnis zwischen uns. Schon sah ich ihr Lächeln wie die erste Bewegung, das erste Zittern des Vorhangs vor einer unbekannten Welt. Wir waren Verschworene.

Das war der Augenblick, in dem sie mir am mächtigsten begegnete, obwohl wir uns lange und glücklich liebten, sie noch jetzt in meinem Herzen lebt. Ich meine den Augenblick, in dem noch alles Imagination, noch Überwirklichkeit an der Geliebten ist und doch schon die Ahnung des Besitzes uns durchdringt. Das sind zwei Reiche, die sich auf Erden nie vereinen, wenn nicht durch einen Funken, der zeitlos überspringt.«

Die Reihe kam jetzt an Serner, doch hatte er nicht zugehört und mußte aus seiner Versunkenheit geweckt werden. Nachdem er vernommen hatte, wovon gesprochen wurde, ergriff er das Wort mit einer Behendigkeit, die sowohl auf seine Vertrautheit mit dem Thema schließen ließ wie darauf, daß seine Zunge vom Wein beflügelt war:

»Das Glück ist an den Augenblick geknüpft — das heißt, daß es nicht dauern kann. Im besten Falle gleicht das Leben einer Kette, die aus den Ringen erfüllter Wünsche geschmiedet ist. Auch wenn man immer siegt, wie Alexander, wird man dem Schicksal nicht entgehen. Der Feind des

Hungers ist die Sattheit, wie die Erfüllung der Tod der Sehnsucht ist.

Aus diesem Grunde sind sich die Weisen aller Länder und aller Zeiten darüber einig, daß das Glück nicht durch das Tor der Wünsche zu gewinnen ist und nicht im Strom der Welt.

Daraus folgt nun, daß, wer des Glückes teilhaftig werden will, zunächst das Tor der Wünsche schließen muß. Hierin sind alle Vorschriften konform wie Varianten eines offenbarten Textes — die heiligen Bücher, die Regeln der alten Weisen des Ostens und des Westens, die Lehren der Stoa und der Buddhisten, die Schriften der Mönche und Mystiker.

Und ferner lehrt die Erfahrung, daß der Mensch den Vorschriften nicht folgt. Er lebt wie in den Palästen von ›Tausendundeiner Nacht‹, in denen alle Räume ihm Behagen verheißen bis auf den einen, dessen Tür verboten ist und hinter welcher der Kummer wohnt. Wie kommt es, daß ihn sein Unstern gerade sie zu öffnen zwingt? Das Rätsel liegt darin, daß sie das Tor der Wünsche ist.

Die Jagd nach dem Glück führt in die Dickichte. Das Glück muß eintreten. Es ist nicht bei den Ungeduldigen zu Haus. Es sollte der Vorbereitung gleichen, die immer schöner wird. Das Leben darf sich nicht beschleunigen; es muß sich verlangsamen nach Art der Ströme, die dem Meere zufließen. Im Maße, in dem es mit dem Alter Tiefe und innere Macht gewinnt, führt es Gold, Schiffe und heitere Ungeheuer mit.

Man trifft die Glücklichen selten – sie machen kein Auf-
hebens von sich. Doch leben sie noch unter uns in ihren Zel-
len und Mansarden, vertieft in die Erkenntnis, die Anschauung, die Andacht – in Wüsten, in Einsiedeleien unter dem
Dach der Welt. Vielleicht liegt es an ihnen, daß die Wärme,
der Zustrom aus anderen Systemen uns noch erreicht.«

Als letzter sprach Ortner; er schloß die Unterhaltung ab:

»Mein Epilog kann nur bescheiden sein. Das mag in der
Natur der Sache liegen, da für mich Bescheidenheit und
Glück verschwistert sind. Glück ist die Harmonie, in der wir
zu den Dingen, die uns umgeben, stehen. Je weniger und
schlichter diese Dinge, desto reiner und müheloser der
Akkord. So kommt es, daß einfache Menschen leichter auch
glücklich sind.

Ein Stückchen Garten mit Blumen und Früchten, ein
Tisch mit einem guten Gast und einer Flasche Wein, die stille Lampe, die ein Buch und Teegeschirr beleuchtet – das
sind Kompositionen, die beglücken, wenn innere Harmonie
sich ihnen zugesellt.

Den Menschen, den solche Harmonie belebt, umringt ein
Kreis, in dem sie sichtbar wird. Das sind die Inseln im Chaos
dieser Welt. Ein Garten, ein Arbeitsplatz, ein kleiner Haus-
halt, ein Freundeszirkel – sie zeugen vom Genius dessen, um
den sie sich bildeten. Sie zeigen, daß das Glück, die Freude,
das Eigentum nicht im Vereinzelten bestehen und daß ihr
Wesen der Gemeinsamkeit, der Mitteilung bedarf. Es liegt

im Geben, im Verteilen des Empfangenen. Allein der Geben-
de ist reich.

Der Umfang dieser Inseln hängt von der Höhe des Menschen ab. Auch der Geringste kann Spender sein, kann Glanz
verbreiten, und sei es als noch so kleines Licht. Das Glück
des Gärtners wird sichtbar in den Früchten, vernehmbar im
Liede, das seine Frau am Herde singt. Die Fürsten bilden Reiche um sich her. Die Sterne sind Inseln im Weltenmeer; wir
ahnen, daß sie die Heimat von guten Mächten sind. Und
endlich ist auch das Universum eine Insel im Nichts, die
Gott geschaffen hat.«

Aus: Ernst Jünger: *Heliopolis. Rückblick auf eine Stadt* (Sämtliche Werke,
Band 16), Stuttgart: Verlag Klett-Cotta 1980, S. 107–112.

Arno Gruen

DER FREMDE IN UNS

»Der Fremde in uns« bezeichnet jenen Teil in Menschen, der verloren ist und von dem sie sich so sehr entfremdet haben, daß sie ihn zeit ihres Lebens wiederzufinden suchen. Es ist ein Fremder in ihnen, der zwar die Sprache der Menschen nachahmt, aber doch kein Mensch mehr ist. Manche suchen dieses Verlorene, indem sie mit sich selbst ringen, andere, indem sie andere Lebewesen zerstören. Solange aber die Menschen den je eigenen Fremden nicht in sich gefunden und sich mit ihm ausgesöhnt haben, bleiben die Schlüsselfragen menschlichen Lebens und Handelns gefährlich ungeklärt. Panische Ängste, rastlose Leidenschaften, blinder Haß, scheinbare plötzliche Gewalt, unendliches Rebellieren, ungezügelter Extremismus und menschenverachtender Terrorismus machen schmerzlich die zahllosen Gestalten bewußt, in denen sich der »Fremde in uns« zeigt.

DER SCHMERZ UND DIE SEHNSUCHT NACH LIEBE

Wie kann man Schmerz ertragen? Wie läßt sich die Sehnsucht nach Liebe am Leben erhalten, so daß der Haß gegen das Leben nicht zum Inhalt des Lebens selbst wird? Was wird, wenn die Jugend ihre Verzweiflung, ihren Schmerz nicht wahrnehmen darf? Heute ist Coolness angesagt, oder besser: Durch eine übertriebene Körperhaltung werden coole Reaktionen vorgegeben. Zu leiden ist nicht »in«. Die Kinder haben sich die Lektionen ihrer Eltern einverleibt, wonach derjenige Bedeutung – also ein Selbst – hat, der Dinge kaufen und konsumieren kann. Die aktuelle Musik verstärkt diese Attitüde. Hip-Hop verkündet Selbstwert, wenn man sich dem Leiden entgegenstellt, so tut, als ob einem nichts etwas anhaben kann, indem man sich zum Kriminellen stilisiert. Lauryn Hill sang in dem Musical »Superstar« folgenden Text, der der Slangsprache entstammt und sinngemäß ungefähr so lautet: »Komm doch Baby, zünde mein Feuer; alles, was du tust, ist so mühsam; Musik sollte doch anregen; warum werden wir nicht angetörnt?« Lisa Williamsons Antwort, alias Sister Souljah: »Um eine politische Bewegung zu schaffen, muß man Erziehung und Bewußtsein haben. Es ist schwierig, dies mit Kapitalismus zu mischen. Die meisten Menschen, wenn mit einer Wahl konfrontiert, werden lieber dem Geld nachgehen als etwas anderem.« Wie die Rap-Gruppe »The Coup« es in »Busterismology« ausdrückt: »Wenn du nicht über das Ende von Ausbeutung sprichst, dann bist du einfach nur ein Sambo (Lakai), der mitmacht, der ermutigende Worte ausspricht, aber nie für Gerechtigkeit kämpft, und während wir von Sklavenlohnwürgern erdrückt werden, willst du nur dasselbe tun, willst, daß wir dir ein Geschäft aufbauen, so wirst du neben der herrschenden Klasse im Graben liegen, denn wenn wir die Revolution anfangen, wirst du uns nur verraten.« (Alle Zitate aus Ards 1999)

Was bleibt, ist ein aggressives Verhalten, eine Auflehnung gegen eine widersprüchliche, restriktive Gesellschaft, deren

Idealisierung nur die eigene Entfremdung verdeckt und vertuscht. Und es bleibt die Mißachtung und Zerstörung allen Leids, um sich von dem auferlegten Schuldigsein zu befreien. Die Sehnsucht nach Zärtlichkeit bleibt dabei bei vielen auf der Strecke, weil man sich als Kind der Lüge einer aufrichtigen Liebe verschreiben mußte. Trotzdem gibt es immer wieder Menschen, die sich aus diesem Morast befreien können, weil die Sehnsucht nach Zärtlichkeit da ist, eine Sehnsucht, die letztlich immer wieder von einer Mutter entzündet wird, die selbst in diesem Morast gefangen war.

Die Biographie von Gottfried Wagner (1997), einem Urenkel Richard Wagners, bezeugt, daß sich ein Mensch gegen die ihm auferlegte Entfremdung wehren und trotz Schmerz und Leid zu sich selbst stehen kann. Hier ging es darum, sich der Autorität eines strafenden und ablehnenden Vaters, der auf absoluten Gehorsam pochte, zu widersetzen, sich dabei nicht nur dem Terror der Einsamkeit und Verlassenheit auszusetzen, sondern auch gegen vorprogrammierten Erfolg und Status zu opponieren. Etwas in dem Sohn konnte das Lügenhafte im Verhalten des Vaters, des Bayreuther Festspiel-Intendanten Wolfgang Wagner, nicht akzeptieren. Gottfried konnte den Widerspruch zwischen den Worten des Vaters und dem, was er selbst erlebte, nicht verleugnen. Eine innere Stimme hielt ihn dazu an, immer Ausschau nach etwas Echtem im Leben zu halten. Das brachte ihm viel Schmerz, dazu gehörte auch das empathische Wahrnehmen der Leiden seiner Mutter, obwohl diese ihr leidvolles Verhältnis zum Vater nicht wahrhaben wollte. Doch der Sohn hatte die Stärke, bei seinem Schmerz zu bleiben und so ein Leben für sich zu gestalten. Die Wärme einer ihn liebenden Frau half ihm dabei, seine eigene zu entfalten und diese an seinen adoptierten Sohn weiterzugeben.

Was also gibt manchen Menschen die Kraft, Schmerz auszuhalten? Menschen wie Hitler oder Göring, die als Helden gefeiert wurden, hatten jedenfalls nicht die Stärke, seelische Schmerzen zu ertragen. Hitlers Wunsch war es, eine Generation junger Deutscher heranzuzüchten, die keinen Schmerz fühlen würden. Damit verdeckte er die Angst davor und stilisierte sie zur Tugend. Wenn Leid nicht wahrgenommen werden darf, weil es verpönt ist, dann kann der Zugang zum Schmerz tatsächlich für immer unterbunden werden. Paul MacLean (1967), Forscher an der Rockefeller-Universität, untersuchte die neuronalen Verbindungen im Gehirn, die mit Empathie in Zusammenhang stehen. Er stellte fest, daß eine fehlende Stimulation von Empathie in der Kindheit dazu führt, daß diese als Merkmal des Menschen verlorengeht. Es ist aber auch bekannt, daß selbst abgebrühte Menschen ihre empathischen Fähigkeiten, das heißt: ihr seelisches Schmerzempfinden, wiederfinden können, wenn die kulturellen Beschränkungen, die unsere Wahrnehmung in bezug auf Empathie ausblenden, wegfallen.

Das würde bedeuten, daß jeder, der auch nur einmal den Kern einer empathischen Zuwendung durch die Mutter (sogar als Embryo) erfahren hat, zu seinem mitfühlenden

Selbst und daher zum Schmerz zurückfinden kann. Wichtig ist nur, daß die empathische Möglichkeit Nahrung erhält. Die Sehnsucht nach Zuwendung spielt hier, solange sie aufrechterhalten wird, eine wichtige Rolle bei der Entwicklung und Bewahrung unserer Menschlichkeit. Solange wir noch Sehnsucht nach Liebe und Zuwendung spüren, ist nicht alles verloren. Gedichte haben in diesem Prozeß eine unermeßlich große Funktion. Sie eröffnen selbst Menschen, die sonst in ihrem Umgang mit anderen kalt, verschlossen und berechnend sind, den Zugang zu einer inneren Welt, die einmal in ihnen pulsierte und die sie wieder beleben können. Mewlana Dschelaladdin Rumi, 1207 in Afghanistan geboren und 1273 in der Türkei gestorben, schrieb dieses Gedicht bereits vor vielen hundert Jahren (Übersetzung: Friedrich Rückert):

> »Wohl endet Tod des Lebens Not,
>   doch schauert Leben vor dem Tod.
> Das Leben sieht die dunkle Hand,
>   den hellen Kelch nicht, den sie bot.
> So schauert vor der Lieb' ein Herz,
>   als wie von Untergang bedroht.
> Denn wo die Lieb' erwachet, stirbt
>   das Ich, der dunkele Despot.
> Du laß ihn sterben in der Nacht
>   und atme frei im Morgenrot.«

Dieser Dichter erweckt nicht nur unsere eigene Sehnsucht nach einem Verschmelzen mit einem geliebten Menschen. Er drückt auch die tiefe Angst aus, die mit der Liebe einhergeht. Denn wenn Verschmelzen nicht auf einem freien Sich-Geben beruht, sondern an die Forderungen der Eltern erinnert, die ihr Kind besitzen und umklammern wollten, dann werden Liebe und Nähe als eine tödliche Bedrohung erlebt. Dennoch bleibt in unserer Welt, die der Verleugnung dieser Tatsachen ergeben ist, die Sehnsucht nach Liebe bestehen, wenn auch nur in Phantasiegebilden. Wirkliche Liebe, das heißt ebenbürtige Liebe, macht angst, denn man kann darin verlorengehen. Die erste Erfahrung mit der »Liebe« einer Mutter, die weder ihre eigenen Grenzen noch die des Kindes kennt, löst Panik und Schrecken aus. Kinder erleben eine tiefe existentielle Angst verlorenzugehen, weil der andere sie auffrißt, verschlingt, mit ihnen eins wird. So bleiben wir trotz Sehnsucht nach Liebe einander fern. Doch wir wissen es oft nicht. Statt dessen denken wir, im Besitz des anderen die Liebe zu finden. Wir glauben, daß es Liebe ist, wenn wir einem Menschen nachjagen, der selbst keine wirkliche Liebe und Wärme geben kann. Die Täuschungen, denen wir erliegen, sind vielfältig, denn das Bedürfnis nach Liebe ist unermeßlich.

Donald Winnicott hat beschrieben, wie die Angst, die mit einer symbiotischen Mutter erlebt wird, viele Kinder in die Arme des autoritären Vaters treibt. Da die Angst in unserer Kultur jedoch verneint wird, kommt es zu einer verstärkten

Idealisierung des unterdrückenden Vaters. Dieses Beziehungsmuster bleibt oft ein Leben lang erhalten und prägt unser Liebesverhalten. Wir laufen denen hinterher, die uns wenig zu geben haben, denn solche »Beziehungen« geben uns das Gefühl von Sicherheit und nehmen uns die Angst vor wahrer Verschmelzung. Viele glauben diese beim Sex zu erleben, und so wird der Orgasmus ohne Zärtlichkeit und Liebe zur Signatur des Lebens hochstilisiert.

Ein Patient berichtet mir: »Vor einem haben Jahr erlebte ich einen Liebesakt mit meiner Frau als so schön und stark wie nie zuvor. Seitdem habe ich Angst vor Nähe mit ihr. Wir haben nie wieder miteinander geschlafen. Früher war es viel distanzierter gewesen, aber ich konnte ihre Schönheit bewundern, konnte sie *nehmen* und genießen. Danach war ihr Körper nicht mehr begehrenswert. Schönheit muß jung und attraktiv sein. Sie hatte ihre Attraktivität für mich verloren. Aber dieses Erlebnis vor einem halben Jahr war anders. Ich war nicht von ihrer Attraktivität angezogen, aber der Sex war intensiver denn je, und schön. Aber es war keine Begierde auf ihren Körper als Frau. Das machte mir angst.« Dann: »Es fällt mir schwer, mich der Liebe hinzugeben, das passierte mir ja. Ich kann dann nicht dominieren. Ich muß aktiv und nehmend sein, das begeistert mich. *Gemeinsam Liebe machen*, na ja, das ist schön, aber ich scheue mich davor; die Nähe ist unangenehm. Ich habe auch ein schlechtes Gewissen, daß ich ihr nicht auf gemeinsamer

Ebene begegne. Dieser gemeinsame Sex, das ist zu viel. Ich kriege Angst und muß mich schützen. Es ist besser, wenn ich vom Körper angezogen bin und ihn genieße. Dieses Genießen erregt, das ist gut.« Ich will von ihm wissen, was den Sex beim letzten Mal so schön gemacht hat. Er: »Das Loslassen, daß ich einfach nur bin.« Ich: »Und das machte angst?« Er: »Ja, ich nehme es ihr übel, daß sie dabei war ... ich meine: ich war ihr *ausgeliefert*.«

Solange dieser Mann beim Geschlechtsverkehr das Gefühl hatte, daß er seine Frau in ihrer Schönheit eroberte, fühlte er sich wohl. Eroberung war sein Ersatz für Nähe, das heißt: sie schützte vor Nähe. Deshalb fühlen sich viele Menschen dem anderen »nahe«, wenn sie ihn zu besitzen glauben. Dann erleben sie orgiastische Begegnungen und glauben dabei, das Leben im Griff zu haben. Zärtlichkeit und Loslassen werden jedoch gefürchtet, weil sie ja zu einer wahren Verschmelzung führen würden. Das bedeutet: Eine solche Verschmelzung ist nur möglich, wenn sich ein Mensch in seinen eigenen Grenzen sicher fühlt, also eine Identität hat. Wenn das Eigene jedoch etwas Unbeständiges ist, weil es fremd gemacht wurde, dann fühlt man eine ständige Unsicherheit. Sex beruht dann auf Macht, Besitz und Beherrschen. Dieser Zustand wird als Nähe mißverstanden. Das erklärt auch, warum Schönheit in unserer Kultur so stark betont wird. Schönheit zu besitzen wird zum Ersatz von Nähe. Auf diese Weise kann ein Mensch jedoch nie erleben, daß wirkliche Schönheit erst aus der Liebe entsteht, also nicht Voraussetzung, sondern Folge von Liebe ist: Schönheit ist die Form, die Liebe gibt. Äußere Schönheit, ihr Besitz und ihre Eroberung haben bereits seit der griechischen Antike einen hohen Stellenwert in unserer Kultur. Das ist ein Indiz dafür, daß damals die Betonung des nach außen gelenkten Seins, also der Entfremdung des Selbst, begann.

Die Sehnsucht nach wirklicher Nähe bleibt jedoch erhalten und damit auch die Hoffnung auf ein liebevolles Entgegenkommen als Teil des Menschseins. Sie birgt in sich die Möglichkeit, sich wieder für den Schmerz zu öffnen. So bleiben wir in unserem Menschsein verankert und müssen den Schmerz nicht in anderen suchen und diese foltern und bestrafen.

WAS KÖNNEN WIR TUN?

Wir müssen alles fördern, was Liebe gedeihen läßt. Dazu muß vor allem das Muttersein durch gesellschaftliche und wirtschaftliche Unterstützung erleichtert werden. Mütter müssen mehr Möglichkeiten haben, miteinander in Kontakt zu sein und so die Isolation des Mutterseins aufzuheben. Das heißt: mehr Unterstützung von Kindergärten und Kinderhorten. Es heißt auch, Kindern Gelegenheit zum Erleben ihrer inneren Welt und ihrer Phantasie zu geben, anstatt sie mit Fernsehen und Computern zu beschäftigen. Kinder sollten so früh wie möglich Erlebnisse mit Büchern, Erzählun-

gen, Malerei, Pflanzen und Tieren sammeln. Die Kinderbuch-
autorin Joanne K. Rowling brachte es einmal auf den Punkt:
»Ein Kinderbuch möbliert das Innere unseres Kopfes und
bewirkt so, daß es interessanter ist, darin zu leben. Je später
man mit dieser Inneneinrichtung anfängt, um so schwieriger wird es. Ein Kinderbuch bevölkert das Innere unseres
Kopfes mit Dingen, die wir den Rest des Lebens mit uns her-
umtragen können.« (Zit. n. Bodmer 1999) Damit sagt sie im
Grunde, daß das Innere des Kindes angeregt werden muß,
damit das Eigene des Menschen zum Kern seines Selbst
wird, wodurch die Entwicklung einer wirklichen Identität
unterstützt wird. Diese Förderung muß so früh wie möglich
beginnen. Das kann schon im Uterus geschehen.

Es muß auch nicht hoffnungslos machen, wenn eine solche Entwicklung verhindert wird. Defizite können unter
bestimmten Bedingungen aufgeholt werden. Darauf weisen
die Arbeiten des brasilianischen Pädagogen Paulo Freire
(1970; 1971; 1994) hin. Wenn Hoffnung als legitimes Bedürfnis akzeptiert wird – indem man ihre Verleugnung demas-
kiert –, werden Liebe und legitime Wut befreit. Ich sage hier
»legitime Wut«, weil unsere Kultur dazu neigt, die berech-
tigte Wut von Kindern zurückzuweisen. Das führt dazu, daß
sie entfremdet wird. Wenn diese Aggression jedoch akzeptiert und dem Kind und/oder Erwachsenen zugänglich
gemacht wird, kann sie zur Energie für konstruktives Handeln werden. Freire zeigte dies in seiner Arbeit mit den ärmsten der unterdrückten brasilianischen Landarbeiter. Indem

er ihre Hoffnung, das heißt: ihre Sehnsucht nach Liebe, wieder zum Leben erweckte, konnte er sie tatsächlich dazu bringen, innerhalb einer Woche lesen und schreiben zu lernen und sich in Gedichten auszudrücken (Freire 1970). Sie wurden zu friedfertigen Revolutionären, die weder Haß noch Gewalt zeigten. »Menschen haben unterschiedliche Haltungen zu eingrenzenden Situationen. Manche betrachten solche Barrieren als Hindernis, das man nicht beseitigen kann. Für andere sind sie ein Hindernis, das sie nicht zu beseitigen wünschen. Wieder andere erkennen das Hindernis und entwickeln daraus das Bedürfnis, es durchbrechen zu können.« (Freire 1994, S. 205 f.) Indem solche Menschen ihre begrenzte Lage als einzige Möglichkeit angesehen hatten, aber dann ein Bewußtsein für die Situation entwickeln konnten, waren sie in der Lage, sich von dieser falschen »Wahrheit« abzukoppeln. Dies ist der Weg, wie man sich aus der Identifikation mit dem Aggressor lösen kann. Indem man die Idealisierung reduziert, wird die Entwicklung eines eigenen Selbst und so auch von Menschlichkeit gefördert.

Was jedoch ist mit den Menschen, denen eine wahre Identität fehlt? Wie gehen wir mit ihnen um? Menschen, deren potentielles Selbst entfremdet wurde, sind auf äußere Regeln und feste Rahmenbedingungen angewiesen, die ihrem Selbst Sinn und Halt geben. Wenn der äußere Rahmen zu zerbrechen droht, weil zum Beispiel autoritäre Strukturen, die Beziehungen, Bräuche und Sitten regeln, nicht mehr halten, dann suchen solche Menschen dort

Zuflucht und Sicherheit, wo sie Autorität zu finden glauben oder wo sie ihnen versprochen wird. In Zeiten der Erneuerung wird jede Veränderung der Beziehungs- (und Status-) Strukturen als Bedrohung empfunden, selbst wenn sie mehr wirtschaftlichen Wohlstand und eine Verbesserung der Lebensbedingungen mit sich bringen. Das haben Tocqueville am Beispiel der Französischen Revolution, Fromm und DeMause für die Weimarer Republik und Schell für das heutige Amerika aufgezeigt. Auch die zunehmende Rechtsradikalität im Osten Deutschlands nach dem Zusammenbruch der Mauer weist in diese Richtung. Menschen ohne eigenes Selbst brauchen die Autorität, damit diese ihr Persöhnlichkeitsbild zusammenhält, und sie werden immer gezielt versuchen, diese mit Gewalt zurückzuholen.

Instabilität und Chaos können entstehen, weil die Identifikation mit autoritärer Macht die Entwicklung gesellschaftlicher Freiheiten nicht tolerieren kann. Fromm wies bereits 1941 auf diesen Zusammenhang hin. So kann die Wiederherstellung autoritärer gesellschaftlicher Machtstrukturen zum Anliegen breiter Bevölkerungsschichten werden. DeMause ging davon aus, daß die Liberalisierungstendenzen und die Lockerung gesellschaftlicher Zwänge während der Weimarer Republik eine »Growth Panic«, eine Angst vor Veränderung und Wachstum, hervorriefen. Weite Teile der Bevölkerung reagierten mit Gewalt und Mord auf die Erweiterung der inneren und äußeren Lebensalternativen, was schließlich zur Machtübernahme durch Hitler führte.

Interessanterweise hat Alexis de Tocqueville – im Gegensatz zur damals wie heute gängigen Denkweise – schon 1865 darauf hingewiesen, daß die Revolution von 1789 nicht durch wirtschaftliche Not hervorgerufen wurde. Das alte Regime war sogar seit Jahren ein Ort des wirtschaftlichen Aufschwungs gewesen. »Man gelangt nicht immer nur dann zur Revolution, wenn eine schlimme Lage zur schlimmsten wird. Sehr oft geschieht es, daß ein Volk, das lange die drückendsten Gesetze ohne Klage und gleichsam, als fühlte es sie nicht, ertragen hatte, diese gewaltsam beseitigt, sobald ihre Last sich vermindert. Die Regierung, die durch eine Revolution beseitigt wird, ist fast immer besser als die, die ihr unmittelbar vorausging.« (Tocqueville [1865] 1978)

Jonathan Schell (1999) faßt die Veränderungen während der letzten dreißig Jahre in den USA zusammen: Die gesetzliche Benachteiligung und Unterdrückung der schwarzen Bevölkerung wurde beseitigt; die sexuelle Revolution hob Tabus gegen Sex vor der Ehe auf; die feministische Revolution führte zur Aufhebung von Gesetzen der Unterdrückung von Frauen in der Ehe, sie eröffnete Frauen den Zugang zu beruflicher Karriere und öffentlichem Leben; die Schwulenbewegung sorgte für eine Enttabuisierung von Homosexualität. All diese Entwicklungen führten zu mehr menschlicher Freiheit, zu mehr individuellen Rechten und zum Zusammenbruch vieler Zwänge im gesellschaftlichen Leben. Schell zeigt nun auf, daß diese Jahrzehnte der Liberalisierung gleichzeitig durch eine zunehmend konservative

Politik bestimmt waren. Diese führte im Extrem sogar dazu, daß der Mord an Ärzten, die Frauen einen Schwangerschaftsabbruch ermöglichten, eine gewisse gesellschaftliche Zustimmung fand. Auch wenn die Erscheinungsformen andere sind, hat sich hier wie in der Weimarer Republik eine Gewalt gegen mehr Freiheit entwickelt.

Wenn Identität auf Identifikation mit Autorität beruht, bringt Freiheit Angst. Solche Menschen müssen dann das Opfer in sich selbst durch Gewalt gegen andere verdecken.

Sowohl wirtschaftliche Not als auch Wohlstand können das Opfer in Menschen zum Leben erwecken. Dann wird das Selbstwertgefühl bedroht, und die Bereitschaft, Feinde und Opfer zu finden, wächst.

Ein solches Spiel kommt erst wieder zur Ruhe, wenn eine Autorität die soziale Ordnung wiederherzustellen verspricht. Der amerikanische Historiker John Bushnell (1985) hat solche Prozesse in bezug auf die Meutereien in der russischen Armee während der Jahre 1905 bis 1906 beschrieben. [...] Es geht darum, sich einer Autorität unterwerfen zu können. Wenn diese nicht vorhanden ist, droht ein auf Identifikation basierendes Selbst auseinanderzubrechen. Dies führt zu Gewalttätigkeit, denn das Autoritäre muß verteidigt werden, um dem alten Terror zu entkommen. Freiheit muß deshalb abgewehrt werden, indem das Eigene, das durch die Freiheit gefährdet ist, in äußeren Fremden gesucht und bekämpft wird. Dabei findet man das Eigene am ehesten bei Menschen, die einem ähnlich sind.

All das hat Konsequenzen für den Umgang mit solchen Menschen. Mit liebevoller Toleranz und verständnisvollem Entgegenkommen werden wir gewalttätige Rechtsradikale und Neo-Nazis nicht besänftigen können. Aus der Forschung mit geschändeten und mißhandelten Kindern ist bekannt, daß diese auf liebevolles Entgegenkommen mit Haß und Gewalt reagieren. Durch ihre Idealisierung derer, die Gewalt ausüben, werden Liebe und Wärme zu etwas, das inneren Terror auslöst. Die Verachtung des Liebevollen ist eine Abwehrreaktion. Diese Abwehr von Zärtlichkeit zeigte sich auch im Verhalten der Nazis, die Dicks untersucht hat.

Liebe und Wärme werden mit Verachtung bestraft. Sozial engagierte Menschen, die Gewalttätigen und Rechtsradikalen »verständnisvoll« beizukommen versuchen, werden nicht nur enttäuscht. Sie müssen auch damit rechnen, zusammengeschlagen zu werden. Haß und Gewalt sind jedoch auch nicht die geeigneten Gegenmittel. Im Umgang mit haßerfüllten Menschen gilt es vor allem, konsequent zu sein. Das heißt: Grenzen setzen! Das ist die einzige Sprache, die Menschen ohne innere Identität verstehen. Wer ihnen helfen möchte, braucht eine innere Autorität. Er muß die Gewißheit haben, daß Gewalt und Haß menschenunwürdig sind. Die autoritäre Pose von Menschen wie Hitler beruht dagegen auf der Notwendigkeit, den Fremden in sich zum Unmenschen zu erklären, um ihn töten zu können.

Die innere Autorität, von der ich rede, basiert auf dem

sicheren Bewußtsein einer Gemeinsamkeit im Menschsein. So akzeptieren wir den anderen, ohne jedoch sein Verhalten zu billigen. Nur so können wir ihm seine Grenzen klar zu verstehen geben! Das meinte Jakob Wassermann, als er schrieb, einem Wüterich, der sein Roß mißhandelt, müsse man erst die Peitsche aus der Hand reißen. Danach kann man dann untersuchen, wie es zu dem Verhalten kam, ob der Gaul tückisch oder der Fuhrmann voller Gewalttätigkeit war. Am Anfang muß das bedingungslose Nein zu der Gewalt stehen. Sobald wir uns auf Diskussionen einlassen, wird uns derjenige, der voller Haß und Gewalt ist, als Schwächling abtun und sich mit seinem Begehren im Recht fühlen. Als in der deutschen Gesetzgebung die Rechte für Asylanten eingeschränkt wurden, hatte das eine Zunahme von Anschlägen auf Asylanten zur Folge. Die Fremdenhasser sahen in dem neuen Gesetz eine Legitimierung für ihren Haß.

Konsequenz trägt zunächst zur Beruhigung derjenigen bei, die Autorität für ihr Persöhnlichkeitsgefüge brauchen. Bei Hitlers Putsch 1923 in München geschah das Gegenteil. Als die bayerische Regierung Hitler mit ein paar Schüssen Einhalt gebot, fiel dessen Bewegung zusammen. Erst als die gerichtlichen Instanzen ihm verständnisvoll als Menschen mit berechtigtem »Leid« entgegenkamen, verkehrte sich der Zusammenbruch in einen Neubeginn. Es ist bezeichnend, daß die jeweiligen staatlichen Autoritäten Gewalttätigkeit von Rechtsextremen immer verniedlichen und als »nachvollziehbar« abtun. Ihre Gewalt wird als »Schlägerei« verharmlost. Wenn sie »Fremde« malträtieren, neigt die Gesellschaft dazu, wegzuschauen. Verbrechen, die Ausländer begehen, werden in den Medien jedoch dauernd thematisiert. Auch die Gewalt von Linken wird als Gefahr eingestuft. Das zeigt die Begrenzung eines logischen Verstandes, der die Unterschiede in der Entwicklung dieser beiden Richtungen völlig verneint.

Im »Wahnsinn der Normalität« habe ich beschrieben, wie Rechtsextreme und Linke von der Liebe abgeschnitten sind und daß beide Ablehnung und Entbehrung erlebt haben. Aber ihre Reaktion darauf verlief unterschiedlich. Der linke Rebell sucht die Liebe, fürchtet sie aber. Deshalb verschließt er sich ihr, und obwohl er auf ideologischer Ebene die Verbindung zur Menschheit sucht, verneint er tatsächlich seine Verwandtschaft mit ihr. Er muß sich dauernd beweisen, daß er anders ist. Seine ständige Rebellion erspart ihm die Entdeckung seiner Verwandtschaft mit dem Menschsein, weil er die »Liebe« seiner Mutter fürchtet, sich aber danach sehnt. So bleibt er trotz seiner ideologischen Absichten von anderen abgesondert und isoliert. Die ganze Rebellion, schrieb Henry Miller 1964, soll nur Sand in die Augen streuen, um den Wunsch nach einer Verbindung mit der Mutter zu verbergen.

Der Konformist und Rechtsradikale dagegen haßt die Liebe, er verleugnet seine Sehnsucht danach, weil er sonst zugeben müßte, daß er sie benötigt. In seiner Identifikation mit dem Aggressor beharrt er jedoch darauf, daß die schlechte Liebe, die ihm zuteil wurde, eine gute gewesen ist. Genauso wie der Rebell verneint er, daß die Mutter als beides, gut und schlecht, erlebt wurde. Doch während der Rebell die gute Mutter weiter sucht, ohne zugeben zu können, daß er sie braucht, verwirft der Konformist die gute Mutter, weil er ja die schlechte für gut erklärt hat. So verleugnet er für immer den Gefühlsverlust. Um diesen Status aufrechtzuerhalten, muß er alles, was Erinnerung und Sehnsucht nach der guten Mutter erwecken würde, mit Gewalt bekämpfen. Das führt zu der scheinbar absurden Situation, daß er Gewalt, die sich gegen ihn richtet, als eine Beruhigung, sogar als Zuwendung empfindet. Deshalb wird er sich auch staatlichen Autoritäten fügen, wenn diese wirklich konsequent sind. Dies ist jedoch nicht möglich, solange sich Politiker und andere gesellschaftliche Kräfte vom Haß und von der Gewalt beeindruckt zeigen. Auch sie sehen Gewalt als Stärke an, was etwas mit ihrer eigenen Autoritätsgläubigkeit zu tun hat. Dabei bemerken sie nicht, wie ihr eigenes Staatsgefüge zerbröckelt.

Bei linken Rebellen dagegen führt Konsequenz zu einer völlig anderen Reaktion. Sie müssen sich dann noch mehr gegen den »bösen Vater« wehren, um die »gute Mutter« — vermeintlich — zu beschützen. Bei ihnen bewirkt sture Autorität nur Gegenwehr und keine Identifikation.

Literatur

Ards, A.: »Organizing the Hip-Hop Generation«; in: *The Nation*, 26. 7. 1999.

Bodmer, T.: »Interview mit Joanne K. Rowling«; in: *Das Magazin des Tagesanzeiger*, No. 34, 28. 8. 1999.

Bushnell, J.: *Mutiny and Repression*, Bloomington: Indiana University Press 1985.

DeMause, L.: »Restaging Early Traumas in War and Social Violence«; in: *Journal of Psychohistory*, 23, 4, 1996.

— »The Psychogenic Theory of History«; in: *Journal of Psychohistory*, 25, 2, 1997.

Dicks, H. V.: »Personality Traits and National Socialist Ideology: A Wartime Study of German Prisoners of War«; in: *Human Relations*, Bd. III, 1950.

— *Licensed Mass Murder: A Social-psychological Study of some SS Killers*, London: Heinemann 1972.

Freire, P.: »Cultural Action for Freedom«; in: *Harvard Educational Review*, 40, 3, 1970.

— *Pädagogik der Unterdrückten. Bildung als Praxis der Freiheit*, Stuttgart: Kreuz 1971.

— *Pedagogy of Hope: Reliving Pedagogy of the Oppressed*, New York: Continuum 1994.

Fromm, E.: *Die Furcht vor der Freiheit*, Zürich: Steinberg 1941.

MacLean, P.: »The Brain in Relation to Empathy and Medical Education«; in: *Journal of Nervous and Mental Disease*, 144, 1967.

Rumi, M. D.: *Das Meer des Herzens geht in tausend Wogen. Ghaselen*, übersetzt von Friedrich Rückert, Frankfurt a. M.: Dagyeli 1988.

Schell, J.: »The Pure and the Impure«; in: *The Nation*, Feb. 1, 1999.

Tocqueville, A. de: *Der Staat und die Revolution* (1865), München: dtv 1978.

Wagner, G.: *Wer nicht mit dem Wolf heult*, Köln: Kiepenheuer & Witsch 1997.

Aus: Arno Gruen: *Der Fremde in uns*, Stuttgart: Verlag Klett-Cotta 3. Aufl. 2001, S. 196–207.

Gottfried Benn

ESSAYS, REDEN, VORTRÄGE

Pessimismus

Der Mensch ist nicht einsam, aber Denken ist einsam. Der Mensch ist sicher von Trauervollem dicht umhüllt, aber viele nehmen teil an dieser Trauer und bei allen ist sie populär. Das Denken aber ist ichgebunden und solitär. Vielleicht dachten die Primitiven kollektiv, die Indianer, die Melanesier, am deutlichsten die Neger, hier könnte manches als Steigerung durch Massenteilnahme gedeutet werden, aber andererseits weisen die Gestalten der Zauberer, Medizinmänner, Heilbringer schon auf dieser Stufe auf das Individuell-Isolierte der geistigen Äußerung hin. Was die weiße Rasse angeht, so weiß ich nicht, ob ihr Leben Glück ist, aber jedenfalls ihr Denken ist pessimistisch.

Der Pessimismus ist das Element ihres Schöpferischen. Wir leben allerdings in einer Epoche, in der er als entartet gilt. Es hat Zeiten gegeben, zum Beispiel im vierten und fünften Jahrhundert, in denen, noch ohne alle Einwirkungen der Völkerwanderung, der Pessimismus eine fast allgemein, wenigstens theoretisch zugegebene Gesinnung war. Die Entstehung der Klöster, in Ägypten und Palästina, war ihr Werk. Übrigens eine Massenbewegung: das Osterfest in

Tabenna feierten zur Zeit des Hieronymus fünfzigtausend Mönche und Nonnen, alle aus der Gegend des Nils. Sie hausten in Felsverstecken, Grabmälern zwischen Meer und Sümpfen, Rohrhütten, verlassenen Kastellen, Schlangen um die Knienden, die Reflexe der Wüste um die Verzückten — Wölfe und Füchse sprangen vorbei, während der Heilige betet. Was sie trieb, war die Verneinung der Welt, des Säkulums. Ihre Folgen sind bis heute um uns: die reinste monotheistische Religion, die Literatur der Antike, die Philosophie der Ideen und Bilder, kurz: das Abendland gäbe es nicht ohne sie.

Der Pessimismus ist kein christliches Motiv. In den Chören des Sophokles heißt es, daß nie geboren zu werden das Beste sei, doch wenn du lebst, ist das andere, schnell dahinzugehn, woher du kamst. Daß wir solcher Stoff sind wie der von Träumen, lehrte zweitausend Jahre vor dem Schwan vom Avon der Buddhismus, die Inkarnation alles dessen, was je der Pessimismus an Ausdruck und Inhalt fand. Der moderne Nihilismus geht über Schopenhauer unmittelbar auf ihn zurück. »Verlöschen« —, »Auswehen«, »Spiele eines Gauklers« —, »sternenloses Nichts«. Es ist höchst auffallend festzustellen, daß dieser erste echte, man könnte sagen volkhafte Pessimismus, der sich als System und Massenüberzeugung in der Weltgeschichte zeigte, nicht in den unterdrückten unteren Ständen Indiens auftrat, sondern innerhalb des mächtigen Brahmanismus. Aus dem an Genuß und Besitz tropisch reichen Fürstentum trat Shakyamuni, der Einsiedler aus dem Geschlecht der Sakya, hervor (geboren 623 vor Christus). Noch merkwürdiger aber ist, daß eine Lehre nicht Übel irgendwelcher Art, soziale moralische, physische Leidenszustände aufheben wollte, sondern *die Existenz selbst*, die Substanz des Daseins überhaupt. Das Leben als solches wirft jene Hand voll Staub in die Luft, in den Kreislauf des Werdens, vor Sansaras Rad — also auslöschen es — auswehen jeden Durst des Verlangens — keine Götter — das Nichts. Am Anfang steht eine Form des Pessimismus, der jede geschichtliche Arbeit verneint, den Staat, jede Gemeinschaft — ein *existentieller* Pessimismus mit erklärter Richtung auf Keimzerstörung.

Und in der Richtung auf Keimzerstörung gipfelt er dann in *Schopenhauer:* »Die Päderastie ist ein Strategem der infolge ihrer eigenen Gesetze in die Enge getriebenen Natur, eine Eselsbrücke, die sie gebaut hat, um von zwei Übeln das geringere zu wählen.« »Das Leben ist fortgesetzter Betrug, hat es versprochen, so hält es nicht, hat es gegeben, so war es nur, um zu nehmen.« Hier gibt es weder Bewußtes noch Unbewußtes, weder Substanz noch Kausalität, weder Realität noch Traum, nur grundlosen, blinden, erkenntnisunfähigen Willen. Dahinter steht *Schelling,* für den das Menschenhaupt nur »das Schwanzstück der Schöpfung« ist, der Mensch »eine spaßhafte Bestie«, Totenköpfe hinter den liebäugelnden Larven, auch die Sterne voll Knochen und Würmern; er sagt: »Es ist alles nichts und würgt sich selbst auf und schlingt sich gierig hinunter, und eben dieses Sichverschlingen ist die tückische Spiegelfechterei, als gäbe es etwas, da doch, wenn das Würgen einmal innehalten wollte, eben das Nichts recht deutlich zur Erscheinung käme, daß sie davor erschrecken müßten.« Dahinter *Byron:* »Fluch dem, der Leben schuf«; »die Taten von Athens großen Männern sind das Märchen einer Stunde, die Erzählung eines Schulknaben«. *Pierre Bayle:* »die Geschichte ist eine Sammlung von Untaten, auf tausend Verbrechen kommt kaum eine tugendhafte Tat.« *Diderot:* »geboren werden in der Unmündigkeit unter Schmerz und Geschrei; das Spielwerk der Unwissenheit, des Irrtums, des Bedürfnisses, der Krankheit, der Schlechtigkeiten und der Leidenschaften zu sein; Schritt vor Schritt von dem Augenblick an, wo man stammelt, bis zu dem Fortgehn, wo man faselt; zwischen Schelmen und Scharlatanen aller Art leben; auslöschen zwischen jemand, der uns den Puls fühlt, und einem anderen, der uns bestürzt macht, nicht wissen, woher man kommt, warum man gekommen ist, wohin man geht – das nennt man das wichtigste Geschenk unserer Eltern und der Natur: das Leben.« Stehn die Römer: *Plinius:* »die Natur hat demnach den Menschen nichts Besseres gegeben als die Kürze des Lebens.« *Marc Aurel:* »das Wesen des Menschen ist flüssig, sein Empfinden trübe, die Substanz seines Leibes leicht verweslich, seine Seele einem Kreisel vergleichbar, sein Schicksal schwer zu bestimmen, sein Ruf eine ungewisse Sache.« – »Traum und Rausch – – Krieg und Wanderung – – sein Nachruhm die Vergessenheit.« »Eintagsfliegen beide:

der, welcher gedenkt und jener, dessen gedacht wird.« »Das Gestern eine Seifenblase, das Morgen erst eine einbalsamierte Leiche, dann ein Haufen Asche.« »Das Leben wird in schlechter Gesellschaft, in zerbrechlichem Körper zurückgelegt; was bei dem Schmutz und der Verkommenheit der Zustände, bei dem ewigen Wechsel von Wesen und Form, bei der Unberechenbarkeit der Richtung, die die Dinge nehmen, was da der Liebe und des Strebens noch wert sein soll, ist nicht einzusehn.« »Der einzige Trost, der allgemeinen Auflösung entgegenzugehn.« *Septimius Severus* zurückblickend auf den Weg, den er aus einer niedrigen Stellung bis zu kaiserlicher Größe gegangen war, die Summe ziehend: »omnia fui et nihil expedit«: ich bin alles gewesen, und es hat nichts geholfen. *Karl V.* auf dem Weg nach St. Just: daß die größten Glückseligkeiten, die er genossen, immer mit so vielfachem Unglück verbunden waren, daß er in Wahrheit sagen müsse, es sei ihm nie ein reiner Genuß, nie eine ungemischte Freude zuteil geworden.

Die drei letzten waren Kaiser, sie trugen den Stirnreif und Gewalt der Welt. Offenbar: wer wirken will, verkennt die Tat, jedenfalls die Tat verläuft anders als ihr Traum: omnia fui et nihil expedit. Verlöschen — Auswehn — hispanische Mönche, schließt mir auf die Tür! Wie aber ist jenes Wort aus den »Wanderjahren« zu deuten: »Wenn man einmal weiß, worauf alles ankommt, hört man auf, gesprächig zu sein« — auch dies eine Wendung in das Schweigen, fort von Teilnahme und Gemeinschaft, ein äußerst ablehnendes Wort, sollte auch der, der es schrieb und der zu Eckermann bekannte, daß ihm das Leben das ewige Wälzen eines Steines war, der immer von neuem gehoben werden sollte, und daß er in fünfundsiebzig Jahren keine vier Wochen eigentlichen Behagens verlebt habe — sollte auch er —: *prae-nihilistisch* gewesen sein? Oder was hatte den angestrengtesten Verklä-rer des Daseins betroffen, den großen Nierenprüfer und Schlußabrechner, was hatte Nietzsche verloren, so verloren, daß die Welt ein Tor wurde »zu tausend Wüsten stumm und kalt«, gibt es eine andere Auslegung für diese schwerwie-genden Verse mit ihrem Titel »Vereinsamt« als die Annah-me des Verlustes von jedem Glauben an Gemeinschaft, an Höherwollen und Höherkönnen des Starken, an Biologie, an Rasse, an blonde Bestie (»Cäsar mit der Seele Christi«) — kam vielleicht von hier aus der Zusammenbruch, der Fall in das zehnjährige Krankenbett-Nirwana nach so viel gigantischen Züchtungsvisionen?

Omnia fui et nihil expedit. Das Spiel ist die Kerzen nicht wert. Vulnerant omnes, ultima necat: »Alle verwunden, die letzte tötet«, gemeint sind die Stunden — Inschrift auf dem Zifferblatt einer mittelalterlichen Sonnenuhr. Und die anti-ke Wasseruhr im Deutschen Museum in München, die Nym-phe, die die Stunden, die Minuten mit ihren Tränen weint — alles Präludien des europäischen Nihilismus. Mit einem Wort, *der Pessimismus ist ein legitimes Prinzip der Seele*, ein ural-tes, das in der weißen Rasse echte Formen fand, und das durch sie in die Zukunft verflochten werden wird, falls ihr

noch die metaphysische Macht der Einverleibung und Ein-
verwandlung, der Integration und Gestaltung zu eigen ist.
In diese Richtung wird man auch die merkwürdige Stelle
aus einem Burckhardt-Brief des Jahres 1875 rechnen können, die davon spricht, daß die Weltschlacht zwischen Optimismus und Pessimismus noch wird geschlagen werden
müssen. Der Sieg, setzen wir heute hinzu, kann nur im Zeichen des Pessimismus erfolgen, nur die Verneinung wird
jene neue Welt mit erschaffen helfen, zu der nicht nur der
Mensch, sondern nicht weniger die Natur selbst drängt, *in
der sie ihre Verwandlung fühlt: die Ausdruckswelt.*

Aus: Gottfried Benn: *Essays, Reden, Vorträge.* Gesammelte Werke in vier
Bänden, hrsg. von Dieter Wellershoff. Erster Band, Stuttgart: Verlag
Klett-Cotta 8. Aufl. 1993, S. 356–361.

ROBERT SPAEMANN

GLÜCK UND WOHLWOLLEN

Für Freiheit als Handeln aus einem eigenen Ursprung, dafür scheinen Politik, Verwaltung, Technik, Wissenschaft und die Öffentlichkeit keinen Platz mehr bereitzuhalten. Der Eindruck unausweichlicher Fremdbestimmung breitet sich aus. In seiner Ethik als Lehre vom Gelingen des Lebens stellt Robert Spaemann Freiheit und Verantwortung des einzelnen ins Zentrum. Als leitender Gedanke kristallisiert sich heraus, daß die Wirklichkeit wahrzunehmen immer getragen ist von einem ausgesprochenen oder stillschweigenden Wohlwollen gegen andere und sich selbst. Das ist die Basis des gelingenden Lebens und geht allem Sollen voraus. Haltungen wie Scheu, Schonung und Ehrfurcht, Tugenden wie die unmittelbare Verantwortung für uns selbst und die Natur resultieren aus dieser ethischen Einstellung.

DIE ANTINOMIEN DES GLÜCKS

1

Das Leben als ein Ganzes unter dem Gesichtspunkt seines vollkommenen Gelingens zu betrachten ist für die Philosophie von Anfang an konstitutiv. Aber die Bemühung, diesen Traum der Vernunft vom vollkommenen Glück in einem adäquaten Begriff zu denken, führt in ähnliche Antinomien wie die Bemühungen der Metaphysik, so etwa wie das Ganze der Wirklichkeit zu denken. Varros 288 Theorien über

218 · Robert Spaemann

das höchste Gut waren hierfür bereits ein Indiz. Die christliche Antwort fügte diesen Theorien nicht eine zweihun-
dertneunundachtzigste hinzu, sondern brachte eine koper-
nikanische Wende des Eudämonismus: Was wir als Inbild
vollkommenen Glücks in uns tragen, läßt sich unter empirischen Bedingungen prinzipiell nicht adäquat realisieren. Es
ist ein alle Erfahrung transzendierender Gedanke. Dennoch
können wir nicht aufhören, ihn zu denken. Er ist negativ
stets in der Weise gegenwärtig, daß er jede partielle, inhalt-
lich oder zeitlich begrenzte Befriedigung relativiert und den
Menschen im Unterschied zum Tier in einem chronisch
aufgescheuchten Zustand hält. Marxistische Denker haben
versucht, das Ausbleiben der *eudaimonia* als Folge sozialer Verhältnisse zu sehen, die, durch Knappheit bedingt,
Knappheit perennieren und zugleich der Herstellung der
Identität von Einzelinteressen und Gattungsinteressen, der
Bedingung vollen Glücks für jedes vernünftige Wesen, im
Weg stehen. Aber diese Auffassung irrt nicht nur mit Bezug
auf die Möglichkeit, Knappheit auf dieser Erde zu beseitigen, sie überschätzt nicht nur den ökonomischen Faktor im
Dualismus von allgemeinem und individuellem Interesse
für ein instinktoffenes, reflektierendes und folglich kon-
stitutionell maßloses Wesen. Sie verkennt vor allem, daß
die Diskrepanz zwischen dem Traum vom Glück und den
Möglichkeiten seiner Verwirklichung anthropologisch-fun-
damentaler Natur ist. Die Aristotelische Unterscheidung
zwischen *eudaimonia* schlechthin und »menschlicher«

eudaimonia sowie deren Kompromißcharakter zeigt das prinzipiell Überschwengliche der Glücksantizipation: »Kein Auge hat es gesehen, kein Ohr hat es gehört, und in keines Menschen Herz ist es gedrungen, was Gott denen bereitet hat, die ihn lieben« (1. Kor 2,9). Das sozialkritische Argument könnte höchstens so lauten: Ebendiese Überschwenglichkeit ist der Ausdruck unbefriedigter Wirklichkeit. Eine befriedigte Wirklichkeit würde den Menschen mit seiner Endlichkeit versöhnen und ihn nicht mehr in Dimensionen ausschweifen lassen, die wesentlich imaginär sind und jenseits jeder möglichen *conditio humana* liegen.

Dieses Argument müßte freilich auch alle Kunst als Surrogat realer Erfüllung denunzieren. Aber die Frage ist, was solche reale Erfüllung, die der symbolischen Dimension und des Reiches der Inbilder beraubt wäre, eigentlich noch bedeuten könnte. Ein Traum, der in eine Dimension führt, die wesentlich alle mögliche Erfüllung des Lebens transzendiert, würde es nämlich verdienen, daß das Leben ganz in seinen Dienst gestellt, ja ihm geopfert würde. Auch und gerade das erotische Glück, das sich nicht auf den Orgasmus reduziert, wäre nicht, was es ist, wenn es nicht eine Vision entstehen ließe, aus deren wesentlicher Unerfüllbarkeit jenes Leiden entspringt, das von aller großen Liebe untrennbar ist — die Vision der Seligkeit. Und alle Seligkeit der Liebe ist das Erleben dieser Vision.

Ehe wir nach den Gründen für den wesentlich transzendentalen Charakter der Idee eines absoluten Gelingens fragen, vergegenwärtigen wir uns die antinomische Verfassung, die diese Idee unvermeidlich annimmt, wenn wir sie als empirischen Begriff verstehen.

Das eigene Leben unter dem Gesichtspunkt seines Gelingens im Ganzen zu betrachten ist die Eigentümlichkeit eines Wesens, dessen erlebter Wirklichkeitsraum unendlich, also nicht mehr, wie für jedes Tier, um es selbst zentriert ist. Wer über den Ozean fährt, ist optisch zwar tagaus, tagein im Mittelpunkt des Kreises der Wasserfläche, die er überblickt. Auf der Schiffskarte aber wird Tag für Tag ein Fähnchen aufgesteckt, das die Position des Schiffes aufgrund von Parametern bestimmt, die neutral sind gegenüber dieser eigenen Position. Wir erleben uns sinnlich im Mittelpunkt der Welt. Aber jenes Erleben, das Wissen heißt, belehrt uns darüber, daß wir uns von anderen perspektivischen Zentren aus gesehen am Rand des Horizonts befinden. Für das Tier ist die Welt Umwelt. Wir hingegen wissen, es ist eine Realität für uns, daß wir selbst Umwelt für andere Wesen sind. Diese »exzentrische Position« (Helmuth Plessner) ermöglicht es, daß sich der Mensch das eigene Leben als ein Ganzes vorstellen kann. Der Blick, der es so vorstellt, ist wesentlich ein Blick von außen. Im unmittelbaren Erleben ist menschliches Leben immer »Aussein-auf«, immer »Sich-vorweg-Sein«. Und wo es nicht mehr dies ist, ist es gar nicht mehr. Zu einem Ganzen wird es daher erst im Tod. Und der antike Satz, niemand sei vor seinem Tod glücklich zu preisen, hat die paradoxe Konsequenz, daß diese »Seligsprechung« nur aus der Perspektive anderer geschehen kann. Von dieser Perspektive anderer aber zu wissen, uns sozusagen mit ihren Augen sehen zu können, ist wiederum konstitutiv für unser eigenes In-der-Welt-Sein. »Selig preisen werden mich alle Geschlechter« (Lk 1,47).

Wenn aber das Leben eines Menschen nur von außen als gelungen bezeichnet werden kann, was ist dann der Maßstab für das Gelingen? Im Urteil über das Gelingen des Lebens eines anderen können wir offenbar weder absehen von der Weise, wie der andere sein Leben selbst erlebt, noch können wir umgekehrt dieses Erleben zum einzigen oder auch nur entscheidenden Kriterium des Gelingens erheben. Wer für ein großes Ziel lebte und arbeitete, sich aber am Ende für gescheitert hielt und in Depressionen verfiel, den werden wir auch dann nicht »glücklich« preisen, wenn sich der Erfolg seiner Lebensbemühung nach seinem Tod noch einstellt. Ebensowenig aber denjenigen, der jahrelang ohne Realitätskontakt im bewußtlosen Zustand einer permanenten Euphorie gehalten wurde. Wer möchte freiwillig mit ihm tauschen? Weder die Innenansicht noch die Außenansicht kann offenbar so etwas wie Gelingen des Lebens definieren. Die Antinomie gründet darin, daß das menschliche Leben nur vom Ende und von außen betrachtet zu einem Ganzen wird. Subjektivität, Für-sich-Sein aber geht gerade nicht in Gestalthaftigkeit, also in das »An-sich« ein, als welches das Dasein sich dem Blick eines anderen darbietet. Die Antizipation der Eudämonie aber ist die Antizipation eines An-undfür-sich-Seins. Auch dieses kann sich indessen noch einmal in zweifacher Potenz darstellen: theoretisch, objektiv als Gedachtes, in der Potenz des An-sich, oder subjektiv als Erlebtes in der Potenz des Für-sich. Nur in der zweiten Weise sprechen wir von Eudämonie, Glück, gelungenem Leben. Aber wie soll dies möglich sein? Es wäre entweder die Aufhebung der Endlichkeit, die Verwandlung des Lebens in eine Vernunft, für die endliches, organisches Leben nur noch eine Art instrumenteller Infrastruktur wäre, beliebiger Manipulation und Umgestaltung ausgesetzt, oder aber Vernunft wäre zurückgenommen auf die instrumentelle Funktion organischen Überlebens von Individuen, ohne doch das Sein dieser Individuen zu definieren. In beiden Fällen kann von spezifisch menschlichem Gelingen die Rede nicht sein, weil von einem Ganzen dieses Lebens die Rede nicht sein kann.

2

Die Innenperspektive, die Perspektive des Erlebens, kann zu so etwas wie einem Ganzen des Gelingens nicht führen. Die Außenperspektive kann, indem sie etwas als Totalität vorstellt, diese gerade nicht selbst als Glück erleben. Der Gegensatz zwischen beiden ist nur der subjektive Modus der antinomischen Struktur endlicher Erkenntnis, des *fieri aliud inquantum aliud*, des »Im-Anderen-bei-sich-selbst-Seins«. Nicht von ungefähr bezeichnet im Hebräischen das Wort *Erkennen* zugleich den Akt der geschlechtlichen Vereinigung, der allen Glücksvorstellungen als Paradigma zugrunde liegt. *Intelligere* wurde von mittelalterlichen Denkern als *intus legere* gedeutet. Aber gibt es ein Von-innen-Verstehen des anderen? Man müßte ja, um ihn zu verstehen, dieser Baum sein, statt den Baum nur *secundum modum cognoscentis* zu kennen, das heißt in unsere apriorischen Verstehensschemata einzuordnen. Aber wäre ich der Baum, so wäre ich nicht mehr ich und verstünde also wiederum gerade nicht, was es heißt, dieser Baum zu sein. Denn der Baum versteht nicht. Heißt das, daß wir adäquat nur von uns selbst wissen können? Aber unser Wissen von uns selbst ist ebenfalls nicht von der Art des Begreifens. Unser Erleben und die Selbstreflexion dieses Erlebens führen den Dualismus in den eigenen Lebensvollzug ein. Sie kommen nicht zur Deckung. Das Zur-Deckung-Kommen, die *adaequatio rei et intellectus*, wäre gerade das Erlöschen der Reflexion. Und Erlöschung der Reflexion, Ekstase, reines selbstvergessenes Eintauchen in die Unmittelbarkeit des Erlebens ist denn auch seit jeher synonym mit dem Traum vollendeter Seligkeit. Aber gerade dieser Traum ist mit seiner Realisierung unvereinbar. Gewiß, in der einen Unmittelbarkeit wäre der Dualismus von Erleben und Erlebtem aufgehoben. Das reine Bei-sich-Sein des Erlebens und das reine Beim-anderen-Sein der Intentionalität wären ununterscheidbar. Das Tier geht, weil es ganz in sich zentriert ist, distanzlos in den Situationen auf, die es erlebt. Distanz von den Situationen und Distanz von sich selbst haben ja dieselbe Quelle. Aber Unmittelbarkeit wird erst für die Reflexion als Glück erfahrbar. Die Reflexion aber hebt die Unmittelbarkeit auf, indem sie auf sie reflektiert. Ekstase ist vollkommenes Glück nur als erinnerte Unmittelbarkeit, also im nachhinein. Das heißt: es gibt dieses Glück überhaupt nur als »erinnertes«. Es wird erst zu so etwas wie Glück, wenn es nicht mehr ist. Vollkommenes Gelingen des Lebens wäre eine erfüllte Gegenwart, die nur als Zukunft antizipiert oder als Vergangenheit erinnert werden kann, also das gerade nicht ist, was ihren Begriff ausmacht: Gegenwart. Gegenwart ist außerhalb der Zeit.

> »Du Hirte des Berges, so fern von mir mit Deinen
>   Schafen —
> Was ist das für ein Glück, das Du zu genießen scheinst —
>   ist es Dein oder Mein?
> Der Friede, den ich bei Deinem Anblick spüre, gehört er
>   mir oder Dir?
> Nein, Hirte, weder Dir noch mir.
> Er gehört nur dem Glück und dem Frieden.
> Du hast ihn nicht, denn Du weißt nicht, daß Du ihn
>   hast.
> Ich habe ihn auch nicht, denn ich weiß, daß ich ihn
>   nicht habe.
> Er ist nur er und fällt auf uns wie die Sonne …«

(Fernando Pessoa: *Alberto Caeiro. Dichtungen. Ricardo Rei. Oden.* Aus dem Portugiesischen übersetzt von G. R. Lind, Zürich 1986, S. 95)

Der gleichen Verfaßtheit bewußten Lebens entspringt jene Antinomie [...], die Tatsache nämlich, daß die Integration unseres Lebens zu einem zeitübergreifenden Ganzen selbst immer nur wieder ein Ereignis innerhalb dieses Ganzen sein kann. Das Ganze wird so zum Teil seiner selbst. Wir erinnern uns, und wir integrieren das Erinnerte, indem wir seine Bedeutung stets aus einem Entwurf des Künftigen neu bestimmen. Dieser Entwurf ist seinerseits wieder bestimmt durch die erinnerte und nichterinnerte Vergangenheit. Die Integration des Lebens zu einem Ganzen enthebt uns also nicht der radikalen Kontingenz. Wir weben an einem Muster, wir geben den einzelnen Handlungen und Widerfahrnissen eine Bedeutung durch ständige Strukturierung und Umstrukturierung innerhalb von Kontexten eines »Selbstverständnisses«. Aber wir überschauen das Grundmuster nicht. Das Selbstverständnis ist selbst nur ein Moment im Lebensvollzug, der sich selbst als ganzer nicht durchsichtig wird. In jedem Verstehen wird ein Totalsinn unterstellt, antizipiert, ohne den Verstehen sich aufhöbe und dessen der Verstehende doch nicht mächtig ist. Weil er seiner selbst nicht mächtig ist, kann er immer auch die Antinomie als Ausdruck der Absurdität verstehen wollen und sein Verstehen damit selbst als Illusion durchstreichen. Das Inbild der Eudämonie hat wesentlich die Struktur von Erinnerung und Hoffnung.

Noch einmal und von anderer Seite zeigt sich die Antinomie von Intentionalität und Reflexivität in dem unaufhebbaren Gegensatz von Autarkie und Erfüllung. Gelingen des Lebens scheint von Autarkie untrennbar zu sein. Autarkie verlangt Selbstbehauptung in den Kontingenzen des Daseins. Die Stoa hat diesen Gedanken radikalisiert. Der stoische Weise ist frei von Leidenschaften. Er genügt sich selbst, weil alle Güter, die Fortuna geben und nehmen kann, ihm gleichgültig sind. Solche Selbstbehauptung der Freiheit sogar gegen die Götter will das Gelingen unabhängig machen von Fortuna, Glücklichsein, vom Glück-Haben. Aber damit macht sie das Gelingen auch unvereinbar mit Seligkeit, mit Erfüllung. Das Christentum hat das Moment der Erfüllung in ausdrücklicher Abwendung von der Stoa thematisiert in der Idee der Seligkeit, die gerade das Aufgeben der Autarkie in der Selbstvergessenheit des *amor benevolentiae* voraussetzt. Der stoische Ersatz für Erfüllung, für »Glückseligkeit« heißt: Zufriedenheit. Und auch der epikureische Hedonismus empfiehlt letzten Endes diesen Ersatz.

Zufriedenheit scheint den Vorzug zu haben, daß das Subjekt in ihr jederzeit bei sich selbst bleibt. Die Libido reißt es aus sich heraus, verstrickt es in Situationen, über die es nicht Herr ist. Thomas Hobbes lehrte, daß Glück im Sinne von Erfüllung wesentlich mit Unzufriedenheit verbunden ist: »Fortschreiten von Begierde zu Begierde«. Die neuzeitliche Zivilisation verdankt den Fortschritt ihres Typus vor allem der systematischen Erzeugung von Unzufriedenheit. Sogar das »Verweile doch, du bist so schön«, das zum Augenblick gesprochen wird, drückt ja eine in die Zukunft ausgreifende Begierde aus, die unsinnige Begierde, die Zeit anzuhalten. Zufriedenheit scheint demgegenüber unwiderlegbar und ein auf seine Art Äußerstes zu sein. Solange der Zufriedene an der Zufriedenheit festhält, bleibt ihm jedes Argument, er lasse sich das Beste entgehen, äußerlich. Es kann ihn nicht erreichen, denn um ihn zu erreichen, müßte er mit seiner Zufriedenheit bereits unzufrieden sein. Zufriedenheit ist das Sich-Einschließen der Subjektivität in sich selbst.

Mit der Erschütterung der Liebe ist diese Unerschütterlichkeit freilich nicht vereinbar. Der Liebende möchte mit dem ohne Liebe Zufriedenen nicht tauschen, so wenig wie jener mit diesem. Auch die Differenz von Zufriedenheit und Glückseligkeit gründet in der Differenz von Reflexion und Unmittelbarkeit, die für bewußtes Leben konstitutiv ist. Dem Zufriedenen fehlt, solange er zufrieden ist, nichts. Solange es ihm gelingt, sich in den Innenraum seiner Autarkie vollständig einzuschließen, alles, was ihm und anderen wiederfährt, als *adiaphoron* auszugrenzen und die Erfüllung seines Lebens nicht mit derjenigen anderer zu vergleichen, so lange bleiben alle Einwände nur Einwände von außen; sie treffen ihn nicht. Starker körperlicher Schmerz allerdings kann fast jede Zufriedenheit aufbrechen. Denn die Bedürfnisse des Organismus sind nicht reine Innerlichkeit. Sie stehen nicht in unserer freien Verfügung. Wir können sie aber auch nicht zur bloßen Welt der *adiaphora*, der Objekte rechnen. Der stoische Ratschlag war es daher, einem Leben, das auf solche Art die Unerschütterlichkeit des Menschen gefährdet, ein freigesetztes Ende zu bereiten. Der Selbstmord ist so die äußerste Form der Selbstbehauptung der Autarkie. Allerdings macht er zugleich die Widersprüchlichkeit des Autarkieideals sichtbar. Um sich als Subjekt zu behaupten, verwandelt sich der, der sich selbst tötet, in eine bloße Sache. Weil er seine Zufriedenheit unbedingt behaupten will, ist er unzufrieden mit dem Dasein selbst, weil es volle Zufriedenheit unmöglich macht.

Vor allem muß der Zufriedene sich sichern gegen den Einbruch der Wirklichkeit des anderen, gegen die Erschütterung durch Liebe und Mitleid, aber auch gegen die Erschütterung durch große Kunst. Zufriedenheit als Ersatz von Glück lebt davon, daß das andere ihr nicht wirklich geworden ist. Wo dies nämlich geschieht, kann man nicht zur Zufriedenheit zurück, man kann es nicht einmal wollen. Glück als Erfüllung reißt das Subjekt auf einen unendlichen Weg, der unter Bedingungen der Endlichkeit vom Schmerz des Ungenügens untrennbar ist. Die Antinomie von Zufriedenheit und Seligkeit ist daher unaufhebbar.

3

Das Scheitern des Gedankens eines vollkommenen Gelingens des Lebens hängt schließlich eng zusammen mit dem Widerspruch im Gedanken einer totalen endlichen Freiheit. Verwirklichung und Selbstbehauptung der Freiheit stehen wiederum in einem unvermeidlichen Spannungsverhältnis. Jede Verwirklichung von Freiheit ist zugleich »Verbrauch« von Freiheiten. Wer sich alle Freiheiten bewahren will, darf keine Freiheit realisieren. Rousseau bemerkt einmal, er habe sich oft versagt, seiner Neigung folgend Hilfsbedürftigen zu helfen. Es entstehe dadurch nämlich eine Bindung, eine Art Anspruch auf weitere Hilfe, durch die die künftige Spontaneität eingeschränkt werde. Rousseau verzichtete also darauf, seinen spontanen Neigungen zur Menschlichkeit zu folgen, zugunsten der Möglichkeit, ihr immer in voller Spontaneität folgen zu können. Er verwirklichte seine Freiheit nicht, um sie nicht zu verwirken. Politisch virulent wird die Spannung von Verwirklichung und Erhaltung der Freiheit dort, wo es um die institutionelle Sicherung der Bürgerfreiheiten geht. Jede Maßnahme der Sicherung der Freiheit erfordert eine Beschränkung ihrer Verwirklichung. Das perfekte System der Freiheitssicherung würde daher alle Freiheit vernichten. Umgekehrt würde die schrankenlose Verwirklichung von Freiheit diese ebenso schnell zum Verschwinden bringen. Der klassische Begriff des *telos* meinte ein Maß, das zugleich mit dem sinnvollen Inhalt der Freiheit auch deren Erhaltungsbedingungen umgreift. Nur wo ein solches Maß in die freie Selbstbestimmung bewußt aufgenommen wird, hört es auf, eine äußere Begrenzung der Freiheit zu sein. Es muß indessen einen Grund geben, das Maß zu wollen und es nicht nur notgedrungen zu akzeptieren. Dieser Grund kann nur ein Grund sein, wenn er sich aus jenem Begriff des Gelingens ergibt, dessen Temperierung zum »bloß menschlichen Gelingen« bei Aristoteles Ausgang unserer Überlegung war. Denn diese Temperierung enthält selbst schon ein resignatives Element. Die menschliche Natur erscheint hier nicht als letzter Grund jedes Gedankens an ein mögliches Gelingen, sondern sie begrenzt vielmehr die Vision absoluten Gelingens, ohne daß klar wäre, was denn in einem solchen absoluten Gelingen gelingen sollte, wenn nicht die menschliche Natur. Aus dieser Vision eines nicht auf die *conditio humana* restringierten Gelingens entspringt die Idee, die menschliche Natur selbst umzugestalten, sie durch »übernatürliche Gnade« zu vergöttern, sie durch revolutionäre Umgestaltung der *conditio humana* erst zu dem werden zu lassen, was sie eigentlich ist, oder aber durch genetische Züchtung das Evolutionsgeschehen nun selbst in die Hand zu nehmen, um etwas Besseres als den Menschen hervorzubringen. Immer weist das *telos* menschlichen Begehrens über den Menschen hinaus.

Thomas Hobbes war es, der ein *telos* menschlichen Begehrens überhaupt leugnete. Dem Fortschreiten von Begierde zu Begierde wird nach ihm allerdings ein äußerliches Maß gesetzt durch die Gefahr des Todes. Die Unterwerfung unter die Erhaltungsbedingungen — konkretisiert in der Unterwerfung unter den staatlichen Souverän — verhält sich zu diesem Begehren wie Freuds Realitätsprinzip zum Lustprinzip, das diesem die Unterwerfung unter seine Erhaltungsbedingungen sozusagen von außen diktiert. Weil das aber so ist, ist der Mensch nach Freud fürs Glück nicht gemacht und die Kultur eher die Frucht des Verzichts auf den Gedanken der *eudaimonia* als ein Medium seiner Realisierung.

Die Linie eines szientistischen Optimismus, die in Marx zu ihrer Vollendung kommt, war dagegen bei Descartes vorgezeichnet. Die Wissenschaft ist nach Descartes eine Veranstaltung zur Vermehrung des universalen Glücks aller Menschen. Sie erforscht dessen organische und psychische Bedingungen und stellt die materiellen Mittel zur Erfüllung dieser Bedingungen bereit. Als Forschung ist sie sozusagen die institutionalisierte Unzufriedenheit. Wer sich der Wissenschaft widmet, weiß, daß er das Äußerste und zugleich das Einzige tut, was zur systematischen Beförderung eines Maximums menschlichen Wohlbefindens zu tun möglich ist. Aus diesem Bewußtsein schöpft er für seine eigene Person Zufriedenheit. Hinsichtlich der individuellen Existenz ist die Lehre Descartes' eine stoische Zufriedenheitslehre. Durch diese Projektion der Erfüllung in eine Zukunft, an deren Herbeiführung wir selbst arbeiten können, verwandelt Descartes das symbolisch-repräsentative Verhältnis von irdischer Rechtschaffenheit und ewiger Seligkeit in ein zweckrational-instrumentelles von gegenwärtiger Praxis und künftigem Glück. Freilich kann auch dieses künftige Glück die fundamentalen Antinomien der *conditio humana* nicht überwinden, es sei denn, der Mensch höre auf, Mensch zu sein. Worin nämlich das Gelingen des Lebens bestehen soll, wenn einmal die wesentlichen Tätigkeiten nicht mehr auf die Beseitigung von Hindernissen gerichtet sind, vermag Descartes so wenig zu sagen wie Marx, dem jenseits des »Reiches der Notwendigkeit« nur noch das Hobby einfiel.

In seiner radikalen Form ist der Eudämoniebegriff wesentlich überschwenglich. Glückseligkeit benennt das, was wir nur in Augenblicken ahnen, was aber nicht zur Form unserer endlichen Existenz werden kann. »Menschliche Eudämonie« aber, relatives Gelingen des Lebens, beruht auf einer von inneren und äußeren Faktoren abhängigen Balance, auf einer Integration der Vielfalt unseres Strebens, Tuns und Leidens zu einer labilen Einheit. Und diese Integration besteht in Leistung von Augenblick zu Augenblick, stets offen für weitere künftige Bestimmungen dieses Ganzen und offen auch für ein endgültiges Scheitern. Aus dem Begriff einer solchen Einheit lassen sich weder die Gehalte deduzieren, die das Leben zu einem guten machen, noch die Imperative, denen wir uns bei der Verfolgung unserer Ziele unterwerfen. Diese Unterwerfung kann nämlich selbst wieder Teil eines gelungenen oder mißlungenen Lebens sein. Die »volle anthropologische Schätzung« (Schiller) ist mit der moralischen Schätzung nicht identisch. Diese scheint sich auch aus jener nicht herleiten zu lassen, weil ihre eigentümliche Unbedingtheit mit der Bedingtheit und Plastizität der »menschlichen Eudämonie« inkommensurabel ist. Und so scheint Dualismus das letzte Wort zu sein. Der Wunsch nach Gelingen des eigenen Lebens kann der

Ursprung der Idee der sittlichen Verantwortung nicht sein. Er kann allenfalls die Verwirklichung dieser Idee in sich aufnehmen. Aber die Evidenz beider Lebensimpulse scheint prinzipiell verschiedener Herkunft zu sein. Wenn dieser Anschein der Wirklichkeit letztlich entspräche, wäre allerdings so etwas wie philosophische Ethik gar nicht möglich. Denn deren zentrales Motiv geht seit jeher auf Einheit des Lebens, auf Freundschaft mit sich selbst und auf gerechtfertigtes Handeln. Gerechtfertigt werden aber kann Handeln nur, wenn der Maßstab der Rechtfertigung ein einziger Maßstab ist. Wo die Wahl zwischen zwei Maßstäben selbst nicht mehr der Rechtfertigung zugänglich ist, sinkt alle Rechtfertigung in sich zusammen. Denn wo sie nur relativ auf eine Option gilt, die ihrerseits willkürlich ist, da fällt sie hinter ihren Begriff zurück. Sogar die Forderung nach Konsequenz und Kohärenz des Handelns mit Bezug auf irgendeinen Maßstab ist ja beliebig, wenn sie das, was sie fordert, nicht als notwendige Bedingung eines guten Lebens aufweisen kann.

Die innere Antinomie im Begriff der *eudaimonia* liegt, wie wir sehen werden, auch dem anscheinend unüberwindlichen Dualismus von Eudämonismus und den Pflichten der Gerechtigkeit zugrunde. Gerechtigkeit ist einerseits Teil des Lebens, und ihre Erfordernisse können danach beurteilt werden, ob sie geeignet sind, das Glücken des Lebens zu fördern oder zu beeinträchtigen. Anderseits kann jede Bemühung um das Gelingen des eigenen Lebens gemessen wer-

den an ihrer Übereinstimmung mit der Gerechtigkeit, deren
Gebote das eigene Glücksstreben unerbittlich relativieren.
Wenn es keine Möglichkeit gibt, den Dualismus zu begreifen
und damit zu überwinden, führt die gegenseitige Relativie-
rung der beiden Evidenzen zur sittlichen Skepsis und damit
zur Unmöglichkeit, »richtig zu leben«.

Aus: Robert Spaemann: *Glück und Wohlwollen. Versuch über Ethik.*
Stuttgart: Verlag Klett-Cotta 4. Aufl. 1998, S. 85–95.

VIER

UNERWARTETES GLÜCK & RAUSCH

Schildkröte: Das ist Ihr Glück, Achilles. In vielen chinesischen
Restaurants erhält man solche Glücksküchlein zusammen
mit der Rechnung – um den Schrecken etwas zu dämpfen.
Wenn man chinesische Restaurants besucht,
kommt man allmählich dazu, dieses Gebäck weniger als Backwerk
denn als Botschaftsträger zu betrachten. Leider haben Sie scheint's
einen Teil Ihres Glücks verschluckt. Was steht auf dem Rest?

Douglas R. Hofstadter

Douglas R. Hofstadter

GÖDEL, ESCHER, BACH

Wann begegnet man einem Werk, das buchstäblich neue Welten eröff-
net, das durch die Tiefe seines Wissens, durch die Schönheit und spie-
lerische Kreativität seines Stils besticht, dem es vor allem gelingt,
höchst disparate und bislang unverknüpfte Perspektiven und Wissens-
gebiete miteinander zu verbinden und verständlich zu machen?
Ein Buch über die Natur menschlichen Denkens – wer wollte nicht sich
selbst und die anderen auf diese Weise ergründen? Also ein Buch für
alle? Geschrieben von einem jungen Computer-Wissenschaftler, der
amüsante, paradox-surreale Dialoge spinnt, Eschers Bilder deutet und
Bachs Musik vielschichtig werden läßt, ohne ihren Reiz zu verraten, und
die Tragweite von Gödels mathematischer Revolution erschließt. Dieses Kultbuch der achtziger Jahre des 20. Jahrhunderts verbindet eine
Fülle von Ideen aus Logik, Biologie, Psychologie, Physik, Zen-Buddhis-
mus, Mathematik und Neurologie miteinander, nur um eines der größten Geheimnisse der modernen Wissenschaft zu veranschaulichen:
unsere offensichtliche Unfähigkeit, die Natur des Denkens zu verstehen. Also ein Buch für keinen?
Hofstadters Grenzgänge durch den menschlichen Geist und seine
Grenzen sind verknüpft mit den klassisch-philosophischen Paradoxien,
mit den Möglichkeiten von Sprache, Systemen, Programmen und
menschlichen Artefakten, sich unendlich selbst zu spiegeln und
zugleich über sich selbst zu sprechen, ohne jemals aus der Spiegelung
heraustreten zu können. Also notwendigerweise: »die Bibel der Com-
puterkultur« und ein Buch für alle und keinen.

KANON DURCH INTERVALLISCHE AUGMENTATION

(Achilles und Theo Schildkröte haben soeben ein köstliches chinesisches Mahl im besten chinesischen Restaurant der Stadt beendet.)

Achilles: Sie verstehen sich aber aufs Essen mit Stäbchen, Herr S.!

Schildkröte: Kein Wunder. Von klein auf habe ich die orientalische Küche besonders gerne gemocht. Und wie steht's mit Ihnen — hat's Ihnen geschmeckt, Achilles?

Achilles: Außerordentlich. Ich habe noch nie chinesisch gegessen. Diese Mahlzeit war eine glänzende Einführung. Müssen Sie jetzt gleich gehen, oder sollen wir einfach hier sitzen bleiben und ein bißchen plaudern?

Schildkröte: Ich würde gern bei einer Tasse Tee noch ein bißchen schwatzen. Herr Ober!

(Ein Kellner kommt)

Die Rechnung — und noch etwas Tee.

(Der Kellner eilends ab)

Achilles: Sie kennen sich vielleicht in der chinesischen Küche besser aus als ich, Herr S., aber ich wette, daß ich mehr über japanische Dichtung weiß als Sie. Haben Sie jemals Haikus gelesen?

Schildkröte: Ich fürchte nein. Was ist ein Haiku?

Achilles: Ein Haiku ist ein siebzehnsilbiges japanisches Gedicht, oder vielmehr Mini-Gedicht, das etwas heraufbeschwört, wie das z. B. ein duftendes Blütenblatt einer

Rose oder ein Teich mit Wasserlilien in einem leichten Regen tun. Es besteht gewöhnlich aus fünf, sieben und fünf Silben.

Schildkröte: Solche nur siebzehn Silben langen Gedichte scheinen mir sinnlos…

Achilles: Der Sinn liegt im Geist des Lesers ebenso wie in dem des Haikus.

Schildkröte: Hm … Eine Feststellung, die allerhand heraufbeschwört.

(Der Kellner kommt mit der Rechnung, einer neuen Teekanne und zwei »Glücksküchlein«.)

Danke, Herr Ober. Noch etwas Tee, Achilles?

Achilles: Gerne. Dieses Gebäck sieht köstlich aus. *(Er nimmt ein Stück, beginnt zu kauen.)* Halt, was ist da Komisches drin? Ein Stück Papier?

Schildkröte: Das ist Ihr Glück, Achilles. In vielen chinesischen Restaurants erhält man solche Glücksküchlein zusammen mit der Rechnung — um den Schrecken etwas zu dämpfen. Wenn man chinesische Restaurants besucht, kommt man allmählich dazu, dieses Gebäck weniger als Backwerk denn als Botschaftsträger zu betrachten. Leider haben Sie scheint's einen Teil Ihres Glücks verschluckt. Was steht auf dem Rest?

Achilles: Es ist ein bißchen seltsam, denn alle Buchstaben laufen ohne Zwischenräume ineinander. Vielleicht sollte man es irgendwie entschlüsseln? Ah — nun seh' ich's. Wenn man die Zwischenräume dort wieder einsetzt, wo sie hingehören, steht da: »ODE TWA RAR GAU«. Das verstehe ich nicht — vielleicht war es ein haiku-ähnliches Gedicht, von dem ich die meisten Silben gegessen habe.

Schildkröte: In diesem Fall ist Ihr Glück ein 4/17-Haiku. Und das beschwört ein kurioses Bild herauf. Wenn 4/17-Haiku eine neue Kunstform ist, dann würde ich als alter Berliner sagen: Au, det war arg! Kann ich es einmal sehen?

Achilles (gibt das kleine Stückchen Papier der Schildkröte): Gewiß!

Schildkröte: Wenn ich es »entschlüssele«, Achilles, kommt etwas ganz anderes heraus! Es ist gar kein 4/17-Haiku. Es ist eine fünfsilbige Botschaft: »O, DET WAR ARG, AU!« Das klingt wie ein scharfsinniger Kommentar zur neuen Kunstform des 4/17-Haiku.

Achilles: Sie haben recht. Ist es nicht erstaunlich, daß das Gedicht seinen eigenen Kommentar enthält?

Schildkröte: Ich habe einfach den Bezugsrahmen um eine Einheit, das heißt die Zwischenräume einen Schritt nach rechts, versetzt.

Achilles: Was sagt wohl Ihr Glücksküchlein?

Schildkröte (bricht das Küchlein und liest): »Glück liegt ebenso in den Händen des Essers wie im Küchlein selbst.«

Achilles: Ihr Glück ist gleichfalls ein Haiku, Herr Schildkröte — zumindest hat es 17 Silben in der Form 5—7—5.

Schildkröte: Großartig, darauf wäre ich nie gekommen, Achilles. Solche Dinge merken auch nur Sie! Was mir noch mehr auffiel, ist das, was hier gesagt wird, und das läßt sich natürlich interpretieren.

Achilles: Es zeigt wohl nur, daß jeder von uns seine eigene charakteristische Art und Weise hat, die Botschaft zu interpretieren, auf die wir stoßen ...

(Achilles starrt müßig auf die Teeblätter in seiner leeren Tasse.)

Schildkröte: Noch etwas Tee, Achilles?

Achilles: Ja, danke. Wie geht es übrigens Ihrem Freund, Herrn Krebs? Ich habe viel an ihn denken müssen, seit Sie mir von Ihrer merkwürdigen Grammophonschlacht berichteten.

Schildkröte: Ich habe ihm auch von Ihnen erzählt, und er würde Sie sehr gerne kennenlernen. Es geht ihm blendend. Was Plattenspieler anbetrifft, hat er sich übrigens unlängst etwas angeschafft: eine seltene Art von Musikbox.

Achilles: Erzählen Sie mir davon! Ich liebe Musikboxen mit ihren farbigen Lichtern und törichten Liedern, so schön altmodisch, eine Erinnerung an vergangene Zeiten.

Schildkröte: Diese Musikbox ist zu groß, als daß er sie in seinem Haus unterbringen könnte; deshalb mußte er hinter dem Haus extra einen Schuppen für sie bauen.

Achilles: Ich kann mir nicht vorstellen, warum sie so groß sein muß, es sei denn, sie enthalte eine ungewöhnlich große Plattensammlung. Ist das der Grund?

Schildkröte: In Wirklichkeit hat sie genau eine einzige Platte.

Achilles: Waaas? − eine Musikbox und nur eine einzige Platte? Das ist ein Widerspruch in sich selbst. Warum ist die Musikbox denn so groß? Ist diese einzige Platte gigantisch − sieben Meter Durchmesser?

Schildkröte: Nein, es ist einfach eine gewöhnliche Platte, wie für alle Musikboxen.

Achilles: Herr Schildkröte, Sie wollen mich zum Narren halten. Was ist denn das für eine Musikbox, die nur ein einziges Lied enthält?

Schildkröte: Wer hat denn etwas von einem einzigen Lied gesagt, Achilles?

Achilles: Jede Musikbox, der ich in meinem Leben begegnet bin, hat dem fundamentalen Musikboxen-Axiom gehorcht: »Eine Platte, ein Lied«.

Schildkröte: Diese aber ist anders, Achilles. Diese eine Platte ist senkrecht aufgehängt, und hinter ihr befindet sich ein kleines, aber kompliziertes Netz von Laufschienen, an denen verschiedene Plattenspieler hängen. Wenn man ein Knopfpaar drückt, z. B. B-1, dann wählt man damit einen der Plattenspieler. Das löst eine Automatik aus, die bewirkt, daß der Plattenspieler quietschend auf den rostigen Schienen heranrollt. Er wird bis zur Platte manövriert – dann rastet er in der »Spiel«-Stellung ein.

Achilles: Und dann beginnt die Platte sich zu drehen, und die Musik kommt heraus. Richtig?

Schildkröte: Nicht ganz. Die Platte steht still, und der Plattenspieler dreht sich.

Achilles: Das hätte ich mir denken können! Aber wie können Sie, da Sie doch nur eine Platte haben, mehr als nur ein Lied aus dieser verrückten Maschine herausholen?

Schildkröte: Ich habe Carl Krebs selbst diese Frage gestellt.

Er meinte einfach, ich solle es versuchen. Ich fischte also eine Mark aus meiner Tasche, steckte sie in den Schlitz und drückte wahllos die Knöpfe B-1, dann C-3, dann B-10.

Achilles: Dann glitt also wohl der Plattenspieler B-1 die Schienen hinunter, schaltete sich auf der senkrechten Platte ein und begann sich zu drehen?

Schildkröte: Genau! Die Musik war ganz angenehm. Sie beruhte auf der berühmten alten Weise B-A-C-H, an die Sie sich wohl erinnern werden …

Achilles: Könnte ich sie jemals vergessen?

Schildkröte: Das war der Plattenspieler B-1. Dann stellte er ab und rollte langsam zurück an seinen Ort, so daß C-3 in Stellung gebracht werden konnte.

Achilles: Nun sagen Sie mir nur nicht, daß C-3 eine andere Melodie spielte.

Schildkröte: Genauso war es aber.

Achilles: Ich verstehe. Er spielte die Rückseite des ersten Liedes, oder einen anderen Teil auf der gleichen Seite.

Schildkröte: Nein, diese Platte hat nur auf einer Seite Rillen und nur eine einzige Aufnahme.

Achilles: Das verstehe ich überhaupt nicht. Man KANN doch nicht verschiedene Lieder aus der gleichen Platte herausholen!

Schildkröte: Das glaubte ich auch – bis ich die Musikbox von Herrn Krebs sah.

Achilles: Was war denn dieses zweite Lied?

Schildkröte: Das ist ebenso interessant … Es war ein Lied, das auf der Melodie C-A-G-E beruhte.

Achilles: Das ist eine völlig andere Melodie!

Schildkröte: Richtig!

Achilles: Und ist John Cage nicht ein moderner Komponist? Ich meine etwas über ihn in einem meiner Bücher über Haikus gelesen zu haben.

Schildkröte: Ganz richtig. Er hat viele berühmte Musikstücke komponiert, wie z. B. 4′ 33″, ein Stück in drei Sätzen, die aus Stille verschiedener Länge bestehen. Es ist sehr ausdrucksvoll, wenn man Sinn für so etwas hat.

Achilles: Ich kann mir schon vorstellen, daß ich in einem lauten, lärmigen Lokal Cages 4′ 33″ gern auf der Musikbox hören würde. Es würde etwas Erleichterung verschaffen.

Schildkröte: Genau. Wer will schon das Klappern von Geschirr und Besteck hören! Übrigens wäre ein anderer Ort, wo 4′ 33″ nützlich sein könnte, der Raubtierkäfig zur Fütterungszeit.

Achilles: Wollen Sie damit sagen, daß Cage in den Zoo gehört? Nun, das wäre wohl nicht so dumm. Aber diese Musikbox von Herrn Krebs ... Ich versteh's einfach nicht. Wie können »BACH« und »CAGE« gleichzeitig in einer einzigen Platte codiert sein?

Schildkröte: Wenn Sie ganz genau aufpassen, Achilles, werden Sie eine gewisse Verwandtschaft zwischen den beiden feststellen. Ich zeige Ihnen, wie das vor sich geht. Was kommt heraus, wenn Sie die aufeinanderfolgenden Intervalle in der Melodie B-A-C-H niederschreiben?

Achilles: Nun, erst geht es einen Halbton abwärts, von B nach A, dann steigt es drei Halbtöne an bis C, und schließlich fällt es einen Halbton nach H. Das ergibt das Muster:

$$-1, +3, -1$$

Schildkröte: Richtig! und nun C-A-G-E?

Achilles: Nun, in diesem Fall beginnt es mit drei Halbtönen nach unten, dann zehn Halbtöne (fast eine Oktave) nach oben, und fällt schließlich 3 Halbtöne nach unten. Das Muster ist also:

$$-3, +10, -3$$

Es ist dem anderen sehr ähnlich, nicht wahr?

Schildkröte: In der Tat. In einem gewissen Sinne haben beide das gleiche »Skelett«. Man kann C-A-G-E aus B-A-C-H gewinnen, indem man alle Intervalle mit $3\frac{1}{3}$ multipliziert und zur nächsten ganzen Zahl auf- oder abrundet.

Achilles: Da brat' mir doch einer 'nen Storch! Das heißt also, daß nur eine Art Skelett-Code in den Rillen vorhanden ist und die verschiedenen Plattenspieler ihre eigenen Interpretationen jenem Code hinzufügen?

Schildkröte: Ich bin nicht ganz sicher. Carl Krebs, verschwiegen wie er ist, erzählte mir nicht alle Einzelheiten. Aber ich bekam ein drittes Lied zu hören, als der Plattenspieler B-10 auf seinen Platz einschwenkte.

Achilles: Und wie ging dieses?

Schildkröte: Die Melodie bestand aus enorm großen Intervallen und lautete B-C-A-H.

Das Intervall-Muster in Halbtönen:

$$-10, +33, -10$$

Man kann es aus dem CAGE-Muster durch eine weitere Multiplikation mit $3\frac{1}{3}$ und Abrundung auf ganze Zahlen gewinnen.

Achilles: Gibt es einen Namen für diese Art von Multiplikation von Intervallen?

Schildkröte: Man könnte sie »intervallische Augmentation« nennen. Sie ist ähnlich dem kanonischen Hilfsmittel der zeitlichen Augmentation, bei der die Länge der Noten in einer Melodie mit derselben Konstante multipliziert wird. Doch das hat lediglich die Auswirkung, daß die Melodie verlangsamt wird. Hier aber ist die Wirkung die, daß der Bereich der Melodie auf merkwürdige Weise erweitert wird.

Achilles: Erstaunlich. So waren also alle drei Melodien intervallische Augmentationen eines einzigen zugrundeliegenden Rillenmusters auf der Platte.

Schildkröte: Das habe ich daraus geschlossen.

Achilles: Ich finde es merkwürdig, daß man CAGE erhält, wenn man Bach augmentiert, und wenn man CAGE noch einmal augmentiert, zu BACH zurückkehrt, nur daß er in seinem Inneren durcheinandergebracht ist, als hätte Bach nach dem Passieren des Zwischenstadiums von CAGE Bauchweh.

Schildkröte: Das scheint mir ein scharfsinniger Kommentar zu Cages neuer Kunstform.

Aus: Douglas R. Hofstadter: *Gödel, Escher, Bach — ein Endloses Geflochtenes Band.* Aus dem Amerikanischen von Philipp Wolff-Windegg, Hermann Feuersee und Hainer Kober. Stuttgart: Verlag Klett-Cotta 16. Aufl. 2001, S. 165–169.

EMMANUÈLE BERNHEIM
DAS KLEINE ZIMMER

Anne schloß die Tür hinter Simon. Wie jeden Morgen wartete sie, bis er die Treppe hinuntergegangen war. Dann stürzte sie ins Bad. Griff nach ihrem Kamm. Simon hatte ihn
benutzt. Heute morgen waren es vier Haare. Eins mehr als
am Vortag. Sie legte sie behutsam in ihre hohle Hand. Ja, es
waren Haare von Simon, kurze, feine, graue Haare. Bei
einem konnte sie am Ende die Zwiebel erkennen, winzig
klein. Sie führte ihre Hand ans Gesicht und schnupperte.
Sie roch nicht den Geruch Simons, sondern den ihrer Hand,
den Geruch nach dem Frühstückskaffee. Ein Haar kitzelte
sie an der Nase. Sie mußte niesen. Ihr Atem verstreute die
Haare. Sie kniete sich auf den Boden und versuchte sie wiederzufinden auf den weißen Fliesen. Sie sah nur zwei. Sie
hob sie auf und schloß sie in ihre Faust. Die würden ihr
nicht mehr entwischen.

Mit der freien Hand nahm sie einen Schlüsselbund und
verließ ihre Wohnung. Sie ging hinauf in den sechsten
Stock. Vor einer verriegelten Tür blieb sie stehen. Sie öffnete sie und betrat ein kleines fensterloses Zimmer. Anne
machte Licht. Näherte sich einer Schatulle, hob den gepol-
sterten Deckel hoch und legte Simons Haare hinein. Dann

tauchte sie ihre Finger ins Innere der Schatulle. Hunderte, Tausende von Simons Haaren lagen darin. Anne schloß die Augen.

Sie setzte sich in einen Sessel mitten im Zimmer. Blickte um sich. An den Wänden hingen fast überall Regale. Darauf waren Bücher geschichtet, Schachteln gestapelt, Flaschen in Reih und Glied gestellt. Anne lächelte. Sie war nie so glücklich, wie wenn sie hier saß.

Sie seufzte und stand auf. Mit einem Staubtuch staubte sie die Bücher ab, jedes einzeln. All diese Bücher hatte Simon ihr geschenkt. Sie waren ganz neu. Sie hatte sie kein einziges Mal aufgeschlagen. Um sie nicht zu beschädigen, kaufte sie die gleichen Bücher nach und las die Exemplare, die sie gekauft hatte. Danach wischte sie mit dem Staubtuch über die leeren Wein , Schnaps- oder Likörflaschen, die Simon mitgebracht und die sie mit ihm getrunken hatte. Wenn Freunde zu Besuch kamen, versteckte sie diese Flaschen, um sie mit niemandem teilen zu müssen. Sie nahm einen kleinen goldenen Karton und betrachtete ihn lange. Simons erstes Geschenk, glacierte Kastanien. Sie bewahrte sie seit zweitausendneunhundertdreiundsiebzig Tagen auf. Sie blies darüber. Es wäre nicht nötig gewesen. Alles war sauber. Sie hielt Ordnung in dem kleinen Zimmer. Jeden Morgen.

Ein Teil einer Wand war mit Photos bedeckt. Wie jeden Morgen sah sie sich alle an. Zu Beginn ihres Verhältnisses hatte Anne Blumen, die Simon ihr brachte, stundenlang

8 · Emmanuèle Bernheim

angeschaut, um sie auszukosten, bevor sie verwelkten. Manche trocknete sie, flachgedrückt zwischen den Seiten ihres Wörterbuchs. Aber sie mußte diese Blumen abschneiden, solange sie noch frisch waren. Simons Sträuße zu verstümmeln war ihr unerträglich. Sie kaufte eine Polaroidkamera und photographierte jeden Strauß. Sie schnitt die Blumen nicht mehr ab, die sie von Simon bekommen hatte. Simon. Erst heute morgen hatte er sie wieder gebeten, mit ihm zu leben. Und einmal mehr hatte sie abgelehnt. Er konnte nicht begreifen, warum. Er wußte nichts von dem kleinen Zimmer. Anne strich mit den Fingerspitzen zärtlich über eine alte Rasierklinge von Simon. Fortziehen, dieses Zimmer verlassen, war unmöglich. Sie würde nie mit Simon leben.

250 · Emmanuèle Bernheim

angeschaut, um sie auszukosten, bevor sie verwelkten. Manche trocknete sie, flachgedrückt zwischen den Seiten ihres Wörterbuchs. Aber sie mußte diese Blumen abschneiden, solange sie noch frisch waren. Simons Sträuße zu verstümmeln war ihr unerträglich. Sie kaufte eine Polaroidkamera und photographierte jeden Strauß. Sie schnitt die Blumen nicht mehr ab, die sie von Simon bekommen hatte. Simon. Erst heute morgen hatte er sie wieder gebeten, mit ihm zu leben. Und einmal mehr hatte sie abgelehnt. Er konnte nicht begreifen, warum. Er wußte nichts von dem kleinen Zimmer. Anne strich mit den Fingerspitzen zärtlich über eine alte Rasierklinge von Simon. Fortziehen, dieses Zimmer verlassen, war unmöglich. Sie würde nie mit Simon leben.

Originalbeitrag der Autorin. © 1989 Emmanuèle Bernheim. Aus dem Französischen von Renate Nentwig.

ERNST H. KANTOROWICZ

DIE ZWEI KÖRPER DES KÖNIGS

Kantorowicz geriet in den Bannkreis Stefan Georges und verfaßte eine
große Biographie »Kaiser Friedrich der Zweite«, die als Meisterwerk
deutscher Geschichtsschreibung gilt. Im amerikanischen Exil veröffent-
lichte er sein zweites einflußreiches Werk, »Die zwei Körper des
Königs«. Aus der mittelalterlichen juristischen Fiktion der zwei Leiber
des Königs entfaltet der Autor eine Entstehungsgeschichte des modernen Staates, die historische Physiologie der Unterscheidung zwischen
der öffentlichen Funktion und der konkreten Person, die sie ausfüllt.

DAS KÖNIGTUM UND DIE WÜRDE DES MENSCHEN: DANTE

Jedes Jahrhundert der christlichen Ära hatte seine eigenen
Ideen über Erneuerung, Reformierung und Regeneration des
Menschen — kurz gesagt, seine moralische wie auch seine
übernatürliche Wiedergeburt. Diese Ideen waren recht verschieden. Über einige grundsätzliche Punkte waren sich
jedoch die christlichen Autoren einig. Einmal war es das
Ziel jedes Christen und der ganzen Christenheit, das ursprüngliche Bild des Menschen zurückzugewinnen, wie es
vor dem Sündenfall gewesen war — als Ebenbild Gottes geschaffen, nur »ein wenig geringer als die Engel«. Andererseits war jeder Gläubige potentiell dank der Fleischwerdung
des Gottessohns dazu erwählt, an der göttlichen Natur Chri-

sti teilzuhaben und damit in sich die ursprüngliche Integrität der menschlichen Natur wiederherzustellen, d. h. eben die Ähnlichkeit mit Gott, die dem ersten Menschen am Tag seiner Erschaffung verliehen worden war.

Mit anderen Worten, das Bild des paradiesischen Adam wurde mit jenem Christi vermengt, des neuen Adam. Die ursprüngliche Gottähnlichkeit Adams im Paradies wurde mit Hilfe der göttlichen Gnade durch Christus wiederhergestellt. Dieses neue Menschenbild hielten manche — z. B. Augustinus — für besser als das von Adam vor dem Sündenfall. Es war nicht nötig, wieder zu zerlegen, was verknüpft worden war, oder den Gedanken einer Restitution des ursprünglichen Adambilds aus dem allgemeinen Verbund der christlichen Lehren herauszunehmen.

Es blieb Dantes Leistung, die Idee einer Wiedergewinnung der ursprünglichen Natur Adams zu re-»humanisieren« und wiederum das »menschliche« Gedankengut von dem christlichen zu lösen. Als Folge seiner Dualitätsphilosophie oder seines Perfektionskonzepts in einem irdischen wie auch einem himmlischen Paradies war es wohl unvermeidlich, auch die herkömmliche Adam-Theologie zu »säkularisieren« und eine Lehre von der rein *menschlichen* Regenerierung aufzubauen, die nicht mit der christlichen Regenerationslehre identisch war — obwohl die eine der anderen nicht unbedingt widersprach.

Die beiden ersten Teile der ›Göttlichen Komödie‹, Hölle und Läuterungsberg, haben offenkundig die Funktion zu zeigen, wie Dante – d. h. der Mensch oder die Menschheit im allgemeinen, im Dichter personifiziert – durch Philosophie und weltliche Weisheit vom Stand der Sünde zu der *natura sincera e buona* des ersten Menschen vor dem Sündenfall zurückgeleitet wurde (*Paradies*, 7. Gesang, 35 f.). Sicher war nur die Kirche dafür zuständig, den Menschen für seine künftige Unsterblichkeit vorzubereiten, indem sie als Heilmittel für das erste Vergehen und den folgenden Verlust der körperlichen Unsterblichkeit das Sakrament der Taufe spendete, das Sakrament der spirituellen Wiedergeburt. Man kann sehen, daß auf die eine oder andere Weise einige Wirkungen des Taufsakraments in Dantes Konzept vom irdischen Paradies eingefügt werden mußten, in welchem der Mensch zwar nicht die ewige, aber die zeitliche Seligkeit wiedergewinnen sollte, seine ursprüngliche Menschenwürde und seine innere Freiheit von Schuld. Dieser Zustand zeitlicher Vollkommenheit war jedoch nicht durch einen sakramentalen, übernatürlichen Akt zu erreichen, sondern durch die eigene Kraft des Menschen, seine natürliche Vernunft und seine »intellektuellen« Tugenden. Es besteht natürlich nicht der geringste Grund für die Annahme, Dante sei hinsichtlich der Wirkungen der Taufe irgendwie von der Tradition abgewichen.

Doch da seine Idee der Rückkehr eines schuldlosen Adam in ein irdisches Eden keinesfalls in der Sphäre der Kirche, der kirchlichen Sakramente oder der Heilsökonomie lag, mußte die Regenerierung des Menschen in Dantes Sicht notwendigerweise parakirchlich erfolgen, wenn auch oft unter Nachahmung kirchlicher Verfahrensweisen. Als Folge seiner Trennung der *humanitas* von der *christianitas*, der *virtutes intellectuales* von den *virtutes infusae*, des irdischen vom himmlischen Paradies mußte Dante nun auch Adam von Christus trennen und die Rückkehr zum ursprünglichen Menschenbild auf Erden von der transzendentalen Vollendung in Christus durch Gnade unabhängig machen. Mit anderen Worten, Dante mußte den Menschen in nichtsakramentaler Weise von dem *peccatum originale* reinigen.

Nach Dante lag es in der Macht des Menschen, die Reinheit des ersten Menschen wiederzugewinnen, wieder in den Garten Eden einzutreten, schließlich zum Baum der Erkenntnis zurückzukehren und die Wirkung der Früchte dieses Baums, die Adams Herrentum in Sklaventum verwandelt hatten, zunichte zu machen. In der ›Göttlichen Komödie‹ war es hauptsächlich die Wanderung durch das Purgatorium, welche die Läuterung des Menschen in philosophischem, nicht theologisch-sakramentalem Sinne zum Ausdruck brachte und auf gewisse Art der Wirkung des Taufsakraments glich, ähnlich wie der Neophyt nach seinem Katechumenat aus dem Taufwasser neugeboren und von der Erbsünde befreit herausstieg. Auch Dante wollte aus dem Purgatorium als ein neues, dem Adam gleiches Wesen hervorgehen, »frei, aufrecht und ganz« (*Fegefeuer*, 27. Gesang, 140). Dante kannte also gleichfalls die Wiedergeburt, sie war aber moralisch und ethisch, nicht sakramental.

Die läuternde und regenerierende Kraft der Moralphilosophie und Bürgertugend war das Thema des ersten Gesangs des ›Fegefeuers‹. Der Wächter am Eingang des Vor-Purgatoriums war ein einzelner alter Mann, Cato Uticensis, der heroische Philosoph, der sein Leben, wenn auch durch Selbstmord, für die politische Freiheit opferte, die in diesem Falle fast identisch war mit philosophisch-geistiger Freiheit. Er war für Dante die Personifizierung der vier Kardinaltugenden: Von Catos Zügen gingen »die Strahlen der vier heiligen Lichter« aus, der vier Sterne, die »nie mehr gesehen worden sind außer von den ersten Bewohnern der Erde« (*Fegefeuer*, 1. Gesang, 23 f., 37 f.).

Hier dachte Dante vermutlich an das Kreuz des Südens, das zu der »unbevölkerten Welt hinter der Sonne« gerechnet wurde, der »südlichen Hemisphäre« (vgl. *Hölle*, 26. Gesang, 117). Von dem Aussichtspunkt des Berges in Eden waren die vier Sterne dem ersten Menschenpaar Adam und Eva sichtbar gewesen, aber nach dem Sündenfall entschwanden sie dem Blick des Menschen. Dante gab also vor, der erste lebende Mensch zu sein, der das Kreuz der vier *virtutes intellectuales* wieder erblickte, der Leuchtsterne des intellektuellen Katechumenen, nach denen er zu weltlicher Vollkommenheit und Seligkeit steuerte. In diesem Zeichen oder unter der Führung der »vier Schönen«, die kaiserlich »in Purpur gekleidet« waren (vgl. *Fegefeuer*, 29. Gesang, 130 f.; ebd., 31. Gesang, 104) und deren Licht sich in Cato spiegelte, begann Dantes weltliches Katechumenat. Wie im ›Inferno‹

war Dantes Führer Vergil, der Dichter des Römischen Reichs, der auf Geheiß des anderen Heiden, Cato, das Antlitz seines Freundes vom Rauch und Ruß der Hölle reinigte und Dante mit dem schlichten Schilf gürtete, der einzigen Pflanze, die noch in den Wellen wuchs, ein Symbol der Demut.

In der mittelalterlichen Kirche hatten die beiden Reinigungsriten, die Taufe und die Vergebung der Sünden, im Hinblick auf die Vorbereitungszeit vieles gemeinsam. Während der sieben Wochen der Fastenzeit bis Ostern bereiteten Bußexerzitien unter viel kirchlichem Zeremoniell den Sünder auf die Vergebung am Gründonnerstag in der Karwoche vor. Während dieser Zeit wurde der Katechumene durch die sogenannten Skrutinien — liturgische Handlungen, Exorzismen, verbunden mit Belehrungen — für die Taufe am Karsamstag vorbereitet. Weder der Büßer noch der Katechumene waren zur Messe der Gläubigen zugelassen. Beide empfingen mündliche Belehrung, um sie schrittweise zu ihrer endlichen Erleuchtung und Läuterung zu geleiten. In Dantes ›Fegefeuer‹ haben Buß- und Taufriten ihren Platz. Sie hängen zusammen; des öfteren wäre eine Interpretation entweder im Buß- oder im Taufsinn zulässig.

Man darf allerdings nicht vergessen, daß Dante nicht nur ein Sünder war, der Versöhnung mit der Kirche suchte, sondern vor allem ein Mensch, der nach von der Kirche unabhängiger menschlicher Vollkommenheit und zugleich nach übermenschlicher Vollkommenheit in der Kirche strebte.

Nach den Riten der frühmittelalterlichen Kirche, die es in Norditalien sicher bis zum 11. (und wenn wir Durandus glauben dürfen, bis zum 13.) Jahrhundert noch gab, folgten dem Eintritt in das Katechumenat sieben »Skrutinien«, dazu bestimmt, den Anwärter zu prüfen und ihn schrittweise vorzubereiten. Die Skrutinien verteilten sich über die sieben Wochen der Fastenzeit, wobei das letzte fast mit der Taufe zusammenfiel. Man könnte sagen, daß Dantes Skrutinien zur Vorbereitung seiner »intellektuellen« Taufe mit dem Eintritt ins eigentliche Fegefeuer begannen, als er sich nach Catos Rat anschickte, den Läuterungsberg zu ersteigen, auf dessen Gipfel das irdische Paradies lag (*Fegefeuer*, 1. Gesang, 107 f.).

An das Tor des Fegefeuers wurde Dante von einem Traum geführt. Er träumte, Jupiters Adler habe ihn wie einen anderen Ganymed ergriffen und zu der feurigen Sphäre des Himmels getragen, wo Adler und Poet in Flammen aufzugehen schienen – ein Traum der Läuterung durch die imperiale (d. h. moralisch-philosophische) Kraft, die hier der herkömmlichen Bedeutung des Adlers als Symbol der Erneuerung durch die Taufe vergleichbar war (*Fegefeuer*, 9. Gesang, 19 ff.).

Als Dante erwachte, fand er sich am Tor zum Fegefeuer, wo ein Engel im grauen Büßergewand auf einer diamantenen Stufe saß, mit den Füßen auf der nächstunteren Stufe aus kaiserlichem Porphyr, die man gewöhnlich als »Stufe der Liebe« interpretierte. Wie ein Büßer, aber auch wie ein

Taufkandidat, der seine ersten Exorzismen und damit die Zulassung zu weiterer Läuterung, Unterricht und die endliche Aufnahme in den Schoß der Kirche erbittet, warf sich Dante vor dem Bußengel nieder, schlug sich die Brust und flehte um Zutritt zum Fegefeuer.

Der Engel stimmte zu und schloß die Tür mit dem silbernen und goldenen Schlüssel des Skrutiniums und der Absolution auf. Dante durfte eintreten, mußte aber zunächst mit der Schwertspitze siebenmal den Buchstaben P in seine Stirn einritzen (*Fegefeuer*, 9. Gesang, 94 ff.). Die sieben P bedeuteten die sieben *peccata* – moralische Laster, nicht geistliche Sünden –, von denen Dante sich der Reihe nach befreien mußte, indes er den Läuterungsberg bestieg und auf seinen Terrassen wandelte. Diese sieben P sind auch den sieben Skrutinien vergleichbar, die der Katechumene zu passieren hat, ehe er durch die Taufe von der letzten, unpersönlichen Sünde befreit wird, dem *peccatum originale*. Das letzte P entfernte von Dantes Stirn ein Engel, der außerhalb der Flammenmauer stand, die seit dem Sündenfall den Garten Eden umgab und die nun das einzige war, das Dante von der Seligkeit des irdischen Paradieses trennte (vgl. *Fegefeuer*, 27. Gesang, 7 ff.).

So ging das letzte »Skrutinium« unmittelbar dem Durchschreiten der himmlischen Flammen durch Dante voraus, deren brennende Hitze nicht den Tod, sondern glühende Reinigung bedeutete. Nach der Feuertaufe betrat Dante als gereinigter Mensch schließlich den Garten Eden, aus dem

Adam durch den Cherub mit dem Flammenschwert verbannt worden war (ebd., 21).

Bis zu diesem Punkt hatte Vergil dem Dichter als Führer gedient; jenseits des irdischen Paradieses war er nicht mehr zuständig, wie er selbst erklärte. Der Tod, die Strafe für des Menschen Vergehen, konnte nur von Christus besiegt werden, dessen Tod und Auferstehung die menschliche Unsterblichkeit im ewigen Leben wiederherstellte. Des Menschen *natura sincera e buona* jedoch war nur durch menschliche Weisheit und »intellektuelle« Tugend wiederherzustellen, und diese ursprüngliche Natur des Menschen war der Unsterblichkeit würdig. Sie war, wenn vom eigenen freien Willen geleitet, nicht mehr zu erschüttern. (»Es wäre ein Fehler, nicht nach dessen Geheiß zu handeln.« *Fegefeuer*, 27. Gesang, 140 f.)

So wurde die wahre Natur des Menschen wie ein *habitus* unabänderlich. Damit waren die Folgen der Erbsünde, soweit sie den Verlust der Menschenwürde des *Adam subtilis* bedeutete, den Verlust seiner natürlichen Urteilsfähigkeit, seiner inneren und äußeren Freiheit, aufgehoben, als Dante die Flammen durchschritt. Der Fluch der Menschheit war überwunden, ohne ein Eingreifen der Kirche und ihrer Sakramente, allein durch die Kraft des Intellekts und höchster Vernunft. Diese Kräfte versinnbildlichte der Heide Vergil, der beim Individuum Dante die Stelle und die Funktionen des Kaisers vertrat, die der letztere nach Dante beim ganzen Menschengeschlecht hatte, der *humana civilitas*.

Doch während dem irdischen Paradies, in das Dante eintrat, die Einwohner, von denen der Autor der ›Monarchia‹ geträumt hatte, fehlten, weil Kaiser und Papst ihre Pflichten vernachlässigt hatten, erreichte der Einzelmensch Dante die menschliche Vollkommenheit und Selbstverwirklichung durch Vergil, der schließlich seinen Schüler entläßt, der nun das wahre Ebenbild Adams vor dem Sündenfall ist.

Eines der Ziele, welche die Vorsehung dem Menschen gesetzt hatte, war erreicht. In den letzten Stanzen der ›Göttlichen Komödie‹ erläutert Dante, wie der Mensch sein zweites Ziel erreichen und seine Einheit mit Christus erkennen kann: hier erscheint die Vision der Züge eines Menschenantlitzes, ein schwacher Reflex *della nostra effige*, nur im Umriß schwach im zweiten Kreis des Göttlichen Lichts sichtbar; diese Vision wird Dante das Mysterium der Fleischwerdung verstehen lassen (*Paradies*, 33. Gesang, 130 ff.). Aber der Vollkommenheit des Menschen im dreieinigen Gott und im ewigen Paradies war seine Vervollkommnung im irdischen Paradies, die Vervollkommnung in Adam, vorangegangen. Nach kirchlichem Ritus wurde die Rückkehr zum schuldlosen Adam im Stande der Unschuld durch die Taufe erreicht.

Seit der frühesten Zeit der Kirche wurde die Taufe in dem Sinne als Salbung aufgefaßt, den ihr Petrus in einer Ansprache an die Konvertiten gab (I Petr. 2, 9): »Ihr seid ein erwähltes Geschlecht, ein königliches Priestertum.« Spirituell war die Taufe die Verleihung königlicher und priesterlicher Würden an den Täufling. »Wir alle sind durch besondere

Gnade zum Königtum und zum Priestertum Gottes gesalbt«
(Ambrosius, *De mysteriis*, 6,30). — »Dem Täufling wird durch
die Salbung mit Chrisma gezeigt, daß ihm von Gott die
königliche und die priesterliche Würde verliehen worden
ist« (Maximus von Turin, *De baptismo*, 3). — »Möge der Täufling verstehen, daß er das königliche Diadem und die priesterliche Würde trägt« (karolingisch [Pseudo-Amalar von
Trier, *Epistola ad Karolum*]).

Man könnte leicht eine weitere Anzahl solcher Zitate aus
den Werken der mittelalterlichen Theologen und Liturgiker
bringen. Wir dürfen auch daran erinnern, daß im Ritus fast
aller Ostkirchen der Brauch zu finden war (oder noch ist),
dem Täufling die Taufkrone aufzusetzen, eine Zeremonie,
der logischerweise Akklamationen folgten, wie sie sonst bei
der Königskrönung oder Ordination der Priester üblich waren. Die Zeremonie der Taufkrönung entwickelte sich nicht
im Abendland, war aber dort nicht ganz unbekannt. Durandus erwähnt, daß es in der Provinz Narbonne Brauch war,
einen roten Saum *in modum coronae* an der Kapuze des Chri-
soms anzubringen, des weißen Taufgewandes. Dies ähnelte
der rotgesäumten *coiffe*, der Leinenkappe zum Schutz des
geweihten Öls, die man dem Täufling *quasi quadam mitra*
aufsetzte. Jedenfalls herrschte im Mittelalter und darüber
hinaus die Meinung, die Taufe verleihe dem Täufling königliche und priesterliche Würden und mache ihn, wie Isidor
von Sevilla sagte, zu einem Glied des Leibes Christi, des
Königs und Hohenpriesters (*De officiis ecclasiasticis*, 2, 26).

Vor dem Hintergrund dieser einfachen Tatsachen erscheint es merkwürdig, daß man die Krönung Dantes durch Vergil oft so rätselhaft gefunden hat. Es stimmt natürlich, daß der Kaiser zu der Krone auch eine Mitra trug und daß der Papst zu der Mitra noch die Tiara-Krone trug und daß Vergil den Dichter zum Kaiser oder zum Papst oder zu beidem gekrönt haben mag.

Im Rahmen des 27. Gesangs des ›Fegefeuers‹ ist die Deutung nicht schwer: In dem Augenblick, da Dante das irdische Paradies wieder betritt als ein neuer Adam, »mit Glorie und Ehre gekrönt«, wird er von Vergil mit Krone und Mitra gekrönt. Das heißt, daß die königliche und priesterliche Würde dem Dichter ebenso verliehen wurde wie jedem Täufling, der durch das Sakrament der Taufe im ursprünglichen Stande Adams wiedergeboren wird und hierdurch potentiell die Unsterblichkeit und ewige Mitregentenschaft mit Christus im Himmelreich erwirbt. Dantes Krönung »mit Mitra und Krone« war natürlich nicht sakramental; sie erfolgte *naturâ, non gratiâ*. Sie war eine intellektuelle und moralische »Übertragungstaufe«, die sich vorbereitete, als Dante ein »Katechumene« wurde, die vier Sterne sah und sich vor dem heidnischen Selbstmörder Cato »mit ehrfürchtigem Knie und ehrfürchtiger Stirn« verneigte (*Fegefeuer*, 1. Gesang, 51).

Mit andern Worten, Dante erlangte seine »Taufe« zur *humanitas* in parasakramentaler und parakirchlicher Weise, wobei Cato als Pate mitwirkte und der Prophet Vergil als

Täufer — freilich ein Täufer, der dem Menschen nicht den
Himmel, sondern das Paradies des Menschen öffnete.

Während Dantes Investitur mit Krone und Mitra anscheinend keiner weiteren Erklärung bedarf, sind noch einige
andere Fragen zu besprechen. Der Taufritus der Kirche
erschien als die Verleihung königlicher und priesterlicher
Würden, weil der Täufling ein »Glied Christi, des ewigen
Königs und Priesters« wurde. Durch die von Vergil ausge-
führte »intellektuelle« Taufe wurde Dante jedoch zum Mitglied nicht des *corpus mysticum Christi quod est ecclesia*, sondern
des *corpus mysticum Adae quod est humanitas*. Dante wurde
durch die Taufe das Ebenbild Adams, des rein menschlichen Musters der Vollkommenheit und Aktualisation des
Menschen. Doch fehlte das göttliche Vorbild der Perfektion,
Christus, nicht. Er wurde bemerkenswerterweise in das irdische Paradies integriert, als Beatrice in ihren ersten Worten
an Dante nach seinem Schlummer in Eden das Bild des
Fleischgewordenen in seiner menschlich-politischen Eigenschaft als römischer Bürger heraufbeschwor und in gleichem Atem transzendentalisierte.

> »Kurz wird's nur sein, daß du im Walde bist;
> Doch endlos wirst du mit mir Bürger bleiben
> Von jenem Rom, wo Christus Römer ist.«
> (*Fegefeuer*, 32. Gesang, 100 ff.)

An die Stelle des transzendentalen Jerusalem tritt ein transzendentalisiertes Rom; die rein menschliche Eigenschaft Christi als römischer Bürger wird transfiguriert und macht ihn zu einem Glied des Leibes Adams; dem Dichter wird die künftige Mitbürgerschaft mit Christus als Mitrömer verheißen, nachdem ihn der Römer Vergil zum Mitbürger und Mitregenten Adams gekrönt hat; die Prophetie Beatrices wird in das irdische Paradies verlegt. Man kann die vielen inneren Wechselbeziehungen der Dichtung nicht mehr analysieren, nur der Poet war fähig, alles in einem einzigen Bild auszudrücken. Sein Bilderreichtum ist noch lange nicht erschöpft.

Adam, natürlich der einzige Mensch im Paradies und folglich mit der Menschheit identisch, war zu dieser besonderen Zeit die volle Verwirklichung der intellektuellen Potenzen des Menschen oder der *humanitas*. Mit Glorie und Ehre gekrönt, war er der Herr nicht nur der ganzen Schöpfung, über die er gesetzt war, sondern auch der Menschheit, die er selbst repräsentierte. Er war Gattung und Individuum zu gleicher Zeit. Logischerweise war er damit »engelsgleich« und, so könnten wir sagen, die einzige echte Einmann-Korporation dieser Welt. Jetzt wurde aber Dante zum Mitregenten Adams gekrönt. Seine »Taufkrönung« war metaphorisch seine Investitur mit dem *Adam subtilis*, mit jener überindividuellen *humanitas*, deren Verwirklichung er wie Adam darstellte.

Wir könnten auch sagen: er war mit dem körperschaftlichen und politischen Körper des Menschen investiert. Darum hatte er das Recht, die Insignien seines universalen und souveränen Status zu empfangen, Krone und Mitra, die ihm nicht so sehr die Würde von Kaiser und Papst verliehen – diese beiden Gewalten, die nach dem Sündenfall behelfsweise als Heilsmittel geschaffen wurden, waren im Stande der Unschuld überflüssig – als vielmehr die fast objektivierte »Menschenwürde«, die »nie stirbt« und deren sterblicher Inhaber Dante war. Sie sollte in folgenden Jahrhunderten Gelehrte der Renaissance faszinieren, zum Beispiel Gianozzo Manetti und Pico.

In der Tat erschien nun der »Mensch« als eine souveräne Dignität und ein universales Amt, dessen Inhaber wahrscheinlich der »beste Mensch« war, der »das Maß aller anderen ist und sozusagen deren Idee, *wer immer er sein mag*«. Und diese Menschenwürde schloß die oberste Jurisdiktionsgewalt über den Menschen *qua* sterblicher Mensch ein, ohne Rücksicht auf Rang und Stellung, indes jener, der »im höchsten Grade mit seiner Gattung eins war«, als das Werkzeug dieser Dignität handelte – *homo instrumentum humanitatis*.

Es ist zuzugeben, daß Dante an solche juristischen Theorien nie gedacht hat. Aber der Kern der Lehre von den zwei Körpern, von »zwei Körpern des Menschen«, war ihm sicher gegenwärtig. »Frei, aufrecht und vollkommen im Urteil« war Dante ein Ebenbild des *Adam subtilis* im Paradies geworden, der über der Menschheit stand, was in Adams Fall *über sich selbst* bedeutete.

Als Vergil den Dichter mit den Insignien der Krone und Mitra krönte, bedeutete das die Krönung des *Adam subtilis* in Dante über den *Adam mortalis* in Dante. Lapidar wie ein Römer drückte Vergil diese Idee in sechs alles zusammenfassenden Worten aus, als er bei der Entlassung seines Schülers seine Ansprache mit den Worten schloß: TE SOPRA TE *corono e mitrio*.

Dante gekrönt und mit der Mitra über Dante selbst bekleidet: man braucht nicht zu betonen, wie viele Bedeutungen und Anspielungen dieser Vers in sich trägt. Sein Inhalt strahlt in viele Richtungen aus, wie dies bei jedem lebensvollen Kunstwerk der Fall ist. Das Bild ist reflexiv: Objekt und Subjekt fallen zusammen und spiegeln sich in sich selbst wie auch ineinander. In dieser Hinsicht besteht auf der menschlichen Ebene eine gewisse Ähnlichkeit mit der ebenfalls reflexiven Vision auf göttlicher Stufe am Ende der ›Göttlichen Komödie‹, wo Dante den Lichtkreis der Zweiten Person sieht, »in seiner eigenen Farbe mit unserem Abbild gemalt« – der Zusammenklang von Gott und Menschensohn und Mensch im allgemeinen mit dem Betrachter im Stande der Vollkommenheit; alle spiegeln sich in sich selbst und ineinander.

Hier wollten wir nur einen Aspekt der Sache ins Licht rücken: Dantes Adam-zentriertes oder Mensch-zentriertes Bild vom Königtum, die Reflexivität von »Mensch« und »Menschheit«, von *homo* und *humanitas*, von *Adam subtilis* und *Adam mortalis*, im übertragenen Sinn auch von natürlichem Körper des Menschen und von korporativem Körper der Menschheit.

Wir werden es jetzt leichter (oder vielleicht auch schwerer) finden, die späteren Definitionen der englischen Juristen zu verstehen, die meinten: »Mit dem natürlichen Körper des Königs ist sein politischer Körper verknüpft, der seinen königlichen Stand und seine Würde enthält.« Oder: »Der politische Körper, seinem natürlichen angegliedert, nimmt die Schwächen des natürlichen Leibes hinweg.« Jetzt wissen wir, daß die scheinbar seltsamen Reden dieser Juristen einfach bedeuten, daß, philosophisch betrachtet, der König als König oder als Krone volle Aktualität besitzt, in jedem Augenblick und immerwährend, während der individuelle natürliche Körper eine bloße Potentialität ist.

Hier finden wir auch die philosophische Erklärung anderer Züge des Königs als Träger königlichen Amtes: daß er nie stirbt; daß er frei ist von den Schwächen der Kindheit und des Alters, er kann kein Unrecht tun und nicht sündigen, denn er ist die ewige Verwirklichung aller königlichen Potenzen und besitzt somit den *character angelicus*, den die politischen Theoretiker zu begreifen suchten, manchmal im Bild des Gottes mit der doppelten Natur, manchmal im Sinne von Recht und Gesetz, manchmal im Sinne von Volk und Staat. Es blieb allerdings dem Dichter vorbehalten, die Spannung der »zwei Körper« im Menschen selbst zu erschauen, die *humanitas* (nach römischem Recht das Mittel der Imitation Gottes) zur Herrscherin des *homo* zu machen und für alle diese Kreuz- und Querbeziehungen die komplexeste, kürzeste und einfachste, weil menschlichste Formel zu finden: »Ich kröne dich über dich selbst mit Krone und Mitra.«

Literatur

Dante Alighieri: *Le opere.* Hrsg. E. Moore und P. Toynbee, 4. Aufl. Oxford 1924.

Aus: Ernst H. Kantorowicz: *Die zwei Körper des Königs. Eine Studie zur politischen Theologie des Mittelalters.* Aus dem Amerikanischen übersetzt von Walter Theimer, Stuttgart: Verlag Klett-Cotta 1992, S. 482–493; Ausschnitt aus Kap. VIII »Das Königtum und die Würde des Menschen: Dante« (S. 451–493).

Ronald Syme

DIE RÖMISCHE REVOLUTION

Kurz nach Ausbruch des Zweiten Weltkriegs erschien Ronald Symes
Studie »Die römische Revolution«, die zu den am meisten gelesenen
Büchern über die römische Geschichte im 20. Jahrhundert gehört. Der
Autor beschreibt den blutigen Kampf um die Macht, den die herr-
schende Oligarchie in Rom der Jahre 60 v. Chr. bis 14. n. Chr. führte. An
seinem Ende stand die Machtergreifung des Augustus und der Beginn
eines neuen Zeitalters.

PAX ET PRINCEPS

Wenn eine Partei sich mit Waffengewalt durchgesetzt und
die Herrschaft im Staat an sich gerissen hat, wäre es ganz
töricht anzunehmen, die neue Regierung sei eine Ansamm-
lung liebenswerter und tugendhafter Charaktere. Eine Revolution fordert und erzeugt härtere Eigenschaften. Über die
Hauptpersonen in der Regierung des Neuen Staates, nämlich den Prinzeps selbst und seine Bundesgenossen Agrippa,
Maecenas und Livia, haben Geschichte und Skandale ein
vielsagendes Zeugnis festgehalten, das die wahren Zustände unter ihrer Herrschaft entlarvt. Die Aura ihres strahlenden Glücks mag das kritische Auge zwar blenden, aber nicht
ganz blind machen. Andernfalls kann es keine Geschichtsschreibung über diese Epoche geben, die diesen Namen ver-

dient, sondern nur Schmeichelei und eine pragmatische Rechtfertigung des Erfolgs.

Nur einer unter all denen, die die Revolution an die Macht gebracht hatte, verdiente öffentlichen Ruhm, und das war Agrippa; einige zumindest glaubten dies. Aufrichtige oder böswillige Berichterstatter beschreiben die Männer an der Spitze der Regierung Roms als eine finstere Bande – würdige Erben der schrecklichen Feldherren der Triumvirn, etwa des stolzen, grausamen Millionärs Balbus, des undankbaren Verräters Titius, des brutalen, habgierigen Tarius, des Widerlings Quirinius, der im Alter verbittert, unbarmherzig und verhaßt war, und des räuberischen Intriganten Lollius. Über T. Statilius Taurus, C. Sentius Saturninus, M. Vinicius und P. Silius ist nichts Abträgliches bekannt. Es ist vielleicht eher ihr Glück als ihr Verdienst, daß ihr Charakter farblos war. Ihre Nachfahren genossen Macht und Ruhm, ihre Feinde bewahrten Stillschweigen, und der Enkel des Vinicius war der Gönner eines loyalen und eifrigen Geschichtsschreibers. Andererseits war Lollius ein politischer Sündenbock, während Quirinius, Titius und Tarius keine Söhne im Konsularrang hinterließen, die man fürchten oder denen man schmeicheln mußte.

Es ist klar, daß ein traditionelles römisches Vorurteil, geschärft unter der Herrschaft der cäsarianischen Partei und daran gehindert, die Spitzen der Regierung anzugreifen, hier am Werke war. Jetzt wandte es sich jedoch begierig gegen die *novi homines*, die in der Oligarchie Prominenz erlangt hatten, erweiterte oder erfand Anschuldigungen und bezichtigte die Angegriffenen einer dunklen Herkunft, eines abstoßenden Charakters und schlimmer Taten. Wie unter den niedrig geborenen und charakterlosen Schurken aus der früheren Epoche gab es in dieser Clique vortreffliche Männer, Söhne der alten italischen Aristokratie, deren persönliche Tugenden nicht ausreichten, um ihr schlimmstes Verbrechen aufzuwiegen, nämlich in der Politik auf der »falschen Seite« zu stehen und auf Kosten der Besseren zu profitieren. Das intrigante Spiel, einen Emporkömmling zu verleumden, mag in der Aristokratie aufgekommen sein; es wurde mit snobistischem Eifer von den anderen Gesellschaftsschichten freudig übernommen. Gerade die Söhne römischer Ritter lancierten die typischsten und boshaftesten Charakterbilder von *novi homines*.

Die *nobiles* waren verhältnismäßig unangreifbar; trotzdem hätten die aristokratischen Parteigänger des Augustus die Geschichte mit einem Panoptikum nicht weniger auffallender und abscheulicher Charaktere bereichert. Im Rennen um Reichtum und Macht warf der habgierige und zielstrebige *novus homo* jede Rücksicht und Heuchelei von sich. Der unaufdringlichere *nobilis* war wahrscheinlich nicht besser. Nach einer gesellschaftlichen Revolution war die Führungsrolle der *nobiles* Betrug und Anachronismus zugleich — sie beruhte auf der Unterstützung und Hilfe eines militärischen Führers, der eigentlich ihr Feind war und den sie durch ihren Verzicht auf Macht und Karriere gewonnen hatten. Stolz und Stammbaum galten wieder etwas, aber sie verschleierten und beschönigten nur ihre Unterwürfigkeit oder Bedeutungslosigkeit. Die Adeligen, die der Vernichtung während der Revolutionsjahre entgangen waren und sie überstanden hatten, zogen aus dem Mißgeschick keine Lehre, es sei denn, daß Armut das schlimmste aller Übel ist. Daher ihre Habgier und Raublust, mit der sie die zerrütteten Besitztümer wiederherstellten, und die Hoffnung, daß der Prinzeps für sie sorgen werde: Der römische Staat schuldete ihnen Dank wegen ihrer berühmten Vorfahren. Der Prinzipat hat ihnen unter dem Vorwand öffentlicher Verdienste und als Auszeichnung für Redner und Rechtsgelehrte, aber bald nur noch wegen ihrer vornehmen Herkunft diese Schuld zurückgezahlt.

Die sullanische Oligarchie machte ihren Frieden mit der Monarchie. Gegen Ende der Regierungszeit des Augustus blieb allerdings von der Partei Catos oder den vier Adelshäusern, die Pompeius unterstützten, nur wenig übrig. Die patriotischen Lentuler waren zahlreich, aber keineswegs entsprechend begabt. Die Tatsache, daß L. Domitius Ahenobarbus der Großvater des Kaisers Nero war, genügte, um ihn vor dem Vergessenwerden oder vor Lobreden zu bewahren – er war blutdürstig, anmaßend und verschwenderisch. Augustus selbst mußte einschreiten, um eines seiner Gladiatorenspiele zu verbieten. Dieser Ahenobarbus hinterließ einen Sohn, der ganz abscheulich war.

Augustus legte besonderen Wert auf das Patriziat. Die

letzte Renaissance des ältesten Adels von Rom enthüllte die ganze Verlogenheit der *principes viri*, die entweder dumm-stolz oder auf eine verdrehte Art geistvoll waren. Die Aemi-lier waren schwächlich und unzuverlässig; die Sulpicier, Ser. Galba und sein häßlicher buckliger Vater, konnten keine wirkliche Begabung aufweisen, sondern verdankten ihren Aufstieg der Vornehmtuerei und Frauengunst. Der träge, habgierige und unfähige P. Quinctilius Varus trägt die Schande für den Verlust dreier Legionen — woran er übri-gens nicht allein schuld war. Die hervorragendsten Patrizier waren die Fabier und Valerier. Sie stellten einen skandalum-witterten, blutrünstigen Prokonsul; und wenn über die Per-sönlichkeit von Augustus' Intimus, den vielseitig begabten Paullus Fabius Maximus, *centum puer artium*, mehr bekannt wäre als die anmutige Ode des Horaz und die ergebenen Verszeilen Ovids, stünde er wohl nicht in solch erstaunli-chem Kontrast zu seinem berüchtigten Sohn Persicus. Kai-ser Claudius, der grausamer Ironie nicht abgeneigt war, beschrieb diesen Persicus als *nobilissimus vir, amicus meus*.

Die erfolgreichen *novi homines* konnten ihre Stellung hal-ten. Es war eine überflüssige Anstrengung, die robusten Kar-rieremacher, die dem Kaisertum auf die Beine halfen, ent-weder anzuklagen oder zu rehabilitieren. Gewalt, Arglist und Verrat gediehen gleichermaßen. Der wegen seiner Wen-digkeit sprichwörtlich gewordene Q. Dellius schlug sich immer wieder auf die richtige Seite. Es ist sonderbar, daß sich Horaz veranlaßt fühlte, ihn daran zu erinnern, daß es

notwendig sei, im Glück wie im Unglück Gleichmut zu
bewahren. Die Leiden des Dellius waren vorüber. Als Horaz
dem Plancus riet, im Wein Trost zu suchen, erwog er immerhin die Möglichkeit, daß Plancus wieder in den Krieg ziehen
könnte. Dafür bestand keine Aussicht: Im kühlen Schatten
der Stadt Tibur konnte Plancus der Muße pflegen und sich
in nicht geringer Selbstgefälligkeit überlegen, daß er in all
seinen Feldzügen, trotz seines Titels *imperator bis* und trotz
des Waffenfrieses auf dem Mausoleum, das er in Caieta
baute, selten dafür verantwortlich gewesen war, daß Römer-
blut vergossen wurde. Das alles sprach zu seinen Gunsten,
und so konnte Plancus über den ohnmächtigen Neid seiner
Verleumder und die schändliche Bezeichnung chronischer
Verräter − *morbo proditor* − lächeln. Narren oder Fanatiker
gingen zusammen mit der verlorenen Sache unter; die Verräter und Opportunisten aber überlebten und genossen die
Dankbarkeit des römischen Volkes.

Angesehenere und unabhängigere Charaktere als Dellius
und Plancus waren Messalla und Pollio, die konsularischen
Gönner der augusteischen Literatur, die selbst keinen gerin-
gen Anteil daran hatten. Der römische Patrizier und der ita-
lische *novus homo* hatten gleichermaßen Ehre und Ruhm
gerettet, und es ging ihnen und ihren Familien dennoch gut.
Messalla wechselte die Fronten, nach Philippi ging er zu
Antonius und von Antonius bald zu Octavianus. Zusammen
mit Agrippa bewohnte Messalla das Haus des Antonius auf
dem Palatin. Pollio war während der Bürgerkriege eigensin-

niger gewesen, er war der einzige Neutrale in der Schlacht bei Actium; er behielt seine *ferocia* unter dem Neuen Staat. Pollio haßte Plancus und verfaßte eine Denkschrift, die nach Plancus' Tod veröffentlicht werden sollte; und es war Messalla, der für Dellius einen Titel prägte: *desultor bellorum civilium*. Doch bei objektiver Betrachtung wird man sowohl Pollio als auch Messalla unter die Nutznießer der Revolution zählen. Von beiden Kriegsparteien bereichert, vergrößerte Pollio Würde und Vermögen seiner Familie. Sein Sohn heiratete eine Vipsania, seine Tochter den Sohn eines Adeligen, einen der letzten der Marceller. Er hätte sich unter der Neuen Ordnung über nichts beklagen können. Pollio starb zehn Jahre vor Augustus, er war zäh und aktiv bis zu seinem Ende; Messalla, dessen Kräfte nachließen, starb im Jahre 13 n. Chr.

In seinem Leben und seinen Schriften bekannte Pollio seine unerschütterliche Hingebung an die *libertas*. Aber die *libertas* ging unter, als bei Philippi die *virtus* zerbrach. Man könnte dem entgegenhalten, daß die politische Freiheit schon lange zuvor dem Untergang geweiht, wenn nicht gar tot war. Pollio kannte die bittere Wahrheit über die letzte Generation des Freien Staates. Der Geschichtsschreiber Tacitus bemerkt in seinem Kommentar über die Stabilität des neuen Regimes, als die Macht von Augustus auf Tiberius übergehen sollte, daß nur noch wenige Männer am Leben waren, die sich an die Republik erinnern konnten – *quotus quisque reliquus qui rem publicam vidisset?* Es war ganz deutlich seine Absicht, die Republik des Augustus zu verwerfen, und nicht, die Anarchie, die Mutter des Despotismus, zu rehabilitieren.

Die Herrschaft des Gesetzes war lange zuvor untergegangen, und Recht wurde durch Macht ersetzt. Der Machtkampf in der Republik war prächtig und schrecklich zugleich:

> *certare ingenio, contendere nobilitate,*
> *noctes atque dies niti praestante labore*
> *ad summas emergere opes rerumque potiri.*[1]

Die *nobiles* hatten durch ihren Ehrgeiz und ihre Fehden ihre unechte Republik nicht nur zerstört, sie hatten das römische Volk zugrunde gerichtet.

Es gibt etwas Wichtigeres als politische Freiheit, und politische Rechte sind ein Mittel, kein Selbstzweck. Ihr Zweck ist Sicherheit für Leben und Eigentum, und diese Sicherheit konnte durch die Verfassung im republikanischen Rom nicht garantiert werden. Das durch Bürgerkriege und Unruhen verbrauchte und gebrochene römische Volk war bereit, das sterbliche Privileg der Freiheit aufzugeben und sich wie am Anfang der Zeiten einer strengen Regierung unterzuordnen:

> *nam genus humanum, defessum vi colere aevum*
> *ex inimicitiis languebat; quo magis ipsum*
> *sponte sua cecidit sub leges artaque iura.*[2]

So zog Ordnung in Rom ein. *Acriora ex eo vincula*, wie Tacitus bemerkte. Der Neue Staat mochte »Monarchie« heißen oder mit irgendeiner anderen Bezeichnung benannt werden, das

tat nichts zur Sache. Die persönlichen Rechte und der private Status hängen nicht notwendigerweise von der Regierungsform ab. Und obgleich die erbliche Thronfolge streng
aus der Theorie des Prinzipats ausgeschlossen war, wurden
doch in der Praxis alle Anstrengungen unternommen, sie
anzuwenden – aus Furcht vor Schlimmerem. Nüchterne
Männer mochten wohl über die offensichtliche Lächerlichkeit und die handgreiflichen Vorteile der erblichen Monarchie nachgedacht haben.

Unter der Neuen Ordnung war das Gemeinwesen nicht
mehr Tummelplatz für Politiker, sondern eine echte *res publica*. Selbstsüchtiges Karrieredenken und persönliche Treue-
verhältnisse mußten der Bürgerpflicht und nationalem
Patriotismus weichen. Mit der Einrichtung des Prinzipats
kamen nicht nur Augustus und seine Partei an die Macht –
der Prinzipat bedeutete auch den Sieg der unpolitischen
Bevölkerung. Sie konnte endlich sicher und glücklich sein.
Wie ein Überlebender der Proskriptionen sagte: *pacato orbe
terrarum, res[titula re publica, quieta deinde n[obis et felicia] tempora
contigerunt.* Das Proletariat Italiens wurde nicht mehr in die
Legionen gepreßt, um sein Leben für ehrgeizige Feldherren
oder falsche Ideale zu opfern. Friedliebende Männer mit
Vermögen wurden nicht mehr dazu gedrängt, in den Streitigkeiten, die nicht ihre eigenen waren, Partei zu ergreifen,
oder um Teile ihrer Ländereien zur Entlohnung der Legionä-
re gebracht. Das war vorbei. Die Republik war eine Sache, die
ein kluger Mann zwar bewundern, aber nicht nachahmen

mochte. Wie ein schlimmer Opportunist einst sagte: *ulteriora mirari, praesentia sequi.*

Sogar unter den *nobiles* kann es unter der Herrschaft des Augustus nur wenige echte Republikaner gegeben haben; und viele *nobiles* waren mit dem Neuen Staat unlösbar verbunden, weil sie ihm für ihre Rettung und ihren Rang Dank schuldeten. Als immer mehr Söhne römischer Ritter durch Protektion in die Reihen der regierenden Klasse aufrückten, muß die Überzeugung von der Unvermeidbarkeit, aber auch von den Vorzügen des Systems im Senat weitere Verbreitung gefunden haben. Doch während dieser Prozeß weiterging, wurde die Republik selbst Gegenstand eines sentimentalen Kults, der am eifrigsten unter den Mitgliedern der Klasse geübt wurde, die dem Imperium alles verdankten. Der Senator Helvidius Priscus, der Sohn eines Zenturio, mag in seinen Grundsätzen ehrlich gewesen sein, aber der römische Ritter, der sein Haus mit den Statuen republikanischer Helden anfüllte, war gleichermaßen ein Snob und Karrieremacher.

Das republikanische Bekenntnis war nicht so sehr politisch als vielmehr sozial und moralisch: Es war mehr ein harmloser Akt der Ehrerbietung vor der großen Vergangenheit Roms als eine Kundgebung aktiver Unzufriedenheit mit dem gegenwärtigen Stand der Dinge. Es muß nicht so ernst genommen werden, wie es argwöhnische Kaiser oder öffentliche Ankläger voll List und Skrupellosigkeit taten. Auch wenn die Republik noch eine Zeitlang ihre formale und legale Existenz behauptete, war schon die Beteuerung, eine Republik zu sein, reichlich verlogen. Da die Monarchie nun sowohl auf Gewohnheit und Theorie als auch auf Tatsachen gegründet war, ermutigte gerade das Fehlen einer möglichen anderen Regierungsform den verantwortungslosen Typus unter den ernsthaften Persönlichkeiten. Die Gefahr, daß sie aufgefordert werden könnten, ihre Ideale in die Praxis umzusetzen, bestand nicht.

Die Republik mit ihren vielen großen Kriegen und ihren innenpolitischen Zwistigkeiten war ein prächtiges Thema für Geschichtsbetrachtungen. Tacitus mag wohl voll Melancholie zurückgeblickt und sich über sein eigenes langweiliges und eng begrenztes Thema beklagt haben. Aber der Geschichtsschreiber, der einen Bürgerkrieg und die drohende Gefahr eines zweiten miterlebt hatte, ließ sich sein Urteil nicht gänzlich durch literarische und sentimentale Konventionen trüben. Wie Sallust und Pollio machte er sich über die Republik keine Illusionen. Die Wurzel des Übels lag in der verworrenen und ruhelosen Natur des Menschen. Imperium, Wohlstand und persönlicher Ehrgeiz hatten die Republik lange zuvor zugrunde gerichtet. Marius und Sulla stürzten die *libertas* mit Waffengewalt und errichteten die *dominatio*. Pompeius war nicht besser. Danach gab es nur einen Kampf um die Macht im Staat. Tacitus glaubte nicht einmal, daß die alte Republik wiederhergestellt worden wäre, wenn Brutus und Cassius bei Philippi gesiegt hätten. Das war die herkömmliche und allgemein verbreitete

Ansicht: Selbst Tacitus hätte dies nach einem Bürgerkrieg für unmöglich gehalten.

Wie der Geschichtsschreiber, so war auch der Kenner der Rhetorik versucht, die großartige und ungehemmte Beredsamkeit der letzten Tage der Republik zu bedauern. Er mochte wohl innehalten, wenn er sich überlegte, daß große Rednergabe ein Symptom des Verfalls und der Unordnung ist, in gesellschaftlicher wie in politischer Hinsicht. Wahlkorruption, Erpressung in den Provinzen und die Hinrichtung römischer Bürger lieferten ebenbürtige Themen und Redner. Der Definition nach wurde die beste Staatsform von diesen Übeln verschont. Wohlgeordnete Gemeinwesen, denen jene »Zügellosigkeit, die Narren Freiheit nennen«, fehlte, hinterließen in den Annalen der Redekunst keine Spuren. Nicht so Athen und Rhodos — sie waren Demokratien, leider. Auch Rom brachte eine kraftvolle Rhetorik hervor, als es noch auf dem falschen Pfad wandelte. Es gab die Gracchen und Cicero — aber hatte das irgendeine Bedeutung?

Die Bewunderer der antiken Rednergabe konnten nicht den doppelten Vorteil haben, sich einerseits der republikanischen Freiheit zu erfreuen und andererseits die Wohltaten eines geordneten Staates zu genießen. An Rednern war kein Bedarf mehr, auch nicht für lange Reden im Senat oder vor dem Volk, da *ein* Mann die oberste Entscheidungsgewalt im römischen Weltreich innehatte und der weiseste von allen war — *cum de re publica non imperiti et multi deliberent, sed sapientissimus et unus.*

Tacitus war Monarchist und offenbar verzweifelt über die menschliche Natur. Es gab kein Entrinnen. Trotz der nominellen Gesetzessouveränität herrschte ein einziger Mann. Das ist sein Kommentar über Tiberius; aber das galt nicht weniger für den Prinzipat des Augustus — eher noch mehr. Freilich, der Staat wurde unter einem Prinzipat organisiert, nicht unter einer Diktatur oder einer Monarchie. Aber Namen tun hier nicht viel zur Sache. Kurze Zeit später konnte der redegewandte Seneca, als er dem jungen Nero zur Milde riet, ohne Unterschied die Namen *rex* oder *princeps* gebrauchen, um so mehr, als die eine ehrwürdige Philosophenschule die Monarchie für die beste Regierungsform hielt. Die Monarchie war auch die ursprüngliche, die wiederkehren sollte, wenn ein Staat den ganzen Zyklus der Regierungsformen durchschritten hatte.

Dem Römer mit der ihm gemäßen Theorie des uneingeschränkten *imperium* war der Begriff der absoluten Macht vertraut. Und obgleich absolut, war der Prinzipat keine Willkürherrschaft. Er entsprang allgemeiner Zustimmung und einer Übertragung der Macht und gründete auf den Gesetzen. Das unterschied ihn von den orientalischen Monarchien. So tief waren die Römer noch nicht gesunken. Mochte auch vollständige Freiheit unerreichbar sein, vollständige Sklaverei war ihnen unerträglich. Der Prinzipat sorgte für den Mittelweg zwischen diesen Extremen.

Es dauerte nicht lange, bis der Prinzipat seine eigene Theorie hervorbrachte und damit empfänglich für Propaganda wurde. Augustus behauptete, die *libertas* und die Republik wiederhergestellt zu haben. Das war ein notwendiger und heilsamer Betrug; seine Nachfolger büßten dafür. Im römischen Denken und Gebrauch bedeutete *libertas* nie ganz uneingeschränkte Freiheit; das Ideal, das dieses Wort nun verkörperte, hieß Achtung vor den verfassungsmäßigen Formen. Es war also undenkbar, daß ein Römer unter einer anderen Ordnung leben sollte. Daher konnte die *libertas* als Schlagwort gegen unbeliebte Herrscher beschworen werden, um ihre Macht als rechtswidrig zu brandmarken, als *dominatio*, nicht *principatus*.

In senatorischen Kreisen war der Glaube weit verbreitet, daß *libertas* der wahre Geist des Prinzipats sei. Allzu lange waren Seele und Körper getrennt gewesen. Es wurde behauptet, daß sie im Prinzipat des Nerva, das der absoluten Herrschaft des Domitian folgte, vereint worden seien. Dieses schöne Aufgebot von Phrasen hatte seine dunkle Seite, nämlich die drohende Gefahr eines Bürgerkrieges. Er wurde durch die Adoption des Trajan, Gouverneur der Militärprovinz Obergermanien, abgewendet. Unter seinem stabilen Regime hörte man weniger über die *libertas*. Tacitus kündigte an, in seinen alten Tagen die Geschichte dieser glücklichen Zeit zu schreiben, als Gedanken- und Redefreiheit herrschten, des Prinzipats zur Zeit Nervas und der Herrschaft des Trajan. Doch wandte er sich statt dessen dem düsteren Thema der *Annalen* zu.

Als römischer Geschichtsschreiber mußte Tacitus Republikaner sein, aber in seinem Leben und seiner Politik war er Monarchist. Es war klug, um gute Kaiser zu beten und sich mit dem abzufinden, was man bekam. Bei der Gegebenheit der menschlichen Natur – *vitia erunt donec homines* – war es töricht, Utopist zu sein. Aber die Lage war hoffnungslos. Ein guter Kaiser würde die Segnungen seiner Herrschaft über die ganze Welt verteilen, wohingegen der von einem schlechten Kaiser angerichtete Schaden nicht ins Grenzenlose wirkte, er betraf meistens nur seine unmittelbare Umgebung.

Die Römer hatten sich einst gerühmt, allein die *libertas* zu genießen, während sie andere regierten. Es zeigte sich nun klar, daß Gehorsam die Bedingung des Imperiums war. – *Idemque huic urbi dominandi finis erit qui parendi fuerit,* wie ein später Ausruf des Marcus Brutus lautete. Ein neuer Begriff der Bürgertugend, der von den unpolitischen Klassen der Republik stammte und dem Neuen Staat von Anfang an innewohnte, wurde bald geprägt; er hatte seine eigenen Vorbilder und seinen eigenen Wortschatz. *Quies* war eine Tugend für Ritter, sie wurde von den Senatoren verachtet. Neutralität war in den politischen Zwisten der letzten Jahre der Republik selten möglich gewesen. Nur wenige *nobiles* überstanden diese Prüfungen ungeschoren. L. Marcius Philippus (Konsul im Jahr 91 v. Chr.) und seinem Sohn gelang es mit Hilfe seiner Vorsicht und Piso wegen seiner ehrenhaften Unabhängigkeit.

Mit dem Prinzipat trat nun ein Wandel ein. Für den Senator wie für den Staat mußte es einen Mittelweg zwischen schädlicher Freiheit und entwürdigender Sklaverei geben. Ein vernünftiger Mann konnte ihn finden. Und solche Männer gab es. M. Aemilius Lepidus erfreute sich der Freundschaft des Tiberius; er unterstützte die Regierung und seine eigene Würde ohne Schande und Gefahr. Ebenso der berühmte P. Memmius Regulus, ein Pfeiler des römischen Staates und, obgleich mit Lollia Paullina verheiratet, selbst ungefährdet. Dazu zählt auch der ehrwürdige L. Volusius Saturninus, der alle Schrecken der julisch-claudischen Zeit überlebte und im Alter von 93 Jahren starb. Die Familie der Cocceii hatte ein geniales Gespür für Sicherheit.

Es konnte noch große Männer geben, sogar unter schlechten Kaisern, wenn sie ihrem Ehrgeiz abschworen und sich ihrer Pflichten als Römer gegenüber dem römischen Volk erinnerten und friedlich einem höheren Patriotismus huldigten. Das war zwar nicht ruhmvoll, aber Ruhm bedeutete den Untergang. Sie genossen ein Ansehen, das sicherer war als die vergebliche und auffällige Opposition einiger Kandidaten für das Märtyrertum, die zwar wegen ihrer republikanischen Geistesfreiheit, aber nicht wegen ihrer politischen Weisheit bewundert werden mochten. Weder Tacitus noch Trajan gehörte zu diesen Unbelehrbaren; der kurze unglückliche Prinzipat des Nerva erbrachte den zwingenden Beweis, wie notwendig eine feste Hand bei der Staatsführung war. Wie den eitlen Pomp der orientalischen Potentaten verabscheuten die Römer den Fanatismus eines Doktrinärs – *vis imperii valet, inania tramittuntur*[3].

Ein Jahrhundert zuvor reichten Tacitus, sein Schwiegervater und sein Kaiser den Heuchlern und Karrieremachern bei der Gründung des Neuen Staates die Hände. Die Politik wurde abgeschafft oder zumindest unschädlich gemacht. Im Endergebnis litten Geschichte und Rhetorik darunter, aber Ordnung und Eintracht wurden geschützt. Wie Sallust bemerkte, *pauci libertatem, pars magna iustos dominos volunt.* Die beiden Gruppen mußten nun versöhnt werden. Die verfassungsmäßige Monarchie war eine Garantie für die Freiheit, wie sie keine Republik bieten konnte.

> *numquam libertas gratior exstat*
> *quam sub rege pio.*[4]

Solcherart war der *felicissimus status,* wie Augustus und Velleius Paterculus den Prinzipat nannten; der *optimus status,* den Augustus zu schaffen anstrebte und den Seneca als Monarchie erkannte. Eintracht und Monarchie, *pax* und *princeps* waren sowohl in Wirklichkeit als auch in der Hoffnung und im Gebet untrennbar verbunden − *custodite, servate, protegite hunc statum, hanc pacem, hunc principem* [5]. Die alte Verfassung war korrupt, nicht repräsentativ und verhängnisvoll gewesen. Cäsars Erbe ging darüber hinweg. Was bei dem militärischen Plebiszit von 32 v. Chr. Vorwand und politische Propaganda war, wurde unter dem Prinzipat eine Realität − Augustus vertrat den populus Romanus: Unter seiner Treuhänderschaft konnte der Staat wahrhaftig ein Gemeinwesen, *res publica,* genannt werden. Der letzte Militärdiktator herrschte mit Gewalt und Blutvergießen. Aber seine *potentia* wurde in *auctoritas* verwandelt, und das Wort *dux* bekam einen guten Klang, *dux bonus*. Ovid ging vielleicht zu weit, als er vom *dux sacratus* sprach. Aber *dux* war nicht genug. Augustus nahm die untadelige Würde des *princeps* an, außer Frage war er der größte der *principes* und besser als alle Nachfolger. Sie waren egoistische Dynasten gewesen, aber er war *salubris princeps*. Er hätte leicht den Titel *optimus princeps* annehmen können, aber dieser blieb Trajan vorbehalten. Gleich zu Anfang des augusteischen Prinzipats waren die Ideen schon vorhanden, aus denen sich später die offiziellen oder konventionellen Titel herauskristallisieren sollten. Erst im Jahre 2 v. Chr. wurde Augustus zum *pater patriae* ausgerufen. Horaz deutet schon lange zuvor darauf hin:

> *hic ames dici pater atque princeps.*[6]

Das Bild des Vaters vermittelt auch den Beschützer:

> *optime Romulae*
> *custos gentis.*[7]

Und so ist Augustus *custos rerum*; er ist der besondere Hüter von Rom und Italien, immer bereit, zu helfen und zu schützen:

> *o tutela praesens*
> *Italiae dominaeque Romae!*[8]

Die Griechen in den Städten am östlichen Mittelmeer jubelten Augustus als dem Retter der Welt, dem Wohltäter der Menschheit, als Gott, als wahrem Gottessohn, Herrn der Erde und der Meere zu. Matrosen aus Alexandria verehrten in ihm den Herrn ihres Lebens, ihrer Freiheit und ihres

Wohlstandes. Der treue Stadtrat der Kolonie Pisa zeigte mehr Zurückhaltung, aber er meinte dasselbe, als er den »Wächter des römischen Imperiums und Beherrscher der ganzen Welt« feierte.

Daß die Macht des Cäsar Augustus absolut war, konnte kein Zeitgenosse bezweifeln. Aber seine Herrschaft wurde durch Verdienste gerechtfertigt, sie beruhte auf allgemeiner Zustimmung und war durch Pflichtbewußtsein gemildert. Augustus stand wie ein Soldat *in statione* — denn obgleich diese Metapher in der Sprache der Stoiker Parallelen haben mag, ist sie doch römisch und militärisch. Er würde seinen Posten nicht verlassen, bis ihn ein höherer Befehl ablöste: erst wenn seine Pflicht getan war und ein Nachfolger die Wache übernahm. Augustus gebrauchte das Wort *statio*, das taten auch seine Zeitgenossen.

Augustus' Regierung war eine Weltherrschaft. Sein Verhältnis zum römischen Volk war das eines Vaters, Gründers und Wächters. Sulla hatte danach gestrebt, die zerrüttete Republik wiederherzustellen, und Cicero wurde als *pater patriae* bejubelt, weil er Rom während seines Konsulats gerettet hatte. Aber Sulla wurde aus wohlbegründetem Haß der »böse Romulus« genannt; Cicero verlachte man wegen seines Dünkels als den »Romulus aus Arpinum«. Augustus jedoch hatte wirklich Anspruch darauf, als Gründer zu gelten und geehrt zu werden, *augusto augurio*, um mit Ennius zu sprechen. Dem Römer sagte dies seine Abstammung und seine Tradition. Ennius' Wort muß prophetisch geklungen haben:

O Romule, Romule die,

qualem te patriae custodem di genuerunt!

O pater, o genitor, o sanguen dis oriundum,

tu produxisti nos intra luminis oras.[9]

Augustus' Verhältnis zum römischen Staat kann auch eher als organisch denn als willkürlich oder formell bezeichnet werden. Es wurde gesagt, daß er sich selbst alle Funktionen des Senates, Ämter und Gesetze anmaßte. Das ist wahr, aber tiefgründiger ist die Bemerkung, daß er mit dem Imperium ganz verwachsen war. Er erneuerte dessen Kräfte und konnte nicht ohne Schaden von ihm getrennt werden.

Es war eine persönliche Herrschaft, wie keine andere in der Geschichte, und sein Rang näherte sich immer mehr dem eines Monarchen. Doch trotz alledem, Augustus war nicht unentbehrlich, und das war der größte Triumph. Wäre er in den frühen Jahren des Prinzipats gestorben, so hätte die Partei weitergelebt, geführt von Agrippa oder einer Gruppe der obersten Feldherren. Aber Augustus lebte weiter, er war ein fortwährendes Wunder der Ausdauer. Im Lauf der Jahre befreite er sich immer mehr aus der Kontrolle seiner früheren Parteigänger; die *nobiles* kehrten in ihre Vormachtstellung zurück, und die cäsarianische Partei selbst wurde umgeformt und übertroffen. Eine Regierung war geschaffen worden.

Legiones classes provincias, cuncta inter se conexa. So beschrieb Tacitus das Imperium und seine Streitkräfte. Dieses Wort kann auf das ganze Gefüge des römischen Staates angewandt werden. Es war fest, gut gegliedert und biegsam. Indem

Augustus an das Alte appellierte, rechtfertigte er das Neue. Er betonte die ununterbrochene Fortführung der Vergangenheit und ermutigte damit die Hoffnungen auf eine künftige Entwicklung. Der auf die Konsolidierung der Revolution gegründete Neue Staat war weder exklusiv noch unbeweglich. Auch wenn jede Klasse der Gesellschaft ihre eigenen Aufgaben hatte, gab es keine scharfe Klassentrennung. Der Dienst für Rom brachte einem Senator Anerkennung und Beförderung, ebenso einem Ritter oder Soldaten, ob er nun Römer war oder aus der Provinz stammte. Die Belohnungen waren nicht so glänzend wie in den Revolutionskriegen, aber der Rhythmus, obgleich abgeschwächt, war stetig und ununterbrochen.

Es war Augustus' inbrünstigstes Gebet gewesen, er möge die Fundamente der Neuen Ordnung tief und sicher legen. Er hatte mehr als das getan. Der römische Staat, der fest auf einem vereinigten Italien und einem zusammenhängenden Imperium ruhte, wurde vollständig erneuert; er erhielt neue Institutionen, neue Ideen und sogar eine neue Literatur, die schon klassisch war. Das Geschick des Imperiums, sein drohender Untergang, hatte schwer auf Rom gelastet. Aber nun konnte das wiedererstarkte, robuste und freudig erleichterte römische Volk die Last mit Stolz und Sicherheit tragen.

Augustus hatte auch um einen Nachfolger im Dienst der Ehre und der Pflicht gebetet. Doch seine lange gehegten Hoffnungen, seine beharrlich verfolgten Pläne waren durchkreuzt worden. Aber der Friede und der Prinzipat dauerten an. Ein Nachfolger war gefunden worden, ein römischer Aristokrat aus den *principes,* herangezogen in seiner eigenen Schule, der nach allgemeiner Zustimmung für das Imperium befähigt war. Vielleicht wäre es für Tiberius und für Rom von Vorteil gewesen, wenn Augustus früher gestorben wäre. Die Dauer seines Lebens, die sein eigenes Regime und das neue Regierungssystem festigte, machte die Aufgabe für seinen Nachfolger dennoch schwieriger und mühsamer; denn die Menschen gewöhnten sich an den Prinzipat als eine blühende Einrichtung, die sein eigenes Ansehen über das eines Sterblichen heraushob.

Die letzte Dekade im Leben des Augustus wurde durch häusliche Skandale und Unglück an den Grenzen des Imperiums überschattet. Trotzdem, als das Ende kam, war er heiter und frohgelaunt. Auf dem Sterbebett wurde er nicht von Gewissensbissen über seine Verfehlungen oder von Angst um das Imperium gepeinigt. Ruhig fragte er seine Freunde, ob er seine Rolle in der Komödie des Lebens gut gespielt habe. Es konnte nur eine oder gar keine Antwort geben. Was auch seine Verdienste immer sein mochten, der Ruhm war ihm sicher, und für seine Unsterblichkeit hatte er Vorsorge getroffen.

Als Augustus während der Kriege in den spanischen Provinzen von einer Krankheit befallen wurde, die leicht das Ende dieses gebrechlichen Lebens hätte bedeuten können, verfaßte er seine Autobiographie. Vor ihm hatten andere Feldherren, wie Sulla und Cäsar, Berichte über ihre *res gestae* oder ihr Leben, über ihre Taten und ihre Bestimmung zum Ruhm und zur Politik veröffentlicht. Aber keiner kann seine eigene Geschichte mit solch einer ruhigen Kühnheit verfaßt haben. Andere Kriegsherren hatten ihre Denkmäler in den Trophäen, den Tempeln und Theatern, die sie erbaut hatten. Ihre kriegerischen Statuen und die kurzen Inschriften mit den Berichten ihrer öffentlichen Dienste schmückten Augustus' Forum des Mars Ultor. Das war der verdiente Lohn der *boni duces* nach ihrem Tode. Sulla war der *Felix*, Pompeius hatte sich den Titel *Magnus* zugesprochen. Augustus, an Ruhm und Glück der Größte der *duces* und *principes*, beabsichtigte, sie alle zu übertrumpfen. Zur gleichen Zeit, als er damit beschäftigt war, die Republik ganz offen wieder einzusetzen, baute er auf dem Campus Martius ein riesiges und dynastisches Denkmal, sein eigenes Mausoleum. Voll Ehrgeiz, seinen Ruhm zu verewigen, mag er schon den ersten Entwurf der Inschrift verfaßt haben, die an seinem Monument stehen sollte, die *Res Gestae*; oder es darf zumindest vermutet werden, daß ein solches Dokument bei den Staatspapieren war, die der Prinzeps, dem Tode nahe, dem Konsul Piso im Jahre 23 v. Chr. übergab. Aber frühere Versionen kann man eher vermuten als bestätigt finden. Die *Res Gestae* wurden in ihrer endgültigen Form zu Anfang des Jahres 13 n. Chr. verfaßt, zusammen mit den letzten Verfügungen und dem Testament, das von Tiberius herausgegeben und veröffentlicht werden sollte.

Dieses wertvolle Dokument, das in den Provinzen in einigen Exemplaren erhalten blieb, trägt das Siegel der amtlichen Wahrheit. Es enthüllt die Art, wie Augustus die Einzel-

heiten seiner Laufbahn, den Charakter und die Errungen-
schaften seiner Herrschaft von der Nachwelt verstanden
haben wollte. An dem Bericht ist das, was er ausläßt, nicht
weniger lehrreich als das, was er besagt. Die Gegner des Prinzeps im Kriege und die Opfer seiner öffentlichen oder privaten Tücken werden nicht beim Namen genannt, sondern werden einer verachtungsvollen Vergessenheit überantwortet.
Antonius wird als *factio* verkleidet und verleumdet, die
Befreier als Feinde des Vaterlandes und Sex. Pompeius als ein
Seeräuber. Perusia und die Proskriptionen sind vergessen, der
Staatsstreich des Jahres 32 v. Chr. erscheint als ein spontaner
Aufstand ganz Italiens, Philippi wird in den Sieg einzig und
allein des Erben und Rächers Cäsars verwandelt. Agrippa
kommt zwar zweimal vor, aber mehr als ein Datum denn als
handelnde Person. Andere Bundesgenossen des Prinzeps bleiben unerwähnt, außer Tiberius, dessen Eroberung Illyriens
unter den Auspizien des Augustus angemessene Erwähnung
findet.

Besonders meisterhaft und irreführend im ganzen Text ist
die Formulierung des Kapitels, das die verfassungsmäßige
Stellung des Prinzeps schildert. Seine Vollmachten werden
als legal und obrigkeitlich bezeichnet; und jeden Kollegen,
den er haben mochte, übertraf er nicht an *potestas,* sondern
nur an *auctoritas.* Soweit es beschrieben wurde – und das geschah nun sehr spärlich –, stimmt das auch. *Auctoritas* jedoch
verrät die Wahrheit; denn *auctoritas* ist auch *potentia.* In diesem Absatz fällt kein Wort über die *tribunicia potestas,* die ihr

schreckliches Wesen und ihre Hauptrolle im imperialen System — *summi fastigii vocabulum* — nirgends verrät, obgleich sie an anderer Stelle bescheiden als Mittel zur Legislatur genannt wird. Auch ist in dem ganzen Dokument nirgends auch nur eine Andeutung des *imperium proconsulare*, kraft dessen Augustus, direkt oder indirekt, alle Provinzen und alle Heere beherrschte. Doch diese Vollmachten waren die beiden Säulen seiner Herrschaft, die fest und aufrecht hinter der schwachen, korrupten Republik standen. Durch die Anwendung der tribunizischen Macht und des *imperium* bestätigt der Prinzeps seine Abstammung und erinnert an die Feldherren Pompeius und Cäsar. Das Volk und die Legionen waren Quelle und Fundament seiner unbeschränkten Herrschaft.

Das waren die *Res Gestae Divi Augusti*. Es wäre unklug, das Dokument als zuverlässigen Führer für die Geschichtsschreibung zu benutzen und sich verdrießlich und vergeblich über Auslassungen und Verdrehungen zu beklagen. Nicht weniger vergeblich wäre der Versuch, Vorbilder entdecken und die genaue Definition als literarische Form finden zu wollen. Solange der Prinzeps lebte, mochte er wie andere Herrscher in den Provinzen als Gottheit öffentlich verehrt worden sein oder in Rom und Italien Ehrungen empfangen haben, wie sie eine dankbare Menschheit ihren Göttern darbrachte. Den Römern war er aber nicht mehr als das Oberhaupt des römischen Staates. Doch eines war gewiß: Nach seinem Tod würde Augustus die Ehren eines Gründers wie Aeneas und Romulus erhalten, und wie *Divus Julius* würde er durch

Beschluß des römischen Senats wegen seiner großen Verdienste – und aus Gründen der hohen Politik – unter die römischen Götter aufgenommen werden. Dennoch wird man nicht umhin können, die *Res Gestae* als die Legitimation seiner Göttlichkeit zu beschreiben. Wenn sie schon erklärt sein müssen, so nicht im Hinblick auf die Religionen und Könige des hellenistischen Ostens, sondern von Rom und der römischen Praxis aus, als eine Kombination zwischen dem *elogium* eines römischen Feldherrn und der nüchternen Berichterstattung eines römischen Beamten.

Wie Augustus sind die *Res Gestae* einzigartig, sie widersetzen sich einer wörtlichen Definition und erklären sich von allein. Von Anfang an, als er in seiner Jugend als revolutionärer Führer bei öffentlichen Aufständen und bewaffneter Gewaltanwendung auftauchte, hatte der Erbe Cäsars bis zum Ende ausgehalten. Er starb am Jahrestag seiner ersten Konsulatsübernahme nach dem Marsch auf Rom. Seit diesem Tag waren 56 Jahre vergangen. Im Handeln und in der Politik war er sich und seiner Laufbahn immer treu geblieben; diese begann, als er eine Privatarmee aufstellte und »den Staat von der Herrschaft einer Partei befreite«. Der *dux* war ein *princeps* geworden und hatte eine Partei in eine Regierung verwandelt. Um der Macht willen hatte er alles geopfert; er hatte den Gipfel allen menschlichen Ehrgeizes erreicht, und durch seinen Ehrgeiz hatte er das römische Volk gerettet und erneuert.

Anmerkungen

[1] »Sie streiten sich um geistigen Vorrang und kämpfen um Ansehen; Tag und Nacht streben sie in ununterbrochener Mühe danach, zu den höchsten Höhen aufzusteigen und sich ihrer zu bemächtigen.« (Lukrez 2, 11 ff.)

[2] »Denn das Menschengeschlecht, müde der Gewalt, erschlaffte in dauernden Streitigkeiten; deshalb beugte es sich auch um so mehr und von sich aus unter die Gesetze und die Rechtsbeschränkungen.« (Lukrez 5, 1145 ff.)

[3] »Gewalt bei der Herrschaft führt zum Erfolg, Eitelkeiten bleiben unbeachtet.« (Tacitus, Ann. 15, 31)

[4] »Niemals zeigt sich die Freiheit wertvoller als unter einem gerechten König.« (Claudian, De cons. Stil. 3, 114 ff.)

[5] »Behütet, bewahrt und beschützt unsere Verfassung, unseren Frieden, unseren Fürsten.« (Velleius 2, 131, 1)

[6] »Laß dich gern Vater und Prinzeps nennen.« (Horaz, Oden 1, 2, 50)

[7] »Bester Hort des von Romulus stammenden Geschlechtes.« (Oden 4, 5, 1 f.)

[8] »Immer gegenwärtiger Schutz Italiens und der Herrin Rom!« (Oden 4, 14, 43 f.)

[9] »O Romulus, göttlicher Romulus, den die Götter als Hüter des Vaterlandes schufen! Vater, Erzeuger, dem Blut der Götter entstammend, du hast uns zum Licht geführt.« (Zit. nach Cicero, De re publica 1, 64)

Aus: Ronald Syme: *Die römische Revolution.* Stuttgart: Ernst Klett Verlag 1957, S. 532–548. Der Text wurde für den Abdruck mit dem englischen Original verglichen und gegenüber der Ausgabe von 1957 gründlich überarbeitet.

JUAN MANUEL DE PRADA
DIE LOTTERIE

Niemals habe ich auch nur eine Pesete (oder vielleicht sollte ich langsam damit anfangen, Cent zu schreiben) für die
Lotterie ausgegeben. Zuweilen bleibt mir keine Wahl, und
ich muß diese Abneigung gegen das Glücksspiel erklären,
denn sie löst in meinem Bekanntenkreis häufig Verwunde-
rung aus, und manch einer fühlt sich sogar durch sie
gekränkt. Um diese heiklen Situationen zu meistern, habe
ich mir eine ziemlich absurde und extravagante Theorie
zurechtgelegt, derzufolge der Mensch sein Schicksal selbst
in die Hand nehmen und es nicht den zufälligen Launen einer Ziffernfolge überlassen sollte; mit dem leicht
schwachsinnig wirkenden Ernst, mit dem Fanatiker ihre
Glaubensgrundsätze verteidigen, ergehe ich mich dann in
einer sehr geschwollenen und emphatischen Ansprache,
einer Art Predigt, in der ich eine direkte Verbindung zwischen der Dekadenz eines Volkes und seinem Hang zum
Glücksspiel herstelle. Es läßt sich nicht vermeiden, daß
mich die Adressaten dieses Diskurses halb argwöhnisch,
halb mitleidig ansehen und Bauklötze darüber staunen, welche Blüten der Wahnsinn bei augenscheinlich friedfertigen
Menschen zu treiben vermag. Sie wissen allerdings nicht,

daß es da noch etwas weit Beschämenderes, sorgsam Geheimgehaltenes gibt, das mich hindert, mein Geld auf die zufällige Auslosung einer Nummer zu setzen, etwas, das Fatalismus gebiert und Groll.

Meine Halsstarrigkeit sorgt vor allem in der Vorweihnachtszeit für Ärger, wenn sich ganz Spanien in eine Bruderschaft der Zehntellose und Tippgemeinschaften verwandelt. Jedesmal wenn mir ein ahnungsloser Freund anbietet, sein Glück beim Kauf welchen Loses auch immer zu teilen, sehe ich mich in einer Mischung aus Mißmut und Gram gezwungen, meine Schmährede zu wiederholen, womit ich mir mehr als einmal sein Unverständnis oder sogar das Ende der Freundschaft eingehandelt habe. Jetzt werde ich es ausnutzen, daß mich keiner liest, und den wahren Grund für meine Abneigung beichten, der, ich sagte es bereits, einen gewissen Fatalismus gebiert, denn es handelt sich um einen Erbfluch. Als ich noch ein sehr kleiner Junge war, blieb ich mit meinem Großvater vor dem Schaufenster eines Ladens der staatlichen Lotterie stehen, um die gestempelten Papierstreifen mit den zufälligen Ziffernfolgen zu betrachten, alle mit meisterhaften Zeichnungen im Briefmarkenformat versehen, die ich gerne gesammelt hätte. In der Art, wie mich mein Großvater damals wegzuziehen versuchte, konnte ich diesen beleidigt wirkenden Überdruß erkennen, den die Lotterieverächter (zu denen auch ich mich seither zähle) den Grünschnäbeln einzuimpfen versuchen. Ich schlug meinem Großvater vor, ein Zehntellos zu kaufen, worauf er

lakonisch und mit einer gewissen Erbitterung entgegnete:
»Das würde nichts bringen. Wir gewinnen doch nicht.« –
»Woher willst du wissen, daß wir nicht gewinnen?« blieb
ich stur. Da schließlich offenbarte mir mein Großvater mit
unbewegter Miene und unendlicher Trauer in der Stimme
unser schweres Los. »Weil ich mit hundertprozentiger
Sicherheit weiß, welche Zahl gezogen wird. Aber wenn ich
auf sie setze oder sie auch nur jemandem weitersage, wird
der Zauber gebrochen. Ich muß sie für mich behalten«,
erklärte er bitter, »und nach der Verlosung ein ums andere
Mal feststellen, daß meine Voraussage sich bestätigt hat,
aber ohne daß ich sie hätte ausnutzen können.« Zunächst
nahm ich das meinem Großvater nicht ab, aber dann sagte
er sehr düster und eindringlich: »Es ist ein Fluch, der allen
in unserer Familie anhaftet und von Generation zu Generation weitergegeben wird. Auch du unterliegst ihm, wie du
leicht nachprüfen kannst. Schreib fünf Zahlen auf einen
Zettel und zeig ihn niemandem. Am Tag der Verlosung wirst
du feststellen, daß du richtig gelegen hast. Versuchst du
jedoch, aus deiner Gabe einen Vorteil zu ziehen oder einem
Freund etwas Gutes zu tun, ist der Zauber dahin, und eine
andere Zahl wird zur glücklichen Gewinnerin erkoren.«

All die Jahre hindurch habe ich mit den unterschiedlichsten Finten und Kniffen versucht, den Fluch zu brechen, der
auf unserer Familie lastet, aber immer fand ich bestätigt,
was mir mein Großvater an diesem längst vergangenen Morgen prophezeit hat, als ich noch ein Kind war. In einer

Schublade meines Schreibtischs verwahre ich einen tausendmal gefalteten Zettel mit der Ziffernfolge, die bei der nächsten Weihnachtslotterie gewinnt; sie ist wie ein Schatz, an dessen Glanz ich mich nur aus der Ferne erfreuen kann, was weit quälender und ermüdender ist als selbst die Strafe des Sisyphus.

Originalbeitrag des Autors für diesen Band. © Juan Manuel de Prada 2001. Aus dem Spanischen von Svenja Becker.

ALBERT HOFMANN

LSD – MEIN SORGENKIND

In diesem Buch beschreibt Albert Hofmann die Umstände der Entdeckung des LSD und berichtet von prägenden Begegnungen mit Wissenschaftlern, Künstlern, Schriftstellern und Exponenten der Hippiebewegung, die an LSD mit jeweils ganz unterschiedlichen Absichten interessiert waren. In folgendem Textauszug schildert Albert Hofmann seinen Selbstversuch mit LSD vom 19. April 1943.

DIE ENTDECKUNG DER PSYCHISCHEN WIRKUNGEN VON LSD

[…] Im Frühjahr 1943 wiederholte ich also die Synthese von LSD-25. Es handelte sich — wie schon bei der erste Herstellung — nur um eine Gewinnung von einigen Zehntelgramm dieser Verbindung.

In der Schlußphase der Synthese, bei der Reinigung und Kristallisation des Lysergsäure-diäthylamids in Form des Tartrates (weinsaures Salz), wurde ich in meiner Arbeit durch ungewöhnliche Empfindungen gestört. Ich entnehme die Schilderung dieses Zwischenfalls dem Bericht, den ich damals an Professor Stoll sandte:

»Vergangenen Freitag, 16. April 1943, mußte ich mitten am Nachmittag meine Arbeit im Laboratorium unterbrechen und mich nach Hause begeben, da ich von einer merkwürdigen Unruhe, verbunden mit einem leichten Schwindelgefühl, befallen wurde. Zu Hause legte ich mich nieder und versank in einen nicht unangenehmen rauschartigen Zustand, der sich durch eine äußerst angeregte Phantasie kennzeichnete. Im Dämmerzustand bei geschlossenen Augen — das Tageslicht empfand ich als unangenehm grell — drangen ununterbrochen phantastische Bilder von außerordentlicher Plastizität und mit intensivem, kaleidoskopartigem Farbenspiel auf mich ein. Nach etwa zwei Stunden verflüchtigte sich dieser Zustand.«

Art und Verlauf dieser merkwürdigen Symptome erweckten den Verdacht einer von außen erfolgten toxischen Einwirkung, und ich vermutete einen Zusammenhang mit der Substanz, mit der ich gerade gearbeitet hatte, dem Lysergsäure-diäthylamid-tartrat. Ich konnte mir zwar nicht recht vorstellen, wie ich etwas von diesem Stoff resorbiert haben könnte, da ich bei der bekannten Giftigkeit der Mutterkornsubstanzen an peinlich sauberes Arbeiten gewöhnt war. Aber vielleicht war doch ein wenig der LSD-Lösung beim Umkristallisieren an meine Fingerspitzen gelangt, und vielleicht war eine Spur der Substanz durch die Haut resorbiert worden. Falls dieser Stoff die Ursache des geschilderten Zwischenfalls gewesen war, dann mußte es sich um eine schon in kleinsten Spuren wirksame Substanz handeln. Um der Sache auf den Grund zu gehen, entschloß ich mich zum Selbstversuch. Ich wollte vorsichtig sein und begann deshalb die geplante Versuchsreihe mit der kleinsten Menge, von der, verglichen mit der Wirksamkeit der damals bekannten Mutterkornalkaloide, noch irgendein feststellbarer Effekt erwartet werden konnte, nämlich mit 0,25 mg (mg = Milligramm, Tausendstelgramm) Lysergsäure-diäthyl-amid-tartrat. [...]

19. IV./16.20:	0,5 cc. von ½ promilliger wässeriger Tartrat-Lösg. v. Diäthylamid peroral = 0,25 mg Tartrat. Mit ca. 10 cc. W. verdünnt geschmacklos einzunehmen.
17.00:	Beginnender Schwindel, Angstgefühl, Sehstörungen, Lähmungen, Lachreiz.
Ergänzung am 21. IV.:	Mit Velo nach Hause. Von 18–ca. 20 Uhr schwerste Krise. (S. Spezialbericht)

Die letzten Worte konnte ich nur noch mit großer Mühe niederschreiben. Schon jetzt war es mir klar, daß Lysergsäure-diäthylamid die Ursache des merkwürdigen Erlebnisses vom vergangenen Freitag gewesen war, denn die Veränderungen der Empfindungen und des Erlebens waren von gleicher Art wie damals, nur viel tiefgehender. Ich konnte nur noch mit größter Anstrengung verständlich sprechen und bat meine Laborantin, die über den Selbstversuch orientiert war, mich nach Hause zu begleiten. Schon auf dem Heimweg mit dem Fahrrad – ein Auto war im Augenblick nicht verfügbar, Autos waren während der Kriegszeit nur wenigen Privilegierten vorbehalten – nahm mein Zustand bedrohliche Formen an. Alles in meinem Gesichtsfeld schwankte und war verzerrt wie in einem gekrümmten Spiegel. Auch hatte ich das Gefühl, mit dem Fahrrad nicht vom Fleck zu kommen. Indessen sagte mir später meine Assistentin, wir seien sehr schnell gefahren. Schließlich doch noch heil zu Hause angelangt, war ich gerade noch fähig, meine Begleiterin zu bitten, unseren Hausarzt anzurufen und bei den Nachbarn nach Milch zu fragen.

Trotz meines rauschartigen Verwirrtheitszustandes konnte ich für kurze Augenblicke klar und zweckgerichtet denken – Milch als unspezifisches Entgiftungsmittel.

Schwindel und Ohnmachtsgefühl wurden zeitweise so stark, daß ich mich nicht mehr aufrechthalten konnte und mich auf ein Sofa hinlegen mußte. Meine Umgebung hatte sich nun in beängstigender Weise verwandelt. Alles im Raum drehte sich, und die vertrauten Gegenstände und Möbelstücke nahmen groteske, meist bedrohliche Formen an. Sie waren in dauernder Bewegung, wie belebt, wie von innerer Unruhe erfüllt. Die Nachbarsfrau, die mir Milch brachte – ich trank im Verlauf des Abends mehr als zwei Liter –, erkannte ich kaum mehr. Das war nicht mehr Frau R., sondern eine bösartige, heimtückische Hexe mit einer farbigen Fratze. Aber schlimmer als diese Verwandlungen der Außenwelt ins Groteske waren die Veränderungen, die ich in mir selbst, an meinem inneren Wesen spürte. Alle Anstrengungen meines Willens, den Zerfall der äußeren Welt und die Auflösung meines Ich aufzuhalten, schienen vergeblich. Ein Dämon war in mich eingedrungen und hatte von meinem Körper, von meinen Sinnen und von meiner Seele Besitz ergriffen. Ich sprang auf und schrie, um mich von ihm zu befreien, sank dann aber wieder machtlos auf das Sofa. Die Substanz, mit der ich hatte experimentieren wollen, hatte mich besiegt. Sie war der Dämon, der höhnisch über meinen Willen triumphierte. Eine furchtbare Angst, wahnsinnig geworden zu sein, packte mich. Ich war in eine andere Welt geraten, in andere Räume mit anderer Zeit. Mein Körper erschien mir gefühllos, leblos, fremd. Lag ich im Sterben? War das der Übergang? Zeitweise glaubte ich, außerhalb meines Körpers zu sein, und erkannte dann klar, wie ein außenstehender Beobachter, die ganze Tragik meiner Lage. Sterben ohne Abschied von meiner Familie — meine Frau war mit unseren drei Kindern an diesem Tag zu ihren Eltern nach Luzern gefahren. Ob sie jemals verstehen würde, daß ich nicht leichtsinnig, verantwortungslos, sondern äußerst vorsichtig experimentiert hatte und daß ein solcher Ausgang in keiner Weise vorauszusehen war? Nicht nur, daß eine junge Familie vorzeitig ihren Vater verlieren sollte, auch der Gedanke, meine Arbeit als Forschungschemiker, die mir so viel bedeutete, mitten in fruchtbarer, zukunftsreicher Entwicklung unvollendet abbrechen zu müssen, steigerte meine Angst und Verzweiflung. Dazwischen tauchte voll bitterer Ironie die Überlegung auf, daß ebendieses Lysergsäure-diäthylamid, das ich in die Welt gesetzt hatte, mich nun zwang, sie vorzeitig zu verlassen.

Der Höhepunkt meines verzweifelten Zustandes war

bereits überschritten, als der Arzt eintraf. Meine Laborantin klärte ihn über meinen Selbstversuch auf, da ich selbst noch nicht fähig war, einen zusammenhängenden Satz zu formulieren. Nachdem ich ihn auf meinen vermeintlich vom Tode bedrohten körperlichen Zustand hinzuweisen versucht hatte, schüttelte er ratlos den Kopf, da er außer extrem weiten Pupillen keinerlei abnorme Symptome feststellen konnte. Puls, Blutdruck und Atmung waren normal. Er verabfolgte daher keine Medikamente, trug mich ins Schlafzimmer und wachte an meinem Bett. Langsam kam ich nun wieder aus einer unheimlich fremdartigen Welt zurück in die vertraute Alltagswirklichkeit. Der Schrecken wich und machte einem Gefühl des Glücks und der Dankbarkeit Platz, je mehr normales Fühlen und Denken zurückkehrten und die Gewißheit wuchs, daß ich der Gefahr des Wahnsinns endgültig entronnen war.

Jetzt begann ich allmählich, das unerhörte Farben- und Formenspiel zu genießen, das hinter meinen geschlossenen Augen andauerte. Kaleidoskopartig sich verändernd, drangen bunte, phantastische Gebilde auf mich ein, in Kreisen und Spiralen sich öffnend und wieder schließend, in Farbfontänen zersprühend, sich neu ordnend und kreuzend, in ständigem Fluß. Besonders merkwürdig war, wie alle akustischen Wahrnehmungen, etwa das Geräusch einer Türklinke oder eines vorbeifahrenden Autos, sich in optische Empfindungen verwandelten. Jeder Laut erzeugte ein in Form und Farbe entsprechendes, lebendig wechselndes Bild.

Am späten Abend kehrte meine Frau aus Luzern zurück. Man hatte ihr telefonisch mitgeteilt, ich hätte einen rätselhaften Zusammenbruch erlitten. Sie ließ die Kinder bei ihren Eltern zurück. Ich hatte mich nun schon wieder so weit erholt, daß ich erzählen konnte, was vorgefallen war.

Erschöpft schlief ich dann ein und erwachte am nächsten Morgen erfrischt mit klarem Kopf, wenn auch körperlich noch etwas müde. Ein Gefühl von Wohlbehagen und neuem Leben durchströmte mich. Das Frühstück schmeckte herrlich, ein außerordentlicher Genuß.

Als ich später in den Garten hinaustrat, in dem nach einem Frühlingsregen nun die Sonne schien, glitzerte und glänzte alles in einem frischen Licht. Die Welt war wie neu erschaffen. Alle meine Sinne schwangen in einem Zustand höchster Empfindlichkeit, der noch den ganzen Tag anhielt.

Dieser Selbstversuch zeigte, daß es sich bei LSD-25 um einen psychoaktiven Stoff mit außergewöhnlichen Eigenschaften handelte. Es war meines Wissens noch keine Substanz bekannt, die in so extrem niedriger Dosierung so tiefgreifende psychische Wirkungen hervorrief und derartig dramatische Veränderungen im Erleben der äußeren und der inneren Welt und im Bewußtsein des Menschen erzeugte.

[...] In den ersten Jahren nach seiner Entdeckung verschaffte mir LSD Beglückung und Befriedigung, wie sie der pharmazeutische Chemiker empfindet, wenn sich die Möglichkeit abzeichnet, daß eine von ihm hergestellte Substanz sich zu einem wertvollen Medikament entwickeln könnte. Denn die Schaffung neuer Heilmittel ist das Ziel seiner Forschertätigkeit; darin liegt der Sinn seiner Arbeit.

[...] Diese Freude an der Vaterschaft von LSD wurde getrübt, als nach mehr als zehn Jahren ungestörter wissenschaftlicher Forschung und medizinischer Anwendung LSD in den Sog der mächtigen Rauschmittelsuchtwelle geriet, die sich Ende der fünfziger Jahre in der westlichen Welt, vor allem in den USA, auszubreiten begann. Unheimlich schnell machte LSD in seiner neuen Rolle als Rauschmittel Karriere und war eine Zeitlang die Rauschdroge Nummer Eins, zumindest was die Publizität anbelangt. Je mehr sich seine Anwendung als Rauschmittel verbreitete und damit die Zahl der durch leichtsinnigen, ärztlich nicht überwachten Gebrauch verursachten Zwischenfälle anstieg, desto mehr wurde LSD für mich und für die Firma Sandoz zum Sorgenkind.

Aus: Albert Hofmann: *LSD – mein Sorgenkind. Die Entdeckung einer »Wunderdroge«*. Stuttgart: Verlag Klett-Cotta 2. Auflage 2001, S. 28–34 und S. 63 (aus Kapitel 1: »Wie LSD entstand« und Kapitel 5: »Vom Heilmittel zur Rauschdroge«).

FÜNF

GESCHICHTE, GESCHICK & GLÜCK

Es gehört jedoch auch zum Wesen des Glücks, der τύχη,
daß es sich unserem Zugriff entzieht,
daß es nicht unserer Gewalt untersteht,
sondern vielmehr uns in seiner Gewalt hat.
Wir können das Glück nicht durch Zugreifen fassen,
im Gegenteil — es ist das Glück, das uns umfaßt.

Jan Patočka

JACQUES LE GOFF
LUDWIG DER HEILIGE

Ludwig IX. (1214–1270), der einzige heiliggesprochene König Frankreichs, ist neben Kaiser Friedrich II. von Hohenstaufen die herausragende Herrschergestalt des 13. Jahrhunderts. Jacques Le Goff entwirft in seinem Hauptwerk die monumentale Biographie Ludwigs: König und Heiliger, Kreuzfahrer und Friedensstifter, der Erneuerer Frankreichs und einer der geistigen Väter Europas.

DER KONKRETE LUDWIG BEI JOINVILLE

Kein Zweifel, »Joinville liebte den König«, und die »wahren« Einzelheiten seines Berichts malen das Bild dieses Königs aus, aber mehr noch beschreiben sie die Liebe, die Joinville für ihn empfand. Es schiebt sich also wieder ein Schirm zwischen den König und das, was wir von ihm wissen.

Dennoch führt der Text uns ins Herz einer authentischen Beziehung und verschafft uns die Gelegenheit, diesmal nicht der kulturellen Überlieferung eines Idealbildes, sondern einem »wahren« Ludwig zu begegnen, den Joinville gekannt hat. Selbst verzerrt oder beschönigt sind die konkreten Details, von denen die liebende Erinnerung des Seneschalls zehrt, immer noch »wahre« Details.

Joinville hat sich nicht damit begnügt, Ludwig IX. zu sehen und zu hören, er hat ihn auch berührt, und es scheint, daß dieses Bedürfnis nach Nähe und Kontakt einem Bedürfnis entspricht, das der König selbst empfand. Natürlich kann man auch darin wieder ein Anzeichen für die Nachfolge Christi sehen, der seine Jünger um sich scharte, sie gern in seiner Nähe hielt. Aber sehen wir uns die entsprechenden Stellen bei Joinville noch einmal genauer an — Szenen, die weder einem Fürstenspiegel noch einem literarischen Kodex, weder einem Gestikhandbuch noch dem Neuen Testament entlehnt sind. Mag der Jesus der Evangelien auch bewußt oder unbewußt ein Modell für Ludwig den Heiligen gewesen sein, so waren die Evangelien jedenfalls kein Modell für Joinville. Was er sagen wollte, schöpfte er aus eigener Erfahrung und aus der Erinnerung an das, was er selbst erlebt hatte. Wenn er in dem Buch, das er diktiert hat, seinen Freund wiederfinden wollte, hätte eine Lüge, und sei es nur eine schöngeistige literarische Lüge, seinen Plan zerstört. Denn der Seneschall — und darin besteht seine Modernität — schreibt nicht für die anderen, er schreibt nicht für die verstorbene Königin oder deren Sohn. Er schreibt für sich selbst.

Was ist es also für ein Ludwig, den er uns vor Augen führt? Zunächst einer, den er aus nächster Nähe gesehen und berührt hat.

Die erste dieser »Berührungsszenen« spielt im Pariser Königspalast; die handelnden Personen sind der König, sein Sohn Philipp, späterhin Philipp III., sein Schwiegersohn

Theobald von der Champagne, König von Navarra, und Joinville.

> »Danach rief der König Herrn Philipp, seinen Sohn, den
> Vater des jetzt regierenden Königs, und König Thibaut
> [Theobald] und nahm am Eingang seines Betzimmers
> Platz; er wies mit der Hand auf den Boden und sagte:
> ›Setzt Euch hierher ganz nahe zu mir, daß man uns nicht
> hört.‹ ›Ha, Sire‹, sagten sie, ›wir würden niemals wagen,
> uns so nahe zu Euch zu setzen.‹ Er aber sagte zu mir:
> ›Seneschall, setzt Euch hierher!‹ Und das tat ich und
> nahm so dicht bei ihm Platz, daß mein Kleid das seine
> berührte.« (Joinville, S. 72)

Schauplatz einer zweiten Szene, die durch den ernsten Kontext noch größeres Gewicht bekommt, ist Akkon an jenem
Tag, an dem der König mit den Vertrauten seiner Umgebung
berät, ob er im Heiligen Land bleiben oder nach Frankreich
zurückkehren soll. Joinville ist fast der einzige, der ihn zum
Bleiben aufgefordert hat, und während der anschließenden
Mahlzeit hat Ludwig kein einziges Wort mit ihm gesprochen. Er glaubt daher, der König sei verärgert über ihn.

> »Während nun der König das Dankgebet nach Tisch
> hörte, ging ich an ein Gitterfenster in einem Erker an der
> Kopfseite seines Bettes und legte meine Arme auf die Fen-
> stergitter. [...] Wie ich so dastehe, kommt der König und

lehnt sich gegen meine Schultern und legt mir beide Hände aufs Haupt. Ich glaubte, es sei Herr Philipp von Nemours, der mich an jenem Tag wegen des Rats, den ich dem König gegeben, sehr gekränkt hatte. Und so sagte ich: ›Laßt mich in Ruhe, Herr Philipp!‹ Von ungefähr fällt mir nun, wie ich den Kopf wende, die Hand des Königs aufs Gesicht. Ich erkannte, daß er es selber war, an einem Smaragd, den er am Finger trug.« (Ebd., S. 189)

Michel Zink hat auf diese Kontakte eine reizvolle psychologische Hypothese gegründet. Das Glück, den König gelegentlich »berührt« zu haben, wäre demnach ein Aspekt, ein Beweis der Liebe, die Joinville für den heiligen Ludwig empfand (vgl. Zink 1978, S. 42 ff.).

Es ist schwer zu entscheiden, ob das Kontaktbedürfnis, das Ludwig Joinville mitzuteilen scheint, eine persönliche Eigenheit ist oder ob es auf einer allgemeineren Gestik beruht, bei der die Berührung eine besondere Funktion hat. Man kann annehmen, daß das Beispiel Jesu, der den ungläubigen Thomas nach der Kreuzigung und der Auferstehung die Wundmale in seiner Seite anfassen ließ, die Menschen im Mittelalter stark beeindruckt hat, besonders in einer Zeit, in der die Passion Christi schon fast eine Zwangsvorstellung war. Allgemeiner gesagt ist es plausibel, daß die Berührung in einer Gesellschaft, die nach materiellen Beweisen für innere Gefühle sucht, die erwartet, daß sich sogar das Übernatürliche in Visionen oder Erscheinungen manifestiert, einen hohen Wert besitzt. Die Wunder, vor allem die der Heilung durch Berühren, sind zahlreich und erbaulich. Schon zu Lebzeiten hat Ludwig die Skrofeln geheilt, indem er sie berührte, und gleich nach seinem Tod vollbrachten erst der Sarg mit seinen Gebeinen in Italien, dann, nach der Bestattung, sein Grab in Saint-Denis Wunder an Kranken und Gebrechlichen, die sie berührt hatten. Ohne daß es mir notwendig erschiene, weitere Hypothesen aufzustellen, möchte ich behaupten: Joinville sucht den körperlichen Kontakt, weil er das sichere Vorgefühl hat, daß dieser König ein Heiliger sein wird. Der Körper, den er berührt, ist bereits eine wandelnde Reliquie. Jedenfalls schreibt er sein *Leben des heiligen Ludwig* in der Gewißheit um die Heiligkeit des Königs, und die Erinnerung stützt sich auf diese objektive Bestätigung, indem sie sich die Zeit zunutze macht, die zwischen dem Erlebten und seiner Niederschrift verflossen ist.

Eine Anekdote, die Joinville im Heiligen Land ansiedelt, enthüllt sehr schön – als verschämte Form des Bekenntnisses in einen Scherz gekleidet – die heimlichen Gedanken des Seneschalls. Eines Tages lagerte der König bei Akkon, als eine Pilgerschar armenischer Christen des Weges kam, die sich gegen einen Tribut von den Sarazenen nach Jerusalem geleiten ließ.

»Ich ging zum König, der in seinem Zelt, an eine Zeltstange gelehnt, ohne Teppich oder sonst etwas unter sich, im Sande saß. Ich sagte zu ihm: ›Sire, draußen steht eine

Menge Großarmenier, die nach Jerusalem wollen und mich bitten, daß ich sie den heiligen König sehen lasse, aber ich begehre noch lange nicht, Eure Gebeine als heilige Reliquie zu küssen.« (Joinville, S. 229)

Dieser Abschnitt ist auch ein Beispiel für eine der Gewohnheiten des Königs, über die nur Joinville berichtet, eine seiner üblichen, von den Hagiographen aber meist vernachlässigten Haltungen, die doch sehr viel über die konkrete Persönlichkeit Ludwigs IX. aussagen: seine Vorliebe, am Boden zu sitzen.

Außer diesem und dem weiter oben angeführten Beispiel seien hier noch weitere genannt: Normalerweise überließ Ludwig seinen Ratgebern die Rechtsgeschäfte im Umgang mit Klägern oder Bittstellern, die sich – in immer größerer Zahl – an die königliche Gerichtsbarkeit wandten. Aber er »befreite« sie auch gern von dem Ansturm und half ihnen bei der Arbeit, indem er manche Beschwerdeführende selbst empfing, um sie seinen Helfern zuzuweisen oder sich ihrer Sache persönlich anzunehmen.

»Sobald er aus dem Münster kam, ließ er uns rufen, setzte sich zu Füßen seines Bettes und hieß uns um ihn herum uns niedersetzen und fragte uns, ob Leute abzufertigen seien, die man nicht ohne ihn abfertigen könne. Und wir nannten sie ihm, und er ließ sie kommen.« (Ebd., S. 79)

Es folgt die berühmte Szene des rechtsprechenden Königs unter der Eiche von Vincennes:

> »Manchmal kam es vor, daß er zur Sommerzeit nach der Messe im Wald von Vincennes Sitzung hielt; da lehnte er sich gegen eine Eiche und ließ uns um ihn herum sitzen. Alle, die etwas vorzubringen hatten, kamen, um mit ihm zu sprechen, und sie wurden von keinem Türhüter oder sonst jemandem behindert.« (Ebd.)

Aber was für Vincennes zur Legende wurde, fand auch im Garten des Palais de la Cité statt, und hier fügt Joinville ein anderes seiner Lieblingsmotive hinzu: die Gewandungen des Königs.

> »Ich habe einige Male gesehen, wie er, um in seinem Volk Recht zu sprechen, in den Garten von Paris kam, in einem Rock aus Camelot, mit einem Überrock ohne Ärmel aus Tiretaine, um den Hals einen schwarzen Mantel aus Taft, sehr sorgfältig gekämmt und ohne Goufe, aber mit einem Hut mit weißer Pfauenfeder auf dem Haupt. Da ließ er einen Teppich ausbreiten und uns um ihn her sitzen, und alles Volk, das etwas vorzubringen hatte, stand rings um ihn. Dann ließ er sie vornehmen, in der Art, wie ich Euch vorher vom Wald in Vincennes beschrieben habe.« (Ebd., S. 80)

Joinville ist der einzige, der den König in dieser Demutshaltung beschreibt, die auch, vielleicht sogar in erster Linie, eine natürliche Vorliebe für eine bestimmte Körperhaltung ist: Ludwig am Boden sitzend, eine Gruppe von Vertrauten um sich geschart. Der Historiker bezieht daraus das seltene und sicher trügerische Gefühl (ist das nicht die Haltung Christi inmitten seiner Jünger?) – auf das er aber schließlich angewiesen ist, wenn die kritische Prüfung nicht ausreicht, um die Authentizität eines Zeugnisses zu beurteilen –, endlich den »wahren« Ludwig vor sich zu haben. Er ist versucht, sich einzureden: »Das kann Joinville unmöglich erfunden haben, das klingt wirklich echt, genauso muß Ludwig gewesen sein!« Diesen Eindruck läßt Joinville bei seinen Lesern häufig entstehen, zumal er, von dem leidenschaftlichen Wunsch beseelt, in seiner Erinnerung den heiligen Ludwig so wiederzufinden, wie er ihn tatsächlich gekannt hat, ungeschminkt und ohne Lügen, weder sich selbst noch den König schont.

Oft stellt er sich in Situationen dar, in denen er von Ludwig barsch angefahren oder – welch ein Vergnügen für ihn! – geneckt wird, während der König als derjenige erscheint, der es liebt, Lehren zu erteilen, und der sich gern mehr oder weniger wohlmeinend über den naiven Seneschall belustigt, dem es das Ärgste wäre, seinem Herrn zu mißfallen – nicht aus materiellem Interesse, sondern weil er fürchtet, in seiner gefühlsmäßigen Anhänglichkeit verletzt zu werden. In Ludwigs Augen muß Joinville, so seine Erin-

nerungen, ein wunderbares Gespann mit einem anderen Vertrauten des Königs gebildet haben, dem Kanoniker Robert
von Sorbon, Gründer eines Kollegs für mittellose Theologie-
studenten in Paris, aus dem später die Sorbonne wurde: zwei
Unzertrennliche, eins in ihrer liebenden und leidenschaftlichen Bewunderung des Königs, aber eifersüchtig einander
jedes Zeichen der Anerkennung und der Freundschaft nei-
dend, das dem einen oder dem anderen zuteil wurde. Ludwig
scheint diese Eifersucht zur allgemeinen Belustigung mali-
ziös ausgespielt und sich einen Spaß daraus gemacht zu
haben, die Rivalität der beiden Höflinge zu schüren.

Zwischen Ludwig und Joinville entwickelt sich manchmal ein geschraubter Umgangston, bei dem der naive Seneschall, blind vor Liebe, die Ironie des heiligen Königs ihm
gegenüber nicht immer zu erfassen scheint. Vielleicht handelt es sich aber auch um eine subtile Form der Selbstironie,
bei der Joinville nur so tut, als nähme er Aussprüche für
bare Münze, deren wörtliche Wiedergabe ihn mit Genugtu-
ung erfüllt. Der Seneschall zeigt uns einen schalkhaften und
ironischen König, der ihn zum Besten hält, indem er spaßes-
halber eine Art scholastischen Disput anregt, um dann
selbst den Schiedsrichter zu spielen: Joinville schmilzt
ebenso prompt vor Glück, wenn der König ihm anvertraut,
er sei in Wirklichkeit ganz seiner Meinung, wie er in Verzweiflung versinkt, wenn Ludwig öffentlich gegen ihn entscheidet und Meister Robert recht gibt. Auch ironische
Schmeicheleien scheint er dem König mit Entzücken abzu-

nehmen: »Einmal ließ er mich zu sich kommen und sagte zu mir: ›Ich wage es nicht, mit Euch von etwas zu sprechen, was Gott betrifft, da Ihr ein Mann von so feinem Geiste seid.‹« (Ebd., S. 69)

So enthüllt Joinville uns Ludwig IX. als Mittelpunkt eines Hofes, an dem sich Prälaten und Barone, die traditionellen Mitglieder und obligatorischen Ratgeber einer feudalen Monarchie, mit bescheideneren Personen mischen, Auserwählten nach Wunsch und Gnaden des Herrschers. Diese Vertrauten kündigen die Günstlinge späterer Zeiten an, in denen sich die Könige von Frankreich noch stärker von der feudalen Hierarchie im eigentlichen Sinne, wie sie aus der traditionellen Politik der Kapetingerkönige hervorgegangen ist, distanzieren werden. Und Ludwig treibt ihre Dienstbarmachung mit den Mitteln der Ironie und der Spaßhaftigkeit voran.

Dieser König, den Joinville uns vor Augen führt, illustriert in gewissem Maße die neuen Sitten des Hofes: einen König, der seine Umgebung belustigen und durch Scherze zum Lachen bringen muß, *rex facetus*; aber auch einen König, der sich dem frommen Ernst, in den die Hagiographen ihn getaucht haben, zu entziehen weiß; einen König, der am Irdischen hängt und es zugibt, wenngleich er keinen Moment zögert, der Gefahr zu trotzen, um die Seinen nicht im Stich zu lassen. Sagt er nicht, als man ihn drängt, das vor Zypern vom Sinken bedrohte Schiff zu verlassen: »Jeder [der achthundert Leute, die sich auf dem Schiff befinden] hat sein Leben ebenso lieb wie ich meines«? (Ebd., S. 66)

Ludwig spricht laut und deutlich aus, was viele Christen im 13. Jahrhundert nur sehr leise denken in dieser Zeit, da sie beginnen, die himmlischen Werte auf die Erde zu holen, ohne darum weniger gute Christen zu sein, in zunehmendem Maße überzeugt, daß das Leben es wert ist, gelebt zu werden, und daß die Vorbereitung auf das ewige Heil hienieden nicht nur in Buße und Entsagung besteht, sondern auch in einem maßvollen Genießen dieses Erdenlebens.

DER KÖNIG LACHT

Dank Joinville sehen wir Ludwig lachen, manchmal sogar in lautes Gelächter ausbrechen. Als Joinville, wie oben erwähnt, die spaßhafte Bemerkung macht, er begehre noch nicht, Ludwigs Gebeine als heilige Reliquien zu küssen, lacht der König laut:»*Et il rit moult clairement.*« (Ebd., S. 229)

In Ägypten war Joinville den Sarazenen in die Hände gefallen und hatte dabei alles verloren, was er mit sich führte. Als Ludwig dann beschloß, Joinvilles Rat folgend im Heiligen Land zu bleiben, verlangte der Seneschall, damit auch er bleibe, 2000 Pfund für zwei Drittel des Jahres, bis Ostern 1251, um sich und drei Ritter zu unterhalten, und der König gab sie ihm. Da aber Ostern nahte, griff Joinville zu einer List, wohl wissend, daß der König es nicht mochte, wenn man ihn um etwas bat.

»Während der König Cäsarea befestigte, besuchte ich ihn einmal in seinem Zelt. Da er mich eintreten sah, als er sich gerade mit dem Legaten unterredete, steht er schnell auf und zieht mich beiseite und spricht zu mir: ›Ihr wißt, daß zu Ostern Euer Dienst bei mir abläuft; ich bitte Euch deshalb, mir zu sagen, was ich Euch geben soll, wenn Ihr noch bis Ostern übers Jahr bei mir bliebet?‹ Und ich sagte ihm, ich wolle keinen höheren Lohn als bisher, wolle aber eine andere Abmachung mit ihm treffen. ›Nämlich, weil Ihr Euch erzürnen könntet, wenn man von Euch irgend etwas fordert, so bitte ich Euch, daß Ihr Euch nicht mehr erzürnt, wenn ich Euch im Lauf dieses Jahres um etwas bitten sollte [und wenn Ihr es mir abschlagt, werde auch ich mich nicht erzürnen].‹ Als er das hörte, lachte er laut und sagte, es gilt, unter dieser Bedingung sei ich sein Mann. Und er nahm mich bei der Hand und führte mich zum Legaten und seinen Räten und erzählte ihnen, was wir miteinander ausgemacht hatten, und darüber freuten sich alle, um so mehr, als ich der reichste Mann im ganzen Lager war.« (Ebd., S. 210; Satz in eckigen Klammern nicht in der dt. Ausgabe.]

Auch hier bricht der König in lautes Lachen aus. Und als er sich später doch über eine Bitte des Seneschalls erzürnt, der ihn daraufhin an ihre Abmachung erinnert, lacht er wieder (vgl. ebd., S. 212). Bei einer anderen Gelegenheit, einer Sitzung des Parlamentshofs, bitten die anwesenden Prälaten den König, mit ihnen allein zu sprechen. Wie so oft findet Ludwig ihre Forderungen unangemessen und schlägt sie ihnen ab.

»Als er von ihnen wieder zurückkam, trat er zu uns, die wir auf ihn im Gerichtszimmer warteten, und sagte uns lachend, welche Qualen er bei den Prälaten ausgestanden habe. [Und indem er sie nachahmte und sich lustig machte über sie, erzählte er uns sein Gespräch mit dem Erzbischof von Reims, dem Bischof von Chartres und dem Bischof von Châlons.]« (Ebd., S. 263)

Ein Teil des Zeugnisses, das Joinville uns liefert, bestätigt, was die Hagiographen über Ludwig IX. sagen. In den wesentlichen Zügen ist es durchaus derselbe Mann. Wir finden den gleichen Abscheu vor der Sünde − »Wißt Ihr denn nicht, daß es keinen so schlimmen Aussatz gibt, wie in Todsünde zu sein?« (ebd., S. 69) −, die gleiche Liebe zu den Armen: Ludwig bittet Joinville, genau wie er selbst den Armen am Gründonnerstag die Füße zu waschen. Er fordert ihn auf, einen festen Glauben zu bewahren und sich zu hüten vor den Versuchungen des Teufels, dessen Namen er nicht in den Mund nimmt und den er in seinem ganzen Königreich nicht beim Namen genannt wissen möchte (vgl. ebd., S. 267). Er will auf immerdar der Gerechtigkeit Respekt verschaffen. Er setzt den Bischöfen hart zu und weigert sich, die Güter der Exkommunizierten, deren Verurteilung ihm

oft ungerecht erscheint, durch seine Beamten beschlagnah-
men zu lassen. Während der Gefangenschaft bewahrt der
König seine Würde und hält sein Wort sogar gegenüber den
Sarazenen. Seine Friedensliebe ist unermeßlich: »Kein
Mensch auf dieser Welt hat sich so wie er darum bemüht,
Frieden unter seinen Untertanen«, aber auch unter Fremden
zu stiften, etwa den Burgundern und den Lothringern, die
den König lieben und ihre Streitsachen vor seinen Hof bringen (ebd., S. 265).

Seine Mildtätigkeit ist allumfassend:

>>Der König war so freigebig beim Spenden von Almosen,
daß er überall, wohin er in seinem Königreich kam, den
armen Kirchen, den Siechenhäusern für Aussätzige, den
frommen Stiftungen, den Hospitälern und den armen
Edelleuten und Edelfrauen Gaben spendete. Alle Tage gab
er einer großen Menge Armer zu essen, außer denen, die
in seiner Kammer aßen; und manches Mal sah ich, wie er
selbst ihnen ihr Brot schnitt und ihnen zu trinken gab.«
(Ebd., S. 109)

Joinville berichtet auch − aber unter Hinzuziehung einer
Chronik, derer er sich für Ereignisse bedient, die er nicht
selbst bezeugen kann −, mit welcher Sorgfalt Ludwig in seinem Königreich ermitteln ließ, um das von seinen Baillis
und Seneschallen begangene Unrecht wiedergutzumachen
und seine Beamten zu überwachen, und wie er die Verwal-

tung von Paris reformierte. Schließlich hören wir von Ludwigs Vorliebe für die geistlichen Orden, und daß er besonders die Bettelorden begünstigte.

Literatur

Joinville, Jean de: *Das Leben des heiligen Ludwig*. Hrsg. u. übers. von Eugen Mayser, Düsseldorf 1969.

Zink, M.: »Joinville ne pleure pas, mais il rêve«; in: *Poétique*, Nr. 33, 1978, S. 28–45.

Aus: Jacques Le Goff: *Ludwig der Heilige*. Aus dem Französischen von Grete Osterwald, Stuttgart: Verlag Klett-Cotta 2000, S. 424–431.

Paul Noack

ELISABETH CHRISTINE UND FRIEDRICH DER GROSSE

Anschaulich und lebendig erzählt Paul Noack die zu Unrecht vernach-
lässigte Geschichte einer außergewöhnlichen Königin des Rokoko, die
von dem Ruhm ihres Mannes, der als Friedrich der Große in die
Geschichte einging, wie vom Glanz und Glück ihrer Zeit nur wenig mit-
bekommen hat.

Jahre des Glücks (1736–1740)

»Sie ist sehr hübsch; aber ich bin nie in sie verliebt gewesen. Trotzdem müßte ich der verworfenste Mensch sein, wenn ich sie nicht
wirklich hochschätzte; denn erstens ist sie von sehr sanfter Gemüts-
art, zweitens so willfährig wie denkbar, und drittens tut sie mir alles
zu Gefallen. Sie kommt mir … in allem entgegen, was mir nach ihrer
Meinung Freude machen kann. Sie kann sich deshalb auch nicht
beklagen, daß ich sie vernachlässige. Ich weiß also wirklich nicht,
woran es liegt, daß ich kein Kind habe.«
Friedrich der Große zu Graf Ernst Christoph Manteuffel, 1736

Rheinsberg bekommt für Friedrich eine besondere, wenn
auch andere Bedeutung als für Elisabeth. Für ihn verkörpert
der Ort die erste Möglichkeit, wo er unabhängig von jeder

Beeinflussung seine eigene Lebensform, die bisher stets ein Kontra-Entwurf zu den ihm aufgezwungenen Entwürfen war, verwirklichen kann. Für sie ist Rheinsberg dagegen die erste Möglichkeit, der Médisance der Familie zu entgehen, sich als Frau an erster Stelle an der Seite ihres Mannes zu plazieren. Berlin ist fern, und weder die Königin noch ihre herrschsüchtigen Schwägerinnen können ihr zuvorkommen. Zum ersten Male wird sie nicht von den starren Regeln des Hofzeremoniells beherrscht. Wenn jemand ihren Lebenslauf und ihren Tagesablauf definiert, dann ist es einzig und allein ihr Mann. Nichts anderes will sie, die ihn bewundert. Es mag schon sein, daß sie ursprünglich von ihrem Zusammenleben mehr erwartet hatte. Wie könnte das auch anders sein? Aber auch in der Rückschau haben beide Partner die Jahre in Rheinsberg als eine Folge von Glück und Harmonie empfunden.

Elisabeth hat nicht allein dadurch, daß sie ihre Mitgift einbrachte, schon vor der Renovierung des Schlosses den Traum beider erst ermöglicht. Schon Ende 1735 hatte sie Friedrich gebeten, seinem Freund Rohwedel die Verwaltung von Rheinsberg und dessen Gerichtsbarkeit zu überlassen. Denn nicht nur waren dessen Baulichkeiten marode, auch die Verwaltung lag im argen. Das Rheinsberger Amt, das 700 Einwohner umfaßte, war nicht genügend beaufsichtigt worden. Der Magistrat des kleinen Orts hatte sich Rechte angemaßt, die eigentlich dem Besitzer des Schlosses zukamen. Nun werden die Verantwortlichkeiten von Rohwedel wieder zurechtgerückt. Noch während des Umbaus zieht Ordnung in Ort und Schloß ein. Was bleibt, ist das chronische Defizit in der Kasse des Kronprinzen und der bis zur Thronfolge nie ganz geglückte Versuch, seine Ausgaben und Einnahmen auszugleichen. Auch Elisabeth hat darunter zu leiden. An anderer Stelle wird noch davon zu reden sein.

Währenddessen schafft Friedrich die Voraussetzungen dafür, daß intellektuelles Leben in Rheinsberg einziehen kann. Mit seinem älteren Freund Georg Wenzeslaus von Knobelsdorff gestaltet er das verfallene Rheinsberg zu einem Landschloß um, in dem die Eleganz der Zeit Eingang findet. Der eingeschossige Bau wird mit einem zweiten Turm versehen. Die barocke Patina verschwindet und macht der Leichtigkeit des Rokoko Platz. Zugleich hat es eine symbolische Bedeutung für die Zukunft, daß der erste Brief der neuen Ära, der am 8. August 1736 abgesandt wird, an den von Friedrich verehrten Voltaire geht. Eine Woche später erscheint Friedrich in Rheinsberg. Er flüchte, so schreibt er in gewolltem Understatement, auf sein »Gut«. Wenige Tage später folgt ihm Elisabeth. Als ihre Karosse mit den ihr vom König geschenkten neuen Pferden von Berlin kommend über die neue Holzbrücke mit ihren geschmückten Laternenpfählen auf das Schloß zufährt, wird sie dort von Friedrich mit seinen neuen und alten Freunden, die zum Teil erst Stunden zuvor eingetroffen sind, erwartet.

Vielen von ihnen ist Friedrichs Gemahlin noch eine Unbekannte. Schließlich hatte er ihr nie die Erlaubnis erteilt, sie in seiner Garnison in Ruppin zu besuchen. Nun wird sie von ihrem Mann und ihrem Hofstaat in ihr Appartement im ersten Stock des Schlosses geführt, das in die Zimmerflucht Friedrichs übergeht. Fünf durchgehende Gemächer in Weiß, Grün, Gelb und Silber sind ihr zugedacht. Das letzte, ein Meisterwerk leichten französischen Geschmacks, ist das Schlafzimmer. In dessen Mitte steht ein riesiges Prachtbett, ein Geschenk des Königs. »Es ist der gewaltigste, aber auch fremdartigste Gegenstand«, schreibt Ernst Poseck, der Verfasser der umfassendsten Biographie über Elisabeth. »Die kostbare Ruhestatt, das Menetekel eines besorgten Schwiegervaters, versank unter einem Vorhang aus blauem Atlas mit goldenen Tressen und einer Borte aus metallenen Fransen ... Unweit dieses Kolosses stand, unscheinbar an die Wand geschmiegt, ein kleines Bett, das Elisabeth dann wirklich benutzte.« Von hier aus ging ihr Gemach in die sieben Räume ihres Mannes über. Elisabeth ist es zufrieden. Sie fühlt sich von dem, »den ich zärtlich liebe und für den ich mein Leben hingeben würde ...«, endlich freundlich aufgenommen. Ihre Hoffnungen haben sich in diesem Augenblick erfüllt. Sie fühlt sich akzeptiert von dem, den sie einige Wochen später den »größten Fürsten unserer Zeit, nicht bloß Fürsten, nein Menschen unserer Zeit« nennt. Von nun an beginnt, was sie später so schmerzlich entbehren muß: das regelmäßige Zusammensein mit ihm.

Dieses regelmäßige Zusammensein fügt sich wie natürlich dem Zusammenleben mit seinen Freunden ein. Schon vor seinem Einzug in das Schloß, dessen endgültiger Ausbau bis 1739 dauert und das er dann zwei Jahre später verläßt, hatte er in Küstrin einen Kreis junger Gleichgesinnter um sich geschart, den er jetzt mit sich nimmt. Es sind alles Männer. Aber darüber hinaus bildet die Gesellschaft der Damen einen nicht wegzudenkenden Teil des Lebens, des Liebens und des Amüsements: »Die Frauen von Remusberg« zählt eine Biographie so auf: »Frau von Katsch, Frau von Kannenberg, Baronin Morrien, genannt ›Tourbillon‹, Frau von Brand, Frau von Troussel, Fräulein von Tetta, genannt ›Finette‹.« Zwar wird Rheinsberg von Männern dominiert. Aber die Frauen sind nicht ausgespart. »Die Frauen breiten einen unbeschreiblichen Reiz über den täglichen Verkehr aus«, meint selbst Friedrich in dieser Zeit. »Ganz abgesehen von den holden Minnediensten sind sie für die Gesellschaft unentbehrlich; ohne sie ist jede Unterhaltung öde.«

Friedrich weiß, was seine Männer, die er aus Ruppin mitgebracht hat, brauchen. Er fürchtet Abwanderung, wenn es bei ihnen an »Minnediensten« mangelt. Denn im Grunde ist die Stamm-Mannschaft von recht gemischter Herkunft. Ihr Kern gehört zu dem schöngeistigen Reservoir seiner Ruppiner Zeit. Dazu zählt der baltische Baron Dietrich von Keyserlingk, damals 38 Jahre alt, der mit allen Künsten verbandelt ist. Er gehört schon zu den Älteren. Quicklebendig, wie er war, nennt ihn Friedrich »Cäsarion«. Selbst gegen ihn ein alter Herr ist dagegen Johann Wilhelm Senning, der ihn in seiner Jugend die Kriegswissenschaften gelehrt hatte. Gleichaltrig und gleichgesinnt präsentieren sich Johann Jobst Heinrich von Buddenbrock und der Freiherr von Wylich als Vertreter einer »neuen« Offiziersgeneration, die beide auch die Sympathie Elisabeths erwerben. Von anderem, wilderen Temperament ist Franz Egmont de Chasot, den es aus dem Stab des Prinzen Eugen nach Berlin verschlagen hat. Und dann ist da noch, last but not least, der Liebling der Runde, der Hauptmann Heinrich-August de la Motte-Fouqué, der nicht immer in Rheinsberg sein kann, weil sein Dienstherr, der Alte Dessauer, ihn zuweilen auch bei sich haben will.

Sie alle und noch einige mehr bilden den Kern der »Akademie«, die sofort gegründet wird. Bei dem ersten Treffen fehlen einige Namen, die nicht unerwähnt bleiben dürfen: Charles Étienne Jordan, ein Gelehrter aus altem Hugenottengeschlecht, der Baumeister Georg Wenzeslaus von Knobelsdorff, meist kurz angebunden und mürrisch, der gerade in Italien weilt, und schließlich der Lustspieldichter Jean Baptiste Louis Gresset, der Friedrich Wilhelms cholerisches Temperament kennt und deshalb — wie Jordan — etwas später aus Berlin dazustößt.

Neben den »Kameraden« von einst und jetzt, allesamt äußerst redegewandt, spielen auch die Vertreter der schönen Künste eine bedeutende Rolle. Carl Heinrich Graun, der Komponist, ist Elisabeths Vater von Friedrich abgeworben worden. Auch der Flötist Johann Joachim Quantz ist schon

332 · Paul Noack

da. An schönen Sommerabenden wird im Freien musiziert, oft auch zur Remusinsel, inmitten des Sees gelegen, übergesetzt. Die illustre Gesellschaft hat ein starkes Bedürfnis nach Selbst-Inszenierung und Mystifizierung. So gibt man Rheinsberg bald den Namen Remusberg. Mehr als fragwürdigen Forschungen zufolge soll hier der Zwillingsbruder des römischen Romulus seine Heimstatt gefunden haben. Die Affinität zum guten Alten drückte sich auch in der Gründung eines »Bayard-Ordens« aus, genannt nach dem französischen »Ritter ohne Furcht und Tadel«, der seine Protokolle in einem verschnörkelten Alt-Französisch verfaßt. Gegen Herbst nehmen die Theater-Aufführungen zu, in denen Graun die Regie führt und La Motte-Fouqué in den Hauptrollen glänzt. In den Wintermonaten treten die Maskeraden in den Vordergrund. Dort sieht sich Elisabeth, »verschönert und umgewandelt, immer gleichmäßig freundlich«, wie Pierre Gaxotte sie beschreibt, gerne als Schäferin, Friedrich als Domino in grünweißer Seide, das Haar zum Knoten gebunden. Es sei, schreibt die Biographin Edith Simon, ein »immerwährendes ländliches Symposion« gewesen, das dort inszeniert worden sei, »im Rahmen einer lichten Szenerie, die ... alle Züge der märkischen Landschaft vereinte, der Verzauberung wie der Beruhigung mächtig: Stilles Wasser, weicher Sand, Kiefern und Weideland, Haine voll Silberbirken, Buchen und Eichen«.

Diese träumerische Idylle entspricht sicher dem ruhigen Naturell Elisabeths. Hier muß sie sich nicht vordrängen, hier ist sie immer dabei. Ob sie eines Instrumentes mächtig war, läßt sich nicht mit Sicherheit sagen. Bei den musikalischen Darbietungen sitzt sie jedenfalls unter den Zuschauern, aber für tragende Rollen in den Singspielen ist ihre Stimme nicht stark genug. Dieudonné Thiébault, Mitglied der Berliner Akademie, hat das, was sie auszeichnete, später – als Lob gedacht – auf die Formel gebracht: »Das einzig dastehende und seltene Verdienst, niemals von sich reden zu machen, hat sich die Gemahlin Friedrichs während seiner ganzen Regierungszeit erworben.« Es erhebt sich die Frage, ob sie weniger von ihm zu erleiden gehabt hätte, wenn sie von dieser Gabe etwas weniger Gebrauch gemacht hätte.

Über das Wochenende wird Elisabeth mit ihren Hofdamen allein gelassen. Denn die meisten männlichen Mitglieder der Rheinsberger »Truppe« müssen dann nach Ruppin ziehen, um an dem sonntäglichen Kirchgang der Garnison teilzunehmen. Diesem Befehl seines Vaters hat Fritz nicht zu widersprechen gewagt, als es darum ging, die Küstriner Fesseln abzustreifen. Friedrich Wilhelm macht übrigens dem neuen Domizil des Sohnes schon bald nach dessen Einzug im September 1736 seine Aufwartung. Die psychologische Einfühlung des Sohnes wird erkennbar, wenn man sich das Programm der Visite anschaut. Hirschjagd, Angeln auf dem See und Taubenschießen sind vorgesehen – und abends wird geraucht. Deshalb verläuft diesmal alles planmäßig. Und wenn der Vater mit dem Lebensstil seines Sohnes, der in jedem Detail seines Schlosses erkennbar ist, nicht einverstanden gewesen sein sollte – er ließ es sich jedenfalls nicht anmerken. Daß er auch dieses Mal nach den Aussichten für einen Thronfolger fragt, ist schon Routine. Elisabeth tröstet ihn: »Was ich dazu beitragen kann ... wird gewiß geschehen. Doch alles kommt von Gott, man muß Geduld haben. Ich wünsche, Ihnen recht bald eine Nachricht geben zu können, die nach Ihrem Wunsch ist.« Das hört sich nicht unbedingt nach der so oft gemutmaßten rein platonischen Ehe an.

Friedrich hat von seinem Tagesablauf Schilderungen gegeben. Schon am Ende des ersten Jahres schreibt er: »Wir haben unsere Beschäftigungen in zwei Klassen, in nützliche und angenehme, eingeteilt. Zu den nützlichen zähle ich das Studium der Philosophie, der Geschichte und der Sprachen, die angenehmen sind die Musik, die Lust- und Trauerspiele, welche wir aufführen, die Maskeraden und die Schmausereien, die wir geben. Ernsthafte Beschäftigungen behalten indes den Vorzug, und ich darf wohl sagen, daß wir nur einen vernünftigen Gebrauch von den Vergnügungen machen.« Was Elisabeth in Berlin ermüdet hat, ist in Rheinsberg ein ungetrübtes Vergnügen. »Ich lege mich nie vor zwei Uhr hin«, schreibt sie, »und stehe um sieben auf; dabei fühle ich mich ausgezeichnet.« Ihre Tageseinteilung im Detail hat sie in einem Brief an ihren Bruder Karl so geschildert: »Ich verbringe meine Zeit so angenehm wie denkbar. Der Morgen bleibt dem Schreiben und der Lektüre gewidmet, um zwei Uhr essen wir, trinken dann Kaffee und was an Zeit übrigbleibt, gehört meinen guten Freunden. Abends von acht ab wird getanzt, Theater oder Karten gespielt ...«

Vorbei ist die Zeit des häßlichen Entleins. Sie genießt es, daß ihr Mann nicht mehr vom Vater geschurigelt wird, und hat ihre Befangenheit abgelegt. Der Freiherr von Bielfeld, der seit 1739 in Rheinsberg zur ständigen Mannschaft gehört und von Friedrich geadelt wird, hat sie ein wenig überschwenglich — man darf allerdings sicher sein, daß er die im Rheinsberger Kreis vorherrschende Meinung wiedergibt — so charakterisiert: »Die Kronprinzessin ist groß und vollkommen wohl gewachsen. Ich habe niemals eine in allen ihren Verhältnissen so regelmäßige Taille gesehen. Ihre Brust, ihre Hände, ihre Füße können einem Maler zum Muster dienen. Ihre Haare ... sind das schönste Aschgrau der Welt ... Sie hat einen sehr zarten Teint und große blaue Augen, in welchen Lebhaftigkeit und sanftes Wesen miteinander um den Vorzug streiten, was ihrem Blick etwas sehr Geistreiches gibt. Sie hat eine offene Stirn, wohlgesetzte Augenbrauen, eine kleine und etwas spitzige, aber wohlgebildete Nase, einen angenehmen Mund, rote Lippen, und ihr Kinn ist, so wie ihr Hals, reizend. Güte spricht aus ihrem Gesichte und man kann wohl sagen, daß ihre ganze Gestalt von den Händen der Grazien gebildet worden ist, um eine große Prinzessin zu schaffen.« Kein größerer Gegensatz zu den Karikaturen der Hohenzollern-Familie wäre denkbar. Es muß sich etwas geändert haben, in Elisabeth und in der Einstellung der

Betrachter zu ihr. Deshalb der folgende Einschub. Er besagt: Ein Mensch ist nicht von der Wiege bis zur Bahre ein gleichbleibendes Objekt der Betrachtung. Da die Geschichte weiß, wie sich ein Lebensschicksal entwickelt hat, besteht immer die Gefahr, diese Schicksalsvariante als die einzige mögliche oder zumindest logische zu interpretieren. Zumindest im Falle Elisabeths wäre das zu kurz gegriffen. Es wäre falsch, ihr späteres Verstummen als die einzige Variation zu interpretieren, die aus den ihr aufgezwungenen Lebensverhältnissen hätte resultieren müssen. Auch die Reaktionen, die ihre Person hervorrufen, lassen darauf schließen, daß sie sich im Laufe der Jahrzehnte sehr verändert hat. Die zeitgenössischen Stimmen der vierziger und fünfziger Jahre des 18. Jahrhunderts scheinen sich auf eine ganz andere Person zu beziehen als diejenigen der späteren Jahre. Mögen sie auch zu einem großen Teil dem Geschwätz der Hofschranzen entnommen sein, so zeigt zumindest die Undeutlichkeit der Meinungs- und Willensbildung, daß man sich mit ihrem Schicksal beschäftigte. Dieses blieb so lange offen, wie Friedrichs Charakterbildung offen schien. Ihre Schwiegermutter Sophie Dorothea, die zeit ihres Lebens gebeutelt worden ist von der Matter-of-fact-Logik ihres trockenen Ehegatten, hat durchaus zu Recht angemerkt: »Wem der Geist frei und zufrieden bleibt, wem die Welt lacht, der kann die Dinge ganz anders ansehen, als wer beständig unter Druck lebt.« Friedrich war anders als sein Vater, doch »frei und zufrieden« zu sein erlaubte ihm sein Charakter nicht.

Dies im Sinne versteht man besser, daß die frühen Urteile über die Schwiegertochter Sophie Dorotheas sich von denen aus der späteren Zeit so unterscheiden, daß man zuweilen glaubt, es mit verschiedenen Menschen zu tun zu haben. Schon ein Jahr nach dem begeisterten Porträt Bielfelds wird dem Hofstaat erkennbar, daß Friedrich seine Frau vernachlässigt. Und schon heißt es: »Was die regierende Königin anbetrifft, so hat der König mit derselben wenig Umgang ... Diejenigen, so sie vorher gekannt, finden sie auch in ihrem Aussehen verändert.« So schreibt Freiherr von Münchhausen im Jahre 1740. Ebenfalls aus diesem Jahr datiert die fast gleichlautende Beobachtung des kursächsischen Hofrats König: »Der König bezeigt noch jederzeit soviel Respekt gegen seine Frau Mutter als Kaltsinnigkeit gegen seine Gemahlin, die weder nach Charlottenburg hat kommen dürfen noch das Vergnügen gehabt, daß er bei ihr in seinem Palast in Berlin ein einziges Mal über Nacht geblieben wäre.«

Nur wer solche frühen Eintragungen kennt, vermag Urteile zu würdigen, wie sie Lehndorff 17 Jahre später, im Jahre 1757, seinem Tagebuch anvertraut hat: »Die Königin ist im Grunde eine gute Frau; aber die Gemahlin des größten, des schätzenswertesten und liebenswürdigsten der Könige zu sein, dazu paßt sie ganz und gar nicht ... Es ist wirklich schade, daß diese Fürstin, die im Grunde soviel gute Eigenschaften besitzt, so oft sich zu einer Heftigkeit hinreißen läßt, die man im gewöhnlichen Leben Brutalität nennen würde und die ihr so viele Personen entfremdet, die ihr sonst von Herzen ergeben sein würden.« Mag dies auch die Äußerung eines zeitweilig beleidigten Höflings sein, der ihr später auch wieder freundlichere Bemerkungen widmet — sie weist darauf hin, daß die Verletzungen des Schicksals den Charakter Elisabeths mehr als nur gestreift haben.

Vergessen ist die Zeit, in der man glaubte, sie habe Macht über das Herz des Königs. »Die königliche Prinzessin ist hübsch, umgänglich, wird mächtig.« Sie ist dies nie geworden, wollte es wohl auch nie werden. Aber daß man sie vor dem Jahr 1740 überhaupt mit dem Begriff der Macht in Beziehung setzt, läßt zumindest erahnen, warum die königliche Familie sie aus ihrem Kreis ausschloß. Sie galt in einer machthungrigen Familie als eine Konkurrentin um Macht und Einfluß.

Ganz anders steht es um Friedrich. Die Befreiung vom Vater ist für ihn die eine Seite der vier Rheinsberger Jahre. Die andere Seite ist die Vorbereitung auf das kommende Herrscheramt. Wäre es nach ihr gegangen, hätten die Jahre weiter so fließen können, für ihn sind sie Vorbereitung auf Kommendes. Dem wird er in den Stunden gerecht, die er einer systematischen Lektüre widmet und aus denen auch die ersten seiner ernstzunehmenden Werke stammen. Es wäre — davon abgesehen — auch nicht falsch, sich die französisch dominierten Rheinsberger Jahre als eine Art propädeutischen Vorgriff auf die kommende Rokokozeit, die sich bereits in seinem Schloß zeigt, vorzustellen. Wir erleben die endgültige Ablösung des Barock mit seinen gemessenen Bewegungen und seinen Allongeperücken durch eine neue Zeit, die ihr natürliches Haar gelöst trägt und in ihren schimmernden, nicht mehr steifen Gewändern ihre lässige Fröhlichkeit hervorhebt. Adolph von Menzels populär gewordene Bilder haben solcher Interpretation Vorschub geleistet. Doch abgesehen von den Wandlungen im Tagesrhythmus entwickelt sich auch im Lebensrhythmus eine Dreiteilung, die von Friedrich so beschrieben wird: »Die Leser meiner künftigen Geschichtsschreiber werden nur drei Epochen unterscheiden brauchen: ›Exerzierzeit, Reifezeit und Rheinsberg.‹« Vom Feldherrn, Staatsmann und »Alten Fritz« ist hier noch nicht die Rede. Doch die Lektüre in Rheinsberg besteht auch nicht allein aus Voltaires Werken, aus Racines und Corneilles Dramen, aus Christian Wolffs Philosophie und französischen Romanen.

Wenn sich Friedrich aus der fröhlichen Runde zurückzieht, deren Mittelpunkt er immer bleibt, gilt seine Lektüre einzig und allein der Vervollkommnung seines Wissens. Erst jetzt steht ihm unabwendbar vor Augen, daß seine Bildung nicht nur durch die Zwangsmaßnahmen seines Vaters blockiert worden ist, sondern ebenso durch seine Unfähigkeit zur Konzentration. So wird der Gang von seinem Arbeitszimmer zur Bibliothek, die er sich später in Sanssouci nachbauen läßt, zur wichtigsten Handlung des Tages. Diese Wendung zur zielgerichteten Ernsthaftigkeit, die nur wenig mit dem bunten Rheinsberger Treiben zu tun zu haben scheint, läßt sich an zwei oberflächlich betrachtet völlig unterschiedlichen Beschäftigungen nachvollziehen. Da ist zum einen sein Briefwechsel mit Friedrich Wilhelm von Grumbkow, dessen Votum für Rheinsberg bei seinem Vater eine wichtige Rolle gespielt hatte. Aus seinem Hauptwidersacher im »Tabagium« war nach einer erst einmal äußerlichen Aussöhnung bis zu seinem Tod im Jahre 1739 ein väterlicher Ratgeber geworden. Dieser Briefwechsel, geführt über die Vorgänge im europäischen Staatensystem, vollendet Friedrichs politische Bildung.

Der Tod des chamäleonhaft sich wandelnden Grumbkow nach einem Gelage bei August dem Starken ist ein menschlicher wie politischer Verlust nicht nur für den König, sondern auch für den Kronprinzen. In der Intimität von dessen Privatbriefen wird schon bald der unterschwellige Ehrgeiz erkennbar: »Es erschreckt mich, daß ich auf unserer Seite eine gewisse Erstarrung erblicke, durch die man von der Furcht vor unseren Waffen abgekommen ist in einer Zeit, wo man die Kühnheit so weit treibt, uns zu verachten.« Friedrich übt sich damals schon in der Prognose und in der Kunst der außenpolitischen Analyse. So entwirft er Handlungsanweisungen, wie man mit den Herzogtümern Jülich und Berg vorzugehen habe, die 1712 vom Kaiser für den Fall des Aussterbens der dortigen männlichen Linie Preußen zugesprochen worden waren. Es war ein Versprechen, das Wien nun nicht mehr einhalten will.

Erst wenige Wochen in Rheinsberg, schreibt er an Grumbkow: »Was ich in diesem Falle tun würde, wäre, mich vor allem auf guten Fuß mit dem Kaiser zu stellen... und mittlerweile alle vierzig Eskadronen Dragoner mit dem Husarenschwadron nach dem Klever Land marschieren zu lassen ... Die vierzig Eskadronen Dragoner würden Befehl erhalten, erforderlichenfalls in Jülich und Berg einzumarschieren und sich der beiden Herzogtümer zu bemächtigen. Wenn man sich dann zu Unterhandlungen bequemen will, so wird man uns höchstens veranlassen können, Jülich herauszugeben, und wir werden Berg behalten. Wenn wir aber nur in Berg einfallen, so wird man uns zwingen, die Hälfte davon zurückzugeben.«

Selbst über die Zukunft Österreich-Ungarns hat er sich noch als Kronprinz Gedanken gemacht, die über die Gegenwart hinausreichen. Österreich ist nach seiner Analyse als Macht nötig gegen die Türken; aber in Deutschland braucht es nicht größer zu sein, als daß drei Kurfürsten ihm Paroli bieten können. »Ich weiß, es ist die Absicht sowohl Englands als auch Frankreichs, andere Fürsten in Obhut zu nehmen; ich aber will durch keinen von beiden geleitet werden.«

Mit einem Brief vom 8. August 1736 hat — wie schon angedeutet — fast gleichzeitig die Rheinsberger Zeit und sein Werben um Voltaire, den großen Intellektuellen der Aufklärung, begonnen, der ebenso einflußreich wie als Charakter fragwürdig ist. Die Korrespondenz der beiden bedeutet für Friedrich den gelungenen Versuch, als König von

Preußen von dem König der Intellektuellen anerkannt zu werden. Voltaire ergeht sich in Schmeicheleien gegenüber einem jungen Fürsten, von dem er spürt, wie er mit aller Macht versucht, die Pose des absoluten Herrschers (die er allem Anschein zum Trotz in seinem Handeln nie verleugnet hat) mit dem zu vereinen, was sich seit einiger Zeit »Aufklärung« nennt. Der Ton der Briefe mit ihrer gegenseitigen Bewunderung und auch Lobhudelei ist für den heutigen Leser nur schwer erträglich. Aber sie lassen bereits die Stimme des sorgenden Landesvaters vernehmen, der sich seinen Untertanen gegenüber verantwortlich fühlt. Der »aufgeklärte Absolutismus« ist damit geboren. Im März 1739, also nur ein Jahr vor dem Ende der Rheinsberger Episode, ist es soweit: Friedrich beginnt Voltaire von einem Werk zu berichten, das als *Antimachiavell* in die Geschichte eingegangen ist. Ein weiteres Jahr später, am 5. November, meldet er Voltaire Vollzug: »Die Widerlegung des Machiavell, für die Sie sich interessieren, ist beendet.« Er ist 27 Jahre alt und setzt sich als noch nicht gekröntes Haupt eines Staates, ohne daß er es ahnt, an die Spitze einer Bewegung, die einige Jahrzehnte später dem monarchischen Absolutismus ein Ende bereiten wird.

Elisabeth hat bei ihrem letzten Aufenthalt in Rheinsberg 1740 zum ersten Male Voltaires persönliche Bekanntschaft gemacht. »Er sieht wie das aus, was er ist«, hatte sie kurz und kryptisch über ihn, den Freigeist, geschrieben. Was damit gemeint ist, wird nicht ganz klar. Jedenfalls hat sie die Begeisterung ihres Mannes für ihn nie geteilt. In einer zeitgenössischen Schrift *Literarisches Preußen* meint der Verfasser, der katholische Abbé Denina, sie habe ihn zumindest in seiner Fragwürdigkeit erkannt: »Sie erkennt das Außergewöhnliche dieses Mannes an, dessen Bosheit und Schlechtigkeit sie ebenso anwidert, wie sein Geist sie entzückt.« Ob der Brief, den Voltaire ihr ein Jahr später schickt, sie in diesem Urteil hat wanken lassen, scheint mehr als fraglich. Immerhin suchte der ihr damals mit schmeichelnden Worten näherzukommen: »Es ist nicht erstaunlich, daß man keinen anderen Ehrgeiz verspürt, als den, Eurer Majestät zu gefallen, wenn man je das Glück gehabt hat, sich Ihnen nähern zu dürfen. Mein Eifer wird ebenso dauerhaft sein wie mein Bedauern. Berlin ist der Aufenthaltsort der Höflichkeit wie Schlesien [Friedrich befindet sich schon im Ersten Schlesischen Krieg – Anm. d. Verf.] der des Ruhmes. Möge Ihre Majestät noch für lange das Schmuckstück Deutschlands sein.« Briefe von ihr an Voltaire sind nicht überliefert. Sie hatte auch keinen Anlaß mehr dazu; denn seit 1740 haben sich die Wege des Ehepaares auf Friedrichs Wunsch unwiderruflich getrennt.

Aus: Paul Noack: *Elisabeth Christine und Friedrich der Große. Ein Frauenleben in Preußen.* Stuttgart: Verlag Klett-Cotta 2001, S. 78–93.

Das Leben

Ein armer Sohn der Wüste hatte einen Traum:

Ausgebreitet liegt das riesige Mittelmeer, von drei Seiten gleiten die Blicke darüber hin: von den glühenden Gestaden Afrikas mit ihren schlanken Palmen, von den nackten Wüsten Syriens und von den volkreichen, vom Meere ausgewaschenen Ufern Europas.

Im Winkel ragt über dem unbeweglichen Meer das uralte Ägypten. Pyramide reiht sich an Pyramide; aus grauen Augen, den Sphinxen eingemeißelt, starren die Blöcke von Granit vor sich hin; ungezählte Steinstufen führen hinan. Da steht es majestätisch, genährt vom großen Nil, rundum geschmückt mit geheimnisvollen Zeichen und heiligen Tieren. Steht da, regungslos, wie verzaubert, gleich einer Mumie, unberührt von der Verwesung.

Das heitere Griechenland hat seine freien Kolonien ausgestreut. Da wimmelt das Mittelmeer von Inseln, die in grünen Hainen versinken; Zimtsträucher, Weinreben, Feigenbäume wiegen ihre honigbetauten Zweige; weiß wie die Brüste einer Jungfrau lugen runde Säulen durch die Dämmerung üppigen Laubes, der glutvolle Marmor atmet, entfacht vom wunder-

samen Meißel, weidet schamhaft seine Augen an seiner herrlichen hüllenlosen Blöße; rebenumrankt, mit dem Thyrsos
und dem Becher in der Hand ist die Gestalt im lärmenden
Tanze erstarrt. Opferpriesterinnen, jung und wohlgestalt, mit
fliegenden Locken, versenken verzückt ihre dunklen Augen
in den Betrachter. Schilfrohr, zur Flöte verbunden, Tympana
und andere Musikinstrumente schimmern durch den sie
umwindenden Efeu. Wie Fliegen tummeln sich Schiffe um
Rhodos und Korfu, bieten die wollüstig gebauschte Flagge
dem wehenden Atem des Windes dar. Und das alles ruht
unbeweglich, wie in versteinerter Größe.

Da steht und reckt sich das eherne Rom, umgeben von
einem Wald zum Angriff gefällter Lanzen, blitzend vom drohenden Stahl der Schwerter, die neidvoll begehrlichen
Augen auf alles gerichtet, die sehnige Rechte ausgestreckt.
Aber unbeweglich ist es wie alles ringsum und regt nicht
seine Löwenglieder.

Dicht geballt und drückend heiß lastete darüber der
himmlische Ozean. Das große Mittelmeer bewegte sich
nicht, als stünden alle Reiche vor dem Schreckensgericht
am Ende der Welt.

Da hub Ägypten, begleitet vom Nicken seiner schlanken
Palmen, der Bewohnerinnen seiner Niederungen, zu sprechen an, während die Nadeln seiner Obelisken in den Himmel starrten: »Vernehmt, ihr Völker, ich allein bin vorge-
drungen zum Geheimnis des Lebens, das Geheimnis des
Menschen, ich habe es ergründet. Verwesung ist alles. Nied-

rig sind die Künste, kläglich die Genüsse, noch erbärmlicher sind Ruhm und Heldentaten. Tod, der Tod beherrscht die ganze Welt und den Menschen! Alles verschlingt der Tod, alles lebt für den Tod. Weit, weit ist es hin bis zur Auferstehung, wenn es je eine Auferstehung gibt. Hinweg mit allen Begierden und Genüssen! Höher noch türme die Pyramide, du armseliger Mensch, um ein wenig doch deine kümmerliche Existenz zu überdauern.«

Und es sprach die lichte Welt der Griechen, klar wie der Himmel, wie der Morgen, wie die Jugend, und es war, als vernähme man anstelle von Worten den Hauch einer Flöte: »Das Leben ist für das Leben geschaffen. Entfalte dein Leben und mit ihm zugleich kultiviere seine Genüsse. Alles bringe ihm dar. Siehe, wie alles schwillt und herrlich angeordnet ist in der Natur, wie alles Zustimmung atmet. Alles bietet diese Welt, alles, was die Götter besitzen, ist auch ihr gegeben; nur es aufzufinden mußt du verstehen. Genieße es, du gottgleicher, stolzer Besitzer dieser Welt; mit Eichenlaub und Lorbeer umkränze deine herrliche Stirn! Auf deinem Wagen stürme dahin als gewandter Lenker deiner Rosse bei den glänzenden Spielen! Fern seien Eigennutz und Habgier deiner freien und stolzen Seele. Meißel, Palette und Flöte wurden geschaffen, die Welt zu beherrschen; ihre Herrin aber ist die Schönheit. Umwinde mit Efeu und Reben dein duftendes Haupt und das schöne Haupt deiner schamhaften Gefährtin. Das Leben ist für das Leben, für den Genuß geschaffen – mühe dich, dieses Genusses würdig zu sein!«

Und es sagte das eisenstarrende Rom unter dem Klirren des blitzenden Waldes seiner Lanzen: »Ich habe das Geheimnis des Menschen ergründet. Nichtswürdig ist für den Menschen die friedliche Ruhe, sie läßt ihn an sich selber zugrunde gehen. Unvollkommen nur vermögen Künste und Genüsse seine Seele auszufüllen. Genuß liegt allein in gigantischen Begierden. Verächtlich ist das Leben der Völker und Menschen ohne gewaltige Taten. Nach Ruhm, nur nach ihm mußt du dürsten, o Mensch! Im Taumel unbeschreiblicher Lust, unter dem alles erstickenden Lärm des Eisens stürme dahin auf den geschlossenen Schilden gepanzerter Legionen! Spürst du, wie zu deinen Füßen die ganze Welt zusammenströmt und unter dem Klirren der Lanzen in einem einzigen Jubelruf sich vereint? Merkst du, wie dein Name vor Furcht auf den Lippen der Stämme und Völker am Rande der Welt erstirbt? Alles, was dein Blick umfaßt, das erfülle mit deinem Namen. Ewig stürme voran: keine Grenzen sind der Welt gesetzt, also gibt es auch keine Grenzen für deine Begierden. Wild und streng, weiter, immer weiter unterwirf dir erobernd die Welt – du wirst dir am Ende den Himmel erobern.«

Doch da hielt Rom inne, und nach Osten richtete es seinen Adlerblick. Nach Osten wandte auch Griechenland seine wonneumflorten herrlichen Augen; nach Osten sandte Ägypten den trüben, farblosen Blick.

Ein steiniges Land; ein verachtetes Volk; menschenarm schmiegt es sich dicht an die kahlgeschlagenen Hügel, denen ab und an ein verdorrter Feigenbaum ungleichen Schatten spendet. Hinter einer niedrigen baufälligen Mauer steht eine Eselin. In einer hölzernen Krippe liegt ein Säugling; darüber beugt sich die unbefleckte Mutter und blickt nieder auf das Kind mit tränenerfüllten Augen; über ihm hoch am Himmel steht ein Stern und erhellt die Welt mit einem wundersamen Licht.

Da verfiel das uralte hieroglyphenumrankte Ägypten in nachdenkliches Sinnen, und seine Pyramiden schienen zu schrumpfen; verunsichert blickte das herrliche Griechenland; Rom senkte seine Augen auf seine eisernen Lanzen; der Ararat duckte sich nieder, dieser uralte Urahn der Erde.

Aus: Nikolai Gogol: *Essays und Ausgewählte Stellen aus dem Briefwechsel mit Freunden* (Gesammelte Werke, Bd. 4). Aus dem Russischen übersetzt von Irmgard Lorenz, Stuttgart: Cotta 1981, S. 59–61.

Rudolf Borchardt

REDEN

Rudolf Borchardt (1877–1945), neben Stefan George der am schärfsten
profilierte Geist unter den Dichtern der Zeit, gehört zu den letzten Trä-
gern eines abendländischen Kulturbewußtseins, das sich herleitet aus
der Antike und dem lateinischen Mittelalter, aus der germanisch-roma-
nischen Einheit. Will man seine geistige Haltung genauer bezeichnen,
so könnte man Borchardt einen konservativen Humanisten nennen.
Von dieser Position aus schrieb er seine formstrenge Lyrik und eigenwil-
lig-souveräne Prosa, Ausdruck eines leidenschaftlichen und von seiner
Aufgabe besessenen Menschen, der die geistige Tradition Alteuropas in
einer »Schöpferischen Restauration« zu bewahren suchte. – Die Rede
wurde am 15. Dezember 1928 an der Münchener Universität gehalten.

DIE ENTWERTUNG DES KULTURBEGRIFFS.

EIN UNGLÜCK UND EIN GLÜCK

Wenn ich bei Wiederbetreten deutschen Bodens nach jahre-
langer Ferne den Glauben in mir unvernünftig und unwi-
dersprechlich hätte wiederaufsteigen fühlen, daß aller fest-
beschlossene Verzicht und alle ernste Beschränkung des
noch zu erhoffenden, die der einsam Handelnde sich zur
täglichen Pflicht gemacht hat, doch vielleicht nur ein ver-
frühtes, überängstliches Geizen mit einem geheimen Reich-
tume unserer Zeit oder unserer Nation gewesen wäre: so
hätte ich nichts dagegen einzuwenden gehabt, den Gegen-

stand meiner Rede Ihnen in der leicht veränderten Form angekündigt zu sehen, die dazu beigetragen haben mag, mir Ihre Aufmerksamkeit in dieser Aula zu sichern. Denn allerdings könnte ich denken, daß mancher von Ihnen mir jetzt nicht zuhören würde, wenn er sich durch die ursprüngliche Fassung meiner Aufgabe dazu aufgefordert gesehen hätte, den Zerfall des Begriffes der Kultur, das zugestandene Unglück und Verhängnis der Zeit mit mir in einem verwegenen, — ja einem verzweifelten Sinne, wenn nicht als ein Glück, so doch als ein Glück im Unglücke zu erkennen. Wie aber könnte ich es meinem Empfinden abgewinnen, auf deutschem Boden hier auch nur einen Augenblick zu stehen, ohne den Druck dieser Vorstellung und der Pflicht sie zu äußern von meinem Innern zu lösen? Die Distanz gehört der Phantasie, die unmittelbare Berührung den Sinnen und ihrer Meldung an das Gedächtnis in der Seele. Das raumlose und zeitlose ätherhafte Medium der dichterischen Selbstverbannung, in dem alles Verschollene wieder zu Schall ersteht und in dem es keine toten Götter geben kann, kennt keine gestürzten Altäre. Aber an der Stätte ihres alten Bestandes, wenn wir körperlich zu ihr kehren, waltet das Geheimnis der Zeit, und es gibt keinen tragischeren Göttertod als den berühmten des großen Pan — denjenigen des *genius loci*, der die bewohnteste Riesenstadt mit einem Schlage zur Kulisse über dem Altertume macht und auf alle verwaisten Altäre die scheinbar noch ausdauern das bittere Wort schreibt, das bitterer ist als wirkliche Trümmer — *desinunt*, *non pereunt* — es geht dahin, auch ohne untergegangen zu sein. Aber ich fasse mich und lenke Sie und mich von der Versuchung der Lust an der einfachen Klage zu erliegen, ins Fruchtbare der Betrachtung und des Vorsatzes aufwärts.

Nur unsere Lage ist uns wie Fleisch und Blut mit dem Tage unserer Geburt gegeben, und nur der Zufall mit den Sternen unserer Lebenstage, nicht was wir mit unserer Lage beginnen und nicht die Übergewalt des Zufalls. Es gibt keine Lage, ich sage keine, die der schwächste Mut nicht um einen Grad zu steigern vermöchte, und der gewaltigste nicht um ihren Mittelpunkt zu drehen. Ich will versuchen, mit den bescheidenen Mitteln des Wortes Ihnen wenigstens das Sinnbild einer solchen Drehung aus dem Verhängnis in die Freiheit zu entwerfen, unbekümmert darum ob der Weg, statt aufwärts zu führen durch das tieferabwärts erst wieder zu einem höheren als dem Ausgangspunkt kreist. Das Reich des Menschengeistes kennt die niedere Geometrie des kürzesten Weges zwischen zwei Punkten nicht, sondern es verklärt die paradoxe der rettenden Umwege.

Darum beginnen wir zerstörend. Wir zwingen uns zu einer vorläufigen Gelassenheit gegenüber der Einsicht, daß an diesem Ende des Jahrzehntes, an dessen Eingang der Krieg zusammenbrach, die Parolen, an die nur vier Jahre vorher die Blüte der Nation ihre geistige Siegesgewißheit geknüpft hatte, die Parolen von der Beständigkeit unserer Kultur und ihrer Überlegenheit über Europa, bereits keine Gefolgschaften mehr anzuziehen vermögen. Aber wir blicken einen

Augenblick rückwärts und suchen zu erfassen, durch welchen Bedeutungswandel Begriff und Wort selbst in den Zeiten ihrer unangefochtenen Herrschaft gegangen sind.

Es kann kein Zweifel darüber bestehen, daß unter dem Einflusse großer historischer Denker und Darsteller der stärkste und siegreichste Begriff, der sich im neunzehnten Jahrhundert unter uns an das dunkle Wort geknüpft hat, ein ästhetischer gewesen ist, besser gesagt, von einem Primate des Ästhetischen über alle anderen Begriffskategorien beherrscht war, und daß unter seinem Zeichen, unter diesem allseitig gemeinten Begriffe, die Unterordnung aller übrigen Seinsnormen unter die ästhetische Mantelnorm, das ästhetische Zeitalter der deutschen Nation begonnen hat, das ganz zugestandenermaßen von der Zeit verschlungen worden ist. Jakob Burckhardt hat mit dem Titel seines berühmten Werkes die beiden Worte, aus denen er besteht, nicht sowohl zueinander in eine unerwartete Beziehung gesetzt, sondern als mächtige Begriffe und Mächte der Folgezeit überhaupt erst geschaffen. Sie waren kein europäisches Gemeingut, weder der der Renaissance noch derjenige der Kultur. Die europäischen Völker besaßen an seiner Stelle nur Ausdrücke für Gesittung gegenüber der Roheit und der Wildheit, für Zivilisation, das heißt einen sich entwicklungsmäßig höher steigernden *Prozeß*, ein Fortschreiten im Abtun, in etwas Negativem, ein Verwinden und Schälen, das dann zu einem Glätten, Veredeln, Maskieren, ja Schminken werden konnte und werden mochte.

Gegen jenes Negative und Relative hat Jakob Burckhardt und haben alle von ihm Beeinflußten ein Absolutes gestellt, gegen den von außen nach innen führenden Prozeß, einen halb mechanischen, halb intellektualistischen, im Bewußtsein von Zwecken unternommenen, äußerlich wie in Schillers Eleusischem Feste an das Wirken von Wohlfahrtsgöttern geknüpften, einen absoluten, einen Gott selber, und dieser Gott war die Form, – der Ungott und Widergott gegen diese Form war das Formlose und das Formwidrige –, sein Sakrament war das unwiderstehliche, aus der Organizität von Naturkräften hervorbrechende, nur im Formsinne differente, und sonst indifferente Walten des Formtriebes in allen Stoffen und allen Massen, in Skulptur- und Farbenwerken, wie im Staate, im Verbrechen und im Schelmenstreiche, in der menschlichen Seele, wie im menschlichen Verstande. Das Gottesreich dieses Gottes hatte in diesem Sinne keine natürlichen Grenzen, nicht im Raume und nicht in der Zeit. Die Einheit des Daseins schien in ihm durch das alles durchgeisternde Vermögen des Triebes zum sich Höchstausformen gewährleistet, und das Prinzip seiner Unterscheidung von dem ihm ungemäßen war im wesentlichen ein Prinzip der Wahl. Die Maßstäbe aber der Wahl, Normgefühl und Geschmack, waren wiederum auf ein Absolutes gerichtet, auf vollkommene Sättigung des Bedürfnisses nach dem Vollkommenen, auf das ausgelaufene Endziel, das in sich selber ruhende, das von seinem Wege nicht mehr weiß, auf den ruhigen Sieg, und selbst den ruchlosen,

auf die Gleichgewichtigkeit und das Vergessen der schwan-
kenden Welt.

Am reinsten waren diese allseitigen Begriffe an einem
den damaligen Zeiten noch unbekannten Alter, dem des italienischen Nachmittelalters entdeckt und begründet und
damit die Reihe der sogenannten klassischen Zeiten des
Menschengeschlechtes um eine neue vermehrt, aber wiederum nicht nur vermehrt worden. Denn in diesem Zeitalter hatte man geglaubt, die Grundsteine des gesamten späteren Weltgebäudes als eines zur Einheit strebenden
Zusammenhanges aller menschlichen Betätigung und Ver-
geistigung aufgefunden zu haben, und stellte neben den
Klassizismus, den an die Antike von Hellas und Rom
gelehnten, dem drei europäische Jahrhunderte nachgelebt
hatten, einen zweiten an Italien gelehnten, von dem, wie
frei behauptet werden darf, das ganze folgende Jahrhun-
dertdreiviertel auch in solchen unbewußt abhängig gewesen ist, die niemals eine Zeile des spröden und herbgefaßten
Basler Meisterwerkes im Originale gelesen hatten.

Die Form erhielt unter diesem Einflusse eine ungeahn-
te und ungeheure Lebenswichtigkeit. Die Klassierung von
Kunst und Künsten trat auf ganz neue Stufen. Der Begriff des
Künstlerischen wich aus den Schranken und griff auf alle
Kreise des Lebens über. Er trat auf weiten Gebieten an die
Stelle des Religiösen. Das Verhältnis des Lesers zum dichte-
rischen Werke wurde von ihm grundlegend gewandelt.
Begriffe wie der der »Goethefrömmigkeit« entstanden in sei-

nem Gefolge. Die Beziehungen zur Musik und zur Architektur entfremdeten sich ihren ursprünglichen gemessenen Beständen. Und im Verfolge der ganzen Umwandlung des Nationalgeistes bemächtigte sich der Auffassung des Verhältnisses des lebenden, handelnden, leidenden Menschen zur überlebensgroßen, handlungslosen, leidlosen Form ein Pathos das emphatisch, und ein Formverlangen das formlos werden konnte, das von ursprünglich formbegabteren Nationen als der unseren mit Zweifel, Spott, Abneigung und offener Feindseligkeit betrachtet wurde und schließlich mit Wut bekämpft. Und in diesem Umschlagen eines Prinzipes in sein scheinbares Gegenteil und in sein wirkliches lag keineswegs, wie ich sofort hinzusetze, eine bloße Verirrung, sondern, auf wie wunderlichen Wegen immer, seine Kritik, seine Korrektur und seine beginnende Überwindung.

Bloß diese oder nicht auch eine Rückbesinnung auf frühere Begriffsstadien, durch die unter uns das gleiche Wort gegangen war? Erinnern wir uns nun und übergehen wir gleichzeitig mit einem Worte, daß dasjenige, was ich als das unter dem Zeichen der »Kultur« einsetzende ästhetische Zeitalter unseres Volkes genannt habe, schon seinerseits reaktiven Charakter gehabt hatte und einer Zeit gefolgt war, die im sinnenfremden reinen Gedanken und oft im formlosen Gedankentraume geschwelgt hatte. Aber wenn wir durch jene Zeit hindurch auf den Anfang des neunzehnten Jahrhunderts durchstoßen, begegnen wir ganz anderen Versuchen, das Wesentliche der Kultur als eines nationellen

Höchstgehaltes zu bestimmen und es gleichzeitig gegen die Gestaltmöglichkeiten einer bloßen Gesinnung abzugrenzen.

Bereits das achtzehnte Jahrhundert hatte das Bedürfnis empfunden, dem erkannten Mittelmäßigkeitscharakter des Zivilisatorischen, das immer auf Durchschnitte zielt, entschiedene Idealbegriffe überzuordnen und diese seinen eigenen für die Bildung des Menschen angesetzten Höchstnormen gleichzusetzen. Aber diese Idealbegriffe wurden auf ganz anderen Gebieten gesucht als denjenigen, in denen das ausgehende neunzehnte Jahrhundert sie gefunden zu haben vermeinen sollte.

Goethe hatte dasjenige, was ihm als Kultur vorschwebte, in einem Gleichgewichtspunkte zwischen dem Religiösen und dem Politischen bestimmt und in diesem Zusammenhange — er der Meister der Form und der Formen — von der Form und dem Ästhetischen nichts weder gewußt, noch wie es scheint wissen wollen. Nun aber war ihm das Religiöse wie wir wissen an der ganzen Achse lebendig, deren unterster Pol das Sittliche und deren höchster die Transzendenz ist, das Politische aber das gesamte Wesen menschlicher Gemeinschaftsmöglichkeiten, deren elementarste die Familie des Menschen, und deren höchste die Familie der Völker ist. Es lag also der schwebende Ausgleich den er suchte, und den er nicht als Endliches sondern als Näherungswert ansah, durchaus zwischen Unverglichenem, voneinander Fortschwebendem, zwischen Himmel und Erde. Daraus erhellt, daß der Begriff der Kultur für ihn ein Stufenbau sein mußte, dessen einzelne Punkte durch die Stufen der beiden polaren Möglichkeiten bestimmt wurden, keineswegs durch Schnittpunkte des Lebendigen mit den Koordinaten der Bildung, der Lektüre, der Gelehrsamkeit, des Kunstgefühls, des Formsinnes, des Wissens um Vollendung, der Kennerschaft und der Wahl. Die Stufe des Religiösen und des Politischen, die ein jedes Individuum für sich einnahm und erreichen zu können hoffen konnte, bestimmte für jedes Individuum den ihm zukommenden Höchstgrad der Kultur oder der Selbstkultivierung, und unter dem Adlerblicke von oben lagen alle diese Einzelgipfel in gleicher Höhe. Dieser Begriff von Kultur also war nicht klassizistisch und nicht historisch, sondern menschlich und weltmäßig. Er entnahm nirgendsher ein vollkommenes Vorbild, dem er sich und die Welt und das Volk nachgeprägt hätte, er wußte nichts von Mustern, Räumen und Zeiten, und er war nicht, wie die Begriffe des Historikers optimistisch, sondern wie die des Weltmannes tolerant, dem Anscheine nach, wie die des Genius ungemessen und unermeßlich, dem Wesen nach. Dem Burckhardtschen Begriffe mit seinem Primate des Ästhetischen und der *vis superba formae* lag die Voraussetzung des Erfüllbaren, weil ja einmal auf Erden vollkommen Erfüllten zugrunde; er war ausgesprochener- und zugegebenermaßen irdisch; der Goethische beruhte auf der Voraussetzung des bloßen göttlichen Hoffnungsbildes; er war ins Überirdische gezielt und vermählte die Gebundenheit der Menschennatur mit ihrer Freiheit am Horizonte eines aufgehenden Sternes.

Mit Absicht habe ich die beiden großen geschichtlichen Tendenzen, in denen der Bedeutungswandel des Begriffes abgelaufen ist, mit Umkehrung ihrer geschichtlichen Abfolge entwickelt, weil auch hier das Nacheinander zu einem »Durcheinanderhindurch« geworden ist und der ältere, tiefer in der Natur des Menschen und des deutschen Menschen gegründete, den anderen durchwachsen hat. Denn dies, und nichts anderes lag auf dem tiefen Grunde der Tatsache, daß die sogenannte Kultur oder die sogenannte deutsche Kultur, zu deren ausländischen Verhöhnern das deutsche Volk selber getreten ist, das ungeheure Sammelchaos geworden war, das eine neue Generation aufzunehmen sich außerstande erklärt. Wohl war und ist in ihm der Primat des Ästhetischen und die Durchsetzung mit echten und verkleideten ästhetischen Elementen noch spürbar, aber als Postulat und nicht mehr oder nur zaghaft als Dogma. Er ist überall durchbrochen und in die Lücken ist eingestürmt alles, was gleichfalls Kultur und Kulturmacht sein und an Kultur teilhaben will. Wohl ist das religiöse Element in ihm als solches kaum zaghaft vertreten, aber es hat unter den Verkleidungen, die ich genannt habe, alle Ästhesen durchsetzt und mit Abbildern oder gelegentlichen Zerrbildern von sich erfüllt. Wohl hat sich ein politisches Element in ihm, infolge der Schwäche des politischen Sinnes bei uns, nicht zur Geltung bringen können, aber die Zeit hat dazu gedrängt, die gesamte Fülle kulturhafter und scheinkulturhafter Faktoren unter das politische Feldzeichen der Selbst-

bewahrung eines bedrohten und götterlosen Volkes zu scharen, das es nicht ertragen hätte, unter Fahnen in denen kein
Idol gestanden hätte, um sein Leben zu fechten. Schließlich
aber, und dieses ist die Hauptsache, hat dies Fahnenbild
zum letzten Palladium des geschlagenen und vernichteten
Volkes werden müssen, das kein anderes mehr besaß, das all
seinem alten Besitz, all seinen neuen Verlust, all seinen
gehofften Sieg, all das über sein Haupt ergangene Weltge-
richt nur noch und ausschließlich um diesen letzten Weih-
bezirk zusammenraffte, und, als der Stab der Geschichte
gebrochen wurde, dem Götzen fluchte, der es nicht errettet
hatte. Wie aus dem brennenden Hause der blinde Wahnwitz
nicht das Wichtigste sondern das Läppische flüchtet, fast
ohne zu wissen, was er in den zitternden Händen trägt, so
hatte ein jeder in den Schatten der Kultur sein Steckenpferd
und seine Puppe eingebracht und hat die Heiligkeit des
Bezirkes verloren gegeben, als er das Spielzeug verlor.

Und, da alles Feste heimlich miteinander so verwandt
und verknüpft ist wie alles Lose, durch die Kohäsion der
Geisterwelt, deren Gesetze nicht geschrieben sind, so hat
der Fall der Kulturveste, die alles Feste um sich her mit ins
Schüttern, Wanken und manchmal Niederbrechen gezogen
hat, den Augentrug erzeugt, daß alles, was uns dahingefah-
ren ist, in irgendeinem Sinne Kultur gewesen sei, ja schließlich, daß alles dahinfahren müsse und nichts bleiben könne
als die Willkür einer ewigen Lockung, das heißt die Willkür
einer ewigen Nacht.

Aber das Schicksal der Nation, das diesen Prozeß bis zur vollkommenen Katastrophe beschleunigt und überstürzt hat, es hat ihn nicht hervorgerufen. In anderen Formen, in anderen Zeitmaßen, allmählicher aber nicht minder unabwendlich, hätte er sich dennoch vollziehen müssen. Er hätte vielleicht nicht alles in den Strudel gerissen, was heut in ihm verschwunden ist. Vieles Ehrenhafte und Liebliche, vieles sittlich Schöne und erst im Verfolge ästhetisch Schöne hätte ihn vielleicht überlebt. Die Wandlung zu einem neuen Bedürfnisse hätte den festen Rahmen desjenigen länger geschont, was wie Bedürfnis nur aussieht und in Wahrheit eine tiefe und unentbehrliche Voraussetzung für die Atmung des Menschengeistes ist.

Aber was wir im eigentlichen Sinne des Wortes jahrzehntelang Kultur zu nennen uns gewöhnt hatten, ist an nichts anderem gestorben als an sich selber und war schon in den Zeiten triumphierender Wangenröte atemkrank. Es war gestorben, weil kein Volk von der Form leben kann, und seinen Tod hatte beschleunigt, daß die Form gesprengt war und gesprengt wurde von einer dumpfen Triebkraft aus dem Allerheiligsten des Menschenwesens heraus, von einer dumpfen Ahnung, verwandt der von Goethe in Worte gefaßten Ahnung, daß das menschliche Hoheitsziel ein Grenzzonenbegriff ist und kein erreichbarer Markstein, daß die Maße des Menschen nicht im Irdischen und Endlichen liegen, daß sie in keinem Festen und Greifbaren enden können und enden dürfen, und daß ein Endbegriff des Menschenstrebens falsch sein muß, wenn er mit Glück, mit Befriedigung und Sättigung zusammenfällt oder je zusammengefallen ist, daß das menschliche Geschehen tragisch ist und sein Korrelat in der Menschenseele nicht Begierde sein kann, sondern nur Leidenschaft sein darf, daß die Welt kein Kunstwerk ist, sondern Schöpfung und der Mensch kein Künstler sondern wenn er kann, Schöpfer, wenn er nicht kann, Geschöpf, ja, in jeder seiner Stufen und jedem seiner Augenblicke Schöpfer und Geschöpf gleichzeitig, in Millionen Abstufungen das magische Funktionsmittel zwischen Geschöpf und Schöpfer, als das er die Erde nicht völlig unwürdig verwaltet. Das Gefühl, daß in dies dunkle Mittlere zwischen Geschöpf und Schöpfer das Formloseste noch mit tieferem Rechte eingebracht wird als die vollkommenste Form, der dunkelste, ja der trübste Trieb noch eher, als irgend Buch oder Gedicht, Gemälde oder Symphonie, dieses Gefühl und nichts anderes hat als ein Element des tiefsten Lebens und damit zugegebenermaßen als ein chaotisches und anarchisches Element, den Kulturbegriff in dem Augenblicke aufgespalten, in dem er selber bereits über seine Artgrenze wucherte, wie das Todeswerte es muß. Dies und nichts anderes hat mit seinem völligen Vegetationsverfalle in den Winter geführt der uns umgibt und hinter dem, zum Unterschiede vor irdischen Wintern, nur der Glaube, der der Hoffnung, der ehernen, verwandter ist als dem Wissen, Frühlinge gewahren, auf Frühling vertrösten darf.

Dies denn und nichts als dies, nicht mehr und auch wohl

nicht weniger als dies, ist die Lage die wir übernehmen. Kein Zweifel, daß sie ein ungeheures, ungemessenes Unglück ist, denn sie stellt den Fortbestand des Beständigen und Beständiggebliebenen im Bereiche des Menschengeistes in die absolute, schauerliche Frage. So lange wir den Menschen rückverfolgend auf Erden gewahren: bis zum Einsturze von 1900 ist sein Geschehnis ein planetares Kontinuum gewesen. In unsere Lebensspanne fällt der erste Bruch, die erste geistig seelische Eiszeit und Vergletscherung dieses Kontinuums, und wir sehen mit Grauen in den Augen vor jeder Anschlagsäule, auf jedem Zeitungsblatte, in jedem Menschenschicksale in das wir blicken, den entsetzlichen Gletscher wandern. In jeder Sekunde erdrückt er eine neue Hoffnung. Täglich sehen wir einen neuen Menschen, dem wie man sagt nicht zu helfen ist. Jeden Augenblick sehen wir jene Mächte aller Zeiten, die nur von der Kurzsichtigkeit die Mächte unserer Jetztzeit genannt werden — denn sie haben immer gewirkt, nur sind sie immer unterlegen — am Werke, um die Vereisung zu verstärken. Das Geld kauft und macht gemein, das Triebwerk malmt und heimst ein, die Trägheit wirkt und unterwirft, die schreckliche Kürze des Lebens, die in den Abendstunden von Menschheitsepochen zum allgemeinen Angstkrampfe wird, zerreißt die Zeit in Schnitzel und lehrt die heilige Minute nichtachten. Und wir — Zuschauer und Objekte zugleich des Vorganges — sollen uns zu der vermessenen Paradoxie aufschwingen, uns statt an die Reste des noch Vorhandenen, gerade an die den Sturz von gestern mitverursachenden Kräfte zu halten, sollen die Entschlossenheit aufbringen, das Glück im Unglücke gerade da zu bezeichnen, wo wir mit eigenen Augen die ersten Spuren des Verfalles und Zerfalles mitlebend erlebt haben?

Ja, hierzu allerdings fordere ich Sie auf, indem ich es ausspreche, daß die Kultur, wenn wir den zweideutig gewordenen Namen dennoch brauchen wollen, einen sakramentalen Charakter haben muß oder keinen Charakter haben wird und daß, wenn sie einen solchen noch je gewinnen kann, ihre Entwertung und ihr Zerfall kein Unglück gewesen ist, sondern in den Formen des Schicksals eine Anwartschaft auf neue Stufen unseres Daseins. Es ist ein gedankenlos nachgesprochenes Wort geworden, daß wir falschen Götzen gedient haben. Es ist noch nicht eingesehen, daß wir auf der Suche nach den allerfalschesten einstweilen das Heiligste schlechthin außer Kraft gesetzt haben. Ja, es ist noch nicht eingesehen, daß wir als Altäre gestürzt haben, im Übereifer, was nie von einem Gotte bewohnt gewesen ist, und als bloßes Mauerwerk beseitigt, was noch von jahrtausendalter Spende dampfte. Über lauter Jagd nach dem unbekannten Gotte, den wir für uns zu erfinden hätten, haben wir versäumt, den Altar des unbekannten falschen Götzen dem Erdboden gleichzumachen, und es fängt den allerwenigsten zu ahnen an, daß wir vielleicht nirgends anders als unter dieser Schuttstätte der Zukunft das Heilige finden das wir suchen.

Denn der zweckhafte Charakter dessen, was wir Kultur genannt und angebetet haben, hat es mit sich gebracht, daß wir in allem was nicht absolute Form war, Zwecke, Übergänge, Stufen haben erblicken wollen, die nur dienen und nicht sind. Wir haben das Buch als Kultur angebetet, die Sprache als Kultur vergöttert, aber dasjenige was zu ihr führt oder zu ihm, so gemein gemacht, daß jeder, dem wir es aufgedrängt haben, es im Augenblick des Besitzes bereits verachtet. Wir haben aus demjenigen, was die Jahrtausende vor uns mit Ehrfurcht besessen und weiter übermittelt haben, vulgäre Elemente gemacht, Elemente Jedermanns, aus Lesen und Schreiben. Ich habe mein Leben damit zugebracht, Lesen und Schreiben zu lernen, und bin sehr weit davon entfernt, mir vorzuspiegeln, daß mein Leben ausreichen wird, es zu erlernen, denn ich habe gelernt, das eine und andere als Wege zum göttlichen Geheimnis und zu Einsichten in das göttliche Geheimnis anzusehen, dem ich mich in unablässiger Leidenschaft nähere, mir tief bewußt, es niemals zu erreichen. Wir haben es völlig verlernt, daß das Wesen der Sprache an das Geheimnis des Göttlichen in uns, des schöpferischen Ausdrucksverlangens gebunden ist, und bedienen uns der Sprache als eines rein intellektualistischen, durch Übereinkommen regulierbaren Systems von Bezeichnungen. Ich habe mein Leben damit verbracht und werde es damit zu Ende bringen, das Wort als den mir verliehenen Funken des Urschöpfungsaktes, des Ewigen, in mir zu verehren. Wir sind völlig gewöhnt, in unsere Kultur einzurechnen, was dem Menschen an Vermehrung seines irdischen Vermögens, seiner Macht über das Irdische fast wider Willen, ganz wider Willen, zufällt und ihn dort am lautesten zu preisen, wo das neu ihm zugefallene Werkzeug und Spielzeug seiner Hände, das ihn heimlich regiert, seiner selbst spottet.

Es wird eines ungeheuren Entschlusses bedürfen, um ihn in *dem* Sinne wieder zum Maße der Dinge zu machen, daß wir nichts an ihm achten, als was er selber an sich verachtet und fast leugnet, jene erhabene Freiheit, auszuschlagen, was ihn nicht fördert, zu überschweigen, was den blinden Pöbel ergötzt und vor den gräßlichen Flittern der Metropolen, die ihm seine Unsterblichkeit billig abzukaufen trachten, mit dem großen Apostel auszurufen: »Ich bin es alles mächtig, aber es ist mir nicht alles nütze.« Noch in allen großen Zeiten der Weltgeschichte hat der größte Reichtum, derjenige, vor dem am Zahltage alle Schätze der Erde zu Spielmarken zusammenfielen, geheißen »freiwillige Armut«. Ich will nicht alles haben wollen was es irgend gibt, aber was ich irgend habe, will ich heilig halten. Ich will nicht alles wissen wollen, können wollen, leisten wollen, was irgend gekonnt, gewußt, geleistet werden kann. Ich will nichts wissen als was mich fördert, nichts können als was ich muß, nichts leisten, was ich nicht schulde. Nicht derjenige ist der wahre Herr der Zeit, der alles bei sich, um sich, in sich sammelt, was sie zeitig oder unzeitig aus ihrer automatisch gewordenen Förderwut aufwirft; nur derjenige ist es, der sie von oben herab ansieht und in jede Aufnahme den Akt seines vollen Willens, seiner gerechten Wahl darum

legt und legen muß, weil nicht diese Zeit oder die Zeit überhaupt und irgendwer, ihm Datum und Maß wäre, sondern
weil er seine unerschütterlichen Maßstäbe außer ihr und
über ihr aus dem Sternenreiche der Werte holt und nichts in
sich duldet als das diesen und diesen allein Gemäße. In diesem Sinne und keinem anderen ist Kultur, und auch diese
sakramentale Kultur, eine Wahl.

Für das Geheimnis, das ich vorhin angedeutet habe, in
dem der Mensch das magische Funktionsmittel zwischen
dem Geschöpf das er ist, und dem Schöpfer der er ist, darstellt, hat die uralte Terminologie das Symbol des Mittlers
gefunden. Dieser Mittler an seinem Teile zu sein ist ein jeder
berufen. Niemand glaube, daß er zu nehmen – anzunehmen,
aufzunehmen – da sei. Jeder hat über sich hinweg, über sich
hinaus, über sich empor zu gehen, weiterzugeben, weiterzu-
leiten, was er empfängt. Jeder hat seinen Geist, dies aus tausend irdischen Quellen bereicherte Ätherwesen, in die
Hände eines über ihn Erhabenen zu befehlen. Die leidenschaftliche Fähigkeit, sich in einem solchen Sinne als Gefäß
des verklärenden Überganges vom Niedern ins immer
Höhere zu empfinden, sie allein unterscheidet denjenigen,
um dessentwillen der Mensch nicht umsonst aufrecht geboren ist, von dem trüben Gaste auf der dunklen Erde. Sie
allein kann jeden Adel der Erde ausmachen, der durch den
Besitz eines geistigen Gutes von dem unermeßlichen Pöbel
der Erde unterschieden ist, jenen Adel, der wie jeder andere
Adel, nicht durch eine besondere Substanz ausgezeichnet

ist, sondern durch eine besondere Art, sich der Hoheit dieser Substanz bewußt zu sein und zu bedienen. Die Zeit besteht ihm aus lauter unvergeßlichen Momenten, der Raum aus lauter unentweihtem Zollbreit, das Menschengesicht ist ihm nicht ein Reflex sondern ein Abbild, der Vater ein Sohn und der Sohn ein Vater, und das Leben selber nur darum wert, gelebt zu werden, weil es nie, und nicht einen Augenblick, hingenommen oder erlitten wird, sondern immer im Momente des Erfahrens umgeschaffen und neuerschaffen.

Es ist nicht das Quattrocento oder das Zeitalter des Perikles, an das unsere Väter geglaubt haben und das unsere Söhne heute verlachen. Eine große Frau, die heilige Therese, hat gesagt: die Stunde das Entscheidende zu tun heißt heute. Wer wird es sein, der damit beginnt? Glauben Sie mir, derjenige unter uns, der nie damit beginnt, wird eines Tages an einer Wende seines eigenen Lebens demjenigen begegnen, der damit begonnen hat, und dieser Eine wird den noch winzigen Keim der neuen Kultur über den Strom der Zeit tragen, denn er wird um den kleinen Finger herum stärker sein als jener um den ganzen Leib.

Aus: Rudolf Borchardt: *Reden*. Hrsg. von Marie L. Borchardt. Unter Mitarbeit von Rudolf Alexander Schröder und Silvio Rizzi, Stuttgart: Verlag Klett-Cotta 2. Aufl. 1999, S. 309–321. Erste Veröffentlichung in der *Deutschen Rundschau*, 56. Jg., November 1929.

JAN PATOČKA

KETZERISCHE ESSAIS

Jan Patočka (1907–1977) war als tschechischer Phänomenologe stark
vom Denken des späten Husserl geprägt und wurde mit Merleau-Ponty
verglichen. Neben der Triade von Politik, Geschichte und Philosophie,
die er zugleich in den Blick nimmt, vermittelt er seinen Lesern ein tiefes
Verständnis dafür, wie die Geschichte aus der Vorgeschichte entsteht.
Sein kritischer Blick auf das 20. Jahrhundert führte ihn zu seinen »Ket-
zerischen Essais«, in denen er die Gefahr erkannte, sich im Nihilismus
einzurichten.

DIE GEISTIGEN GRUNDLAGEN DES LEBENS IN UNSERER ZEIT

Enttäuschungen sind insbesondere dort bemerkbar, wo die
Realisierung nur ein Surrogat des Utopischen anbietet. In
einer Zeit der Verwirklichung von Utopien werden neue
Zwecke, neue Ziele und ein neuer Sinn gesucht. Wenn das,
was zuvor noch vor uns lag, plötzlich da ist, dann brauchen
wir ein neues »Vor uns«. Die Sehnsucht nach Glück gehört
zum menschlichen Wesen. Es gehört jedoch auch zum
Wesen des Glücks, der τύχη, daß es sich unserem Zugriff
entzieht, daß es nicht unserer Gewalt untersteht, sondern
vielmehr uns in seiner Gewalt hat. Wir können das Glück
nicht durch Zugreifen fassen, im Gegenteil – es ist das
Glück, das uns umfaßt. In gewissem Sinne existieren wir

nur dadurch, daß wir das Glück haben, einbezogen, umfaßt, angenommen zu sein. Schon die physische Existenz des Menschen wird dadurch gewährleistet, daß er in die Menschengemeinschaft *aufgenommen* wird, und auch in dem Lebensbereich, in dem der Mensch ohne Maske er selbst ist, sehnt er sich danach, von anderen Menschenwesen voll angenommen zu werden. Etwas völlig anderes, jedoch mit dem eben Geschilderten eng zusammenhängend, stellt die durch das Akzeptiertwerden, durch die Erfüllung hervorgerufene Lust dar. Eine bekannte moderne psychologische Lehre besagt, daß der Bereich des Verlangens dem Lustprinzip untergeordnet ist, wobei die Wünsche in gewissen Fällen mit dem Realitätsprinzip in Konflikt geraten können und ins Unbewußte verdrängt werden. Die Gesellschaft, ihre Struktur sowie die Bewältigung der Realität durch Arbeit und die daraus resultierenden Anforderungen stellen die bedeutendsten Faktoren solcher Repression dar. Schon aus dem uralten Mythos von Gilgamesch erfahren wir, daß Gilgamesch, wenn er seine Stadt und seine Burg erbauen will, die Männer von ihren Frauen trennt. Es scheint nun eine selbstverständliche Schlußfolgerung für eine Theorie der modernen, anhand neuer Techniken und entsprechender Klassen- und Produktionsorganisation entstehenden Überflußgesellschaft zu sein, daß dort keine so weitgehende Repression und Tabuisierung des Sexuellen nötig sein werden, wie sie in den vorhergehenden Gesellschaftsformationen einschließlich der kapitalistischen wirksam waren.

An die Stelle der Askese treten neue, qualitativ reichere Bedürfnisse, und das Leben wird, so wenigstens glauben etliche, glücklicher werden. Es steht außer Zweifel, daß sich die Repression insofern vermindert, als sich die Menschen das Recht gesichert haben, über ihren Körper, ihre physische Person zu bestimmen. Der Körper und sein Besitz sind in der Tat auch dasjenige, was beherrscht und manipuliert werden kann. Dieser sexuellen Utopie, die keine mehr ist, entgeht völlig, daß es nur eine Sophistik des Verlangens ist, wenn Manipulierbares an die Stelle von Unmanipulierbarem gesetzt wird. Mit dem eigentlichen Glück hat diese Auffassung nur das gemeinsam, daß sie vergeblich seinem Schatten, einem seiner Begleitumstände nachjagt, den sie für die Sache selbst hält.

Ein anderes utopisches Ziel, dessen Erreichung mir nicht minder problematisch erscheint, ist die Verwirklichung der Unsterblichkeit des Menschen. Die Unsterblichkeit gehört zu den ältesten Wünschen des Menschen, und das Problem ihrer empirischen Realisierung beschäftigt den Menschen in der Kunst, in der Magie und heute auch auf dem Gebiet der Technik. Biologen unserer Zeit behaupten bekanntlich, daß es unter Ausnutzung der uns zur Disposition stehenden Möglichkeiten machbar sei, ein ununterbrochenes Bestehen einer lebendigen Substanz zu gewährleisten. Wir stehen vor der Frage, ob nun dadurch — sollte es gelingen, die Voraussetzungen solcher ununterbrochenen Existenz für den Menschen zu erfüllen — nicht eine wesentliche Struktur des

Menschseins betroffen wäre und ob damit nicht eine uralte Problematik hinfällig werden dürfte. Ist es nicht die Tatsache der Endlichkeit und der Sterblichkeit, das Geheimnis des Nichtseins und des Überlebens, die in der bisherigen historischen Existenz der Menschheit insbesondere auf dem Gebiet der Religion ein ungeheures geistiges Vermögen aktivieren? Ist der Mensch nicht gerade deshalb ein *homo religiosus*, weil er sterblich ist? Wenn es nun gelingen sollte, die menschliche Unsterblichkeit empirisch im Labor zu verwirklichen, würde dies dann nicht das Ende aller dieser Phänomene bedeuten, würde nicht dadurch der anthropomorphe Charakter aller dieser Konzepte enthüllt werden, die zu beweisen viele in der Vergangenheit mit großem Aufwand bemüht waren? Ein derart radikaler Angriff bliebe also den großen Forschungsinstituten und Laboratorien der heutigen Tage vorbehalten, durch deren Leistung der Mensch befähigt wäre, ein permanent positives Stadium seiner Entwicklung zu betreten. Es wäre sogar nicht einmal notwendig, die völlige biologische Unsterblichkeit zu erreichen – die Aufgabe wäre eigentlich viel einfacher: An dem Phänomen des Todes erscheint als hinterhältig und geheimnisvoll gerade die Unbeherrschbarkeit, die Tatsache, daß der Tod über uns kommt, wie und wann er will. Es würde also ausreichen, nur etliche noch vorhandene Probleme zu lösen, zu deren Klärung der Weg sowieso schon beschritten wurde – so z. B. das Problem bösartiger Geschwulste oder das der Organtransplantationen u. ä. –, um das Leben derart zu ver-

372 · Jan Patočka

längern, daß der Lebenswille von selbst erlischt. Damit würde das Phänomen des schicksalhaften, hinterhältigen, unbeherrschbaren Todes, angesichts dessen der Mensch von dem Bewußtsein erdrückt wird, daß er weder dessen Tag noch Stunde kennt, von der Welt verschwinden.

Betrachten wir das Phänomen der Verlängerung der menschlichen Lebenserwartung, das die Entwicklung der europäischen Zivilisation begleitet, dann erscheint uns der Trend zum »natürlichen Tod« als etwas, das der Mensch wohl anstrebt, das zu realisieren ihm allerdings in seiner früheren Geschichte vor allem deswegen verwehrt wurde, weil es ihm an materiellen Mitteln zum Leben mangelte. Dem Besucher alter Klöster, deren Matrikelbücher Auskunft über das Alter der Verstorbenen geben, fällt das frühe Alter auf, in dem im 12. und 13. Jahrhundert die Mönche verstarben. Askese bedeutete damals oft gänzliches Abstrahieren vom Leben. Uns mangelt es nicht an materiellen Mitteln, daher können wir vielleicht auch dieses enorme Problem menschlicher Selbstbewältigung einer Lösung zuführen. Die Welt des Menschen wird dann in sich geschlossen sein; sie wird zu einer Welt, in der das Leben sowohl hinsichtlich seines empirischen Vorhandenseins beherrscht — nämlich durch die freiwillige Geburtenkontrolle sowie durch eugenische, bereits in der Entwicklung befindliche Techniken der Nachkommenauslese — als auch hinsichtlich seiner Qualität manipuliert wird — sobald wir imstande sein werden, das Erbgut nach Belieben zu beeinflussen — und in der es schließlich auch in seinem Ablauf und in bezug auf sein Ende kontrollierbar wird.

Die Endlichkeit des menschlichen Lebens basiert jedoch nicht auf dessen faktischem Verlauf, sondern gründet in seiner *Faktizität*: nicht also darin, daß das Leben *in der Tat* von außen her ohne mögliche Gegenmaßnahmen oder Abwehr beendet wird, sondern darin, daß dies jederzeit geschehen *kann*; nicht darin, daß der Lebensfluß sein Ende hat, wohl aber darin, daß er ein *Sein zum Ende* ist. Das Leben wird nicht weniger ein Leben zum Ende sein, wenn es noch so umsorgt, gehätschelt und abgesichert wird. Dadurch werden nur die Marksteine versetzt. Seine Endlichkeit wird gerade in jener immer wieder erforderlichen Sorge und Absicherung bestehen, wobei das Leben nicht aufhört, auch ein Leben im Vorlaufen zu sein, ein Leben, in dem wir unserer eigenen Gegenwart vorauseilen, bis wir auch bei der letzten, in der Zeit nicht mehr überwindbaren Möglichkeit anlangen, die uns dem Nichts unmittelbar gegenüberstellt. Selbstverständlich kann das Leben diese Möglichkeit vor sich selbst sorgfältig verschleiern, und die Menschen können wieder bestimmte Techniken des Verschleierns entwickeln – einen Konsensus gegenseitiger Erleichterung. Doch auch in diesem Fluchtversuch wird die Endlichkeit weiter existieren, allerdings in einer besonders ausgezehrten und innerlich erstarrten Form. Das Leben wird in einem solchen Falle eine lediglich zerredete und von Worten verschüttete Endlichkeit enthalten. In der heutigen Perspektive stellt sich das Problem so, daß sogar allseitige Versorgung und Pflege, wie sie z. B. Simone de Beauvoir in ihrem Buch *Une mort bien douce* schildert, manchmal dazu führen, daß sich jenes natürliche *taedium vitae*, d. h. der nachlassende Lebenswille, der aus der Schwächung der inneren Lebensressourcen resultiert, gar nicht einstellt und daß der Todkranke sich mit einer Situation konfrontiert sieht, in der er auf grausame Weise dem Leben gerade dadurch entrissen wird, daß dessen Ressourcen erhalten werden, so daß ein solches Ende und der Tod durch Erschießen sich nicht besonders voneinander unterscheiden.

Ebenso wie in der Perspektive der Lockerung von Sexualtabus Lust und Glück verwechselt werden, ergibt sich auch hier bei dem Problem des beherrschbaren Todes eine Verwechslung von innerer Endlichkeit und äußerlicher Beendigung des Lebens. Diese Verwechslung setzt eine Betrachtung des Lebens voraus, die das Leben von außen her als eine Reihe von Zeitpunkten erscheinen läßt, wobei das Problem darin besteht, diese Reihe zu verlängern oder zu verkürzen. Das eigentliche Problem besteht klarerweise jedoch nicht darin, sich den eigenen Tod als etwas anzueignen, das zu bejahen wir imstande sind. Das eigentliche Problem gründet in der primären, außerhalb menschlichen Wahlvermögens stehenden Bestimmung des menschlichen Wesens, »den Tod im Leben zu leben«, in der Endlichkeit zu leben, der sich der Mensch niemals entziehen kann.

Es gibt jedoch auch in der heutigen Zeit Denker, die sich

bemühen zu zeigen, daß das Leben notwendig immanent unendlich ist. In einem seiner nachgelassenen Texte versucht Edmund Husserl darzustellen, daß der Mensch zwar als endlich und sterblich zu begreifen ist, daß aber das eigentliche Fundament des Menschseins — das im Menschen ohne Unterlaß fungierende und für seine Erfahrung verantwortlich zeichnende transzendentale Bewußtsein — unendlich und unsterblich ist. Dieser Aussage liegt das Phänomen zugrunde, daß es weder einen ersten noch einen letzten Augenblick des Lebens geben kann, daß unser Bewußtsein immer erhaltend und antizipierend ausgerichtet ist und daß sein durch die Vergangenheit beladenes Vorausstreben um keines seiner Bestandteile gekürzt werden kann. Es sei nun denkbar, daß sich dieses Bewußtsein verdunkelt und verschleiert, so daß es für alle Ewigkeit in Schlaf fällt. Doch bedeute dieses In-Schlaf-Fallen nicht zugleich sterben, sich in absolutes Nichts auflösen? Indem wir sterben, hüllen wir uns wortwörtlich in ewigen Schlaf ein, und daß dieser Schlaf ewig ist, werde nur durch unsere mundane Erfahrung entschieden. Phänomenologisch gesehen sei weder eine Seelenwanderung noch eine Wiederbelebung innerhalb der reinen, inneren Personwelt ausgeschlossen. Ein totales Verschwinden des Bewußtseins sei undenkbar. Eine rein passive Bewußtseinseinstellung komme keineswegs einem Verschwinden des Bewußtseins gleich. Wenn Husserl so argumentiert, stützt sich sein Argument auf die Tatsache der *Undenkbarkeit des Todes*. Wir sind außerstande, den

Tod, das Nichtsein schlechthin zu denken. Es gibt keinen philosophischen Ansatz, der das absolute Nichtsein thematisieren könnte. Wir können es entweder als Wandel denken, doch setzt dieser das Weiterbestehen des in ihm Begriffenen voraus, oder als einen kontinuierlichen Prozeß des Erlöschens, der jedoch infinitesimal verläuft und nie an sein absolutes Ende gelangt; wir können es schließlich auch in der dialektischen Denkfigur fassen, in der Sein und Nichts identisch sind, aber dann geht Nichts ebenso in Sein über — und sogar in ein »gutes« — wie Sein in Nichts. Die Erfahrung des Todes ist aber möglicherweise ein Zeugnis dafür, daß das Denken nicht einen adäquaten Zugang zu allem darstellt, was zweifelsfrei ein Bestandteil dieser Welt ist. Das Denken ist immer ein Denken von etwas; dort, wo sein Gegenstand verschwindet, bleibt es vor einem Rätsel stehen, das zu lösen es außerstande ist. Dagegen gibt es eine Grundbefindlichkeit, die uns mit unserer Situation in einer Welt konfrontiert, in die wir geworfen sind, in der wir existieren und dieses Sein tragen müssen, weil sein Ursprung und Anfang für immer außerhalb unseres Wirkens liegen, weil uns ein inhaltlicher, positiver Zugang zum Seinsursprung ebenso verwehrt bleibt wie zum Seinsende. Diese Grundbefindlichkeit ist es, die uns die Außer-gewöhnlichkeit, die Un-heimlichkeit, die Abgründigkeit unserer Existenz erleben läßt. Abgründigkeit meint hier jedoch gerade jenen Abgrund des Nichts, des reinen Nichtseins, dessen Gegenwärtigkeit und damit auch dessen bestimmende

Funktion schon damit ausreichend gegeben sind, daß er nicht negiert werden kann. In diesem Sinne markiert er die äußerste Grenze der Stellung des Menschen in der Welt.

Auszug aus: Jan Patočka: »Die geistigen Grundlagen des Lebens in unserer Zeit«; in: Ders.: *Ketzerische Essais zur Philosophie der Geschichte und ergänzende Schriften.* Hrsg. von Klaus Nellen und Jiří Němec, Stuttgart: Verlag Klett-Cotta 1988, S. 353–378; abgedruckter Ausschnitt: S. 366–371.

EUDORA WELTY

EINE STIMME FINDEN

Als ich noch klein genug war, um viel Zeit darauf zu ver-
wenden, morgens meine Schuhe zuzuknöpfen, horchte ich
immer zur Diele hin: Papa rasierte sich oben im Bad, und
Mutter briet unten den Speck. Gewöhnlich begannen sie,
sich gegenseitig etwas die Treppe hinauf und hinab zuzu-
pfeifen. Mein Vater pfiff eine Tonfolge, und meine Mutter
versuchte zu pfeifen, dann summte sie ihre zurück. Es war
ihr Duett. Ich zog meinen Stiefelknöpfer durch die Löcher
und hörte zu – ich wußte, es war »Die lustige Witwe«. Der
Unterschied war, daß ihr Lied von Lachen getragen wurde:
Wie anders als auf der Schallplatte, die von Anfang an jaul-
te, als würde das Victrola-Grammophon gerade langsam auf-
gezogen. Sie sangen das Stück weiter, die Treppe hinauf und
hinab, wo ich nun eben fertig war, hinabzupoltern und
ihnen meine Schuhe zu zeigen.

ZUHÖREN

[…] Natürlich ist es einfach zu verstehen, warum sie mich
überbehüteten, warum mein Vater, ehe ich ein neues Paar
Schuhe zum erstenmal tragen konnte, mich warten ließ,
während er sein schmales silbernes Taschenmesser hervor-

holte und mit der Klingenspitze die polierten Sohlen sorgfältig in einem diamantförmigen Muster einritzte, um mich
davor zu bewahren, daß ich beim Herumlaufen auf dem
gebohnerten Fußboden ausrutschte.

Wie ich immer wieder erfahren sollte, hatte meine Mutter
den Kopf voller Gedanken. Was immer geschah, war für sie
ewig gepaart mit etwas, das vorher einem von uns oder ihr
passiert war. Es wurde ein heimlicher Gedenktag. Jedesmal,
wenn mir irgendein möglicher Schaden drohte, dachte sie
daran, wie sie ihr erstes Kind verlor. Als zu Weihnachten ein
Goldrausch nach hinten in meinen Ärmel hinein losging,
erstickte sie das Feuer in aller Eile mit dem ersten besten,
das sie greifen konnte; es war ein Geschirrtuch, das in der
Küche hing, und die Verbrennung an meinem Arm entzün-
dete sich. Ich war einfach stolz auf meine Armschlinge,
denn ich konnte sie zur Schule tragen, und ihre wiederhol-
ten Selbstbeschuldigungen − sogar wegen der Schlinge −
verwirrten und bekümmerten mich.

Wenn meine Mutter mir sagte, sie wünsche, daß ich
etwas hätte, weil sie als Kind es nie besessen habe, wollte
ich es zurückgeben. Oder zumindest wollte ich es zum Teil.
Mein ganzes Leben lang habe ich fortwährend empfunden,
daß Glück für mich Entbehrung und Entsagung für meine
Mutter bedeutet hat. Ich glaube nicht, daß es ihr in den Sinn
kam, welch zwiespältige Regung ich fühlte, und in der Tat
weiß ich, daß es ihr gegenüber unfair war; denn was sie
sagte, war schlicht die Wahrheit.

»Heute abend möchte ich dich mit deinem Vater ins Century Theater gehen lassen. Ich möchte lieber, daß du *Blossom Time* siehst, als daß ich ginge.«

Ich saß dann im Century in der ersten Reihe auf dem Balkon, wo stets ihre Sitzplätze waren, neben meinem Vater und zu einer Stunde lange nach meiner Schlafenszeit, gänzlich von der Aufführung mitgerissen, und unvermittelt packte mich der Gedanke an meine Mutter, die zuhause bei meinem schlafenden jüngeren Brüdern geblieben war und das Spektakel, das sich gerade vor meinen Augen abspielte, versäumte, und die ohne die Aufregung und das Staunen, die mich erfüllten, auskam, und ich vermochte vor Schuldgefühlen meine Freude kaum zu ertragen.

Es ist kein Wunder, daß schon sehr früh in mir eine Leidenschaft für Unabhängigkeit aufbrach. Ich brauchte lang, das Unabhängigsein in den Griff zu bekommen; denn ich liebte diejenigen, welche mich beschützten — und unvermeidlich wollte ich sie auch beschützen. Mir ist es niemals gelungen, mit dem Schuldgefühl fertig zu werden. Beim Schreiben an sich und beim Schreiben von Erzählungen gibt es zwei Quellen, eine hell, eine dunkel, die den Strom nähren.

Aus: Eudora Welty: *Eine Stimme finden*. Aus dem Amerikanischen von Rüdiger Imhof, Stuttgart: Verlag Klett-Cotta 1990, S. 11 und 35 f.

James Hamilton-Paterson
DREI MEILEN TIEF

19. 2. 95

Endlich bekomme ich einen Platz im Tauchboot! Andrea
fährt morgen in dem einen mit, ich in dem andern. Um mir
über die Ehre richtig klarzuwerden, muß ich nur daran denken, daß bis heute mehr Menschen im Weltraum gewesen
sind als in Meerestiefen unterhalb 5000 Meter. [...]

10 Uhr 10: Im Innern von MIR 1. Unser Lukenmann entfernt den konischen Polyäthylen-Ring, der die glattgeschlif-
fene Stahlfläche des Randes schützt. Die Luke schließt sich
vor einem blauen tropischen Himmel, und Viktor verriegelt
die Halteöhre von innen mit dem zentralen Steuerrad. Alle
Außengeräusche verstummen. Die Isolierung hat begonnen.
Viktor und Sergei gehen die Vortauch-Prüfliste durch. Es ist
sehr heiß, eng und schweißtreibend.

10 Uhr 15: Wir werden über die Bordwand hinausge-
schwenkt. Nicht einmal das hydraulische Stöhnen des
Krans ist zu hören. [...] Blaues Wasser strömt über die nach
unten abgewinkelten Sichtluken. Dünung, Schaukeln. Farb-
und Lichtwerte wie in einem Themenpark-Aquarium. Silbri-
ge Bläschen, Bündel von Lichtstrahlen, wenn ein Fenster
partiell auftaucht. Keine Fische.

10 Uhr 30: Ich habe den Augenblick verpaßt, als Viktor den Ballast aufnahm und wir zu sinken begannen. Klicken von vielen Schaltern, Telefonknacken aus dem Lautsprecher, allgemeines Summen und Rauschen.

113 Meter: Das Blau vor meiner kleinen Sichtluke ist leuchtend dämmerig. Den milchigen Ton nahe der Oberfläche, wie blühender Rosmarin, hat es verloren und ist nun eher wie Rittersporn. Dies ist etwa die maximale Operationstiefe der meisten U-Boote im Zweiten Weltkrieg: 377 Fuß, und draußen immer noch Licht. Ich weiß nicht, warum mir das solchen Eindruck macht.

218 Meter: Erst Zwielicht, dann späte Dämmerung. Bin überrascht, daß draußen immer noch Licht ist, ist aber so. [...] Es ist ein Licht, wie ich es nie zuvor gesehen habe. Auf der Erdoberfläche gibt es das nicht; kann wohl auch nicht künstlich erzeugt werden. Es macht etwas mit dem Bewußtsein, fühlt sich an wie leichte Genmanipulation. Die Crew wirft jetzt Clives Computer an; der dämonische Nerd Nik Schaschkow hat ihn als Navigationshilfe für uns programmiert. Der Anarchist hat seine Baskenmütze auf, die Mutter aller Baskenmützen, oben mit einem Zipfel so dick wie ein Strang Gänsekot. Von Zeit zu Zeit räkelt er sich und streicht sich den prächtigen Bart glatt, mit dem Handrücken wie mit einer Katzenpfote. Er fängt meinen Blick auf und lächelt. Nichts Böses kann geschehen, wenn der Anarchist an Bord ist.

265 Meter: Ich erinnere mich, daß in dieser Tiefe mal ein Kaiserpinguin bei einem achtzehnminütigen Tauchgang beobachtet wurde. Ein Vogel auf der Jagd nach Fischen in 870 Fuß Tiefe.

10 Uhr 37, *300 Meter:* Draußen Mitternacht. Mit anderen Worten, immer noch keine absolute Dunkelheit. Da hab' ich mich wirklich vertan, aber es liegt so wenig darüber vor, wonach man sich richten kann. Kein Gefühl, daß wir fallen, kann aber auch nicht sein, da wir längst die endgültige Sink-geschwindigkeit von 30 Metern pro Minute erreicht haben. Stille. [...]

364 Meter: Die ersten phosphoreszierenden Körnchen trei-ben aufwärts an der Sichtluke vorüber. Es ist wie Tauchen bei Nacht im Archipel; kenne ich, beruhigt mich.

400 Meter: Jetzt kann man den schwarzen Überhang aus Kunststoff (irgendwo über uns, wie eine Augenbraue des MIR) nicht mehr von dem Wasser ringsum unterscheiden – d.h. für mein Auge ist alles Licht aus der Umgebung ver-schwunden. Aber vielleicht nicht für jemanden, der dreißig Jahre jünger wäre, und ganz sicher nicht für die Tintenfi-sche und all die anderen Lebewesen der Tiefenstreuschicht, die jeden Tag die Wassersäule hinauf- und hinabwandern. Viktor lutscht Toffees und witzelt mit Sergei, der sich den Bart streicht und unseren Kurs aufzeichnet.

10 Uhr 55, *800 Meter:* Dies ist für mich eine Art kritische Schwelle, eine psychische Barriere, denn so tief – etwa eine halbe Meile – sind Beebe und Barton 1934 vor Bermuda gekommen. Beebe war der Held meiner Kindheit. Er war damals 57; ich bin heute 53. Hat lange gedauert. Lumines-

zente Granula treiben immer noch aufwärts vorüber, manchmal um den Rahmen der Luke wirbelnd wie vereinzelte
Schneeflocken, die ein dichtes Gestöber ankündigen. [...]

11 Uhr 04, 1 *Kilometer:* Die Kondensation beginnt um den
Rand der Luke über uns Tropfen zu bilden. *Hoffen* wir, daß es
die Kondensation ist! [...]

11 Uhr 11, *1210 Meter:* Noch mehr aufwärts treibende Gal-
lertkörperchen, eines wie gefrorener Rauch, ein anderes eine
Schlange aus grünen Punkten, wie ein griechisches Stern-
bild. Denke wieder an Hoffmanns Anselmus und seine Ser-
pentina und die Wahrzeichen namenloser Liebe. Langsam
gleitet ein Schauer von Lichtpartikeln aufwärts vorüber.

11 Uhr 20, *1461 Meter:* Die Kugel kühlt sich rasch ab. Ich
habe eben noch zwei Paar Socken angezogen.

1517 Meter: Ach, die fernen Sternbilder, die uns trotzdem
umschließen! [...]

12 Uhr 20, *3 Kilometer:* Wenn Viktor mit dem Kontrollraum
spricht, gibt es jetzt ein langes Echo. Zur Bestätigung ihrer
letzten Antwort gibt er immer ein Schlußzeichen mit zwei-
fachem Drücken auf den »Transmit«-Knopf am Mikrofon.
Wir hören die zwei Pings deutlich im Lautsprecher, wie auf
der Tonspur eines von diesen U-Bootkriegsfilmen. Drei Kilometer sind ein bedeutungsloser Meßwert; ebensogut könnten es dreitausend sein. Trotz aller Kommunikation, den
leuchtenden Computer-Karten, den Sonogrammen und all
den hellen Schaltbrettern sind wir einfach nicht mehr da.
Sinken ohne das Gefühl zu sinken, unerreichbar werden. [...]

13 Uhr 05, *4 Kilometer:* Über erhebliche Strecken hin tiefste Nacht, aber immer noch schweifen sporadisch blaß leuchtende Pünktchen vorüber. Draußen vor der Luke stößt etwas gegen einen der Kamerahalter und sieht für einen starren Moment wie die feine Hülle einer Millionen Lichtjahre entfernten Supernova aus. Mir fällt plötzlich der Name der Leute ein, von denen meine Eltern 1948, als ich sieben war, das Haus gekauft haben, in dem ich dann aufgewachsen bin. [...]

13 Uhr 23, *4400 Meter:* Polyäthylen-Beutel mit warmer Kleidung werden aus verschiedenen Löchern und Fächern gezogen. Sich in einen einteiligen wattierten Anzug hineinzuwinden, ohne an einen der Schalter zu stoßen, ist wie der Versuch, in einen Schlafsack zu kriechen, während man in einem Kristallsarg liegt.

13 Uhr 28, *4507 Meter:* Immer noch leistet uns hier und da ein Lichtfunken Gesellschaft. Das Furuno-Gerät zeigt 271 Meter bis zum Grund an. Es ist sehr kalt.

13 Uhr 55: Außenlampe an. Zum erstenmal kniet Viktor und beugt sich vor über die Armaturen neben mir. Wir blicken durch die Milch hinaus. Sachte, sachte zeichnet sich unter uns eine grüne Mondlandschaft ab. Ein Asteroid kommt uns entgegengeschwommen.

13 Uhr 58, *4828 Meter:* Landung. Ebener Sedimentboden. Ein kleiner Krebs kriecht vorüber. Sonst rührt sich nichts, nur das Herz klopft. An meinem Fenster entweder Tränen oder Kondenswasser. Ich wische kräftig. Ich gucke hinaus auf ein nie gesehenes Stück des Planeten. Da wir in einer Kugel sit-

zen, überschneidet sich mein Blickfeld kaum mit denen von Viktor und Sergei, die auch hinausgucken; drei Personen in einem Augapfel, doch mit drei verschiedenen Ausblicken. Auch haben die Bewohner dieses Planeten hier noch kein solches Licht gesehen, wie es das MIR um sich wirft, das jetzt zwischen den Millionen von Würmern aufgeworfener Sandhäufchen hockt, lodernd vor Energie auf jederlei Wellenlängen. Überall Spuren von Lebewesen. Ein großer weißer Fisch kommt mit gesenktem Kopf vom Rand unseres Halbschattens langsam heran, um uns näher zu untersuchen. Er ist wohl zwei bis drei Fuß lang, der Kopf dick wie bei einem Katzenwels, der Schwanz aalähnlich. Aus der Nähe sieht er ein wenig wie eine riesige Albino-Kaulquappe mit Schuppen aus. Er hat Augen mit zwei dunklen Zeichnungen davor, vielleicht den Infrarot- oder anderen Sinnesorganen. Ob unser Licht ihn anlockt? Geräusche? Geruch (Hydraulikölmoleküle)? Viktor bewegt einen Steuerknüppel, und wir gleiten davon, dicht über dem Boden, in zügigem Fußgängertempo. Kaum ein Motorgeräusch zu hören. Eher wie eine Ballonfahrt. Große schwärzlichrote Seegurke mit fleischiger Rückenmähne, *Pseudostichopus*. Schöne rote Garnelen, manche groß wie Langustinen und mit Facettenaugen, deren Netzhaut in unserem Lichtschein funkelt, strampeln mit gefiederten Rudern durch die Luft (wie es aussieht). Ein weißgrauer Seestern. Wieder muß ich an die nächtlichen Fischzüge auf dem Sedimentboden vor den Riffen denken, eine vertraute, freundliche Umgebung. [...]

14 Uhr 55: In einem wirbelnden ockerfarbenen Nebel, den wir selbst hervorrufen, fahren wir rundum, während Sergei herauszufinden versucht, wo wir sind. Manchmal biegen wir in der einen oder anderen Richtung ins klare Wasser ab, sehen hier und da unsere eigenen Kufenabdrücke im Sediment, die uns wie UFO-Spuren in einer entlegenen amerikanischen Wüste vorkommen und unseren Aberglauben wachschrecken bei dem Gedanken, daß wir vielleicht doch nicht die einzigen hier unten sind.

16 Uhr 05: Unser Ziel erweist sich als eine Düne. Diese Dünen sind sehr steil, mit so scharfen Kämmen, daß man sich wundert, warum sie nicht eingebrochen oder durch Strömungen und allgemeine Erosion abgeflacht sind. Nichts dergleichen. Eine gerade schwarze Linie taucht vor uns auf – dem Rand eines U-Bootrumpfes zum Verwechseln ähnlich, wenn man einen solchen zu finden hofft –, und der Sedimenthang stürzt steil in einen Abgrund. Sobald wir in dem Tal sind, bleiben die Signale von unseren Navigations-Transpondern aus, die vor unserer Tauchfahrt in einer Dreier-Anordnung über dieses Gebiet verteilt wurden.

Wie freundlich kommt mir das vor! Gern würde ich hier in einem Iglu aus Plexiglas leben und zuschauen, wie die Krabben, Fische, Quallen und Igelwürmer koexistieren, wie alle in dieser höchst unsterilen Gegend sich mit viel Erfolg jeder um seinen eigenen Kram kümmern. Kaum ein Wissenschaftler bekommt je zu sehen, was ich nun mit den Augen verschlinge. [...] Überall im Sediment sind Spei-

chenbauten zu erkennen: ein Loch in der Mitte und rings-
herum ein »Uhrzifferblatt« von Rillen, die der den Bau
bewohnende Wurm erzeugt, wenn er einen Tentakel oder
Rüssel ausfährt, um etwas an sich zu ziehen, das sich
gerade auf diesem Fleckchen niedergelassen hat. Aber
woher weiß er, an welcher Stelle er das vorige Mal den
Arm herausgestoßen hat? Die Abstände zwischen den
Speichen ergeben kein vollkommen regelmäßiges Radmu-
ster, und manche Speichen sind kürzer als die anderen,
aber nie scheinen zwei Speichen sich zu überschneiden.
Warum nicht? Ebenso erstaunt mich, daß viele Spuren im
Sediment schnurgerade sind. Wie kann ein Tier in totaler
Finsternis einen vollkommen geraden Weg finden? Niemand weiß es.

16 Uhr 17: Ich wüßte gern, wie es da draußen riecht.

16 Uhr 21: Die Stille hier unten gefällt mir. Ralph sagt, er
spielt bei seinen Tauchfahrten den *Walkürenritt* in maximaler
Lautstärke, läßt ihn in die Wassersäule dröhnen, um »die da
weiter oben mal ein bißchen aufzuscheuchen«.

16 Uhr 25: Viktor sagt, wie um mich zu beruhigen: *»Wir haben
Pipi-Flasche.«*

16 Uhr 30: Eiseskälte dringt durch die Metallflächen herein.
Trotz der drei Paar Socken schmerzen mir die Zehen, die ich
gegen die Kugelwand stemme. Die Außentemperatur beträgt
im Moment 2,31 Grad Celsius. Hier muß eine Schicht von
besonders kaltem Wasser sein; normalerweise hat es ziemlich
gleichbleibend 4 Grad. [...]

19 Uhr 41: 1941, zufällig mein Geburtsjahr. Noch nie habe ich eine Landschaft gesehen, die mir so stark den Eindruck machte, sie erstrecke sich *im Innern* des Auges. Vorstellungen von einer unparteiischen, objektiven, »wissenschaftlichen« Betrachtungsweise kamen mir noch nie fadenscheiniger, unglaubhafter vor. [...]

20 Uhr 20: [...] Panoramen gibt es auf dem Meeresgrund nicht. Seiner Natur nach erzwingt das Meerwasser Konzentration aufs Detail: ein Stück Mineralboden, der Schlängelpfad eines Eingeweideatmers, ein vereinzelter Speichenbau, das Leuchtorgan einer Krabbe. In gewissem Maße wird der Betrachter im Tauchboot selbst zu einem Mikroskop: Er späht durch eine dicke Acryllinse in einen schmalen beleuchteten Schlauch hinein, während die starre Schwärze des ganzen Ozeans ringsum den Rumpf des Instruments bildet. Von der Dichterin Annette von Droste-Hülshoff heißt es, daß sie wegen eines merkwürdigen Augendefekts eine ungewöhnlich scharfe Nahsicht hatte. Ihr Freund Levin Schücking beschrieb ihr Auge als »vorliegend, der Augapfel fast konisch gebildet, man sah die Pupille durch das feine Lid schimmern, wenn sie es schloß«. Sie ging gern am Strand des Bodensees spazieren und betrachtete winzige Muscheln und Sandkörner, deren Einzelheiten jedem Normalsichtigen entgingen. Dies waren für sie in Welten eingeschlossene Welten, die sie entzückten, in Kontrast zu ihrem grauen, ereignislosen Leben. Ähnlich sollten wir vielleicht den Meeresgrund erforschen, um so eindringlicher und kon-

zentrierter wegen seiner scheinbaren Enge, um so verzückter angesichts seiner scheinbaren Monotonie. [...]

20 Uhr 51: Von den Schatten der Dinge lasse ich mich nicht täuschen: Das ein Zoll lange Spermium (aus der Brut irgendeiner Tierart), das bebend durch den Schein einer unserer Halogenlampen schwimmt, wird auf dem Sedimentboden zu einer sich windenden Boa. Fische erscheinen zu zweit, der eine oben, darunter sein vergrößerter Schatten, und beide bewegen sich zusammen und trennen sich, wenn das MIR weiterfährt. Daran bin ich gewöhnt. Vom jahrelangen Harpunenfischen mit der Taschenlampe auf dem Meeresboden weiß ich, daß Krabben groß wie Hummer aussehen können, wie Monster sich hinter einen Felsen ducken, wenn man über sie hinwegschwimmt.

21 Uhr 36, *4978 Meter:* Der Kontrollraum hat uns zurückgerufen; unsere Suche ist beendet. [...] Die Ballastpumpe quietscht wie ein altmodischer Scheibenwischer. Und nun beginnt der Ort, den es nicht gibt, unter uns zu versinken, oder wir versinken aufwärts. Schwarze Milch strömt wieder in das schwindende Loch ein, das unser Licht hinterläßt. Ein beklemmendes Verlustgefühl, als die Umrisse der Dinge, erst der kleineren, dann der größeren, verschwinden. Ein unschätzbares Privileg, daß ich dies habe sehen dürfen. [...]

Aus: James Hamilton-Paterson: *Drei Meilen tief.* Aus dem Englischen von Wolfgang Krege, Stuttgart: Verlag Klett-Cotta 1998; Auszüge aus dem 19. Kapitel.

HOWARD GARDNER

INTELLIGENZEN

Jede Gesellschaft hat ihr eigenes Idealbild vom Menschen. In den letzten Jahrhunderten hat in den westlichen Gesellschaften das Ideal des intelligenten Menschen verbreitet Anerkennung gefunden. Die genaue Ausprägung dieses Ideals ist nach Zeit und Umfeld verschieden: Als intelligent galt früher, wer die klassischen Sprachen und die Mathematik beherrschte. Durch die gesteigerte Bedeutung der Wirtschaft gilt heute derjenige als intelligent, der wach für geschäftliche Möglichkeiten ist, Risiken sicher abschätzen, ein Unternehmen organisieren und die verschiedenen Interessen konstruktiv einsetzen kann. Howard Gardner belegt, daß der Mensch über vielfältige Intelligenzen verfügt, die jede für sich oder in Verbindung miteinander genutzt werden können. Wie dies in der Familie, am Arbeitsplatz oder in der Öffentlichkeit – auf allen gesellschaftlichen Ebenen – geschieht, veranschaulicht dieses Buch eindrücklich.

FÜHRUNG UND SCHÖPFERGEIST

Anlaß meiner Beschäftigung mit dem Thema Führung war ursprünglich die Gestalt des Mahatma Gandhi, weil dieser mit überragender interpersonaler Intelligenz ausgestattete Schöpfergeist sich von anderen schöpferischen Persönlichkeiten der modernen Ära so markant unterschied. Zu Anfang meiner Studien über Führung (dargestellt in meinem Werk *Leading Minds*; dt. *Die Zukunft der Vorbilder*) ging ich also davon aus, daß Führungsbegabung und schöpferische Begabung verschiedene Welten repräsentierten.

Ich entdeckte bald, daß ich mich geirrt hatte. Die Repräsentanten beider Gruppen sind sich in Wahrheit bemerkenswert ähnlich – beide suchen die Gedanken und das Verhalten anderer zu beeinflussen und sind folglich gleichermaßen im Projekt Überzeugung engagiert. Überdies haben beide eine Geschichte zu erzählen: die schöpferisch Tätigen, indem sie für ihre Disziplin »Geschichte schreiben«, die Führer, indem sie für ihre Gruppe eine Geschichte erfinden. Schließlich ist für beide Gruppen die Verkörperung wichtig: Führer müssen ihren Geschichten im Alltag nachleben, Gestalter ihre Theorieerzählung im eigenen Werk sichtbar machen. Der Unterschied liegt in der Art des Einflusses. Die traditionellen Führer in Wirtschaft und Politik üben direkten Einfluß aus; sie wenden sich mündlich, gelegentlich schriftlich, an ihr Publikum und versuchen, über diese direkte Ansprache Veränderungen herbeizuführen. Die Gestalter dagegen führen indirekt – durch ihre Symbolproduktionen: Kunstwerke, wissenschaftliche Werke oder wissenschaftliche Theorien. Sind solche Werke erfolgreich, führen sie früher oder später dazu, daß die Menschen zu Kunst und Wissenschaft ein neues Verhältnis gewinnen und daß ihr Selbstverständnis, das heißt die Geschichten, in denen sie sich und ihre Arbeit zu erklären versuchen, einen Wandel durchmacht. Die Persönlichkeit indessen – was für Menschen Einstein, Picasso, T. S. Eliot oder George

Eliot waren, ob sie ihre Angehörigen gut oder schlecht behandelten – ist bei den genialen Gestaltern für den Faktor Einfluß nicht entscheidend. Ausschlaggebend sind ihre Arbeit und deren Ausführung; ihre Arena ist ihr Werk.

Die Reihe der Parallelen ist damit noch nicht beendet. Als interessanten frühen Hinweis auf Führungsbegabung beobachtet man bei künftigen Führern schon in jungen Jahren die Neigung, Autoritäten in Frage zu stellen. Ob in offener Konfrontation oder durch bissige Analysen – sie machen unmißverständlich klar, daß sie die Möglichkeiten und Schwierigkeiten der Situation so klar erkannt haben wie die Führer selbst. Ein eindrucksvolles Beispiel für diese Eigenschaft ist General George C. Marshall. Im Grunde kein anmaßender oder streitlustiger Mensch, zögerte Marshall dennoch nicht, sich im Oktober 1917 bei einem ersten Treffen mit General John J. Pershing, Oberkommandierender der Alliierten Streitkräfte, gegen dessen kritische Worte scharf zur Wehr zu setzen. Zwei Jahrzehnte später, als Chef des Generalstabs, widersprach Marshall in aller Öffentlichkeit seinem obersten Dienstherrn, Präsident Franklin D. Roosevelt, bei der ersten Begegnung der beiden Männer im November 1938. Marshall hatte das Glück, daß die zwei Mächtigen – mit denen er im übrigen später ausgezeichnet zusammenarbeitete – ihm zuhörten, statt ihn zurechtzuweisen.

Ursprünglich war ich der Meinung, dieser Hang zur öffentlichen Konfrontation sei ein Merkmal der Führungs-, nicht aber der Schöpfergabe, weil ich in den meisten einschlägigen Biographien kaum vergleichbare Episoden fand. Aber ich hatte mich am falschen Ort umgesehen, denn die zukünftigen genialen Meister sind eine einzige Herausforderung ihrer Lehrkräfte und Mentoren, die allerdings nur selten die Form persönlicher Konfrontation annimmt. Der Einspruch erfolgt durch ihre revolutionären Werke. Einstein zog aus seinem Studium nur begrenzten Nutzen, doch er verlor keine Zeit mit Kritik an seinen Lehrern – er führte wissenschaftliche Analysen durch und schrieb Artikel, die deren Arbeit bedeutungslos machten. Entsprechendes gilt für Igor Strawinsky (der mit seinen musikalischen Neuerungen die Leistungen seines Lehrers Rimskij-Korsakov hinter sich ließ) und Picasso (dessen kubistische Werke das künstlerische Verständnis seines Vaters – und ersten Zeichenlehrers – überforderten). In einem Punkt allerdings unterscheiden sich die beiden Gruppen erheblich. Weil die Führer in direktem Kontakt zu einem Publikum stehen, das im Normalfall heterogen und oft nicht besonders kenntnisreich ist, müssen ihre Geschichten einfach, um nicht zu sagen simpel sein. Die schöpferisch Gestaltenden dagegen haben es mit Menschen zu tun, die von der betreffenden Domäne viel verstehen und regelmäßig wissenschaftliche Literatur lesen oder sich mit neuartigen Kunstwerken beschäftigen. Sie können also mit gut unterrichteten, geschulten Köpfen rechnen, mit einem Umfeld, das in der Domäne wenigstens ein gewisses Maß an Sachkenntnis besitzt.

SCHÖPFERGABE, FÜHRUNGSKRAFT, MORAL UND WEISHEIT

Obwohl die Intelligenzen selbst nicht moralisch oder unmoralisch sind, besteht eine gewisse Übereinkunft darüber,
ob Menschen ihre Intelligenzen auf soziale oder asoziale Art
einsetzen. Allerdings können die Meinungen auch ausein-
andergehen. So war Ezra Pound unzweifelhaft in hohem
Maße sprachintelligent. Die Frage aber, ob dieser Dichter,
der während des Zweiten Weltkriegs in Rundfunksendun-
gen für den Faschismus warb, seine Intelligenz konstruktiv
genutzt hat, war Gegenstand heißer Debatten, als ihm 1949
unter der Schirmherrschaft der Library of Congress der erste
Bollingen-Preis für Lyrik verliehen wurde. Dasselbe Problem
stellt sich für schöpferisches und Führungshandeln. Domä-
nen lassen sich auf moralische oder unmoralische Weise
verändern. Die meisterhaften Dokumentarfilme Leni Rie-
fenstahls waren auf das Filmschaffen der fünfziger Jahre
nicht ohne Einfluß, doch wer die Werke gesehen hat, mit
denen sie der Überlegenheit des Nationalsozialismus hul-
digte, würde wohl kaum behaupten, daß sie ihr Talent moralisch oder wenigstens moralisch indifferent ausgespielt hat.
Dasselbe gilt für politische Führer. Niemand wird bestreiten, daß — und hier bin ich bewußt um Überparteilichkeit
bemüht — John F. Kennedy, Lyndon B. Johnson, Richard
Nixon, Ronald Reagan und Bill Clinton erfolgreiche politische Führer waren. Über ihre moralische Statur dagegen
werden die Historiker noch Jahrzehnte, wenn nicht Jahrhunderte diskutieren.

Wie in den vorigen Kapiteln betont, sind die rein intellektuelle Macht des Geistes und der Gebrauch dieser Macht zwei verschiedene Dinge. Von der Intelligenz bis zum Schöpferischen und weiter zur Führung erfährt der Spielraum dieser Macht eine stete Ausweitung: beginnend bei den Menschen mit individuellem Expertentum über die Umgestalter einer Domäne und weiter zu denen, deren Entscheidungen und Handlungen das Leben von Tausenden oder gar Millionen Menschen bestimmen. Doch der Abgrund zwischen Fähigkeit und Moral kann nicht einfach außer Betracht bleiben. Auf den letzten Seiten des Buches unterbreite ich einige Vorschläge, wie sich zwischen diesen zwei wichtigen Sphären der menschlichen Existenz eine Brücke schlagen läßt. Hier soll zunächst ein Gedanke erörtert werden, der bei diesem späteren Versuch einer Synthese hilfreich sein könnte.

Daß zwischen Intelligenz, Schöpferkraft und der Führungsbegabung ein Unterschied besteht, sehen wir unmittelbar ein, auch wenn wir ihn nicht in Worte fassen oder durch sozialwissenschaftliche Forschungen belegen können. Auch der Unterschied zwischen moralischen und unmoralischen Intellektuellen, Gestaltern und Führern leuchtet ein. Durch die Verbindung zur Moral wird über ihr Werk ein Werturteil gefällt: Es muß also Normen geben für das, was als moralisch oder unmoralisch gilt. Wir müssen auch anerkennen, daß Menschen oder Werke in Sachen Intelligenz oder Schöpfergeist weitaus besser abschneiden kön-

nen als in Sachen Moral — oder umgekehrt: daß ihre moralische Vorbildlichkeit bedeutender ist als ihr intellektuelles
oder schöpferisches Potential.

Diffiziler ist es, die Grenze zwischen Moral und Weisheit
zu ziehen. Wir scheuen uns, etwas Unmoralisches als weise
anzusehen, und deuten lieber als weise, was auch als moralisch gelten kann. Und doch besetzen auch Moral und Weisheit unterschiedliches Terrain. Das wesentliche Merkmal
der Weisheit ist die Vielseitigkeit der Überlegungen, die der
Beurteilung oder Empfehlung eines Vorgehens zugrunde liegen. Diese umfassende Betrachtungsweise ist das Ergebnis
langer, wechselvoller Erfahrungen, und darum gilt Weisheit
im allgemeinen als Altersmerkmal. Eine zwangsläufige Be-
gleiterscheinung des Alterns ist Weisheit allerdings nicht;
viele alte Menschen urteilen auf schmaler gedanklicher
Basis; andererseits gibt es junge Leute, die ungeachtet ihres
Alters weise sind. Der Historiker George Kennan und der
Philosoph Isaiah Berlin sind nicht mit dem Erreichen ihres
achten oder neunten Lebensjahrzehnts automatisch in den
Stand der Weisheit gelangt, und zum Glück für sie wie für
uns hat ihr Sinn für eine synthetische Betrachtungsweise
mit zunehmendem Alter nicht merklich abgenommen.

Dieser kurze Blick auf den Begriff der Weisheit erlaubt
uns eine letzte Modifizierung des Konzepts der Kernkom-
petenzen. Ein Mensch, der in der Lage ist, mehrere Intelligenzen miteinander angemessen einzusetzen, hat die Möglichkeit zu weisem Urteilen, weil mehr Fähigkeiten und

Faktoren in die Gleichung eingegangen sind. Wir denken zum Beispiel an den Militärführer, der zugleich künstlerisch und diplomatisch begabt ist, im Unterschied zu einem Vertreter des Standes, der lediglich Überblick über eine Vielfalt von Schlachtplänen besitzt. Der Schachmeister Gary Kasparov schrieb seine Niederlage im Spiel mit dem IBM-Computer Deep Blue — unbekümmert um einen möglichen Kategorienfehler — einer größeren interpersonalen Intelligenz des Computers zu.

Auch Menschen, die nicht nur etwas Neuartiges schaffen, sondern ihren Durchbruch mit den — zeitgenössischen oder historischen — Leistungen anderer in Zusammenhang sehen, könnte man als weise betrachten. Wir sprechen bei großen Meistern auch dann von Weisheit, wenn sie in einem zweiten Durchbruch, einer sogenannten neoklassischen Periode, die ursprünglichen, radikalen Neuerungen stärker in die Tradition einbinden.

Höchste Achtung wird den Menschen entgegengebracht, die als Führer erfolgreich und dabei weise sind, die viel erlebt und aus Erfahrungen gelernt haben und diese Lehren zu nutzen wissen. Aus den verschiedenen Geschichten, die ihnen zur Verfügung stehen, können sie diejenigen kombinieren, die für die Mehrzahl der in einem bestimmten Augenblick Anwesenden am sinnvollsten sind. Sie sind in der Lage, die Verständnisschwelle niedrig zu halten, und ihnen gelingt es wahrscheinlich am besten, eine heterogene Zuhörerschaft, Menschen aller Schichten und Glaubensrichtungen, zu erreichen. Die hohe Autorität, die Nelson Mandela in den letzten Jahren erlangt hat, ist ein Tribut an seine bemerkenswerte Fähigkeit, über mannigfaltige Schranken hinweg Verständigung herzustellen.

Entscheidend an der Weisheit ist ihre Bescheidenheit, ihre Demut. Weder Intelligenz noch schöpferische Arbeit noch Führung lassen Raum für das Schweigen, für Stille und Rückzug. Der Moral kann etwas Schrilles oder unpassend Selbstbewußtes anhaften. Die Jugend kennt, zum Glück vielleicht, keine Grenzen. Wer weise ist, kennt den Augenblick, in dem er schweigen muß, und weiß, wann er sich zurückziehen sollte, um einem anderen Platz zu machen. Der weise Erwachsene kennt die Gebrechlichkeit des Menschen und die Schwierigkeit, Veränderungen zu erreichen, die Bestand haben.

Aus: Howard Gardner: *Intelligenzen. Die Vielfalt des menschlichen Geistes.* Aus dem Amerikanischen von Ute Spengler, Stuttgart: Verlag Klett-Cotta 2002, S. 157–163. Aus Kapitel 8: »Menschenführung, schöpferisches Denken und die Intelligenzen«.

SECHS

AUFGEKLÄRTES & UNVERFÜGBARES GLÜCK

... die Kritiker sind entweder begriffsstutzig oder gemein
(was sie oft auch sind, aber zum Glück reichen die Kritiker
allein nicht aus, um ein Kunstwerk zugrunde zu richten).

Javier Marías

JORGE VOLPI
DAS GLÜCK

Für Blanca

Heute, da ich beschlossen habe, Rechenschaft über mein
Leben zu geben, möchte ich Zeugnis von meinem verbisse-
nen Kampf gegen den Aberglauben ablegen. Von klein auf
habe ich anhand der Gewohnheiten meiner Mutter und
meiner Kindermädchen feststellen können, daß man uns
zwar einschärft, wir würden in einem Zeitalter leben, das
von Aufklärung und Wissenschaft beherrscht wird, wir
jedoch noch immer nicht aus dem Dunkel des Mittelalters
haben hervortreten können. Meinem Vater, einem Diplom-
landwirt mit einer geheimen Leidenschaft für die Botanik,
verdanke ich meinen kritischen Geist und mein angebore-
nes Mißtrauen gegenüber jeglicher Täuschung, doch nach
seinem Tod wollten die Frauen mich in ein finsteres Zeitalter hinabziehen, das von Religion und Vorurteilen beherrscht wurde.

Während der Leidenszeit meiner Jugend wurde der
Kampf gegen ihre nichtigen Glaubenslehren für mich zu
einem wahren Kreuzzug. Man schickte mich auf ein katho-
lisches Internat, in dem es mir nicht in den Kopf wollte, daß
rationale Wesen so viele Stunden damit verschwendeten,

Ave-Marias vor sich hin zu murmeln, und schon gar nicht, daß sie die Unverfrorenheit besaßen, sogleich beim göttlichen Wohlwollen Zuflucht zu suchen, sobald sich die eigene Not auch nur von fern zeigte. Nachdem ich Nietzsche entdeckt hatte, war ich überzeugt davon, daß das Christentum nicht nur eine Religion der Sklaven sei, sondern auch eine Religion der Unwissenden: Die Welt konnte kein Theaterstück sein, das den Launen eines so mittelmäßigen Dramatikers folgte. Es war nicht zu fassen, da bemühten sich Dutzende von Genies darum, die Gesetze des Kosmos zu ergründen, während es immer noch so viele Menschen gab, die unter dem Joch der Unvernunft lebten.

Meiner Ansicht nach gehorchte das Universum einem deterministischen Kausalgesetz, das weder Geheimnisse noch, wie Einstein feststellte, den Zufall zuließ. Wie konnte man auch auf die Idee kommen, daß etwa ein böser Gedanke oder ein zufälliges Zusammentreffen von Umständen unsere Zukunft bestimme? Trotz eisernen Widerstands mütterlicherseits schrieb ich mich nach dem Gymnasium in den Studiengang Physik an der *Universidad Nacional* ein. Doch bald wurde mir bewußt, daß ich meinen Kampf auf weltlicherem Gebiet austragen mußte. Gewöhnt an die familiären Verbote – beim Essen singt man nicht; nach dem Baden geht man nicht an die kalte Luft; man trägt nichts Gelbes; da faßt man sich nicht an –, übertrug ich mir selbst die Mission, öffentlich jegliche Vorurteile umzustürzen; ich mußte der Welt vor Augen führen, daß diese absurden

Ammenmärchen nichts weiter als verschleppte Laster aus der Zeit prähistorischer Ignoranz waren.

Eines Nachmittags nahm ich einen Bleistift und ein Schreibheft zur Hand und fertigte eine Liste von allen aberwitzigen Regeln an, die es umzustoßen galt. Als erstes strafte ich die satanischen Auswirkungen von Leitern Lügen. Immer wenn ich auf einen Maler stieß, der ein Dach ausbesserte, einen Elektriker, der eine Straßenlaterne überprüfte, oder einen aufopfernden Arbeiter der mexikanischen Telefongesellschaft, widerstand ich der Versuchung, nicht unter ihnen hindurchzugehen. Daraufhin machte ich mich an die Jagd – und die Folter – von schwarzen Katzen, öffnete Regenschirme im Innern von Häusern, stampfte erbittert auf die Linien der Pflastersteine, organisierte Partys mit dreizehn Gästen, schrie laut das Wort *Schlange* heraus und streute Salz auf Tischdecken. Meine Freunde und Nachbarn sahen meinem Vorgehen mit Entsetzen zu, als wären sie Zeugen des Amoklaufs eines Wahnsinnigen, aber in allen Fällen konnte ich meine Hypothese untermauern: nichts geschah. Ich wurde nicht vom Blitz erschlagen, kein Auto überfuhr mich, kein Klavier stürzte mir auf den Kopf, ich fiel nicht der Pest zum Opfer.

Stolz auf meinen Anfangserfolg, der mich fast zu einer Art Performance-Künstler machte, verfeinerte ich nach und nach meine Vorlieben und verwandelte mich schließlich in einen Spezialisten im Zerstören von Spiegeln. Wie Borges hatte ich schon immer eine angeborene Abscheu vor diesen

Dingern gehabt, die das Erscheinungsbild verlängerten und die Gesichter vervielfältigten, aber im Unterschied zu dem argentinischen Schriftsteller, der sich darauf beschränkt hatte, von seinem Entsetzen zu erzählen, beschloß ich, mich in seinen rächenden Arm zu verwandeln. Immer wenn ich an den Wänden von öffentlichen Toiletten, in Boutiquen oder Künstlergarderoben einen zu Gesicht bekam — und immer sorgte ich dafür, dabei nicht entdeckt zu werden —, zögerte ich nicht, ihn in tausend Stücke zerspringen zu lassen, gut versorgt mit einem Arsenal an Hämmerchen der verschiedensten Arten und Formen, die ich nach und nach angesammelt hatte, ungerührt angesichts des vielfachen siebenjährigen Unglücks, das da über mich hereinbrechen würde. Im Laufe von zwanzig Jahren habe ich über zehntausend dieser blitzenden Feinde massakriert, und wie ich von Anfang an behauptet hatte: es passierte nicht das geringste. Ich habe mich nicht vor die U-Bahn geworfen, kein tollwütiger Hund hat mich gebissen, keine verirrte Kugel hat mich getroffen, kein Serienmörder hat mich um die Ecke gebracht.

Leider hat die Welt jedoch niemals die Größe meiner Bemühungen verstanden. Bis jetzt hat sich keiner damit aufgehalten, mein Tun zu studieren, niemandem ist die große Bedeutung meiner Provokation aufgefallen, niemand hat mich als subtilen Helden der Vernunft besungen. Nun, da ich mir vorgenommen habe, die Bilanz meines Lebens zu ziehen, wünschte ich mir einzig und allein, daß sich jemand

an meinen Namen erinnerte. Inmitten der schwarzen Einsamkeit, die mich umgibt, muß ich nicht einmal niederschreiben, daß niemand die Schuld an meinem Tod trägt.

Originalbeitrag für diesen Band. © 2001 Jorge Volpi. Aus dem Spanischen von Susanne Lange.

JAVIER MARÍAS

DIE GENERVTEN JUNGEN FRAUEN

Wirklich schlimm und ärgerlich an der derzeitigen Verherr-
lichung des Erfolgs ist eigentlich nur die Abschaffung des
Mißerfolgs als solchem, denn auch wenn puritanische und
argwöhnische Stimmen immer wieder das Gegenteil behaupten, hat das Streben nach ersterem im Rahmen vertret-
barer Vorgehensweisen nichts Verwerfliches und erscheint
mir weder neu noch beunruhigend. Weit besorgniserregen-
der und krasser dagegen ist, daß der Mißerfolg als Begriff
ersatzlos gestrichen wurde. Damit wir uns recht verstehen:
Nicht, daß es ihn nicht gäbe (vielleicht stellt er sich sogar
häufiger und grausamer ein denn je), doch niemand erkennt
ihn, und anerkannt wird er schon gar nicht. Keiner sieht ihn
oder nimmt ihn wahr, wenn er von ihm gestreift oder mit
voller Wucht getroffen wird, und folglich gibt auch keiner
zu, etwas mit ihm zu schaffen oder ihn in der Arbeit als gelegentlichen, wenn nicht gar ständigen Begleiter zu haben.

Vor einem Jahr erlebte ich auf einem Seminar über das
Verlagswesen, wie mehrere Verleger schamlos jammerten
(was für diese Zunft andererseits nicht ungewöhnlich ist)
und den schleppenden Absatz beziehungsweise den Rückgang ihrer jeweiligen Geschäfte den unterschiedlichsten

Übeln anlasteten, unter denen das klassischste, glaubhafteste und akzeptabelste von allen, nämlich das Pech, allerdings nicht vertreten war, vielleicht weil Pech zu haben eine Form des Mißerfolgs darstellt und somit nicht statthaft ist. Die Schuldzuweisungen waren sehr breit gestreut, wobei das um die Gunst des Publikums buhlende Fernsehen die meisten Stimmen auf sich vereinen konnte; des weiteren wurde beanstandet, die Leser seien erbärmliche, abgestumpfte Kreaturen; die großen Verlagskonzerne drückten allen anderen die Luft ab; die Filmschauspieler seien in den Kinohits nicht mit einem Buch in der Hand zu sehen; die Politiker äußerten sich nicht förderlich über die Belletristik; in den Schulen werde die Literatur verschmäht; die Videospiele stellten eine höchst unfaire Konkurrenz dar; die Autoren verlangten hohe Vorschüsse (was für eine Frechheit! Statt daß sie ein ganzes Jahr lang warten, bis sie eine fragwürdige Abrechnung erhalten); die Agenten versuchten, auch ein Stück vom großen Kuchen abzukriegen (was erwartet man? Ich habe zwar keinen Agenten, aber dazu sind sie doch offensichtlich da); die Buchhändler riskierten nichts und hätten keine Ahnung, wie man ein Produkt an den Mann bringe; und die Kaufhäuser machten zwar Absatz, schädigten, ja verdürben aber gleichzeitig den Markt. Der Markt, der Markt! Er war eines ihrer Haßworte; schließlich gilt es mittlerweile als abgegriffen, aufs Fernsehen zu schimpfen. Am erstaunlichsten aber war, daß die Verleger ihr Lamento in Gegenwart zweier unabhängiger Kollegen anstimmten, denen der Erfolg unbestreitbar zulächelt, die unbestreitbar vom Erfolg verwöhnt werden, obwohl sie es doch mit denselben Lesern, demselben Fernsehen, denselben Konzernen, Politikern, Schulen, Videospielen, Autoren, Agenten, Buchhändlern, Kaufhäusern und demselben Markt zu tun haben. Ihre bloße Anwesenheit hätte sie eigentlich zu der Überlegung veranlassen müssen, daß die Geschäfte trotz aller Schwierigkeiten nicht zwangsläufig den Bach hinuntergehen müssen; und sie hätten folglich auf die Idee kommen können, daß sie möglicherweise selbst etwas falsch gemacht hatten. Aber nein: Sie gingen mit der größten Unverfrorenheit über die beiden erfolgreichen Verleger hinweg und setzten ihre Jeremiade fort: »Wie soll unser Geschäft florieren, wenn sich die ganze Welt gegen uns verschworen hat?«

Ähnliches spielt sich in allen anderen Berufsfeldern ab, von den Künsten gar nicht erst zu reden. Die Leser haben Schuld, weil sie die Bücher des unbeachteten Autors nicht lesen, die Kinobesucher, weil sie nicht in den Außenseiterfilm gehen, die Galerien, weil sie den Maler nicht angemessen »promoten« oder sich erst gar nicht mit ihm abgeben. Die Kunden am Kiosk sind verantwortlich, weil sie eine bestimmte Zeitung oder Zeitschrift nicht kaufen, die Fernsehzuschauer, weil sie sich ein bestimmtes Programm nicht ansehen oder die angepriesenen Produkte nicht erwerben, die Kritiker sind entweder begriffsstutzig oder gemein (was sie oft auch sind, aber zum Glück reichen die Kritiker allein nicht aus, um ein Kunstwerk zugrunde zu richten), die lieben Mitbürger sind schuld, weil sie auf den Straßen mit dem Auto verunglücken oder krank werden, die Einwanderer, weil sie in Baracken hausen, die über ihren Köpfen zusammenbrechen, das Volk, weil es sich nicht so regieren läßt, wie es der Regierende gerne hätte. Und dann gibt es natürlich noch die Verschwörungen, die Beschimpfungen aus unterschiedlichsten Richtungen (ich weiß nicht, wie jemand ein so dichtes Kreuzfeuer überhaupt überleben kann) und die Fälle, wo jemand vorsätzlich mundtot gemacht wird. Seltsamerweise sind diejenigen, die sich am lautesten beklagen, die am meisten Bejubelten. Als der Romanschriftsteller Torrente vor kurzem anläßlich seiner x-ten Preisverleihung in den vergangenen Jahren interviewt wurde, stellte er verbittert fest: »Um mein Werk ist es wieder still geworden.« Potztausend, das sagte er tatsächlich! Und, potztausend, sein Gesprächspartner nickte auch noch! Genauso kommt es nicht selten vor, daß ein riesiger, vierspaltiger Aufmacher erscheint, in dem Juan Goytisolo lang und breit greint: »Man ignoriert mich«, »Ich bin ein unbequemer Zeitgenosse« oder etwas in der Art. Und erst vor wenigen Tagen verkündete der Dichter Valente in seiner grenzenlosen Überheblichkeit, endlich werde er durch ein paar Vorlesungen, die ihm zur größten Ehre gereichen, dafür entschädigt, daß seine Schriften offenbar jahrelang »auf taube Ohren gestoßen« seien, ohne daß er sich auch nur einen Augenblick fragte, ob er ebendiese Ohren in all den Jahren nicht womöglich malträtiert hatte. (Und noch eine Perle: Wenn er so sehr gegen die Staatsmacht ist, wie er immer behauptet, dann begreife ich nicht, wie er vor zwei Monaten die Hand ausstrecken und von ebenjener im Gewand eines Ministeriums daherkommenden Macht die zweieinhalb Millionen Peseten für den *Premio Nacional de Poesia* kassieren konnte. Er hätte den Preis nicht annehmen dürfen.)

Niemand gesteht heute mehr einen möglichen Mißerfolg ein. In der Politik und Finanzwelt jedenfalls wird er heftigst negiert: Jordi Pujol lobt das Management von Javier de la Rosa; ein miserabler Minister wird unter Lobreden auf seine großen Verdienste entlassen (worauf man sich fragt, warum er dann überhaupt geschaßt wird); es kann gut sein, daß wir uns auch noch anhören müssen, Roldán habe gute und effiziente Arbeit geleistet, und wenn seine Amtszeit endet, werden wir Lobeshymnen auf den gegenwärtigen Kulturminister lesen, neben dem sich der Elefant im Porzellanladen immer mehr wie ein Bambi ausnimmt. Jede Ausrede ist recht: die Wirtschaftslage, die Uneinsichtigkeit oder das Unverständnis der Menschen, Machenschaften, Neid, die Fehler anderer. Und natürlich der Markt, der vermaledeite Markt. Es scheint, als hätte es ihn früher nicht gegeben, als wäre er eine perverse, aberwitzige Erfindung unserer Zeit. Als hätten die Leser früher Blasco Ibáñez nicht lieber gelesen als Valle-Inclán (allerdings strebte Valle nach etwas anderem und fand sich teilweise damit ab). Es scheint, als böten die Gescheiterten ihre Produkte nicht wie alle andern feil oder als lehnten sie das Geld ab, das ihnen dieser Markt einbringen könnte, sollte dieser eines Tages die Augen öffnen, endlich ihre Erlesenheit erkennen und sie entlohnen.

In Wahrheit gibt es heute nur noch den Erfolg, denn im Bewußtsein der Menschen ist kein Platz mehr für das Scheitern, dieses althergebrachte Phänomen, das mitunter sogar ehrenvoll oder zumindest interessant sein konnte. Es existiert allein ersterer, und was können wir dafür, wenn die anderen nicht aufgeweckt und fair genug sind, um den unsren zu bemerken? Sie müssen doch einsehen, daß alle ihre Sache wunderbar machen, selbst wenn jemand wegen Mißbrauchs oder Veruntreuung entlassen wird oder durch seine Unfähigkeit die Geschäftspartner ruiniert, selbst wenn die Zuschauer in Scharen aus dem Kino fliehen oder die Leser ein Buch aus dem Fenster werfen, das sie eine Stange Geld gekostet hat. Der Prozeß der Infantilisierung unserer Zeit ist abgeschlossen: Alle jungen Frauen werden immer von uns genervt sein, in allen Lehrfächern und an sämtlichen Schulen der Welt.

Aus: *Vida del fantasma. Cinco años más tenue.* Madrid: Alfaguara 2001. © 1995 Javier Marías. Aus dem Spanischen von Carina von Enzenberg.

DORIS LESSING
DORIS LESSINGS KATZENBUCH

DIE GRAUE KATZE

Als wir am folgenden Tag beim Mittagessen saßen, kam die graue Katze mit einem Kätzchen im Maul in die Küche gelaufen. Sie legte es mitten auf den Fußboden und ging wieder hinauf, um die anderen zu holen. Sie brachte alle vier herunter, eins nach dem andern; dann streckte sie sich mit ihnen auf dem Küchenboden aus. Sie würde sich nicht ausschließen lassen, hatte sie beschlossen; und den ganzen Monat, während die Kätzchen noch hilflos waren, erlebten wir, wo immer wir uns im Haus aufhielten, wie die graue Katze mit ihren Jungen ins Zimmer kam, sie auf eine Weise im Maul trug und schüttelte, die entsetzlich lieblos wirkte. Wenn ich nachts aufwachte, lag sie reglos neben mir, und sie rührte sich nicht und hoffte, ich würde sie nicht bemerken. Wenn sie wußte, daß ich sie bemerkt hatte, schnurrte sie, um mich zu erweichen, und leckte mir das Gesicht und biß mich in die Nase. Alles umsonst. Ich schickte sie zu ihren Jungen zurück, und sie ging schmollend.

Kurz, sie war eine miserable Mutter. Wir schoben es auf ihre Jugend. [...]

Die graue Katze, so beschlossen wir, sollte keine Jungen mehr bekommen. Sie eignete sich einfach nicht zur Mutterschaft. Aber es war zu spät. Sie war bereits wieder trächtig. Nicht von Mephistopheles. [...]

Wieder wurde sie von der Geburt überrascht, aber sie brauchte diesmal nicht so lange, sich zu fügen. Sie erhob sich vom Wochenbett und ging hinunter und wäre nicht zurückgekehrt, wenn man es ihr nicht befohlen hätte; aber ich glaube, im ganzen hatte sie an ihrem zweiten Wurf Freude. Diesmal waren die Jungen ganz gewöhnlich, eine recht hübsche Mischung von getigerten und weißgestromten Kätzchen; aber sie hatten keine Besonderheiten in Farbe oder Zeichnung, und es war schwieriger, sie unterzubringen. [...]

Von diesem Wurf blieb ein Tier länger bei uns als die anderen. Den Winter über hatten wir zwei Katzen, die graue und ihren Sohn, eine bunten, bräunlich-orangegefleckten Kater mit einer Weste wie sein Vater.

Die graue Katze wurde wieder zum Kätzchen, und die beiden spielten den ganzen Tag zusammen und schliefen eng angekuschelt. Der kleine Kater war viel größer als seine Mutter; aber sie kommandierte ihn herum und verprügelte ihn, wenn er ihr Mißfallen erregte. Sie konnten stundenlang daliegen und sich schnurrend gegenseitig das Gesicht lecken.

Er war ein gewaltiger Fresser, er fraß alles. Wir hofften, durch sein Beispiel würde sie vernünftiger werden, aber sie blieb eigen. Sie ließ ihn, ihr Junges, nach Katzenart stets zuerst trinken und fressen, während sie danebenhockte und zuschaute. Wenn er fertig war, ging sie hin, beschnüffelte das Katzenfutter oder die Speisereste und kam dann zu mir, um mich mit einem zarten Biß in die Wade zu erinnern, daß sie nur Kaninchen, rohes Fleisch oder rohen Fisch fraß, in kleinen Portionen und appetitlich auf einem sauberen Teller angerichtet.

Über ihrem Futter, das ihr von Rechts wegen allein zustand, hockte sie eifersüchtig, warf ihm finstere Blicke zu und fraß ohne Hast eine bestimmte Menge, nie mehr. Sie frißt selten alles auf, was ihr hingesetzt wird, fast immer läßt sie etwas übrig – feine Tischmanieren, aber bei der Grauen will es mir scheinen, als hätte dies seine Wurzel in einem aggressiven Trotz.

»Ich fresse dieses Futter nicht auf – ich habe keinen Hunger, und du hast mir zuviel hingestellt, und es ist deine Schuld, wenn es verdirbt.« – »Ich habe so viel zu fressen, das hier brauche ich nicht zu fressen.« – »Ich bin ein zartes, kostbares Geschöpf und über so gewöhnliche Dinge wie Futter erhaben.« Das letzte ist deutlich ihre Haltung.

Der junge Kater fraß auf, was sie übrigließ, ohne zu merken, daß es besser war als sein eigenes Futter; und dann liefen sie fort, jagten sich durch Haus und Garten. Oder sie setzten sich auf das Fußende meines Bettes, schauten zum Fenster hinaus, putzten sich gegenseitig von Zeit zu Zeit und schnurrten.

Dies war der Höhepunkt im Leben der grauen Katze, der Gipfel ihres Glückes und Charmes. Sie war nicht allein; ihr Gefährte bedrohte sie nicht, weil sie ihn beherrschte. Und sie war so schön — wirklich wunderschön.

Aus: *Doris Lessings Katzenbuch*. Mit Katzenportraits von Isolde Ohlbaum. Aus dem Englischen von Manfred Ohl und Hans Sartorius, Stuttgart: Verlag Klett-Cotta 2. Auflage 2000, S. 66—71; Titel des Ausschnitts vom Herausgeber.

WILLIAM GOLDMAN

DIE BRAUTPRINZESSIN

Als William Goldman seine gekürzte Fassung der *Brautprinzessin* von S. Morgenstern vorlegte, war ihm nicht ganz wohl bei der Sache. Er hatte auf ziemlich subjektive Weise gekürzt, um seinen kranken und lesefaulen Sohn mit den spannendsten Teilen zu unterhalten. Dabei ist ihm aufgefallen, daß er auch mit Morgenstern nicht immer einverstanden ist. Beispielsweise die Wiedervereinigungsszene. Das war nicht fair den Lesern gegenüber. Sie hatten ein Recht, die Versöhnungsszene zwischen den Liebenden auf dem Grunde der Schlucht erzählt zu bekommen. Also schrieb Goldman sie selbst. Sein Lektor war entsetzt: Wenn man ein Buch im Text des Autors kürzt, kann man nicht seinen eigenen Text hineinschreiben! Goldman konnte nur einen Kompromiß durchsetzen: Der Verlag würde die Wiedervereinigungsszene drucken (ohnehin nicht mehr als drei Seiten) und sie den Lesern auf Wunsch zuschicken. Goldman gab also die Adresse seines amerikanischen Verlages an, und tatsächlich meldeten sich die Leser zu Tausenden. Als Antwort erhielten sie folgenden Brief:

Lieber Leser,

danke, daß Sie mir schreiben — aber nein, die Wiedervereinigungsszene bekommen Sie noch nicht, weil da noch ein gewisser Stein namens Kermit Shog im Weg liegt.

Sobald die gebundene Ausgabe fertig war, bekam ich einen Anruf von Charley, meinem Anwalt. (Sie erinnern sich vielleicht nicht mehr, aber Charley ist der, den ich aus Kalifornien angerufen und im Schneesturm losgeschickt hatte, um die *Brautprinzessin* vom Buch-Antiquar zu kaufen.) Jedenfalls, er beginnt meistens mit Talmud-Humor und philosophischen Witzen, aber diesmal sagt er nur: »Bill, ich glaube, du solltest mal herkommen«, und bevor ich auch nur ein »Warum?« einwerfen kann, fügt er hinzu: »Aber bitte gleich, wenn du kannst!«

Erschrocken sause ich los, frage mich, wer gestorben sein könnte, ob ich bei der Steuerprüfung aufgeflogen bin, oder was? Seine Sekretärin läßt mich ins Sprechzimmer, und Charley sagt: »Das ist Mr. Shog, Bill.«

Und da sitzt er, in einer Ecke, die Hände auf der Aktentasche, und sieht aus wie eine ölige Version von Peter Lorre. Es hätte mich nicht gewundert, wenn er gesagt hätte: »Geben Sie mir den Falken, oder ich sehe mich gezwungen, Sie zu töten!«

»Mr. Shog ist Anwalt«, sagt Charley. Und was er dann als nächstes sagte, war unterstrichen: »*Er vertritt die Morgenstern-Erben.*«

Wer hätte das wissen können? Wer hätte im Traum daran gedacht, daß es so was gab, die Erbengemeinschaft eines Mannes, der seit mindestens einer Million Jahre tot war und von dem hier bei uns sowieso nie jemand gehört hatte! »Vielleicht geben Sie mir jetzt den Falken«, sagte Mr. Shog. Nein, das sagte er nicht, sondern: »Vielleicht wollen Sie jetzt mit Ihrem Klienten unter vier Augen reden«, und Charley nickte, er ging, und als er weg war, sagte ich, »Charley, mein

Gott, ich hätte nie gedacht —«, und er sagte, »hat Harcourt?«
und ich sagte, »nicht, daß sie's erwähnt hätten«, und er
sagte, »uuuch!« — das kehlige Grunzen eines Rechtsanwalts,
wenn er merkt, daß er auf einen Verlierer gesetzt hat. »Was
will er?« sagte ich. »Ein Gespräch mit Mr. Jovanovich«, antwortete Charley.

Nun hat William Jovanovich immer schrecklich viel zu
tun, aber wenn möglicherweise ein Multimilliardendollar-
Prozeß ins Haus steht, kriegt man doch erstaunlich schnell
einen Termin. Also trabten wir an.

Die ganze Chefetage von Harcourt war da. Ich bin da,
Charley, Mr. Shog — schweißgebadet, hochrot, er würde in
einem Iglu noch schwitzen. Harcourts Anwalt leitete die
Sache ein: »Es tut uns schrecklich leid, Mr. Shog. Das Ver-
säumnis ist unverzeihlich, und bitte, nehmen Sie unsere auf-
richtigsten Entschuldigungen an.« Mr. Shog sagte: »Das ist
nur der Anfang, denn schließlich haben Sie den größten Meister moderner florinesischer Prosa herabgewürdigt und der
Lächerlichkeit preisgegeben, einen Mann, der außerdem ein
langjähriger Freund meiner Familie war.« Dann sagte der Geschäftsführer von Harcourt: »Na schön, wieviel wollen Sie?«

Ein Riesenfehler! »Was, Geld?« rief Mr. Shog. »Sie denken,
wir sind hier zu einer schäbigen Erpressung zusammenge-
kommen? Hier geht es um *Auferstehung*, Sir! Morgenstern
muß reingewaschen werden. Sie werden die ursprüngliche
Fassung veröffentlichen!« Und mit einem Blick zu mir:
»Und zwar *ungekürzt*.«

Ich sagte: »Ich bin fertig damit, Ehrenwort. Da ist zwar noch die Sache mit der Wiedervereinigungsszene, die wir schon gedruckt haben, aber da werden die Leute sich wohl nicht so drum reißen, also ist doch alles erledigt, soweit es mich angeht.« Aber Mr. Shog war mit mir noch nicht fertig: »*Sie*, der Sie es *gewagt* haben, die Charaktere eines *Meisters* zu *entwürdigen*, *Sie* wollen ihnen nun *Ihre* Worte in den Mund legen? Kommt nicht in Frage! Nein, sage ich.« – »Ist doch keine große Geschichte«, versuchte ich's. »Gerade mal zwei Seiten.«

Dann fing Mr. Jovanovich zu säuseln an. »Bill, ich meine, mit dem Versand der Wiedervereinigungsszene könnten wir gleich aufhören, meinen Sie nicht?« Was blieb mir übrig, als zu nicken. Dann wandte er sich an Mr. Shog: »Wir drucken die Ungekürzte. Sie sind ein Mann, dem es um die Unsterblichkeit seines Klienten zu tun ist, und solche wie Sie gibt es heute im Verlagsgeschäft nicht mehr viele. Sie sind ein Gentleman, Sir.« – »Danke«, sagte Mr. Shog, »ich denke auch gern, ich bin einer, wenigstens manchmal.« Zum ersten Mal lächelte er. Wir alle lächelten. Alles ganz locker. Dann kam ein Nachsatz von Mr. Shog: »Ach, ja! Sie drucken die Ungekürzte in einer Erstauflage von 100 000 Stück.«

Bisher haben wir dreizehn Prozesse, von denen nur elf mich direkt angehen. Charley verspricht mir, daß nichts davon bis zur Entscheidung vor Gericht kommt und daß Harcourt die Ungekürzte schließlich herausbringen wird. Aber juristische Manöver dauern ihre Zeit. Der Urheberrechtsschutz für Morgenstern läuft Anfang 78 aus, und Sie alle, die geschrieben haben, werden alphabetisch auf dem Computer registriert, so daß Sie Ihr Exemplar bekommen, entweder wenn die Sache beigelegt oder wenn die Frist abgelaufen ist.

Wie ich zuletzt hörte, soll Kermit Shog bereit sein, mit seiner Erstauflage herunterzugehen, vorausgesetzt, Harcourt willigt ein, die Fortsetzung der *Brautprinzessin* zu veröffentlichen, die noch gar nicht ins Englische übersetzt, geschweige denn hier erschienen ist. Der Titel lautet: *Butterblumes Baby: S. Morgensterns fabelhafte Studie über Mut im Kampf gegen den Herzenstod.*

Natürlich hatte ich davon noch nie gehört, aber jetzt macht sich an der Columbia ein Doktorand für florinesische Literatur drüber her. Irgendwie interessiert es mich ja, was der dazu sagt.

William Goldman

P. S.
Dies alles tut mir schrecklich leid, aber kennen Sie die Geschichte, die mit den Worten endet, »vergiß letztes Telegramm, Brief folgt«? Jedenfalls, die Sache mit dem Urheberrechtsschutz, der 1978 ausläuft, können Sie vergessen. Es ist zum Heulen, aber Mr. Shog ist Florineser und hat daher begreiflicherweise Schwierigkeiten mit unserem Zahlensy-

stem. Die Rechte an Morgensterns Buch werden erst 1987 frei, nicht 1978.

Schlimmer noch, er ist gestorben. Mr. Shog, meine ich. (Fragen Sie mich nicht, woran man es merkte. Ganz einfach. Eines Morgens hörte er zu schwitzen auf, und das war's.) Was es so schlimm macht, ist, daß die ganze Affäre nun sein Sohn in die Hand genommen hat, und der heißt – halten Sie sich fest! – Mandrake Shog. Mandrake ist flink und fix wie eine gejagte Eidechse am Flußufer.

Das einzig Gute bei dem ganzen Schlamassel ist, daß ich schließlich doch ein paar Seiten aus *Butterblumes Baby* zu lesen bekam. An der Columbia-Universität finden sie, es ist der *Brautprinzessin* an satirischem Gehalt klar überlegen. Für mein Teil habe ich nicht die Gefühlsbindung dazu, aber keine Frage, es ist eine Mordsgeschichte.

Schaun Sie doch mal rein, wenn Sie Gelegenheit haben.

August 1978

***

P. P. S.

Dies wird allmählich beschämend. Haben Sie in der Zeitung von den Handelsproblemen gelesen, die Amerika mit Japan hat? Nun aber, und so ärgerlich das ist, weil es meine Wiedervereinigungsszene in Mitleidenschaft zieht, stellt sich heraus, daß wir auch Handelsprobleme mit Florin haben, unserem, wie sich herausstellt, wichtigsten Lieferanten von Kadminium, nach dem, wie sich ebenfalls herausstellt, die NASA geradezu lechzt.

Alle florinesisch-amerikanischen Rechtsstreitigkeiten, darunter unsere dreizehn Prozesse, sind daher von Amts wegen ausgesetzt worden.

Was für meine Wiedervereinigungsszene bedeutet, daß sie einstweilen festgeklemmt bleibt zwischen unserem Kadminium-Bedarf und den diplomatischen Beziehungen zwischen beiden Ländern.

Aber wenigstens ist der Film zustande gekommen. Er wurde Mandrake Shog vorgeführt, und wie man mir hinterbracht hat, soll er sogar ein- oder zweimal gelächelt haben. Ewig grünt die Hoffnung.

Mai 1987

Aus: William Goldman: *Die Brautprinzessin. S. Morgensterns klassische Erzählung von wahrer Liebe und edlen Abenteuern*. Die Ausgabe der »spannenden Teile«. Und das erste Kapitel der lange verschobenen Fortsetzung *Butterblumes Baby*. Aus dem Englischen von Wolfgang Krege, Stuttgart: Verlag Klett-Cotta 11. Auflage 2002.

John Kennedy Toole

IGNAZ ODER DIE VERSCHWÖRUNG DER IDIOTEN

V

Stößt Fortuna dich radab, so geh ins Kino, bring Leben in dein Leben. Als Ignaz das zu sich sagen wollte, fiel ihm ein, daß er fast jeden Abend ins Kino ging, unabhängig von der Richtung, in der Fortuna sein Rad drehte.

Voll von der Erwartung saß er im dunklen Saal des »Prytania«, nur wenige Reihen von der Leinwand, sein Körper füllte den Sitz, quoll über auf die Nachbarsitze. Rechts nebenan hatte er seinen Mantel abgelegt, drei Schokoriegel und für den Ernstfall zwei Tüten Popcorn, der obere Tütenrand sorgsam gerollt, um das Popcorn warm und knusprig zu halten. Ignaz aß aus der dritten Popcorntüte und glotzte verzückt auf die Ankündigungen bevorstehender Attraktionen. Einer von den Filmen versprach so Übles, daß Ignaz vermutete, er werde sich auch an einem der nächsten Tage wieder ins »Prytania« gezogen fühlen. Dann flammte die Breitwand in leuchtendem Technicolor auf, der Löwe brüllte, und der Titel flackerte vor Ignaz' zweifarbenen Augen. Seine Züge erstarrten, die Popcorntüte erzitterte. Beim Betreten des Zuschauerraums hatte er die beiden Ohrlaschen sorgfältig über dem Zenit der Mütze festgeknöpft, und nun brandete die Ouvertüre des Musicals aus mehreren Lautsprechern zugleich gegen Ignaz' nackte Ohren. Er hörte zwei Schlagermelodien heraus, die er besonders verabscheute, und folgte aufmerksam den Namen der Mitwirkenden, um sich keinen entgehen zu lassen, dessen Träger ihn regelmäßig bis zum Brechreiz empörte.

Als die Liste zu Ende war und Ignaz vermerkt hatte, daß mehrere Schauspieler, der Komponist, der Regisseur, der Maskenbildner und der Regieassistent ihm schon bei früheren Gelegenheiten mißfallen hatten, begann eine Szene, in der eine Unzahl von Statisten rund um ein Zirkuszelt wimmelte. Gierig durchforschte Ignaz die Menge und fand vor einer Bude die Titelheldin.

»Jesus!« schrie er. »Da ist sie!«

Die Kinder in den Sitzreihen vor ihm drehten sich um und staunten ihn an, aber Ignaz bemerkte sie nicht. Das blaue und das gelbe Auge hefteten sich an die Heldin, die frohen Mutes sich mit einem Eimer Wasser zu einem – wie sich herausstellte – Elefanten begab.

»Das wird noch schlimmer, als ich geahnt habe«, stellte Ignaz fest, als er den Elefanten erblickte.

Er preßte die leere Popcorntüte gegen seine dicken Lippen, blies hinein und wartete mit glitzernden Augen, in denen sich das Technicolor spiegelte. Ein Gong schlug an, Geigen schluchzten aus der Tonspur, simultan öffneten die Heldin und Ignaz den Mund, sie zu einem Lied, er zu einem Knurren. Zwei zitternde Hände trafen heftig im Finstern aufeinander. Die Popcorntüte platzte mit einem Knall. Die Kinder kreischten.

»Was soll der Lärm?« fragte die Frau an der Bonbonbar den Geschäftsführer.

»Er ist wieder da«, klärte er sie auf, indem er quer durch den Zuschauerraum auf den Schatten wies, der sich unter der Leinwand türmte. Dann ging der Geschäftsführer den Mittelgang hinunter zu den vorderen Reihen, wo sich das Gekreisch steigerte. Nachdem sie den ersten Schreck vergessen hatten, kreischten die Kinder um die Wette. Ignaz lauschte auf das markerschütternde Quietschen und Plärren, freute sich wie ein Rumpelstilz. Der Geschäftsführer beschwichtigte die Vorderreihen mit ein paar milden Drohungen, dann blickte er die Reihe entlang, wo Ignaz für sich allein wie ein ausgewachsenes Monster über die kleinen Köpfe ragte, bekam aber nicht mehr als ein pausbackiges Profil zu sehen. Die glänzenden Augen unter dem grünen Kappenschirm folgten der Heldin und ihrem Elefanten über die Breitwand in das Zirkuszelt.

Eine Weile verhielt sich Ignaz relativ ruhig und begleitete das Fortschreiten der Handlung nur mit gelegentlichem Grunzen. Dann befand sich offensichtlich alles, was in dem Film mitspielte, oben in der Kuppel. Im Vordergrund schwang die Heldin zum Takt eines Walzers auf einem Trapez, lächelte in Nahaufnahme. Ignaz suchte ihre Zähne nach Löchern und Plomben ab. Sie streckte ein Bein aus. Ignaz untersuchte es auf Mißbildungen hin. Dann fing sie an zu singen, etwas über die Mühe und das hartnäckige Üben, wieder und immer wieder, bis eine Nummer gelingt. Ein Schauder überlief Ignaz, als er den Sinn der Worte erfaßte. In der Hoffnung, daß nun die Kamera den Todessturz tief hinab ins Sägemehl zeigen würde, prüfte er vorsorglich die Gelenke der Finger, die das Trapez umklammerten. Nach der zweiten Strophe fiel das ganze Ensemble in den Refrain ein und besang mit strahlendem Lächeln unter vereintem Schaukeln, Baumeln, Überschlagen und Aufschwingen den Erfolg, der die Mühe lohnt.

»Gütiger Himmel!« brüllte Ignaz, der nicht länger an sich halten konnte. Popcorn bröselte über sein Hemd und sammelt sich in den Hosenfalten. »Was für ein Kretin hat diese Mißgeburt gezeugt?«

»Halt's Maul!« rief jemand hinter ihm.

»Diese grinsenden Idioten! Jetzt müßten alle Seile zugleich reißen!« Ignaz rasselte mit den restlichen Popcornkrümeln in der letzten Tüte. »Aber zum Glück haben wir's überstanden —«

Am Auftakt zu einer Liebesszene wuchtete er sich aus seinem Sitz und stampfte den Mittelgang hinauf zur Bonbonbar, um Popcorn nachzukaufen, bei seiner Rückkehr setzten die beiden rosigen Gestalten aber erst zum Kuß an.

»Wahrscheinlich haben sie Mundgeruch«, verkündete Ignaz über die Kinder hinweg. »Ich möchte mir nicht vorstellen, wo überall diese Lippen schon herumgeschmiert haben!«

»Sie werden etwas unternehmen müssen«, sagte die Bonbonfrau zum Geschäftsführer. »So arg war es noch nie.«

Der Geschäftsführer seufzte und schwenkte in den Mittelgang ein, während Ignaz brummte: »Also bitte – und jetzt lecken sie einander die Zahnlücken aus!«

John Kennedy Toole: *Ignaz oder Die Verschwörung der Idioten.* Aus dem Amerikanischen von Peter Marginter. Die Originalausgabe erschien 1980 unter dem Titel »A Confederacy of Dunces« in der Louisiana State University Press. © 1980 Thelma D. Toole. Stuttgart: Verlag Klett-Cotta 1982, S. 65–68.

FRIEDRICH GEORG JÜNGER
GLÜCK UND UNGLÜCK

1

Wer über Glück und Unglück nachdenkt, kann dem Kind
verglichen werden, das am Ufer sitzt und versucht, das Meer
mit dem Löffel auszuschöpfen. Was er mit dem Löffel her-
ausbringt, wird nicht hinreichen. Unser Denken stellt uns
nicht frei von dem, was wir bedenken. Wir können unsere
Zukunft nicht vorwegnehmen, können uns nicht sichern
gegen das, was auf uns zukommt; weder gegen die Zufälle
noch gegen das Geschick. Die Sicherheit selbst kann ver-
derblich sein. Was im »Macbeth« die Hekate zu den Hexen
spricht, trifft zu. Dort sagt sie:

> Denn, wie ihr wißt, war Sicherheit
> Des Menschen Erbfeind jederzeit.

So war es und ist es, weil sie ihn blind macht gegen das her-
aufziehende Unheil und Unglück. Steht es mit Glück und
Unglück und ihrem Wechsel ebenso? Ist die Eule des einen,
wie es heißt, die Nachtigall des anderen? Mit anderen Worten: wird das, was Zufall oder Geschick jemandem zuwen-
den, einem anderen weggenommen? Oft ist es so; die

Glücksgüter wechseln den Besitzer. Doch gibt es Güter, die niemandem weggenommen wurden, die auch von einem anderen nicht weggenommen werden können. Sie gehören zu den verläßlichen und dauernden, wenn von Verläß und Dauer bei der Kürze des Lebens gesprochen werden kann.

Über Glück und Unglück denkt jeder nicht nur nach, er erfährt auch als Handelnder und Leidender, was sie vermögen. Auch diejenigen sind davon nicht ausgenommen, die den inneren Menschen gegen beide wappnen wollen, das heißt die Philosophen. Wenn sie ihn zu beruhigen versuchen, ihm Gelassenheit anraten und Mittel der Stärkung und des Trostes nennen, setzt das alles Glück und Unglück schon voraus. Wenn sie den Menschen unerschütterlich, unempfindlich machen wollen, sind beide schon da.

Doch denkt jeder zunächst an *sein* Los, das heißt an das, was ihm zugeteilt ist und vorenthalten wird. Er vergleicht es mit dem Los anderer. Und da die Lose verschieden sind, sind auch die Gedanken verschieden. Was dem einen als Glück erscheint, läßt den anderen kalt. Und mit dem Unglück verhält es sich ebenso. Darüber sind die Sieger und die Besiegten von jeher anderer Ansicht.

Da es nun in den Köpfen so bunt zugeht und die Gedanken sich nicht nur unterscheiden, sondern auch verkehren und ins Gegenteil verwandeln, gibt es keine Wissenschaft des Glücks und Unglücks. Wenn es sich so verhält, wo ist dann Rat zu holen? Soll der, der ihn sucht, sich an die Dichter wenden, die das Trauerspiel und das Lustspiel ersonnen haben, in denen nichts anderes als Glück und Unglück des Menschen abgehandelt wird? Oder soll er sich an die weißen Raben wenden, das heißt an die seltenen Meister, welche die Nachwelt als die Weisesten verehrt. Gut wird beides sein, doch bleibt die Wahl jedem überlassen.

2

Womit also beginnen? Wenn auf die Zeitalter abgesehen wird, so war die Überzeugung der Griechen, daß nur das erste ein goldenes war, in dem die Erde in Fülle das brachte, was der Mensch benötigte, in dem er sorglos und schuldlos lebte. Das goldene Zeitalter gehört wie das Paradies, das ein Garten war, der Vergangenheit an, nicht der Zukunft. Beide liegen im mythischen Bereich, nicht im geschichtlichen, nicht in der Eisenzeit, in der wir noch leben.

Dem entspricht zu allen Zeiten die Überzeugung, daß das Glück etwas Jugendliches, der Jugend Zugehöriges ist. Nimmt es im Alter ab? Daß es sich so verhält, sagt der alte Mensch, der auf seine Jugend zurückblickt und sie seine Glückszeit nennt. Das Alter, heißt es, ist selbst eine Krankheit. Wenn der Mensch altert, nehmen seine Kräfte ab, und er vergißt das, was er erlernt und an Wissen erworben hat.

Anders verhält es sich mit dem Erinnerten: es bleibt das, was es war. Wenn ein junger Freund stirbt, bleibt er jung. Was grün und frisch war, bleibt im Erinnern grün und frisch. Daß die Jugendlichkeit des Erinnerten im Alter nicht verlorengeht, daß im Vergangenen seine Gegenwart sich zeigt, gehört zur Kindlichkeit des Alters, dessen Glück ein erinnertes ist.

Es ist auch gesagt worden, daß das Glück etwas Heidnisches ist. Der Abbé Galiani war dieser Ansicht. Er unterschied zwischen Religionen der Jugend und des Alters; heiter und jugendlich nennt er die heidnische Antike, alt und traurig das Christentum. Das Sinken der Heiterkeit führt er nicht auf die Verderbnis der Sitten zurück, sondern auf die ungeheure Vermehrung der Kenntnisse. Die Mehrung des Wissens, behauptet er, bereichere den Menschen nicht, sondern führe zur Leere, die Leere zur Traurigkeit und zum Leiden. Er ist nicht der erste, der das sagt. Daß das Wissen nicht das Glück, sondern den Schmerz mehrt, sagt ein weitaus älterer Spruch. Scientia auget dolorem.

3

Wie verhält es sich mit der Behauptung, daß das Glück etwas Heidnisches, nicht etwas Christliches ist? Woran dachten die Griechen, wenn sie von Glück und Unglück sprachen? Spender und Glücksbringer sind alle Götter; Unheil und Unglück bringen sie denen, die ihren Bereich verletzen. Die Göttin des Glücks, die von Pindar eine Tochter des Zeus genannt wird, ist die Tyche. Wenn es von ihr heißt, daß sie eine Lenkerin des Zufalls ist, ist das widersprüchlich. Ein Geschehen, das von Göttern oder Menschen gelenkt wird, nennen wir nicht Zufall. Erst in einer späteren, philosophischen Zeit wurde der ungelenkte Zufall *tyche* genannt.

Zu den Attributen der Tyche gehört das Ruder; es zeigt ihre lenkende Kraft an. Sie ist die Kybernetera, welche das Steuerruder des Lebens führt. Dargestellt wird sie mit der Kugel, deren rollende Bewegung den Wechsel zeigt, und dem Horn, aus dem Überfluß und Reichtum kommt. Auch hält sie den Gott des Reichtums auf dem Schoß.

In Rom gilt diese Verehrung der Fortuna, welcher die gleichen Attribute beigegeben sind wie der Tyche, die Ruder, die Kugel, das Füllhorn. Die Römer haben ihre Attribute gemehrt und haben ihr eine große Zahl von Beinamen gegeben, die Plutarch in seiner Schrift über die Fortuna gesammelt hat. Glück, Größe und Ruhm sind im Walten der Fortuna untrennbar verbunden. Nicht nur gibt es eine Fortuna privata für die Familie und eine Fortuna publica für den Staat und das römische Volk. Jeder Stand hat seine Fortuna; Patrizier, Ritter und Plebejer haben ihre eigene, wie Kinder, Mädchen, Jünglinge, Frauen und Männer ihre eigene haben. In Praeneste, wo die Fortuna einem Losorakel vorsteht, wird sie zur Fortuna primigenia erhöht. Als Primigenia ist sie die Erstgeborene und Allerzeugende, als deren Kinder alle Götter, selbst die höchsten, erscheinen. Plutarch sagt von ihr, daß sie alle Länder verlassen und ihnen den Rücken zugewandt habe, um sich in Rom niederzulassen. Dort sei sie von der rollenden Kugel herabgestiegen, habe die Flügel abgelegt, die Schuhe ausgezogen und sei für alle Zeit in Rom geblieben, als Weltherrscherin, die über Rom den Reichtum der ganzen Erde ausgeschüttet habe.

Aber auch das Geschick Roms zeigt, daß Fortuna nicht immer beständig, treu und hold ist; ihr Walten wird auch verlockend, zweifelhaft, kurz und schlecht genannt. Sie hilft denen, die ihre Lieblinge sind, streift andere nur im Fluge, nähert sich vielen nie. Der Mensch, der durch Spenden, Opfer, Gebet die Göttin günstig zu stimmen sucht, ist stets unsicher und von Unruhe und Sorge nicht frei. Wer glaubt, sie erzürnt zu haben, reinigt sich von diesem Vorwurf, sucht sie zu versöhnen, prüft durch Lose, ob sie ihm geneigt oder abgeneigt ist.

4

Im römischen Staat ist der Kult Bestandteil der staatlichen Rechtsordnung, nicht des privaten, sondern des öffentlichen, sakralen Rechts. Rechtsbeziehungen bestehen zwischen dem Bereich der Götter und der Menschen. Doch der Bereich des Rechts und Unrechts ist nicht der Bereich, welcher der Fortuna untersteht. Beide Bereiche decken sich nicht, können sich aber überschneiden. Die Macht der Fortuna umfaßt alle Bereiche. Wie aber wird sie erkannt? Sie gibt Zeichen, auf die geachtet wird, sei es, wie in Praeneste durch Lose, sei es durch den Gang des Geschehens selbst. Unter den Zeichen bilden die Vorzeichen eine eigene

Gruppe. Omen ist ein Zeichen, das auf ein zukünftiges Geschehen verweist, das etwas vorwegnimmt. Als glückbringendes oder Unheil verkündendes Zeichen verlangt es nach einer Deutung.

Eine Eule ruft, und das ist nicht nur ein Vogelruf, sondern betrifft den, der ihn hört. Er steht mit dem linken Fuß auf. Oder ihm entfällt ein Wort, das als Vorzeichen gedeutet wird. »I secundo omine«, heißt es beim Abschied, geh mit einem guten, glücklichen Omen, in Gottes Namen, wie wir sagen würden. Omen und Numen werden unterschieden. Im Numen liegt das Winken und Nicken, der Wink und der Wille der Gottheit. Die sichtbare oder unsichtbare Anwesenheit eines Gottes ist numinos. Omen und Numen können erkannt oder verkannt werden. Die Erscheinung der kämpfenden Adler über der Volksversammlung in Ithaka wird von den Freiern für einen Vorgang in der Vogelwelt, für ein natürliches Geschehen gehalten, von dem Seher und Vogelschauer Halitherses aber als Zeichen der bevorstehenden Heimkehr des Odysseus, als Vorzeichen erkannt, das den Untergang der Freier kraft eines göttlichen Ratschlusses anzeigt.

Numen ist, in einem weiteren Sinne, nicht nur das Zeichen. Die Landschaft, der Ort, ein Hain, Wald, See, an denen die Gottheit spürbar wird, sind numinos. Die Inseln, auf denen Odysseus verweilt, sind numinose Inseln. An einem solchen Ort ist der, der ihn betritt, wie Vergil sagt: »multo numine suspensus«. Schauder der Ehrfurcht, ein Vorgefühl ergreifen ihn. Der genius loci, den jeder Ort besitzt, steigert sich zur Ahnung und zur Gewißheit göttlicher Nähe und Anwesenheit. In dem allen bestätigt sich die Überzeugung, daß der Grund und Zusammenhang des Geschehens numinos ist.

5

Glauben und Aberglauben voneinander zu sondern ist ein schwieriges Unternehmen, weil beiden das Fürwahrhalten gemeinsam ist. Gläubig und abergläubisch war und ist der Mensch immer. Das Wort Aberglaube ist wohl nach dem lateinischen Wort superstitio gebildet worden, das sich in manchen Sprachen erhalten hat, so im Italienischen, Französischen und Englischen. Glaube und Aberglaube gehen in der römischen superstitio zusammen; das Wort umfaßt beides, auch die Weissagungen oder, so bei Vergil, Eid und Schwur. Cicero wiederum nennt die Philosophen superstitios.

Der Aberglaube wird oft als Relikt bezeichnet, als Überbleibsel einer verschwundenen, magischen Welt, die vom Zauber regiert wurde. Er gilt als ein abgesunkener Bereich, der sich in der Volksreligion erhalten hat. Jacob Grimm sagt in seiner »Deutschen Mythologie«, in der er zwischen tätigem und leidendem Aberglauben unterscheidet: »Der Aberglaube bildet gewissermaßen eine Religion für den ganzen niederen Hausbedarf . . .« Insofern er nun diesen Bedarf befriedigt, wurde er auch Rockenphilosophie genannt, so in der »Chemnitzer Rockenphilosophie«, einer Sammlung von abergläubischen Sprüchen und Praktiken. Der Rocken ist ein Spinnrocken, und das spöttische Wort besagt, daß an ihm diese Philosophie vorgetragen wird, also eine weibliche Angelegenheit ist.

Dem allen mag so sein. Doch reichen solche Aussagen nicht an die Wurzel und können sie nicht ausgraben. Magie wird im Bereich des Aberglaubens immer getrieben; sein Bereich ist nicht geringer als in früheren Zeiten, und er kann nicht geringer sein, weil er zu allen Zeiten in enger Verbindung steht mit Glück und Unglück, die jeden Menschen beschäftigen. Deshalb ist auch das Wissen von ihm nicht frei, und in den klügsten Köpfen treiben abergläubische Vermutungen, Wünsche, Erwartungen und Hoffnungen ihr Wesen und Unwesen. Sie verschwinden nicht dadurch, daß der Verstand sich über sie lustig macht. Psychischen Mächten und Kräften ist auf diese Weise nicht beizukommen. Eben das, was am Aberglauben grün, roh und einfältig erscheint, zeigt seine Macht.

6

Was am Glück und Unglück zufällig scheint, kommt von außen. Der Zufall ist, metaphysisch gedacht, ein accidens. Per accidens geschieht das, was zufälligerweise geschieht. Als accidens gilt jede Eigenschaft eines Dings, die nicht wesentlich und beharrlich zur Substanz gehört. Wie andere Unterscheidungen, so macht auch diese, wenn sie durchdacht wird, Schwierigkeiten. Schon die Gleichsetzung des Veränderlichen und Unwesentlichen weckt Zweifel. Stoff und Form der Dinge verändern sich, und die Substanzen bleiben davon nicht unberührt. Die Dinge, von denen alles Veränderliche abgezogen wird, sind keine Dinge mehr, sondern Begriffe.

Zufall ist das Wort, das die Mystik des 14. Jahrhunderts für das Accidens gesetzt hat; so steht es bei Meister Eckhart. Wer heute an den Zufall denkt, der denkt nicht an eine Lenkung, sondern an ein Geschehen, das absichtslos, unvorhergesehen, ungelenkt sich einstellt. Der Zufall gilt als ein Geschehen, das nicht geschehen mußte, nicht zu geschehen brauchte. Dem entspricht die Definition Kants, die besagt, daß zufällig all das ist, dessen Nichtsein möglich ist. Für ihn sind alle Dinge der Sinnenwelt zufällig. Das sind Negationen, die weit reichen, über das zufällige Geschehen selbst aber nichts aussagen.

Zu bedenken ist zunächst, was das Wort selbst sagt. Der Zufall ist stets gerichtet; als Zufall gilt das, was auf uns zufällt. Fällt ein Ziegel vom Dach, sehen wird darin keinen Zufall, sondern setzen Ursachen dafür. Wir beruhigen uns damit, daß der Ziegel sich gelockert hatte, daß ihn der Dachdecker nicht sorgfältig befestigt hatte, daß er morsch war, brüchig oder eine andere Ursache ihn zum Fall brachte. Fällt und verletzt aber der Ziegel einen Passanten, der unterwegs war und ein Ziel hatte, wird das Zufall genannt. Seine gelenkte, beabsichtigte Bewegung wird durch eine ungelenkte, unbeabsichtigte unterbrochen.

Der Bereich des ungelenkten Zufalls, sei er kausal oder wahrscheinlich gedacht, beherrscht heute weithin das Denken, nicht nur das wissenschaftliche, sondern auch das des Laien. Woran denkt jemand heute beim Zufall? Vielleicht an gar nichts, vielleicht an Statistik, Wahrscheinlichkeit und ihre mathematische Verrechnung, im Versicherungswesen etwa, oder, als Physiker, an Zufallszahlen, die sich bei radioaktiven Zerfallsvorgängen ergeben, oder an Treffer, die in einer Folge von Mutationen sich zeigen.

Muß nicht, so kann gefragt werden, in einer Welt, die als zufällig angesehen wird, alles zufällig sein? Nicht nur das Geschehen, sondern auch der, der von ihm betroffen wird? Doch eine solche Annahme kann, da sie selbst zufällig ist, zurückgewiesen werden. Können aber die Zufälle sich mehren, so, wie sich heute im mechanischen Verkehr die Unfälle mehren, die als Zufälle begriffen werden? Daran läßt sich nicht zweifeln. Und zweifeln läßt sich nicht daran, daß es Menschen gibt, in deren Leben der Zufall sich häuft, sei es ein glücklicher oder unglücklicher. Unter ihnen sind solche, die vom Zweifel nicht nur betroffen werden, sondern ihn in Gang setzen und sich von ihm abhängig machen. Ein solcher Mensch ist ein Spieler, der an einem Glücksspiel teilnimmt. Glücksspiele sind auf den Zufall, nicht auf Geschicklichkeit abgestellt. Bei ihnen ist der Zufall ungelenkt, und seine Lenkung durch den Spieler wäre nichts anderes als Betrug, wie er beim Roulette, beim Würfelspiel, über dessen Zufälligkeit Pascal nachdachte, bei den Kartenspielen und allen anderen auf den Zufall abgestellten Spielen Betrug wäre.

7

Der Spieler im Glücksspiel ist abergläubisch, wenn er an Glückssterne, Glückszahlen, Talismane, Amulette glaubt, an Vorzeichen, die den Zufall lenken. Solche Vorzeichen sind nicht auf das Glücksspiel beschränkt, sondern besetzen alle Bereiche. Zeichen haben eine Bedeutung; sie verweisen auf etwas anderes. Sie sind willkürlich gesetzt, doch wird die Willkür begrenzt und an ihrer Bedeutung in Schrift, Bild und Zahl festgehalten, weil sonst ein Verstehen nicht mehr möglich wäre. Wenn jeder seine eigenen Zeichen hat, deren Bedeutung nur er kennt, hört das Verstehen auf. Solche Zeichen sind Geheimzeichen, und auch an ihnen fehlt es nicht.

Mit den Zeichen, die der Aberglauben setzt, verhält es sich nicht anders. Verstehen kann sie nur der, der ihre Bedeutung kennt. Der Kuckuck ruft. Eine schwarze Katze läuft über den Weg. Ein Bild fällt von der Wand. Ein Spiegel zerbricht. Eine Uhr stellt ihren Gang ein. Eine Tür öffnet sich von selbst. Solche Vorzeichen gibt es in Unzahl. Hier sei nur an eines erinnert, an die glückbringende Begegnung mit dem Schornsteinfeger. Ihn zu sehen, bringt Glück. Sicherer noch ist die Glückserwartung, wenn er berührt wird. Ist es der Ruß, welcher Glück bringt? Nein, der Handwerker gehört dazu, und es macht nichts aus, ob er Meister, Geselle oder Lehrling ist. Voraussetzung dabei ist, daß er seine Arbeitskleidung trägt.

Seit wann immer diese Begegnung eine gute Vorbedeutung ist, sie kann nicht älter sein als die Schornsteine und die Schornsteinfeger. Wo keine Bedeutung ist, geht der Schornsteinfeger unbemerkt vorüber. Auch darf eine Begegnung, die als glückbringend gilt, nicht alltäglich sein, darf sich nicht häufen. Und sie verliert ihre Bedeutung dort, wo sie absichtlich herbeigeführt wird; der Zufall darf nicht gelenkt werden. So darf ein vierblättriges Kleeblatt nicht gesucht, sondern muß absichtslos gefunden werden.

Ein eigenes Handeln setzen solche glückbringenden Vorgänge nicht voraus. Bei anderen, die bedenklich sind, kann ein eigenes Tun hinzukommen. Jemand verspricht sich. Er klopft ans Holz, wenn ihm etwas Gutes gewünscht wird. Das kann als eine Beschwichtigung der Nemesis gedeutet werden. Er stolpert oder steht mit dem linken Fuß am Morgen auf. Ungünstige Vorzeichen können gemieden, können auch zurückgenommen werden. Wer die Zahl 13 für eine Unglückszahl hält, meidet ein Zimmer mit der Zahl 13 und setzt sich nicht als Dreizehnter an einen Tisch. Wer beim Verlassen des Hauses an die Schwelle stößt und stolpert, kann über die Schwelle zurückgehen. Das Stolpern geschieht absichtslos, seine Rücknahme absichtlich.

So, wie beim Zaubern ein eigenes Handeln vorliegt, das Nutzen oder Schaden bringen soll, so beim Aberglauben. Schon der böse Blick gilt im Orient als unheilvoll. Absichtlich werden abergläubische Handlungen vorgenommen, denen eine Zuwendung von Glück oder Unglück zugrunde liegt. Glück und Unglück sind nicht selbst Zeichen, sondern werden durch Zeichen angekündigt.

Wenn nun das verständige, vernünftige Denken solche Zeichen ablehnt, nicht deshalb, weil sie eine Last sind, sondern weil sie für Unfug gehalten werden, der aus den Köpfen ausgetrieben werden muß, so verkennt es doch ihre Wirksamkeit. In einem Denken, das logisch oder kausal verfährt, ist für Glück und Unglück kein Platz. Deshalb verfügt es nicht über die Mittel, den Aberglauben zu beseitigen.

8

Zwischen Haben und Sein wird unterschieden, und diese Unterscheidung gilt auch für Glück und Unglück. Daß jemand Glück hat, sei es im Glücksspiel, sei es, daß er einen Fund, einen Fang, eine Beute macht, sei es, daß ihm eine unerwartete Erbschaft zufällt, wird, wie schon das Wort sagt, dem Zufall zugeschrieben. Verschwindet unerwartet ein Gegner oder Feind, der im Wege steht, gilt das als Glücksfall, als Unglücksfall sein ebenso unerwartetes Erscheinen.

Wer auf diese Weise Glück oder Unglück hat, braucht

nicht glücklich oder unglücklich zu sein. Wer den Zufall mehrt, wie das der Glücksspieler tut, setzt sein Glück aufs Spiel. Die Regel wird sein, daß er alles verliert. Der Spieler ist ein Abenteurer, und wie jeder Abenteurer, der sich auf den Zufall verläßt, mehrt er seine Glücks- und Unglücksfälle.

Über das Zugefallene entscheidet nicht mehr der Zufall, sondern der, dem etwas zugefallen ist. Gewinn und Verlust hängen davon ab, ob jemand seinen Glücks- oder Unglücks-fällen gewachsen ist. Zerstreut und verschwendet er das Zugefallene, wird sein Glück nur kurz sein. Sein Unglück wird heilsam sein, wenn er den Anteil, den der Zufall daran hat, von dem anderen sondert, den er sich selbst zuzu-schreiben hat. Die häufigste Frage nach einem Unglücks-fall ist: »Warum mußte das gerade mir zustoßen?« Aber diese Frage kommt zu spät. Näher liegt die Erwägung, daß dieser Unglücksfall nur ihm und keinem anderen zustoßen konnte.

Der Zufall hat weder etwas Hohes, noch ist in ihm Be-ständigkeit. Sein Fallen ist gleichgültig und gibt weder Nei-gung noch Abneigung zu erkennen. Daß jeder Glück haben will und vom Unglück verschont sein möchte, trifft zu. Aber er möchte auch glücklich sein, und dieses Glück hat mit dem Zufall nichts zu tun und verlangt nach Dauer.

Gibt es ein Recht auf ein solches Glück? Besteht ein Anspruch, eine begründete Forderung? Nein, obwohl solche Ansprüche und Forderungen geltend gemacht werden. Daß Recht und Glück sich nicht decken, wurde schon gesagt.

Muß jeder, der glücklich sein will, etwas hinzutun? So ist es. Der Stillstand der Bewegung ist kein Glück, sondern ein Ende. Für ein rein vegetatives oder animalisches Glück ist der Mensch nicht geschaffen. Ohne Tätigkeit ist er nicht glücklich. Er muß tätig sein, muß, wie es heißt, der Schmied seines Glückes sein. Mit dem Zufall kann niemand schmieden; er ist kein Handwerker. Doch hat der Spruch etwas Hartes. Glücklich kann ja schon der sein, der einen Vogel singen oder pfeifen hört. Und im Gedicht heißt es, daß dem in der Welt wohl ist, der seine Sache auf nichts gestellt hat. Das Glück hängt nicht von der Stellung ab, von der jemand abhängt.

9

Daß der Mensch, der sich isoliert oder isoliert wird, sich vom Glück entfernt, trifft zu. Enden die Begegnungen, so endet auch das Glück. Wiederum ist es so, daß viele, ja die meisten Begegnungen zwischen Menschen zufällig sind. Nachbarliche Begegnungen wecken diesen Anschein nicht; Nachbarschaft ist nichts Zufälliges. Aber in der Großstadt nimmt die Nachbarschaft ab, und die Begegnungen von Passanten auf den Straßen, von Leuten, die, wie das Wort sagt, aneinander vorübergehen, die sich ohne Verabredung, ohne Absicht, Zweck und Ziel treffen, sind zufällig. Ein solches Treffen ist kein Treffer, der Gewinn oder Verlust anzeigt.

Eine ganz andere Frage ist, wem wir in unserem Dasein

begegnen. Das Zufällige einer Begegnung endet, wenn sich an sie Verabredungen knüpfen, die zur Bekanntschaft, Freundschaft und Liebe führen.

Von jeher ist behauptet worden, daß die Begegnungen der Geschlechter zufällig sind. Die Philosophen, die sich mit dem Glück und Unglück der Liebe wenig beschäftigen, neigen zu dieser Ansicht. Daß viele dieser Begegnungen nicht nur unvorhergesehen sind, sondern flüchtig, zufällig wie die Gelegenheit, die dabei im Spiele ist, läßt sich nicht bestreiten. Nicht nur im Glücksspiel, auch in den Beziehungen der Geschlechter zeigt sich der Zufall. Wenn sie spielerisch sind, wechseln die Partner. Neugier ist an ihnen beteiligt. Auch kommt dort, wo der Trieb allein bestimmt, die Neigung nicht in Anschlag, und auf die Person kommt wenig oder nichts an.

Wo aber Neigung ist, endet der Zufall. Neigung ist das Band, das sich zwischen Liebenden knüpft, und der Zufall ist kein Band. Neigung aber ist kein Anspruch, kann nicht gefordert werden. Glück und Unglück der Liebe unterstehen dem Willen nicht. Die Neigung bestimmt den Willen, nicht der Wille die Neigung. Glück ist nur in einer Neigung, die gegenseitig ist. Deshalb geht aller Liebeszauber, der geübt wurde und geübt wird, darauf aus, die Neigung durch magische Praktiken zu bestimmen, und der Aberglaube knüpft an diese Praktik an.

10

Das, was die Dichter, was die Philosophen von der Liebe sagen, unterscheidet sich, doch kommen beide darin überein, daß Glück und Unglück untrennbar mit ihr verbunden sind. Die Griechen waren der Ansicht, daß Eros ein Gott war, und auch Sokrates hielt ihn dafür. Vielen galt er als einer der ersten und ältesten Götter, zugleich aber als einer der jüngsten, da die Anfänge jugendlicher sind als das, was ihnen folgt, und so gesehen die Väter jünger sind als die Söhne. Hesiod, der ihn zuerst mit Namen nennt, sagt von ihm, daß er nicht nur einer der ältesten Götter sei, sondern auch der schönste.

Im »Gastmahl« des Platon aber steht es anders. Dort erzählt Sokrates, daß er zu der Priesterin Diotima kam und diese ihn belehrte, daß Eros kein Gott sei. Ob nun diese Diotima nur ein Name war, den Sokrates erfand, um seine Erzählung zu schmücken, oder ob er bei diesem Namen an eine bestimmte Person dachte, kann dahingestellt bleiben, weil es am Sinn der Erzählung nichts ändert. Gewiß ist, daß Diotima weiser war als Sokrates, oder daß er sie für weiser hielt als sich selbst. Er wäre ja sonst nicht zu ihr gekommen, um sich belehren zu lassen, und sie hätte seinen Glauben, daß Eros ein Gott ist, nicht umstoßen können.

Das nun, was hier erzählt wird, gehört nicht mehr der Mythe an, sondern ist ihre philosophische Auslegung. Eros, sagt Diotima, ist weder schön noch häßlich, ist auch nicht glückselig wie die anderen Götter, ist gar kein Gott, sondern ein Mittelwesen zwischen Göttern und Menschen, ein Bote und Dolmetscher, der zwischen ihnen vermittelt. Alles Dämonische, sagt sie, ist ein Mittelglied zwischen Göttern und Menschen, die sich nicht unmittelbar begegnen und berühren. So ist auch Eros ein großer Dämon.

Er ist, heißt es weiter, ein Kind von Armut und Reichtum. Beide werden von Diotima Götter genannt, und beide werden von ihr Eltern des Eros genannt. Durch beide wird er das, was er ist. Da die Armut seine Mutter ist, ist er beständig arm, ist auch nicht schön, sondern rauh und ungepflegt, läuft barfuß umher und schläft unter freiem Himmel, auf der nackten Erde. Stets ist er, wie seine Mutter, dürftig und bedürftig. Aber vom Vater her stellt er allem Schönen nach, ist ein rastloser Jäger, schmiedet Ränke, zaubert, mischt Gift, ist ein Sophist. Er ist kein Gott, denn am gleichen Tage welkt er und schrumpft ein, wächst, blüht und gedeiht. Sein ganzes Leben hindurch ist er, wie Diotima sagt, ein Philosoph.

Weiter brauchen wir in der Erzählung nicht zu gehen. Es bleibt die Frage, was hier Ernst und was Scherz ist. Sokrates war, so wie ihn Platon darstellt, nicht nur ein großer Dialektiker, ein Athlet, der in dieser Ringkunst des Wortes geschult war, er war auch ein Meister der Ironie, und bei ihm ist stets zu beachten, wo diese Ironie einsetzt und wo sie endet. Eros, sagt Diotima, ist ein Philosoph. Die Götter aber philosophieren nicht, da sie weise sind, also kein Bedürfnis nach Weisheit haben. Auch die Leute, die keinen Verstand haben, philosophieren nicht. Wohl aber die Philosophen, die nicht weise sind, sondern nach Weisheit streben. Sie sind wie der Eros Mittelwesen. Daß sie gleich ihm Dämonen sind, wird nicht gesagt.

Die meisten, und auch du, sagt Diotima zu Sokrates, stellen sich den Eros ganz anders vor, als er ist. Er ist nicht, wie sie denken, das Geliebte, sondern das Liebende. Was ergibt sich daraus? Der Liebende ist, wenn es sich so verhält, der Beschaffenheit und dem Wesen des Eros gleichzusetzen: der Dämon, der in ihm ist, gibt ihm die Züge des Eros.

Was können wir uns von alldem zueignen? An den Eros, sei er Gott, sei er Dämon, denken die Liebenden nicht, weil er unsichtbar bleibt, sich ungesehen einschleicht und sich auf die gleiche Weise entfernt. Zwar wissen die Liebenden, daß sie über ihre Neigung nicht frei verfügen können. Sie haben sie ja weggegeben, hingegeben, verschenkt, und sie mußten das tun, es stand ihnen nicht frei. Daran hat sich nichts geändert. Das, was die weise Diotima vom Eros sagt, betrifft den Menschen und begegnet ihm. Der Mensch ist bedürftig und leidet Mangel. Er ist in seiner Liebe sehnsüchtig, und alle Sehnsucht ist Mangel, der sich fühlbar macht, der nach Beseitigung, nach Erfüllung verlangt. Die Wünsche sind sehnsüchtig. So scheint es, daß Sokrates die Diotima mehr über den Menschen als über den Eros sagen läßt. Und die Dichter, deren Stimme gewichtig ist, sind ihm darin nicht gefolgt. In dem aber, was Diotima vom Eros sagt, ist nichts Zufälliges; das Dämonische, das sich in Neigung und Abneigung zeigt, ist nicht zufällig.

11

Eros wird beflügelt dargestellt, und auch die Scharen von Eroten in der Dichtung und auf den Bildern haben Flügelchen. Sie gehören zu den spielenden, geflügelten Wünschen der Liebenden, den Schmetterlingen der Liebe, und haben etwas Kindliches, für ernsthafte Leute oft Kindisches, obwohl auch die ernsthaftesten Leute von ihnen nicht verschont bleiben. In den Neigungen, in der Liebe der Geschlechter zeigt sich ja manches Kindliche und auch Kindische. Verliebte ziehen sich zurück, vereinsamen, sind ungesellig, weshalb die lieblose Gesellschaft, die nichts von ihnen hat, sich über sie lustig macht; Kranke, Verrückte, Wahnsinnige werden sie von den Verständigen genannt.

Ein gutes halbes Jahrtausend nach dem »Gastmahl« des Platon erschien eine Erzählung, die oft als ein orphischer oder platonischer Nachklang bezeichnet wird. Doch kommt darauf nichts an; die Suche nach Motiven führt vom Gang des Geschehens ab. In den »Metamorphosen« des Apulejus steht die Erzählung von Amor und Psyche. Psyche ist keine Göttin, sondern die Tochter eines Königs und von solcher Schönheit, daß sie den Neid der Venus erregt. Sie schickt ihren Diener, den Amor, zu ihr mit dem Befehl, sie verliebt zu machen, und zwar in den verächtlichsten der Menschen. Doch führt Amor diesen Auftrag nicht aus. Bezaubert von der Schönheit der Psyche, gesellt er sich zu ihr, besucht sie in jeder Nacht und verläßt sie bei Anbruch des Tages. Unsichtbar, unerkannt weilt er bei ihr. Sie weiß nicht, wer er ist, und sie darf es nicht wissen; er verbietet ihr jeden Versuch, sich darüber eine Kenntnis zu verschaffen. Die Schwestern der Psyche, die um ihr Liebesglück wissen und neidisch sind, reden ihr ein, daß sie in jeder Nacht von einem Ungeheuer besucht wird. Verführt durch die eifersüchtigen Schwestern schleicht sie mit einer Lampe zu dem schlafenden Geliebten. Was sieht sie da? Kein Ungeheuer, sondern den schönsten aller Götter. Die Lampe zittert in ihrer Hand, und ein Tropfen des heißen Öls fällt auf den Schlafenden. Er erwacht, schilt sie wegen ihres Verrats und entflieht. Trostlos irrt sie umher und sucht vergebens den Entschwundenen.

Das ist der erste Teil der Erzählung, die von nichts anderem handelt als vom Glück und Unglück der Liebe. An ihrer allegorischen Erklärung hat es nicht gefehlt, doch haben solche Erklärungen etwas Lebloses, sind auch kein musisches Anliegen, sondern lösen es auf und zerstören es. Der liebende Gott warnt die Geliebte und verbietet ihr, sich über ihn Gewißheit zu verschaffen. Ihn bei Licht zu besehen, ist ihr verwehrt; heimlich, gegen seinen Willen ihm zu nahen, hat er ihr untersagt. Sie hat versprochen, das nicht zu tun. Warum naht sie ihm mit der Lampe, die das Öl enthält und den heißen Tropfen, der auf ihn fällt und ihn weckt?

Psyche zweifelt an der Schönheit ihres Geliebten. Sie ist zart und schön, aber sie ist auch unruhig, ist neugierig, so neugierig, wie es junge Mädchen sind. Psyche heißt im Griechischen auch der Schmetterling, und von jeher wird sie wie Eros mit Flügeln dargestellt. Das, was Apulejus erzählt, zeigt Raffael in den Fresken der Villa Farnesina.

Warnt Amor sie, weil er der Venus verbergen will, daß er ihren Befehl nicht ausgeführt hat? Aber wie könnte der Göttin, der alle Liebesneigung untersteht, diese verborgen bleiben? Die Warnung, die der Gott ausspricht, gilt allen Liebenden. Zweifel, Mißtrauen, Neugier zerreißen das Band, das die Liebenden verbindet. Neugier ist eine Versuchung, und sie hat viele Formen.

Zart und schön wie der Gott ist seine Geliebte: mit den Fingern kann der Mensch ihre Flügel nicht berühren. Und so, wie Psyche sich gegen den Gott verfehlt, kann der Mensch sich gegen die Psyche verfehlen, als Liebender und als Nichtliebender.

12

Wir wünschen denen Glück, von denen wir uns verabschieden oder denen wir schreiben, denen, die ein Fest feiern, und denen, die einer Gefahr entgegengehen. Das mag oft formelhaft geschehen, mit konventioneller Höflichkeit, ohne innere Teilnahme. Doch kann eine Zuwendung guter Wünsche nicht ohne Folgen bleiben. Das gilt auch für die schlechten, absprechenden, mißgünstigen, an denen so wenig Mangel ist wie an den guten. Segen und Fluch lösen sich nicht in Luft auf.

Wenn nun abgesehen wird von den Glücksfällen, von alldem, was der Zufall herbeischafft und wegnimmt, worin gründet dann das Glück? Wenn alles von außen Kommende nicht hinreicht, was reicht dann hin, um von einem anderen Menschen sagen zu können, daß er glücklich ist? Stoiker, Epikureer und Christen sind darüber verschiedener Ansicht. Das Ziel unterscheidet sich, und mit ihm der Weg. Ist ihnen etwas gemeinsam? Dieses wohl, daß sie vor das Glück den Verzicht setzen, das heißt die Grenze, durch die es sowohl eingeschränkt wie gefestigt wird.

Stets ist der große Haufen anderer Ansicht. An ihn denkt Horaz in seiner Ode: »Odi profanum vulgus et arceo« und weist ihn im ersten Vers schon zurück. Horaz, der von der Stoa nicht unberührt war, doch dem Epikur zuneigte, setzt als Bedingung des Glücks, daß jeder nur das begehren darf, dessen er bedarf. Insofern er selbst diese Bedingung erfüllt und nicht überschreitet, nennt er sich einen Glücklichen.

Glücklich war Horaz auf dem Landgut, das ihm sein Freund Maecenas geschenkt hatte. Dieses Geschenk verdankte er nicht dem Zufall, sondern der Neigung. Es war keine Latifundie, die er erhielt, sondern ein kleines Gut, ein Refugium, das ihn dem Lärm und Getriebe der Stadt enthob und von wirtschaftlichen Sorgen befreite. Nicht jeden hätte der Besitz dieses Gutes glücklich gemacht. Für manchen Römer wäre es zu gering gewesen, um sich daran zu freuen, für manchen nur eine Last, so für die, die das Leben in der Weltstadt Rom allem ländlichen Leben vorzogen. Seine Villa gehörte nicht zu den prächtigen Villen der großen Herren, nicht zu denen, die Plinius und andere beschrieben haben; sie hatte etwas Rustikales. An Wein und Brot fehlte es nicht, nicht an einem ländlichen Gastmahl für die Freunde, die ihn besuchten.

Das Gut erhielt sich bei ihm. Einen Halt hat nur das, was wir halten; was wir nicht halten können, verläßt uns. Die Dinge haben ihren Halt in uns, und wo er ist, bleiben sie: wo keiner ist, suchen sie ihn bei anderen. Die Spieler, zu denen der Spekulant gehört, halten nichts; der Gegenstand der Spekulation wechselt wie der Spielgewinn seinen Besitzer.

Nichts lag Horaz ferner. Das Gut beglückte ihn nicht, weil es verändert, gemehrt, in seinem Ertrag gesteigert werden konnte. Es war kein Kapital für ihn, keine Einnahmequelle, die für andere Zwecke eingesetzt werden konnte. Er beschied sich mit ihm und hätte sein Gut im sabinischen Tal für keinen Reichtum hingegeben. Halt kann nur im Maß liegen, und er hielt sich ans Maß. Daß den, der Maß hält, die Götter lieben, daß sie alles Maßlose hassen, sagt er selbst.

Er wußte, daß das, was ihm geschenkt worden war, ihm nicht allein gehörte, daß sein Haus und alles, was zu ihm gehörte, Baum, Hain, Frucht, Saat, Quell einem höheren Schutze unterstanden, dem er Dank schuldete. Er vergaß nicht, daß die Dinge, die uns anheimgegeben sind, nicht nur uns gehören, sondern sich selbst und der Gottheit, die bei ihnen verweilt, bei Quelle, Fluß und See, bei den Bäumen und den Bergen. Schon deshalb müssen sie geschützt, gepflegt und fürsorglich behandelt werden. Sie sind geheiligt und dürfen nicht verunreinigt werden. Wenn Horaz die sabinischen Berghöhen hinaufging, Praeneste besuchte, nach Tibur oder Bajä ging, dachte er daran. Er gedachte insbesondere der Musen, in deren Dienst er sich wußte, denen er gehörte und deren Weisungen er folgte.

Daran denkt heute niemand mehr, gewiß nicht der, der aus der Natur alle guten Geister ausgetrieben hat. Etwas anderes ist noch zu bedenken. Was wäre dieses sabinische Landgut ohne Horaz, ohne den musischen Menschen gewesen? Ein Strich Land wie jeder andere, ein Stück Land, an das niemand mehr denken würde. Horaz aber hat sein Gut nicht nur genutzt und gebraucht, er hat das, was ihm geschenkt wurde, selbst beschenkt, so beschenkt, daß wir uns heute noch seiner erinnern, daß die Verse, die sein Glück bezeugen, auch uns beglücken. Er sah das voraus, er wußte, daß seine Verse dauerhafter waren als das Erz, das vom Roste zerfressen wird.

13

Wenn die Frage gestellt wird, was getan, was unterlassen werden muß, um glücklich zu sein, so ist das eine Frage der Vernunft. Was aber hat die Vernunft mit dem Glück zu tun? Solche glücklichen Leute wie der Hans im Glück des Märchens oder der Eichendorffsche Taugenichts werden von allen verständigen, vernünftigen Leuten für unverständig und unvernünftig gehalten. Aber die närrischen Leute sind glücklicher als die ernsthaften. In der verkehrten Welt nimmt das Glück zu. Der Narr, sagt Nietzsche, ist der An-Leben-Reiche.

Das Glück ist kein Springbrunnen, der eingestellt und abgestellt werden kann. Es ist nicht machbar, läßt sich nicht künstlich verfertigen, ist kein Surrogat, keine Droge, die den Willen lähmt. Doch setzt es eine Beschaffenheit des Menschen voraus, ein sinnliches, seelisches, geistiges Vermögen, ohne das es nicht einmal wahrgenommen werden kann. Zum Segeln gehört Wind, zum Singen eine Stimme. Wenig braucht es, um ein Kind zu beglücken, und seine kindliche Beschaffenheit gehört dazu. Der Erwachsene hat dieses Glück vergessen; er empfindet es nicht mehr.

Wenn jemand ein Recht auf Glück proklamiert, ist zunächst die Frage, wie er dieser Forderung genügt. Was tut er, um einen solchen Anspruch glaubwürdig zu machen? Niemand kann glücklich sein, der nicht die Fähigkeit besitzt, andere zu beglücken. Das Glück gehört nicht zu den Schätzen, die in einer Truhe verschlossen werden können. Es gibt kein Recht auf Glück, gibt keine Rechtsordnung, in die es sich einfügen ließe. An Wünschen fehlt es nicht, und das Märchen zeigt, wie selbstsüchtig, fehlerhaft, kurz gedacht, gefräßig und unheilbringend Wünsche sind. Wenn nun alle groben, massiven, vulgären Gedanken vom Glück entfernt werden, alle Wünsche, die nach der Sättigung Überdruß bringen, was bleibt dann?

An den Stillstand, an die Stagnation knüpfen sich keine

Glückserwartungen. Schon der Zufall zeigt, daß im Glück eine Bewegung ist, und das gilt überall. Wenn gesagt wird, daß der glücklich ist, der in Übereinstimmung mit sich lebt, so reicht das nicht hin. Seine Bewegung endet nicht, wenn der innere Streit geschlichtet ist; sie beginnt erst. Wie aber ist die Bewegung beschaffen, die den Menschen beglückt?

Sie ist rhythmisch. Der Rhythmus ist nicht nur die zeitliche Folge und Wiederkehr der Bewegung. Diese Bewegung wird zugleich erinnert und bejaht. Wenn sie im Menschen nachläßt, was geschieht dann? Die Langeweile breitet sich aus. Wenn die Bewegung verletzt wird, sei es leiblich, seelisch, geistig, ist das eine Störung, die das Glück beeinträchtigt. Dort schon, wo die alltäglichen Verrichtungen und Wiederholungen dem Menschen schwerfallen, zeigt sich die Störung. Wenn aber die rhythmische Bewegung zunimmt und stark wird, beginnt er zu tanzen. Er tanzt nicht nur mit den Füßen. Wenn er sich so bewegt und bewegt wird, ist kein Unterschied in den Bewegungen; sie sind eins.

Im Rhythmus ist eine zeitliche Folge und Wiederkehr, in der Symmetrie eine räumliche. Der Mensch, so heißt es, zeigt in Gestalt, Wuchs und Gliederung eine beiderseitige Symmetrie; sie ist vertikal, und unter allen Lebewesen hat nur er diese vertikale Symmetrie. Er ist gerade, geht aufrecht, hält den Kopf hoch, ist stolz darauf und leitet seine Tugenden davon ab, seine Geradheit, Aufrichtigkeit und vieles andere.

Wie die Verletzung des Rhythmus die glückliche Bewegung mindert und enden läßt, so auch jede Störung unserer Symmetrie, sei sie leiblich, seelisch oder geistig. Wenn die zeitliche und räumliche Bewegung eins werden, sind sie dann Quellen des Glücks? Entspringen sie in uns? Gewiß, aber unser Wille allein reicht nicht hin dafür.

14

Noch ist zu fragen, was solche Erwägungen vermögen. Ausschließen lassen sie sich nicht; es gibt keinen Schlüssel, der das vermöchte. Und das Wesentliche ist noch nicht gesagt. Was ist alles Glück ohne freie Bewegung, und worin besteht das Unglück, wenn nicht in ihrer Behinderung? Der Mensch, der sich einschließt oder eingeschlossen wird, ist nicht glücklich. Ob seine Zelle winzig ist oder geräumig, ändert daran nichts. Freie Bewegung gibt es nicht ohne Offenheit und Weite. Der Blick darf nicht verstellt sein durch Menschen und Dinge. Das ist ein neues Kapitel. An seine Stelle seien hier drei Strophen gesetzt.

Auch wenn du siebenmal klopfst,
Wird dir nicht aufgetan.
Das Pochen half nichts,
So laut es auch lärmte.

Wozu denn
Stehst vor der Tür du,
Die sich nicht öffnet
Ohne den Pförtner?

Wozu brauchst du den Pförtner?
Gibt es Schlüssel zur Weite?
Rüttle am Riegel nicht mehr,
Und verlaß das verlassene Haus jetzt.

Friedrich Georg Jünger: »Glück und Unglück«; in: *Scheidewege*. Viertel-
jahresschrift für skeptisches Denken, Jg. 5, H. 4, Stuttgart: Ernst Klett
Verlag 1975, S. 491–509.

DER GRUND IM BEWUSSTSEIN

Der Dichter Friedrich Hölderlin wurde von seinen Freunden Hegel und
Schelling als Philosoph von gleichem Rang anerkannt. Während seines
Aufenthalts an der Universität Jena 1794 bis 1975 gelangte Hölderlin zu
einer eigenen Konzeption in der Philosophie: der ersten überhaupt, die
aus Fichtes Wissenschaftslehre gewonnen und ihr zugleich entgegen-
gestellt wurde.

In welchem Zusammenhang Hölderlin seine Konzeption entwarf, welche Stellung sie innerhalb der Debatten der Zeit und an der in Deutschland führenden Universität einnahm, klärt »Der Grund im Bewußtsein«.
Es folgt Hölderlins philosophischer Kreativität in den Problemstellun-
gen seiner Tübinger Studien und dem Zusammenhang seiner Philosophie mit dem frühen dichterischen Werk. Das Buch untersucht philosophisch die Form von Theorie, die Hölderlin im Blick hatte, sowie die
Grundbegriffe »Selbstbewußtsein« und »Sein«.

ERINNERUNG UND DANKBARKEIT

Hölderlins Konzeption impliziert die Annahme, daß es ein
Denken gibt, welches mit der Bewegung des bewußten
Lebens einhergeht und das Teil ihrer ist. Man wird wohl
ohne weiteres verstehen, was damit gemeint ist. Damit
steht aber die Erklärung dieses Denkens noch ganz aus.
Sucht man nach einer solchen Erklärung, so gerät man alsbald in ein weitgehend unerschlossenes Gebiet, in das von
vielerlei philosophischen Problemlagen aus bisher nur eini-

ge Erkundungsgänge unternommen worden sind. Zu ihnen gehören alle Versuche, das, was ›Verstehen‹ heißt, aufzuklären, ebenso wie die Versuche zur Klärung dessen, was ›praktische Vernunft‹ genannt wurde, und die an Husserl, Dilthey und Wittgenstein anschließenden Bemühungen um eine Klärung dessen, was unter dem Titel ›Lebenswelt‹ zum Thema werden kann. Alle diese Versuche sind von theoretischen und methodischen Vorgriffen angeleitet, die in jeweils anderer Weise die Erschließungsmöglichkeiten der Versuche unter weitere Schwierigkeiten bringen. Als besonders irreführend hat sich die Vormeinung herausgestellt, es sei möglich, die Dimension des subjektiven Lebens zu einer besonderen Art anschaulicher Gegebenheit zu bringen. Sie wird denen kaum als vielversprechend gelten, für die alle Subjektivität im direkten Zusammenhang mit der wissenden Selbstbeziehung steht. Denn von ihr wissen wir, daß sie sich durchaus nicht aus anschaulicher Präsenz begreifen läßt. Zugleich spricht viel dafür, daß sie sich überhaupt einer Analyse widersetzt, die sie aus etwas, was ihr vorausliegt, oder aus einem ihrer eigenen Faktoren herleiten will. Aber auch als eine Funktion innerhalb einer Ganzheit, die sich in der ›transzendental‹ genannten Reflexion erschließt, kann sie nicht begriffen werden, da sie vielmehr zu den Voraussetzungen der Möglichkeit einer solchen Reflexion gehört. Ist von einem Denken die Rede, das zur Bewegung des bewußten Lebens gehört, so wird, da dies Leben aus einer Orientierung an dem wissenden Selbstverhältnis heraus verstanden wird, solches Denken von zwei Seiten her thematisiert werden müssen: einerseits von einer Reflexion auf das Selbstverhältnis her, andererseits von Weisen der Erfahrung des Lebens aus, durch die es mit der Welt und mit eigenen Wegen in ihr vertraut, konfrontiert oder durch sie beirrt ist.

Ich weiß von keinem philosophischen Unternehmen, das dieser Aufgabe beharrlich nachgegangen ist. Am ehesten entsprechen ihr die zusammen mit den Systemen der klassischen deutschen Philosophie entwickelten Untersuchungen über die Tiefenstruktur jener Erfahrung, die von Selbstbildern durchzogen ist. In der Philosophie dieses Jahrhunderts hat, was diese Aufgabe angeht, Heideggers Analyse des ›Daseins‹ eine einsame Vorzugsstellung. Sie beruht auf dem Gedanken, die Lebenspraxis aus dem Verstehen, das Entwurf und als solcher wesentlich von der Zukunft her zu begreifen ist, als ein Ganzes zu erschließen, was voraussetzt, die Analyse nicht aus der Distanz des Beschreibenden, sondern aus der Identifikation mit dem entwerfenden und so ›sich zeitigenden‹ Dasein selbst zu gewinnen. Dies Konzept ist allerdings so angelegt, daß das Problem der wissenden Selbstbeziehung aus ihm verdrängt werden muß. In der Folge davon muß es einem Denken, das aus der Selbstbeziehung hervorgeht, die Bedeutung entziehen, die ihm wirklich zukommt.

Überblickt man diese Lage und das dichte Geflecht von Schwierigkeiten, aus denen sie sich erklärt, ergibt sich ein weiterer Grund, die Sicherheit zu bewundern, mit der sich Hölderlin auf dem Weg gehalten hat, der sich ihm von seiner Grundeinsicht aus erschloß. Eine Erklärung des Denkens, das dem bewußten Leben verbunden ist, hat er zwar nicht versucht. Er hebt nur hervor, daß der ›Zusammenhang des Lebens‹ ›nicht *bloß* gedacht werden‹ kann (StA IV, 276/7). Wohl aber sind ihm die für das bewußte Leben wesentlichen Erfahrungen, in denen die Bewegung durch seine Konflikte zum Abschluß kommt, solche Erfahrungen gewesen, in die, und zwar offenkundig, ein mit diesem Leben verbundenes Denken einbezogen ist: *Erinnerung* und *Dankbarkeit.*

Schon im Jahre 1796 und in den philosophischen Briefen, die unter dem Titel *Über Religion* veröffentlicht wurden, hat Hölderlin Erinnerung und Dankbarkeit als die Weisen ausgezeichnet, in denen sich der Mensch zu dem ›Zusammenhang zwischen sich und seiner Welt‹ (StA IV, 275) verhält. Es wäre darum angemessen, auf alle Momente von Bedeutung, die Hölderlin in diesen beiden Erfahrungsweisen bemerkt, und auf alle Ansätze zu ihrer Deutung, die sich in seinen Texten finden, genau zu achten. Das muß hier nicht geschehen. Was die Erinnerung betrifft, ist es an anderer Stelle schon unternommen worden. Doch sollte deutlich sein, daß Erinnerung und Dankbarkeit gleichermaßen nur aus einem bewußten Weltverhältnis hervorgehen können, das ein Selbstverhältnis einschließt und das von Gedanken bewegt ist. *Erinnern* ist anderes als das, was geschah, nicht vergessen zu haben. Es kann einem einfach geschehen, daß man etwas ›behält‹ oder vergißt. Erinnerung aber muß bewahrt werden. Sie gilt dem, was unser Leben berührte und das eine bleibende Bedeutung für es hat. Deshalb ist es auch über eine kaum merkliche Verschiebung des Wortsinnes möglich, sich des gesamten Lebenszusammenhanges, in dem wir stehen, zu erinnern — etwa dann, wenn er uns über den Geschäften des Tages oder, wie Hölderlin sagt, »der Nothdurft« (StA IV, 276) aus dem Blick gekommen ist. Darin liegt schon, daß die Erinnerung immer die Beziehung des Erinnerten auf das eigene Leben einschließt, zugleich aber dies Leben von der bloßen Besorgnis um sich selbst befreit, da sie doch dem gilt, von dem her es ermöglicht und gebildet worden ist. Und ebenso sind Gedanken in jeder Erinnerung am Werke, so daß es geradezu sinnlos ist, von einer gedankenlosen Erinnerung zu sprechen. Wir können uns Einzelheiten eines Ereignisses ›merken‹, also im Gedächtnis festmachen. Weil aber die Erinnerung, die zu bewahren ist, immer das Erinnerte in seiner Bedeutsamkeit versteht, ist sie auf einem Verstehen von Zusammenhang und Bewandtnis ebenso wie auf deren Zueignung im eigenen Leben begründet.

Alles dies läßt sich ohne weiteres auch auf das beziehen, was *Dankbarkeit* ausmacht. Hat doch die Dankbarkeit in sich schon die Erinnerung zu ihrer Voraussetzung, und zwar sowohl die, in der ein Geschehen vergegenwärtigt, wie auch die, kraft deren der Zusammenhang des eigenen Lebens als solcher zum Bewußtsein kommt. Die Dankbarkeit geht aber darin über die Erinnerung hinaus, daß sie die Herkunft des

eigenen Lebens aus solchem Zusammenhang eigens aner-
kennt und in dieser Anerkennung zu einer ›unendlicheren
Befriedigung‹ (ebd. 275) kommt, dies aber deshalb, weil sich
das Leben dadurch, daß es sich in und aus seinem Ursprung
und Zusammenhang begreift, auch ›durchgängiger empfindet‹ (ebd. 275). Mit Beziehung auf Hölderlins Roman-Projekt
und das Thema von *Urtheil und Seyn* läßt sich das so verstehen: Ein Leben, welches dankbar ist im Wissen von dem
Grund, aus dem es hervorgeht und von dem her sich sein
Gang in der Welt und durch die Welt ausbildet, ist über die
Konflikte hinausgewachsen, von denen dieser Gang doch
immer bestimmt ist. So kommt also jede Dankbarkeit, insbesondere aber die »für sein Leben« (ebd. 275), aus dem
Begreifen eines Zusammenhanges, aber nicht als Objekt der
Erkenntnis, sondern so, daß das Leben in seiner wissenden
Selbstbeziehung in ihn einbegriffen ist. Das alles muß teils
mit dahin wirken, teils daraus sich verstehen, daß die Erinnerung und zumal die Dankbarkeit noch anderes sind als
Meinungen und vergleichbare, allein auf die Wahrheit von
Sätzen bezogene Einstellungen. Die Erinnerung ist, anders
als bloß behaltenes Wissen, von einer Gestimmtheit durchzogen; und es ist wohl kaum unangemessen, wenn auch
nicht vielsagend, von einem Gefühl der Dankbarkeit zu sprechen. Daß in beide das ›Für-mich-Sein‹ der wissenden
Selbstbeziehung wesentlich einbezogen ist, muß zumindest
mit dafür verantwortlich sein, daß in ihnen Wissen und
eine Betroffenheit, die wohl in irgendeiner Form zu jeder

466 · Dieter Henrich

Gefühlsgewißheit gehört, nicht wie in anderen Weisen des Wissens wenigstens in Gedanken voneinander abgetrennt werden können.

Doch die Aufklärung dieser Einheit ist bisher nicht gelungen. In nicht wenigen philosophischen Schulen war sogar die Tatsache verdrängt, daß damit eine Aufgabe gestellt ist, deren Schwierigkeit allein schon etwas über die Situation besagt, in der die Philosophie sich zu orientieren hat. Erst seit sehr kurzer Zeit scheinen die Vorurteile an Kraft zu verlieren, die dahin gewirkt haben, die Realität von derart wesentlichen Sachverhalten und Problemen bloß deshalb zu bestreiten, weil die Theorie keinen Ansatz zu ihrer Erklärung hat finden können.

Erinnerung und Dankbarkeit gehen auf das Ganze, in dem der Mensch sich selbst und die Welt, in der er lebt, aus dem gemeinsamen Ursprung als den Trennungen seines Ausgangs enthoben erfährt. Insoweit läßt sich also die Sprache, die Hölderlins Briefe *Über Religion* sprechen, im Anschluß an die Jenaer philosophische Konzeption interpretieren. Sie ist allerdings aus den Jenaer Texten nicht geradewegs abzuleiten. Das ist deshalb nicht möglich, weil sie viele Motive enthält, welche, soweit wir sehen können, in die Jenaer Konzeption nicht ausdrücklich einbezogen waren. Zu ihnen gehört Hölderlins Rede von den »feinern unendlichern Beziehungen des Lebens«, die man »aus dem *Geiste* betrachten müsse« (ebd. 277). Alle diese Motive gehören aber einem Denken zu, das sich unter dem Prinzip All-Einheit ausbildet.

So lassen sie sich zu einem Teil bis nach Tübingen zurückverfolgen. Zudem bilden sie Ansätze zu einer Religionstheorie weiter, die auch in Hegels Manuskripten Spuren hinterlassen haben. Überhaupt ist zu beachten, daß die Fragmente der Briefe, die uns überkommen sind, wahrscheinlich dem Schlußteil einer Brieffolge angehören. Indem sie den Ursprung der Religion bestimmen, setzen sie eine längere Reihe von philosophischen Reflexionen voraus. Nimmt man an, daß die Fragmente wirklich aus dem Manuskript kommen, über das Hölderlin am 24. Februar 1796 an Niethammer einen Bericht gab (StA VI, 203), dann müssen die früheren Briefe vorab den Widerstreit »zwischen dem Subject und dem Object« und den Widerstreit »zwischen unserem Selbst und der Welt« in Beziehung darauf diskutiert haben, wie er »verschwinden zu machen« sei. Dem müßte die Suche nach dem »Prinzip« vorausgegangen sein, das »die Trennungen, in denen wir denken und existiren, erklärt«, das aber zugleich auch »vermögend« ist, diesen Widerstreit aufzuheben (ebd. 203).

Es ist klar, daß dies die Probleme sind, die das eigentliche Thema der Jenaer Konzeption ausmachen. Die Formulierungen, in denen sie von Hölderlin für Niethammer resümiert werden, könnten sehr wohl auf die Untersuchung über Religion vorausweisen, die durch die überlieferten Brieffragmente belegt ist. Denn Hölderlin spricht von zwei Weisen, in denen Trennungen für uns wirksam werden. Sie sind schlechthin grundlegend für unser Leben; denn in ihnen

›denken‹ und ›existieren‹ wir (ebd.). Daß unser Denken und Existieren von Trennungen bestimmt ist, läßt sich daraus verstehen, daß diesen Trennungen doch wohl die beiden Fälle von Widerstreit entsprechen, auf die Hölderlin im selben Satz eingeht: den Widerstreit zwischen Subjekt und Objekt und den zwischen unserem Selbst und der Welt, wobei der erste dem ›Denken‹ und der zweite dem ›Existieren‹ entsprechen sollte. Es liegt nahe, diesen Unterschied mit der Eigentümlichkeit der Jenaer Konzeption zusammenzubringen, die wir in der Interpretation über das hinaus, was aus den Jenaer Texten selbst hervorgeht, verdeutlicht haben: Aus der Differenz, die in allem Wissen und insbesondere in der Verfassung der wissenden Selbstbeziehung gelegen ist, lassen sich die Konflikte begreifen, denen wir in unserer Beziehung zur Welt und in einem damit im Bildungsgang unseres Lebens in der Welt unterworfen sind.

Dies alles war in Beziehung auf das ›Prinzip‹, das den Grund des Bewußtseins denken läßt, zu erklären, ehe die Frage nach dem Ort und Ursprung der Religion im Leben gestellt werden konnte. Darum hätte Hölderlin, so wie es die überkommenen Fragmente wirklich tun, dann, wenn diese Frage aufkommt, schon von einem anderen Verhältnis zur Welt als dem ›mechanischen‹ sprechen können — einem Zusammenhang also, der im Lichte des Prinzips All-Einheit erschlossen wird. Er faßt diesen Zusammenhang in einer Sprache, die wirklich an den Bericht über den Beginn der philosophischen Briefe erinnert, den Hölderlin Niethammer gegeben hat: In diesem Zusammenhang fühlen die Menschen »sich selbst und ihre Welt, und alles, was sie haben und seien, vereiniget« (StA IV, 275), während »weder aus sich selbst allein, noch einzig aus den Gegenständen, die ihn umgeben, … der Mensch erfahren (kann), daß mehr als Maschinengang, daß ein Geist, ein Gott, ist in der Welt« (ebd. 278).

Der Bericht an Niethammer hatte von den Trennungen »zwischen unserem Selbst und der Welt« als der zweiten Form von Widerstreit gesprochen, der »verschwinden zu machen« ist (StA VI, 203). Daraus geht hervor, daß die überkommenen Fragmente der Briefe auf einem fortgeschrittenen Stand der Entwicklung einsetzen. Auf ihm kann schon vorausgesetzt werden, daß das Prinzip, aus dem wir die Trennungen verstehen, auch zu einem Gedanken von der all-einen *Welt* führt, in Beziehung auf die sich die Menschen in ihrem Leben verstehen.

Diese Beobachtungen reichen nicht dazu hin, daß definitiv behauptet werden kann, die überkommenen Fragmente seien Teil der Ausführung des Textes, über den Hölderlin Niethammer berichtete. Es wäre ja auch noch weiter zu erwägen möglich, ob der Bericht nur auf einem Konzept oder ob er auf schon weitgehend niedergeschriebenen Texten fußt. Auch könnte für die Briefe zur Religionstheorie mehr als nur eine Fassung zustande gekommen sein, wobei sich spätere Fassungen nicht ganz fugenlos in eine Entsprechung zu dem Bericht des Briefes an Niethammer würden bringen lassen. Es genügt, den Zusammenhang zwischen der Jenaer Konzeption und den Fragmenten hergestellt zu haben. Ging es doch nur darum aufzuzeigen, daß Hölderlin mit dem Problem wohl vertraut ist, wie ein Denken verstanden werden kann, das in das Leben eingreift und das ihm zugehört.

Die Fragmente aus den philosophischen Briefen mühen sich um dies Problem freilich nicht in Beziehung auf die Bildung und die Entfaltung des spekulativen Denkens als eines solchen. Sie nehmen es dort auf, wo der Gedanke des ganzen Lebenszusammenhanges schon erreicht ist und wo sich nunmehr die Frage stellt, in welcher Weise er vergegenwärtigt werden kann. Hölderlin gibt der Erkenntnis großes Gewicht, daß diese Vergegenwärtigung nicht allein in Gedanken und auch nicht ›bloß im Gedächtnis‹ geschehen kann (StA IV, 276). Er begründet das damit, daß Gedanken nur notwendige Verhältnisse fassen können. Ihnen gegenüber ist der Zusammenhang im Leben ›inniger‹ und ›unendlicher‹, so daß der Gedanke sie nicht ›erschöpfen‹ kann. Damit ist sowohl auf die Weise des Verbundenseins wie auch auf die Konkretion des Zusammenhangs angespielt, die sich abstrakten Begriffen entzieht. Der Konkretion könnte das Gedächtnis wohl entsprechen. Doch würde es die Weise des Verbundenseins nicht zu begreifen vermögen. Wenn Hölderlin dann weiter sagt, daß diese Verhältnisse ›aus dem Geiste, der in der Sphäre herrscht, in der die Verhältnisse stattfinden‹, betrachtet werden müssen (ebd. 277/

78), so heißt das explizit nur soviel, wie Hölderlin durch den Gegensatz zu einer solchen Betrachtungsart aufzubieten weiß: daß sie nämlich »nicht so wohl an und für sich« zu betrachten sind (ebd. 277). Das aber kann wiederum kaum etwas anderes heißen, als daß sie unter Einschluß der Erfahrung dessen, der in sie einbegriffen ist, betrachtet werden müssen. Und das bedeutet auch schon, daß ein solcher Zusammenhang von ganz anderer Art sein muß als jeder Zusammenhang, der sich, als mechanischer, in gegenständlicher Einstellung beschreiben läßt, und daß er nicht von den Trennungen her begriffen werden kann, in denen für uns die Bedingungen einer solchen gegenständlichen Beschreibung gelegen sind. In welchem Modus von Wissen sich uns der ›Geist einer Sphäre‹ erschließt, ist damit noch nicht wirklich verstanden. Aus der Einsicht in die Besonderheit solchen Wissens gewinnt Hölderlin aber den Übergang zur Erklärung dessen, was Religion und Poesie miteinander gemeinsam haben. So ergibt sich nunmehr über die Frage nach der Weise der Vergewisserung einer Welt, deren Verfassung dem Prinzip All-Einheit entspricht, wiederum ein Übergang von der Jenaer Konzeption zur Ortsbestimmung des Kunstwerks im bewußten Leben.

Dem nachzugehen würde heißen, die Untersuchung auf Hölderlins weiteren philosophischen Weg auszudehnen, der von der Jenaer Konzeption ausgegangen ist. So haben wir also zur Jenaer Konzeption zurückzukommen. Es ist nun deutlich geworden, daß sie das philosophische Wissen als

in einem gegenläufigen Gang begriffen versteht: Es denkt
der Voraussetzung nach, die in der Form des Wissens, insbesondere aber in der Form der wissenden Selbstbeziehung
gelegen ist. Solches Denken steht, insofern es über Trennungen hinausgreift, unter dem Leitgedanken der All-Einheit. Dieser Gedanke muß zunächst einmal als Grund verstanden werden, von dem her sich die Trennungen
begreifen lassen, womit sich der Weg hin zu dem Vorausge-
setzten in die Richtung zu dem umkehrt, in dem die Voraussetzung gemacht ist. Auf diesem Rückgang muß sich das
Denken aber nunmehr durchgängig auch daraufhin orientieren, daß es ein Einiges jenseits der Trennung begreifen
läßt, in das der Mensch in seiner wissenden Selbstbeziehung inbegriffen ist. Und es muß weiter so verfaßt sein, daß
es als Orientierung in das Leben aufgenommen werden
kann, welches sich in wissender Selbstbeziehung vollzieht.
Dieses letzte der für die Jenaer Konzeption wesentlichen
Momente war der Anlaß dafür, Hölderlins Gedanken zu
beachten, die nicht aus Jenaer Texten, sondern aus den Fragmenten philosophischer Briefe belegt sind.

Zitierte Literatur

Friedrich Hölderlin: *Sämtliche Werke: Große Stuttgarter Ausgabe* (StA).
  8 Bände, hrsg. von Friedrich Beissner, Adolf Beck. Stuttgart 1947–
  1985.
Dieter Henrich: *Der Grund im Bewußtsein. Untersuchungen zu Hölderlins
  Denken (1794–1795).* Stuttgart: Verlag Klett-Cotta 1992, S. 614–622.

»STUTTGARTER REDE«

Die Literatur hat es in den letzten vierzig Jahren in dieser Stadt nicht leicht gehabt. Namhafte Autoren, die sich von Konsorten aus dem deutschen Sprachraum besuchen lassen und somit ihre geistige Gegenwart hier demonstrieren, gab und gibt es nur wenige, literaturbezogene Verlage ebenso. Theodor Heuss konnte deshalb wohl sagen, Stuttgart sei eine Stadt des Buches, nicht der Literatur. Die verkehrsbetonte, in ihren urbanistisch-architektonischen Valeurs nicht gerade stramm vorausmarschierende Stadt reizt denn auch die Schriftsteller nicht, zum Ort, zum Gefäß für epische Würfe zu werden, sie regt offenbar nicht die erzählerische und schon gar nicht die poetische Phantasie an und wird somit künstlerisch nicht angeeignet, aus ihrer harten Realität nicht in schwingende Wirklichkeit gebracht. Kulturpolitische An- strengungen hat es natürlich gegeben und gibt es noch, aber sie kamen der Literatur vergleichsweise wenig zugute. Große Treffen, spektakuläre Preisfeiern, intime Debatten stehen — bei allem Respekt vor den Marbacher Leistungen, den Veran- staltungen der Stadtbücherei, der Bibliotheksgesellschaft, dem Schriftstellerhaus, der Akademie für gesprochenes Wort, der Akademie auf der Solitude und vielen anderen —

dem Aufgebot anderer großer Städte nach. Was an kulturförderndem Aufwand von Amts- und Würdenträgern, Mäzenen und Sponsoren getrieben wurde, kam in der Regel dem Annehmlicheren, leichter Genießbaren zugute, weil es passive Rezeption zuläßt, den Schau- und Tonkünsten, den Bildern, Objekten und Skulpturen. Niemand hier steht an, das nicht zu preisen, es ist wirklich eine Menge und kann sich weit über die Grenzen der Region hinaus sehen lassen, in einem Revier, das pietistischer Enge und Lustfeindlichkeit geziehen wird. Ich meine übrigens, mit diesen Märchen sollte aufgeräumt werden. Man kann nicht auf Dauer eine ansässige, deutlich gewandelte Mentalität von Korntal aus oder von einzelnen hier noch herumstreichenden Sektierern her kennzeichnen. Nein, die hier leben, sind ein bißchen spröde, vielleicht zu oft schlecht gelaunt, haben ein Mißverhältnis zu Stil und Eleganz, aber sie sind besinnlich, sie bewegen was in ihrem Kopf, haben weit ausgefächerte Interessen und sie sind erstaunlich offen und tolerant – ein gutes Publikum, wie man aus der Bildkunst-Szene, von Theater- und Ballettleuten weiß. Und dieses Publikum hat all die Jahre keinesfalls signalisiert, es habe kein Interesse an der hier nicht so recht zu Glanz gekommenen Literatur. Die Einrichtungen, die Lese- und Volksbildung fördern, also die Stadtbüchereien, die wissenschaftlichen und anderen öffentlichen Bibliotheken, die historischen Archive und insbesondere die herausragenden Institute in Marbach bezeugen das rege Interesse ihrer Besucher und Zugewandten. Und erst recht die vielen

privaten Vereinigungen und Zirkel, die sich Literatur empfehlen und interpretieren, die also ihren Autoren verständige Leser werden wollen.

Eines der schönsten Geschenke, die diese Stadt in ihrer
Geschichte erhalten hat, ist Hölderlins Gedicht ›Stutgard‹
und darin die Verse »o Fürstin der Heimath! glükliches Stutgard«. Stadt und Land gehörten damals zu den Ärmsten in
Deutschland, aber der Dichter berief ein Glück, das dem Ort
zugehöre, er maß ihm Anderes zu, als was man heute zum
Glücklich-Sein nötig zu haben meint. In der großen Epoche
der schwäbischen Geistigkeit sind viele Plätze und Land-
schaften so ausgestattet worden. Es scheint, als seien die
eminenten Leistungen jener Großen nicht ganz spurlos vor-
beigegangen an den Nachfahren. Nach dem Tod Mörikes gab
es noch lange ein reges literarisches Leben in dieser bis zum
Zweiten Weltkrieg anheimelnden, wunderschönen Stadt.
Dies ist in einer kleinen Publikation jüngst verzeichnet worden, und es läßt sich wie ein Auftakt für das Bemühen nehmen, der Literatur hier einen angemessenen Platz zu geben.
Dafür wird es Zeit. Und das nicht nur, weil die Stadt im
nationalen Kontext seit zehn Jahren an die Peripherie gerückt ist, nicht nur, weil sich eine moderne, zukunftsorien-
tierte Großstadt das Fehlen einer solchen kulturellen Institution nicht mehr leisten kann, sondern auch, weil die
kreative Produktivität dieses sich rapide wandelnden Stand-
orts einer solchen Einrichtung bedarf. Ich berufe mich hier
auf die Forderung avanciert denkender Industrieller.

Ob ein Literaturhaus in dieser Stadt auch wieder Geister von Rang hier ansiedeln helfen oder halten kann, in weiter historischer Perspektive gesehen nicht nur abgeben, sondern auch entgegennehmen kann, wie es sich etwa in Hamburg beobachten läßt, ist schwer zu sagen und hängt auch von einer Menge weiterer positiver Entwicklungen ab. Die Zugereisten! »Reigschmeckte« konnte man noch nach dem Krieg hören, aber mit dieser Art schwäbischen Fremdelns ist es längst vorbei. Die Zugereisten werden angelockt durch favorable Bedingungen des Lebens, des Arbeitens, des Wirkens, und es lohnte sich überhaupt einmal zu untersuchen, wie die Mächtigen, in ihren beschränkten Städten und Residenzen, talentierte Menschen versuchten anzuziehen und zu gewinnen. Also etwa Friedrich der Große und d'Alembert — geglückt, Voltaire oder Casanova — mißglückt, Ludwig II. von Bayern und Wagner — geglückt, Wilhelm von Württemberg und Sulpiz Boisserée — mißglückt, dessen Persönlichkeit übrigens und wacher Geist dieser Stadt so gut bekommen wäre wie seine Sammlungen. In der massengesellschaftlichen und mobilen Welt von heute ist natürlich Zu- und Abreisen nah beieinander, besonders in Literaturhäusern. Der Aufenthalt der Auswärtigen ist wie ein Schnappschuß, eine Gedenktafel läßt sich da nicht gewinnen, und doch erhält eine Stadt viel mehr, als wenn seine Person eingestrahlt würde. Daß ein Mensch, der etwas zu sagen hat, hier seine Sache vertritt, sich stellt und redet, das auf jeden Fall ist es, was geistige Bewegung bringt.

An dieser Stelle ist es angebracht, ein paar Worte über ein Problem zu verlieren, das die Nation oder ihre Zwischenform in Gestalt der alten Bundesrepublik ziemlich heftig beschäftigte, nämlich das Verhältnis von Intellektuellen — also »hommes de lettres« — und der Macht. Diese beschimpften jene als Pinscher, jene forderten zornige Einmischung oder das Ende der Bescheidenheit, womit sie andeuteten, daß ihnen, gemessen an ihrem gesellschaftlichen Wertgewicht, nicht genug aus den Wohlstandstöpfen zukomme, die das Wirtschaftswunder ermöglicht hatte. Diese bewegten sich nicht sicher in der demokratischen Legalität, also ihrer Macht, jene spielten sich als Machtlose auf, wo sie doch über den einzigen Machtfaktor verfügten, der in echten demokratischen Verhältnissen nicht teilbar und nicht kontrollierbar ist: die öffentliche Meinung. Beide Seiten reagierten jeweils hysterisch und unsouverän. Eine Selbstironie, wie sie Sartre an den Tag legen konnte, indem er sagte: »Intellektuelle sind Leute, die sich einmischen in Sachen, die sie nichts angehen und von denen sie nichts verstehen«, war ihnen nicht möglich. Auf diesem aufgeregten Hin und Her lag eben noch der lange Schatten des »Tausendjährigen Reichs«. Der vertrauensvoll-strittige Einklang zwischen Geist und Macht, den eine demokratische Kultur ermöglicht, fehlte. Dieser Zustand verebbte so allmählich in der Mitte der achtziger Jahre, und das ist nebenbei bemerkt auch der Zeitpunkt für das Aufkommen von Literaturhäusern. Hatten die Intellektuellen inzwischen begriffen, daß

Macht in der Demokratie auch Verantwortung heißt, und
die Politiker, daß die Welt und die ihr innewohnenden Probleme, so reichhaltig und vielschichtig wie sie geworden
waren, nur mit der öffentlichen Beteiligung von viel Intelligenz noch zu lösen sind, also von Leuten, die nicht handeln,
aber sich Gedanken machen können und diese untereinander kommunizieren, in Diskurs halten, wie sie sagen, und
die sie schreibend unter die Leute bringen? Es ist sicher ein
Zeichen demokratischer Reife, daß politisch Agierende und
Intellektuelle sich, bei aller Differenz, als komplementär
empfinden, jedenfalls ist das der Fall in gefestigten, altein-
gesessenen Demokratien. Die Mittler sind die Presse, die
Medien, die Verlage und natürlich die Literaturhäuser.
Debatte, intellektueller Streit, think tanking, colloquiales
Miteinander ist der Lebenssaft der Bürgergesellschaft. Und
je besser intellektuelles Leben und politisches Geschehen
miteinander verwoben sind, desto besser für deren Weiter-
entwicklung.

Es ist interessant, daß sich Literaturhäuser vorwiegend
im deutschsprachigen Raum ausgebildet haben. Hier sind
sie zu einer festen, mit einer charakteristischen Typik verse-
henen, kulturellen Institution geworden. Eines der Merkmale ist das Zusammenwirken zwischen privater Initiative
und öffentlicher Hand. Das Stuttgarter Haus ist eines der
letzten unter den großen Städten, der Anlauf war ein langer,
die Anfänge fallen mit den Starts in Berlin, Hamburg, Frankfurt zusammen.

Über konzeptionelle Fragen ist in dieser langen Entste-
hungszeit viel diskutiert worden: über eine Kombination
von literarischem Film und Lektüre, über die Münchner
Idee, Literatur in Ausstellungen nahezubringen — ähnlich
wie das jetzt mit Geschichtshäusern passiert — oder über
den alten Stuttgarter Gedanken eines Hauses des Buches,
das das Literarisch-Inhaltliche mit dem Technisch-Wirt-
schaftlichen kombinieren wollte. Auch an eine Verbindung
von Schriftstellerhaus und Zentrum für Literaturveranstal-
tungen war gedacht worden. Am Ende erscheint eine komplex wirkende Vielfalt, in der künstlerische Präsentation,
Event, Debatte, das Suchen und Erörtern vorausgreifender
Fragestellungen und insbesondere die Begegnung von Menschen in einer intellektuellen Aura der bestimmende Nexus
wurde und daß Literaturhäuser mit ihrem Tun medienge-
sellschaftliche Impulse auslösen, vor allem durch ihre the-
menbezogene Intensität.

Erlauben Sie, daß ich hier eine kleine Zäsur mache und
ein Wort sage über die Promachoi, die Mitstreiter im Vor-
stand. Ihr selbstloses und mutiges Engagement läßt mich in
seiner Eleganz und Natürlichkeit an eine Bemerkung des
Prinzen Eugen denken, einer der eminenten Erscheinungen
des 18. Jahrhunderts: »Man muß seine Pflicht tun, aber so
leicht und anmutig, daß einem niemand einen Vorwurf
machen kann.«

Bei alldem, was ich hier versuchte aufzuzeigen, habe ich
vorsorglich eine nähere Betrachtung des Terminus Literatur,

wie Sie bemerkt haben, vermieden. Ich habe das Wort einfach so verwendet. Aber man kann ruhig sagen, mit dem Entstehen und der Entwicklung der Literaturhäuser in Deutschland verwandelt sich eine landläufige Definition, wie sie in den letzten fünfzig Jahren entstanden war und die man vereinfachend mit Erzählung, Roman und Lyrik umschreiben kann, vielleicht noch mit dem Hörspiel, das ja gerade in der Nachkriegszeit aufgeblüht ist. In Literaturhäusern gibt es das, aber es gibt eben vieles mehr, so viel, daß manche fragen, was eine Vortragsserie über Urbanistik oder kulturelle Aspekte des Internets oder ein Colloquium über die Anekdote oder eine Diskussion über direkte Demokratie oder die Gebärdensprache der Ottonen oder eine Debatte über Preußen als dem einzigen Machtstaat von europäischem Rang auf deutschem Boden in der Zeit des Alten Reichs in einem Literaturhaus verloren hat. Aber da gehören sie hin, wohin sonst. Eine Antwort für dieses Phänomen ist, daß wohl nahezu jedes gesprächswürdige Thema in Texten, in Büchern festgehalten ist, eine andere, daß Literatur noch vor hundert Jahren wesentlich weiter begriffen wurde als heute. Man zählte etwa die Philosophie dazu, die Geschichtsschreibung, das Drama. Die Verengung des Begriffs, vor allem seit dem Krieg, hat viele Gründe, die hier nur angedeutet werden können. Da ist einmal das zerfallene Bildungsbürgertum, in dem viele literarische Gattungen gepflegt wurden, sodann die literarische Kritik, die sich deutlich dem erzählenden Genre zugewandt hat, aber auch

Prozesse aus der geisteswissenschaftlichen Welt dürften ihren Anteil am Geschehen gehabt haben. Der Formbegriff Essay zum Beispiel, ein literarischer Fund aus der Renaissance, der es seither zu beträchtlicher Blüte gebracht hat, wird in der wissenschaftlichen Publikationspraxis als eine Art unbelegter Thesen- oder Hypothesentext betrachtet, als lockerer Themenwurf, der wissenschaftlicher Kenntnisnahme anheimgestellt ist. Er wird dadurch mehr und mehr als Bestandteil der wissenschaftlichen Domäne und nicht der Literatur angesehen. Oder nehmen wir den historiographischen Text: das Erzählen geschichtlicher Begebenheiten, die der Gelehrte so gut ermittelt und geprüft hat, wie es möglich ist. Das war einmal wesentlicher, ja eigentlich sogar Urbestandteil der Literatur. Eine Nachkriegstendenz, die Geschichtswissenschaft zu entliterarisieren, hat ihr dann den erzählenden Geist ausgetrieben, womit übrigens das Ansehen dieser Wissenschaft nicht sonderlich gehoben worden ist, von den Folgen in der Schuldidaktik und dem allmählichen verheerenden Verschwinden einer geschichtlichen Mentalität unter den Deutschen ganz zu schweigen. Ganz allgemein können wir hier beobachten: Die Sprache wird weniger nach ihren Formwerten empfunden denn als Material betrachtet. Das hat natürlich Folgen für das, was man in der Lektoratswelt »Lesbarkeit« nennt. Und hier sieht man schon, diese Wissenschaften haben sich so nach und nach nicht nur von ihrer literarischen Herkunft, sondern auch von ihren Rezipienten außerhalb der wissenschaftlichen

Domäne mehr und mehr verabschiedet. Literatur hatte immer ein Ethos des Zugänglichen und immer den Sündenfall des Hermetischen. Aber auch andere Gattungen, die vor einer beispiellosen Entkernung, wie das neuerdings heißt, in den sechziger Jahren zur Literatur gehörten, sind aus dem Blickfeld gerückt: das Tagebuch, das Epigramm, die Rede, der Aphorismus, das klassische Feuilleton, der Brief, die große Glosse, die Satire, oder schlichtere Formen wie der Limerick oder der Schüttelreim. Ein besonderes Mißgeschick widerfuhr dem Drama. Jeder weiß, wie man gezielt Texte durch Kürzung entstellen kann. Wenn heute die moderne Theaterdramaturgie substantielle Textteile streicht, weil sie mit dem glänzenden Namen des Autors etwas anderes sagen will, als es der Autor sagen wollte, so nimmt sie dem Drama die literarische Authentizität, wie sie der Urheber hergestellt hat. Im Bewußtsein von Lesern und Intellektuellen rückt aber das Drama damit langsam aus dem Blickfeld literarischer Zugehörigkeit. Es wird mehr und mehr zu Theater und ist weniger und weniger Literatur.

Diese Fragmentierung der Literatur als — man könnte genauso sagen — eines großen geistigen Raumes unseres Kulturkreises hat dem Literarischen in einer weiteren Perspektive sicher geschadet. Es wird in seiner ganzheitlichen, in seiner intellektuellen, also vorwärtstreibenden, seiner Probleme früh erkennenden Qualität, in seinem künstlerischen Reichtum, seiner enormen Vielfalt nicht mehr so gesehen wie noch vor 80 oder 100 Jahren.

Literaturhäuser stellen nun den im allgemeinen vereng-
ten Literaturbegriffen eine neue alte Ganzheitlichkeit des
Literarischen gegenüber. Sie können gar nicht anders angesichts ihres Publikums und der Fragen und Erwartungen,
die ihnen entgegengebracht werden. Man könnte auch
sagen, daß Literaturhäuser sich auf den semantischen
Ursprung dessen, was sie tun, besinnen: das Wort »littera«,
in welchem schon im Sprachgebrauch der Römer nahezu
alles enthalten ist, was wir zur aktuellen Begriffsbestim-
mung benötigen: Buchstabe, Schriftzeichen, Schrift, Ge-
schriebenes, Schreiben, Schriften und Bücher, die Literatu-
ren der Völker, die Wissenschaften, ja »littera« wurde sogar
zur Metapher der Gelehrsamkeit.

Die Sprache, und damit Verständigung, und damit die
Möglichkeit, Wissen und Gedächtnis zu schaffen, überhaupt zu benennen und festzulegen, zu unterscheiden und
zu klären, das ist ja wohl auch das Bedeutendste, was den
Menschen von anderen Lebewesen unterscheidet. Und
damit ist natürlich auch gesagt, daß für ein Literaturhaus
das geschriebene Wort so wichtig sein muß wie das gesprochene, und weiter, daß die Qualität eines Textes immer auch
eine rhetorische ist. Hier muß ich einen Augenblick verweilen. War es die Entsinnlichung unseres Lebens, das »l'art
pour l'art«-Experimentieren von Schriftstellern in der zweiten Hälfte des vorigen Jahrhunderts oder das wuchernde
Jargonwesen in den Wissenschaften, das den Autor häufig
vergessen ließ, sich seinem Publikum überhaupt verständ-

lich zu machen? Ganz zu schweigen davon, es zu verzau-
bern, zu überzeugen oder lachen oder weinen zu lassen.
Natürlich muß ich bei dieser etwas polemischen Bemerkung auf Ausnahmeverhältnisse hinweisen, etwa, wenn ein
Denker das Denken denkt oder wenn ein Dichter von einer
geträumten Eingebung gefangen ist – das sind hohe und
komplexe Sachen. Deswegen braucht aber der brave Intellektuelle oder wissenschaftliche Kopfwerker noch lange
nicht dröge und unverständlich zu sein. Es mag vielleicht
auch mit dem Niedergang des Rhetorischen überhaupt im
letzten Jahrhundert zusammenhängen und seinen Perver-
sionen durch die Verführer im Dritten Reich, daß es immer
noch sehr viele – zu viele – Autoren gibt, die nicht zu wissen scheinen, daß sie, wenn sie schreiben, zu ihrem Publikum »sprechen« sollten, so wie es Redner vor ihren Hörern
tun. Dem Autor fehlt ja nur das Fluidum, das ihm die Ange-
sprochenen bescheren und das das Temperament und den
Witz des Redners belebt, jedenfalls wenn er sich Mühe
geben will. Viele Autoren suchen denn auch wenigstens die
mittelbare Verbindung zu den Lesern, wie sie leider immer
weniger von Buchhandlungen, aber jetzt immerhin von Literaturhäusern hergestellt wird. Überhaupt reihen sich Literaturhäuser in den Kreis kritischer Instanzen ein, die ein einigermaßen anspruchsvoller Text passieren muß, wenn er
seine Leser finden will, und der sonst besteht aus dem Ver-
lagslektorat, dem Buchhandel, der Rezension und neuerdings der Fernsehdebatte.

Ein Literaturhaus ist also einer ausladenden Vorstellung von Literatur verpflichtet – würde es nur Lyrik und Erzählung vortragen lassen, wäre es ein unsinnvoller Konkurrent von Buchhandlungen und regen Stadtbibliotheken.

Ich habe den kleinen Ausflug in das großartige, aber hierzulande verarmte Reich der Rhetorik gewählt, um auch zu sagen, daß auch Fragen und Themen, die vielleicht noch nicht zu Buchtiteln geführt haben, Programmsache eines Literaturhauses sein können. Und mit dieser Bemerkung greife ich dann auch über den hier verhandelten, weit gespannten Literaturbegriff hinaus. Wenn etwa die Entzifferung des menschlichen Genoms oder eine problematische Technikfolge, wie sie aus avanciertem Roboting entstehen mag, oder die Frage der genetischen Kartierung Estlands zum Thema würde, so könnte jemand sagen, das habe mit einem Literaturhaus ja nun wirklich nichts mehr zu tun. Wir sind hier anderer Auffassung. Natürlich ist Sprache für den Naturwissenschaftler, den Techniker und den Ökonomen ein Medium unter anderen, sagen wir, wie eine Formel oder wie eine Graphik, eine Skizze, ein Foto oder ein bewegtes Prozeßbild und so weiter. Die davon ausgehende Informationsmodalität in Unternehmen, Universitäten und Forschungseinrichtungen bestimmt unser Leben mehr und mehr. Aber gerade das zeigt uns, welch tiefer Riß durch unsere Zivilisation geht, nämlich der Riß zwischen einer naturwissenschaftlichen und einer literarischen Kultur. Unser aller kulturelle Herkunft ist literarisch. Das Neue,

Andere ist die technische Welt. Es zeugt übrigens in diesem Zusammenhang von guter Weitsicht, daß der Vater unseres Direktors, Walter Höllerer, in den frühen sechziger Jahren sich dieses Umstands in seiner renommierten Zeitschrift »Sprache im technischen Zeitalter« zugewandt hat. Aber wenn wir den Blick in die vortechnische Zeit richten: Man sehe sich dazu Schriften des Mittelalters, profane Erlasse des Barock oder militärische Reglements des 18. Jahrhunderts an. Welche Sinnlichkeit, welche Lebenskraft in einfachen Zwecktexten! Gemessen an dem Vortrag eines Nobelpreisträgers der Physik ist das Deutsch Luthers reine Poesie. Unsere Sprache, das heißt, alle Sprachen des indogermanischen Kreises sind Gott sei Dank sehr biegsam, eine gute Voraussetzung für Vermittlung und Verständigung. Chinesische und arabische Sprachen haben es dagegen schwer, richtig schwer, technisch-naturwissenschaftliche Prozesse zu verarbeiten und damit zu kommunizieren. Das ist unglaublich wichtig. In der technischen Welt werden wir uns einrichten müssen, aber unter Wahrung dessen, was uns zu Menschen gemacht hat. Das Verschlungene, Fremde, das ihr innewohnt und das uns oft entgegenschlägt, muß verstanden, eingeschätzt und auch durchschaut werden, wenn es angenommen werden will, oder anders: wenn der Mensch der Herr des technischen Prozesses bleiben und nicht sein Knecht werden soll.

Um ein Beispiel zu geben, wie ein literarischer Mensch mit großer diagnostischer Kraft sich dem Paradox des harm-

los-gefährlichen Technokraten annehmen kann, zitiere ich
ein paar Sätze aus einem Kommentar Sebastian Haffners
vom 9. April 1944 über Speer als Herrscher der Nazi-Indu-
strie: »Speer gehört nicht zu den glamourösen, originellen
Nazi … Er verkörpert vielmehr einen Typus, der in allen
kriegsführenden Ländern zunehmend wichtig wird: den reinen Techniker der Macht, den klassenlosen, intelligenten
jungen Mann ohne großartige Herkunft … Gerade wegen
des Mangels an psychologischem und intellektuellem Ballast und der Leichtigkeit, mit der diese unauffälligen Typen
die entsetzliche technische und organisatorische Maschine-
rie unserer Zeit handhaben, bringen sie es … weit … Das ist
ihr Zeitalter: Die Hitlers und Himmlers werden wir vielleicht los, doch diese besondere Spezies der Speers wird
uns, in welcher Gestalt auch immer, noch lange erhalten
bleiben.«

So wie ich das alles vor Ihnen ausbreite, könnte ja vielleicht der Eindruck entstehen, damit sei eine Programmatik
umrissen, nach welcher nun unser Direktor zu handeln
habe. Dem ist aber nicht so. Mit einem so angedeuteten Literaturbegriff stecken wir einen geistigen Raum ab, in dem wir
uns bewegen wollen. Und »wir« heißt alle, die mit dem
Stuttgarter Literaturhaus umgehen, seine Besucher ebenso
wie seine Veranstalter. Die Qualität und die Erfüllung unserer Wünsche ist von beiden abhängig. Und sie ist — es wurde
schon gesagt — davon abhängig, ob und wann wir über die
personellen Ressourcen verfügen, die uns das angedeutete

Programmprofil gestatten. Aber wenn wir dann einmal so weit sein werden und wenn dann der Aphorismus oder eine Exegese des Korans oder die Sloterdijk-Spaemann-Kontroverse gerade nicht Thema einer Veranstaltung sind, so werden sich Besucher doch damit auseinandersetzen können. Das Literaturhaus soll eben auch ein Ort des Gespräches sein. Die Orientierungsaufgabe, der wir uns stellen in einer Zeit zunehmender Haltlosigkeit, ist nicht mit Veranstaltungen allein zu lösen. Der schöne Umstand, daß Menschen hier zusammenkommen und hoffentlich gescheit miteinander reden können, wiegt genausoviel.

Zu guter Letzt, da nun ein weites Gefilde ausgeleuchtet ist, kann ich mir erlauben, auf den künstlerisch-literarischen Aspekt zurückzukommen. So sehr Technisches, Politisches, aktuelle oder »ewige« Sachfragen einem modernen, medialen Industriestandort angemessen sind, das Literaturhaus muß seinen Gästen mit seinen Möglichkeiten ebenso einen Ort für die Chance musischen Lebens bieten. Ein solches Leben geht mit einem anderen Zeitempfinden, mit einer persönlichen Besinnungsgestaltung, mit einer reich und farbig ausgekleideten Innerlichkeit einher. Es ist das andere Leben zu dem, was wir mit dem Alltag haben in der modernen, der technischen Welt mit ihren subtilen Zwängen, ihrem Tempo, ihren gestanzten Vergnügungen. Diese Chance kann es nur mit seiner geistigen Leistung, also guter, aufregender Programmarbeit erbringen und mit seinem Betrieb, der gesellig, beredt, gesprächsstiftend sein muß, auch wenn er dem zweifelnden, hinterfragenden Zuruf Benns zugehören mag: »Kommt reden zusammen, wer redet, ist nicht tot«.

Diese doppelte Welt wird sicher literaturhaustypisch werden, die »laute« Geselligkeit und zugleich die Anregung, in die Stille zu gehen, nachzudenken oder beglückt überrascht zu werden von einer Strophe, einer treffenden Formulierung oder einer wunderbaren Romanpassage oder ganz und gar gefangen zu werden von einem großen Werk, also dem Rat zu folgen des Al Jahiz, eines Dichters aus der großen Epoche Arabiens: »Ein Buch gehorcht Dir nachts wie am Tag, es gehorcht Dir auf der Reise wie zu Hause. Es ist nicht dem Schlaf ergeben, und die Müdigkeit des Wachens überkommt es nicht ... Solange Du an ihm festhältst oder durch das geringste Band ihm verbunden bist, findest Du Reichtum, der allen anderen übertrifft, und die Langeweile der Einsamkeit treibt Dich nicht zu einem schlechten Gefährten.«

Das Stuttgarter Literaturhaus ist nun also der langersehnte Ort für das Literarische, für Wort und Debatte, es könnte etwas wie die Mitte für literarische Belange, für literarisches Geschehen in der Region sein. Wahrhaft eine Chance. Bleiben Sie ihm gewogen. Sie sind willkommen, treten Sie ein.

Erstveröffentlichung der Rede von Michael Klett zur Eröffnung des Literaturhauses Stuttgart am 17. November 2001; adaptierte Fassung.

EPILOG

NACH DEM GLÜCK

Das Leben der Erkenntnis ist das Leben,
welches glücklich ist – der Not der Welt zum Trotz.
Ludwig Wittgenstein

Absolutes Glück bedeutet soviel wie
»unbeschwerte Sorglosigkeit ohne Langeweile«,
die sich die meisten hierzulande nur noch
als »Dauerbefriedigung ohne Genußverschleiß«
vorstellen können. Doch leider gibt es ersteres
in der Welt nur selten und letzteres schon gar nicht.
Franz Josef Wetz

FRANZ JOSEF WETZ

AUCH DEM GLÜCKLICHEN SCHLÄGT EINE STUNDE

»Dumm sein und Arbeit haben: das ist das Glück« — so Gottfried Benn (1996, S. 311) in *Eure Etüden* mit einer Sichtweise,
die schon Jahrtausende zuvor der Prediger Salomo ähnlich
vertrat. Er war überzeugt davon, daß alles Streben nach Wissen nutzlos, mühsam und qualvoll sei. Daher schrieb er: »Wo
viel Weisheit, da ist viel Gram, und wer viel lernt, muß viel
leiden.« (Pred 1,18) In der abendländischen Geschichte ist
dieser Spruch immer wieder zitiert und variiert worden (vgl.
Wetz 2000, S. 73 f.). Thomas Mann spricht sogar von »Er-
kenntnisekel«, und Emile M. Cioran fühlte sich von seinen
eigenen Gedanken so angewidert, daß er zu dem Schluß
kam: »Man lebt nur dank einem Mangel an Wissen. Sobald
man weiß, paßt man mit nichts mehr zusammen.« (Cioran
1995, S. 116) Auf Überlegungen dieser Art gründet der vielbe-
sprochene Vorzug naiver Einfalt vor reflektierter Einsicht.

Daß außer Dummheit auch Arbeit vor Unglück schützen
kann, ist in der abendländischen Geschichte gleichfalls
öfter betont worden. Arbeit schände nicht, sie bewahre den
einzelnen vor Melancholie und Ennui. Hiervon wußten
schon mittelalterliche Mönche zu erzählen, die mit Gebet
und Gesang ihrer einsamen Schwermut — der klösterlichen

Acedia — zu entfliehen suchten. Arbeit halte Langeweile gleichsam hinter Schloß und Riegel — jene dekadente Grillenkrankheit, die gerade den entlasteten Menschen der Moderne von innen zu verzehren droht. Doch kommt es erst in der Neuzeit zu einer starken Aufwertung der Arbeit, in der nun immer weniger ein Mittel zur Erlangung lebensnotwendiger Güter gesehen wurde und immer mehr eine Quelle von Wohlstand, Reichtum und sozialer Anerkennung. Heute betrachtet man Arbeit häufig als Teil menschlicher Selbstverwirklichung und Lebensfreude:

»Nur wenig trägt zum Glück des Menschen in einem solchen Maße bei wie eine Arbeit, die er liebt, schätzt, die ihn anzieht, die er effektiv ausübt, und nur wenig kann so unglücklich machen wie eine Arbeit, zu der er entgegen seinen Neigungen und Fähigkeiten gezwungen ist.« (Tatarkiewicz 1984, S. 115) Bereits Hegel und Marx vertraten die Auffassung, daß erst durch Arbeit der Mensch richtig Mensch werde, und sie schufen mit solchen Ideen die geistesgeschichtlichen Grundlagen für das universale Menschenrecht auf Arbeit, wie es in Artikel 23 der Allgemeinen Menschenrechtserklärung von 1948 steht.

Allerdings versteht sich das Glück durch Dummheit und Arbeit keineswegs von selbst. Für die meisten antiken und mittelalterlichen Gelehrten wäre diese Vorstellung unverständlich, ja völlig abwegig, wenn nicht ein Widerspruch in sich gewesen, bedenkt man, daß das Wort »Arbeit« (lat. labor, negotium; griech. ponos) ursprünglich soviel wie

Nicht-Muße, Mühe, Last, Plage, Schmerz besagt. Arbeit wurde in Antike und Mittelalter tendenziell negativ bewertet. Die meisten Philosophen und vormaligen Adeligen, die lieber Blut als Schweiß vergossen, hielten körperliche Arbeit grundsätzlich eines Menschen für unwürdig, eine notwendige Last, auf keinen Fall für ein Menschenrecht, geschweige denn Glück. Durch das Werk seiner Hände seinen Lebensunterhalt zu verdienen bedeutete für sie vielmehr, zu einem würdelosen Dasein verurteilt zu sein. Dagegen besaß ein Leben in Würde vornehmlich Muße und Ruhe. So galt jahrhundertelang im Gegensatz zu Gottfried Benns Überzeugung (1996, S. 140), der in *Einsamer nie* den »Geist« sogar »Gegenglück« nannte, auch der umgekehrte Grundsatz: Weisheit und Muße — das ist das Glück, nicht aber Dummheit und Arbeit! Noch Ludwig Wittgenstein notierte in seinen Tagebüchern: »Das Leben der Erkenntnis ist das Leben, welches glücklich ist — der Not der Welt zum Trotz.«

Was ist Glück?

Glück ist ein Wort mit vielen Facetten. Eindeutig scheint allein festzustehen, daß alle Menschen hiernach streben. Glücklich leben möchte jedermann, weshalb Glück seit Jahrtausenden als natürliches Verlangen gilt. Weit davon entfernt, ihr Leben in Entbehrung mit Trauer und Seufzen verbringen zu wollen, suchen die meisten Menschen nach Lust, Freude und Heiterkeit, sobald sich ihnen die Gelegenheit dazu bietet. Hierbei entsteht gelegentlich der Eindruck, Glück bedeute lediglich soviel wie Abwesenheit von Mangel: Aufhebung von Hunger, Durst, Müdigkeit und Kälte. Näher betrachtet aber besagt Glück für die meisten seit jeher mehr als nur Befreiung von Last und Not. Viele verstehen darunter auch intensives Wohlbefinden, wenn nicht Euphorie und Ekstase.

Gerade unglückliche Menschen besitzen einen ausgeprägten Sinn für Glück; ihre Notlage öffnet ihnen gleichsam die Augen für die schönen Seiten des Lebens. Vermutlich wäre manch einer gar nicht so trübe gestimmt, wenn er nicht eine so lebendige Phantasie und Einbildungskraft, so starke Vorstellungen vom Glück besäße. Jedes Bedürfnis nach Erfüllung und Geborgenheit setzt ein Gefühl von Leere und Fremde voraus.

Doch was braucht der Mensch eigentlich zum Glücklichsein? Nach dem Römer Cicero einen Garten und eine Bibliothek; nach Theodor Fontane außer einem guten Buch ein paar nette Freunde, eine warme Schlafstelle und keine Zahnschmerzen.

Nun bedeuten aber »glücklich leben« und »Glück erleben« keineswegs dasselbe. Letzteres ist kurzfristig, flüchtig und setzt sich aus einer Reihe intensiver Augenblicke zusammen. Allerdings macht eine Schwalbe noch keinen Frühling und ein schöner Nachmittag noch kein gelungenes Leben, wie schon Aristoteles erkannte. Im Gegensatz hierzu bezeichnet ›glückliches Leben‹ einen längerfristigen Zustand, der zwar den einzelnen nicht in unaufhörliche Hochstimmung versetzt, ihn aber über den beschwerlichen Alltag zu tragen vermag, weil er seinem Dasein insgesamt ein angenehmes Lebensgefühl vermittelt. Schon dessen Beständigkeit stellt eine Lebensqualität dar. Hierzu können sowohl eine gelungene Partnerschaft als auch die leidenschaftliche Hingabe an übergreifende Aufgaben und Ziele wesentlich beitragen.

Bis heute ist umstritten, ob Glück nur vom Subjekt her als individuelles Wohlbefinden gedacht werden sollte oder ob auch höhere Zwecke wie Gotteserkenntnis, Wahrheit und Tugend unser Glück bestimmen und als dessen Maßstäbe dienen können. Bei letzterem hinge Glück weniger von der inneren Verfassung des einzelnen als vielmehr von außermenschlichen Bezugsgrößen ab, an denen man sein Handeln auszurichten hätte. Statt bloß subjektiv-lustvolle Zustände zu suchen, sollte man dann lieber dem Wahren-Guten-Schönen folgen, sein Glück auf Gott, die Vernunft oder Tugend gründen. In diesem Falle bliebe es sogar denkbar, daß Glücksgefühle nur deshalb entstehen, damit solche übergeordneten Zwecke wie das Wahre-Gute-Schöne gefördert werden. Allerdings wird heute das Glück seltener »von oben« als »von unten« gedacht. Hiernach gelten Glücksgefühle weniger hohen Idealen wie den genannten, sondern dienen einfach dem biologischen Fortbestand der Menschheit. Gemeinsam ist beiden Ansätzen, daß sich darin aufgrund angenommener ›objektiver‹ Glücksmaßstäbe zwischen wahrer und eingebildeter Erfüllung unterscheiden läßt. Das heißt, Menschen, denen es gut geht, können sich jetzt nicht nur trotzdem unglücklich *fühlen,* sondern es auch *sein.* Umgekehrt können sich nun Menschen glücklich fühlen und es tatsächlich sein, obwohl es ihnen schlecht geht. Meistens jedoch wird Glück stärker von subjektiven Zuständen, etwa Trieben, Bedürfnissen, Leidenschaften, Interessen, Hoffnungen und Sehnsüchten, her verstanden als von objektiven Inhalten wie Gott, Tugend, Wahrheit, dem Guten oder anonymen biologischen Strategien.

Dabei bedeutet absolutes Glück soviel wie »unbeschwerte Sorglosigkeit ohne Langeweile«, die sich die meisten hierzulande nur noch als »Dauerbefriedigung ohne Genußverschleiß« vorstellen können. Doch leider gibt es ersteres in der Welt nur selten und letzteres schon gar nicht.

Schau des Göttlichen

Obgleich die konkreten Glücksvorstellungen unter den Menschen variieren und sich mit der Zeit wandeln, besteht außer der Gemeinsamkeit intensiver Glückssuche auch eine formale Übereinstimmung im allgemeinen Glücksverlangen. Nach Aristoteles ist alles Handeln auf Ziele und Zwecke ausgerichtet, von denen sich die Menschen eine Vermehrung ihres Glücks erhofften. Hierbei müsse unterschieden werden zwischen Tätigkeiten, welche bestimmter Ziele wegen ausgeübt würden, die außerhalb dieser Tätigkeiten lägen, und solchen, die um ihrer selbst willen entfaltet würden, deren Ziele also in den Tätigkeiten als solchen bestünden. Zu ersteren gehört etwa das Bauen eines Hauses, das Backen eines Kuchens oder das Installieren eines Computers. Denn nicht das Steineauftürmen, Eieraufschlagen und Kabelvernetzen sind in der Regel die erstrebten Ziele, von denen eine gewisse Befriedigung ausgeht, sondern die gelungene Fertigstellung des Hauses, Kuchens und der Installation. Deshalb werden solche Tätigkeiten auch »unvollkommen« genannt.

Vollkommen seien dagegen jene, die um ihrer selbst willen ausgeführt würden. Aristoteles unterscheidet drei Arten hiervon: das *genießende Leben*, bei dem das Glückseligkeit gewährende Gut die sinnliche Lust sei. Beispielsweise besteht für einen Wein- oder Bierliebhaber das beglückende Ziel seiner Tätigkeit nicht im Leeren voller Gläser, sondern vielmehr im genüßlichen Trinken selbst. Jedoch hochwertiger als solch sinnlicher Genuß sei das *sittlich-tugendhafte Leben*. Ein von ethischer Einsicht geleitetes politisches Handeln, das gleichfalls um seiner selbst willen auszuüben sei, mache einen Menschen noch glücklicher als bloß körperliche Lust. Das größtmögliche Glück allerdings erwartete Aristoteles erst vom *philosophisch betrachtenden Dasein*. Geistiges Leben in ungetrübter Muße sei nahezu göttlich zu nennen, wie überhaupt alle vernunft- und verstandesgeleiteten Tätigkeiten, die um ihrer selbst willen durchgeführt würden, dem Range und dem Glückswert nach höher stünden als alle sinnlichen Freuden. Dieser Gedanke, der schon die antike Philosophie beherrschte, bestimmte in der Folge die gesamte europäische Kulturgeschichte.

Die geistige Schau des göttlichen Kosmos ist nach der *Nikomachischen Ethik* von Aristoteles die edelste Tätigkeit des Menschen. Sowohl ihr Erkenntnisgegenstand selbst als auch die Tätigkeit der betrachtenden Vernunft bedeuteten ein Höchstmaß an Glück. Hinzu komme, daß die Anschauung des göttlichen Kosmos niemals ermüde, selbstgenügsam und jederzeit ausführbar sei. Aristoteles ähnlich hatte bereits Platon im *Euthydemos* »Weisheit und Einsicht als das wahre Glück« bezeichnet und auf die Idee des göttlichen Guten bezogen, das »Kalokagathie« (griech. kalós kai agathós = schön und gut) genannt wurde. Dessen Betrachtung könne höchste Glückseligkeit hervorrufen. Hieran anknüpfend betonte Jahrhunderte später der Neuplatoniker Plotin in *Die Glückseligkeit*, daß nur vernunfthaftes Leben glücklich mache, sofern es sich am göttlichen Guten orientiere, um sich ihm schrittweise zu nähern.

Im anschließenden Mittelalter wurde diese Vorstellung weitgehend übernommen. So schreibt etwa Augustinus in seiner Abhandlung *Über das glückselige Leben*, daß nur die Menschen wahrhaft glückselig seien, die Gott in ihrer Seele trügen, mag auch ihre letzte Erfüllung erst im Jenseits erfolgen. Hierbei betonte er wie Platon, Aristoteles und Plotin, daß das Göttliche aufgrund seiner unwandelbaren Ewigkeit den Menschen jederzeit zugänglich sei und durch keinen

Schicksalsschlag entrissen werden könne. Das Göttliche unterstehe weder einem unverfügbaren Geschick noch irgendwelchen Zufällen, weshalb niemand zu fürchten brauche, es irgendwann einmal zu verlieren. Thomas von Aquin beschreibt dies in der *Summe wider die Heiden* mit den Worten: »Die letzte Glückseligkeit des Menschen besteht in der Betrachtung Gottes«, die allerdings erst im Himmel ihr angestrebtes Ziel endgültig erreiche.

Tugendhaft leben

Wie für die einen die Anschauung des Göttlichen, so bedeutet für die anderen ein Leben gemäß diesseitiger Tugenden höchste Glückseligkeit. In der Antike galt tugendhaftes Leben oft als der einzige Weg zum Glück. Im allgemeinen war man fest davon überzeugt, daß Glück und Moral miteinander harmonierten, wenn nicht in eins zusammenfielen; eine Kluft zwischen beiden bestehe folglich nicht. Niemand finde ohne Tugend zum wahren Glück. Gelungenes Leben sei sittlich kultiviert, von Besonnenheit, Gerechtigkeit, Tapferkeit und Weisheit geprägt, mit deren Hilfe man seine Affekte unter Kontrolle bringen, wenn nicht sogar ganz ausschalten könne. Ein so geführtes Leben, befreit von den Fesseln der sinnlichen Triebe und der äußeren Welt, könne der Wirklichkeit ruhig und standhaft ins Auge schauen. Es sei freudvoll in sich und dazu fast zeitlos, denn der reißende Strom des Werdens und Vergehens könne ihm

nichts anhaben. In zeitenthobener Gelassenheit vollende es
sich von Augenblick zu Augenblick aufs neue. Diese Loslösung von der äußeren Weltzeit, die den tugendhaften Weisen nichts angehe und eher unbekümmert lasse, setze ihn
in den Besitz der eigenen Zeit – den vollendeten Augenblick,
in dem der einzelne seiner selbst mächtig werde und sich
hierdurch dem Zugriff des Schicksals entziehe. Weder das
Vergangene noch das Künftige gehöre dem Menschen, sondern allein der Augenblick, den er nirgendwo draußen in der
Welt finde. Das wahre Glück des Menschen liege in seinem
Inneren. Im Vertrauen auf die eigene Standhaftigkeit, auch
auf Gott, könne so jedermann seines »Glückes Schmied«
werden, wenn er sich nur – wie »Hans im Glück« – von
allem Äußeren trenne, auf die eigene Gegenwart konzentrie-
re, eine bescheidene Lebensweise wähle, die ihn furchtlos
gegen das launische Schicksal mache sowie mild und heiter
stimme.

Schluß mit Genuß

Jahrhundertelang wurde auf die beschriebene Weise die
menschliche Glückseligkeit mit der Betrachtung Gottes und
einem Leben gemäß vernünftigen Tugenden gleichgesetzt –
zwei Lebensformen, die oft miteinander verbunden wurden.
Beide stimmen grundsätzlich in der Vorstellung überein,
daß äußerliche Entbehrungen den Menschen nichts anhaben müssen. Allerdings setzt dies voraus, daß der einzelne

den Sinn seines Daseins nicht in so zweifelhaften Dingen wie Reichtum, Ruhm, Ansehen und Macht sucht, die keinerlei Glückswert besäßen. Das gleiche gelte ebenfalls für Sinnengenuß, Fleischeslust, die Freuden des Körpers – ob beim Anblick schöner Gestalten, dem Anhören reizvoller Klänge, Schmecken köstlicher Speisen oder bei der Liebe. Das Streben nach Leistung, Erfolg, Geld, materiellem Wohlstand, körperlicher Attraktivität, Vergnügen aller Art, heutzutage auch dem Wunsch nach dauerhafter Jugendlichkeit und ausgelassener Geselligkeit, führe die Menschen nicht zu wahrer Glückseligkeit, sondern mache sie im Gegenteil zu bloßen Sklaven ihrer Sinnenlust und eines eitlen Wahns. Trotzdem träfen viele Bürger, von innerer Unruhe besessen und von äußerem Ehrgeiz zernagt, die falschen Entscheidungen, da sie sich im Leben doch von leerem Glanz blenden ließen.

Allerdings sind es ganz unterschiedliche Gründe, die in der Kulturgeschichte zur Verurteilung des menschlichen Strebens nach weltlichem Glück führten: Einmal drückt sich darin die alte Verachtung des irdischen Leibes und der vergänglichen Sinnenwelt aus, die fast immer der Seele, Vernunft und Verstandeswelt gegenüber als minderwertig beurteilt wurden. So bezeichnete man in der abendländischen Geschichte den menschlichen Körper oft als ›Gefängnis‹ oder ›Kerker der Seele‹ und die irdische Welt als ›Stätte der Finsternis‹ oder des ›nichtigen Scheins‹. Weltliches Glück sei an sich wertlos und mithin gerade kein Glück.

Nach anderer Auffassung ist weltliches Glück nicht an sich schlecht, sondern lediglich zu unbeständig und unzuverlässig, als daß man sein Dasein daran hängen sollte. Äußeres, zeitliches Glück hänge größtenteils von der Gunst der Umstände oder dem Zufall ab. Niemand könne der Macht des Schicksals – Ananke – entkommen, die deshalb oft auch die *Unentrinnbare* – Adrasteia – genannt wurde. Die Göttin des Glücks – Tyche – schütte gleichsam wahllos ihr Füllhorn über die Menschen aus. Mal wende sie sich einem liebevoll zu, mal grausam von einem ab. Häufig wurde sie deshalb als Herrscherfigur auf einem Globus dargestellt – ein Bild, aus dem im Mittelalter das Schicksalsrad als Symbol für das Auf und Ab der menschlichen Existenz entstand. Sein unaufhörliches Drehen veranschaulicht den unverfügbaren Wandel der Zeiten, jenen launischen Wechsel von Aufstieg und Fall. Noch heute gilt das Lebensrad der alten Zeit als Vorbild für die Glücksräder der Lotterie.

Doch zuletzt öffneten sich den Philosophen immer wieder Wege, selbst noch dem unberechenbaren Schicksal zu entfliehen, und damit Möglichkeiten, Herr des eigenen Glückes zu werden. Hierzu brauche man sich bloß unabhängig von der Zeit und abhängig von Gott und den Tugenden zu machen.

Flüchtigkeit der Zeit

Eng verknüpft mit dem Bild eines unverfügbaren Schicksals, auch Fortuna genannt, ist die Erkenntnis der Flüchtigkeit und Hinfälligkeit alles Menschlichen. Wie rasch verfliegt die Freude an erworbenem Besitz! Wie schnell vergehen sinnliche Lust und weltlicher Ruhm! Seit jeher klagen hierüber die Dichter und Denker — ob antik-griechische Gelehrte wie Pindar und Theognis, jüdisch-alttestamentarische Gestalten wie Hiob und Salomon oder Barockpoeten wie Andreas Gryphius und Jacob Balde, um bloß einige Namen zu nennen. Ungeachtet der kulturellen Eigenheiten ihrer jeweiligen Epoche zeichnen sie alle das menschliche Dasein in teils düstersten Farben als eitlen Traum — Nebel, Tau und Schnee, der vor der Sonne zerschmilzt, oder Schall und Rauch, den der Wind zerstreut. Tatsächlich steht die Vergänglichkeit und Brüchigkeit alles zeitlichen Glücks außer Frage: »Glück und Glas, wie leicht bricht das.« Gern wird die Zeit als flüchtige, substanzlose Erscheinung vorgestellt, die schnell und unwiderruflich verfliegt, sich unaufhaltsam wandelt, hinschwindet und den Menschen seine Lebenskürze lehrt. Auf die Zeit sein Glück zu erbauen hieße, es auf unsicherem, schwankendem Grund zu errichten.

Bereits im Altertum wurde das Rad des Schicksals mit der Flüchtigkeit der Zeit in Verbindung gebracht — die Zeit als schöpferische und zerstörerische Kraft gesehen, die, einem absolutistischen Souverän gleich, selbst unbezwingbar, sich alles unterwerfe. Auch wenn sie später mehr physikalisch als unkörperlicher Maß- und Ordnungsbegriff oder als kontinuierliches, unumkehrbares Nacheinander verstanden wurde, lebt doch die alte Vorstellung der Zeit als Schicksalsmacht in der neuzeitlichen Kunst und Literatur noch weiter, so etwa in Goethes *Leiden des jungen Werthers*. Mit Glückssymbolen wie vierblättrigen Kleeblättern, Hufeisen, Schornsteinfegern oder Glücksschweinchen versuchen selbst heute viele Menschen, bevorzugt am Jahreswechsel, sich ein günstiges Horoskop für die Zukunft zu stellen und so die kommenden Monate dem eigenen Dasein gegenüber wohlwollend zu stimmen.

Alles Zeitliche ist vergänglich, und die Furcht, alles zu verlieren, läßt sich nie vollständig überwinden: »Gewöhne dich an den Gedanken, daß du alles verloren hast, und denke niemals von fremden Dingen, daß sie die deinen sein könnten.« (Tatarkiewicz 1984, S. 24 f.) Selbst wer sich ungebrochener Vitalität erfreut, in Luxus und mit lieben Freunden lebt, kann allem durch einen einzigen Schicksalsschlag entrissen werden. »Ihrem Ende eilen sie zu, die so stark im Bestehen sich wähnen« – singt Loge in Richard Wagners *Rheingold*. Hinzu kommt, daß Gesundheit und Reichtum keineswegs menschliches Wohlbefinden garantieren können, wie schon Kant vermerkte. Denn zum einen schafft die unersättliche Jagd hiernach wieder neue Zwänge und Sorgen, zum andern kann die Gewöhnung hieran den einzelnen unempfindlich für die eigene Sorglosigkeit machen.

Nicht zuletzt um solchen Schwierigkeiten zu entgehen, den Menschen vor Furcht, Enttäuschung und hektischer Betriebsamkeit zu bewahren, haben in der Kulturgeschichte die Philosophen das tugendhafte, gottesfürchtige Leben als wahres Glück empfohlen, das von der Unbeständigkeit äußerer Glücksgüter befreie. Speziell Epikur hält zwar sinnliche Befriedigung und irdische Freude nicht für grundsätzlich schlecht, dennoch mahnt sogar er zu vernünftiger Zurückhaltung und Mäßigung. Er rät zu Glücksverzicht im Namen des Glücks, weil nur ein gegen Furcht und Enttäuschung gefeites Leben, das seine Hoffnungen und Sehnsüchte mäßige, in unerschütterlicher Gelassenheit möglich sei. Nur wer nichts erwarte, werde auch nichts vermissen oder entbehren. Wahres Glück zeichne eine »Windstille des Gemüts« — besonnene Ruhe und milde Heiterkeit — aus.

Glück und Moral

Die antiken Glücksphilosophen gingen von einer Harmonie zwischen Glück und Moral aus, überzeugt davon, daß tugendhaftes und glückseliges Leben in Übereinstimmung gebracht werden könnten. Allerdings setzt das nicht nur die grundsätzliche Erreichbarkeit von Glück und Moral für jeden Menschen voraus, sondern auch die Möglichkeit, persönliche Neigungen mit ethischen Anforderungen zu verbinden. Immanuel Kant kritisierte diese alte Vorstellung. Er definierte Glück als dauerhaftes Wohlbefinden, das von der

Befriedigung individueller Bedürfnisse, Hoffnungen und Sehnsüchte abhänge. Hierbei verkürzte er allerdings den traditionellen Glücksbegriff tendenziell auf die Erfüllung sinnlicher Wünsche; ein Glück aus tugendhaftem, gottesfürchtigem Leben zog er nicht mehr in Betracht, wodurch allein schon die radikale Trennung von Glück und Moral nahegelegt wurde.

Seiner Auffassung nach taugt der Glücksbegriff aber auch deshalb nicht als Grundlage für eine allgemeingültige Ethik, weil er zu unbestimmt sei; es gebe zu verschiedene Vorstellungen davon, die zudem geschichtlichen Wandlungen unterlägen. Darüber hinaus setze die Aufstellung von Glücksregeln ein zuverlässiges Wissen bezüglich des gegenwärtigen und künftigen Weltgeschehens voraus, weil nur so alle Handlungsfolgen überschaut werden könnten. Jedoch verfüge niemand über solches Wissen. Außerdem widerspreche das Streben nach Glückseligkeit von Grund auf der Moral selbst, da jenes doch vorrangig auf die Befriedigung persönlicher Interessen abziele, also auf Selbstsucht gründe, echte Moral sich aber durch Überwindung egoistischer Selbstbezogenheit auszeichne. Für eine ethische Grundhaltung sei die freiwillige Einschränkung individueller Wünsche zugunsten des Wohlergehens anderer charakteristisch. In der Logik dieser Überlegungen liegt: Wer bloß um des eigenen Wohlergehens willen hilfsbereit und rücksichtsvoll zu anderen ist, sucht in deren Glück letztendlich nur das eigene und handelt so genaugenommen nicht mehr moralisch. Für Kant läßt sich deshalb eine strikte Trennung von allgemeiner Moralität und individueller Glückssuche nicht vermeiden.

Näher betrachtet verhält es sich sogar so: Wer moralisch handelt, erstrebt gerade nicht das eigene Glück, sondern das Wohlergehen seiner Mitmenschen. Nun wünschen wir zwar moralisch eingestellten Menschen selbst auch viel Glück, aber seit Hiob weiß man, daß es sich häufig nicht so verhält. Obwohl die alttestamentarische Hiobgeschichte versöhnlich endet, beweist sie doch, daß irdisches Glück nicht notwendigerweise die Belohnung für ein frommes, tugendhaftes Leben ist, verbürgt von einer gerechten Weltordnung. Allerdings stört das den moralischen Menschen nicht, weil dieser ohnehin bloß auf das Wohlergehen anderer aus ist. Jedoch verdiente er aus genau diesem Grund wiederum, selbst auch glücklich zu werden, hat er doch das Wohlergehen seiner Nächsten persönlichem Wohlbefinden übergeordnet, an das er gar nicht denkt. Kant zufolge sind sogar nur solche Menschen des Glückes wirklich würdig, ob sie glücklich werden oder nicht. Angenommen nun, sie erfahren tatsächlich einmal großes Glück als Folge ihres Tuns, dann verwirklicht sich nach Kant das sogenannte »höchste Gut« in der Welt.

Leider ereignen sich solche Fälle im wirklichen Leben viel zu selten, weshalb Kant am Ende wieder einen Gott postulierte, der dem moralisch Handelnden jenseitiges Glück verheißt, als ob fromme und tugendhafte Menschen ein besonderes Anspruchsrecht auf vollkommene Glückseligkeit besäßen. Diese Idee ist Jahrtausende alt und vielerorts anzutreffen. Offenbar ist es für uns Menschen eine unerträgliche Vorstellung, daß selbstloser, freiwilliger Gehorsam gegen Gott oder das Sittengesetz nicht zum Glück führen könnte.

Zwischen Weltflucht und Lebenssucht

Möglicherweise ist ein selbstloses Leben, das sich am Glück der anderen orientiert, wie es Wladyslaw Tatarkiewicz (1984) formuliert, für das eigene Glück »geradezu notwendig« (S. 61) oder ist ein geistliches Leben, das sich auf Gott konzentriert, das wahre Glück. Vielleicht kommt es im Leben auch gar nicht auf das eigene Glück an, sondern vielmehr darauf, daß man *würdig ist,* glückselig zu werden. Doch so sehr die alten Philosophen das irdische Glück als trügerisch durchschauten und als egoistisch verurteilten, davon lassen konnten selbst sie meistens nicht.

Dies zeigt etwa die von Ruhelosigkeit geprägte Lebensgeschichte von Konstantin Psellos (1018–1096), der sich zunächst den Genüssen der Welt hingab, eine glänzende Karriere als Philosoph und Politiker am Hof von Byzanz machte, um dann sein von Prunk umgebenes Dasein am Palast gegen ein bescheidenes Mönchsleben einzutauschen. Allerdings blieb sein Appetit auf Stadtleben, Pomp und sinnliche Freuden so stark, daß er schon nach wenigen Jahren der einsamen Stille des Klosters wieder entsagte, um sich aufs neue irdischem Glück zu überlassen, das er doch zuvor als eitlen Wahn entlarvt hatte. Der leeren Aufregungen der Welt nach geraumer Zeit von neuem überdrüssig, ging er abermals ins Kloster, das ihm sicherlich wie früher schon bald nicht mehr genügt hätte, wenn nicht sein Tod einem zweiten Austritt zuvorgekommen wäre. So pendelte Psellos stets zwischen klösterlicher Jenseitssehnsucht und städtischem Diesseitsglück hin und her. Beides hielt sich die Waage, obwohl es sich nicht miteinander vereinbaren läßt. Trotzdem fühlte sich Psellos wie viele Menschen zuvor und nach ihm gezwungen, diesen Gegensatz zwischen Ruhmsucht und Bescheidenheit, Lebenslust und Enthaltsamkeit, Weltläufigkeit und Einsamkeit so gut wie möglich auszugleichen.

Lustvoll leben

Die moderne Gesellschaft kennt den beschriebenen Zwiespalt kaum noch. Auch die Überordnung der moralischen Pflicht über sinnliches Wohlbefinden oder die Unterordnung weltlicher Freuden unter das Glück der Tugend und Gotteserkenntnis erfreut sich heute keiner besonderen Popularität. Für die meisten ist es nahezu unvorstellbar, daß tugendhaftes und gottesfürchtiges Leben bereits Glück beinhalten können. Nach alter Lehre soll die Begründung hierfür in der Vollkommenheit des ersehnten Objekts liegen, das den Glückssucher in Bann ziehe, sobald er sich ihm

512 · Franz Josef Wetz

öffne. Allerdings läßt sich hinter diesem Bedürfnis nach Glück aus Tugend und Gottesnähe seit jeher auch die verständliche Sehnsucht nach innerer Ruhe, Unabhängigkeit von Zeit und Zufall, nach Erlösung von allem Flüchtigen, Vergänglichen und Unverfügbaren ausfindig machen.

Aber so sehr dieses Interesse bis heute besteht, die Idee des Glücks wurde im Laufe der Moderne nach und nach aus den alten religiös-ethischen Zusammenhängen herausgelöst. Heutzutage sind die Menschen nicht mehr ohne weiteres bereit zu glauben, daß seelisch-geistige Freuden zur Glückseligkeit führen, die höchste Erfüllung des menschlichen Daseins in Seelenruhe, Nächstenliebe und Gottesanbetung liege. Inzwischen gehen sie sogar fast interesselos an solchen Ermahnungen vorüber, die einstmals körperlich-sinnlicher Lust fast jeden Glückswert absprachen.

Jedoch gab es auch schon früher Geistesströmungen mit einem Hang zur Verabsolutierung menschlicher Sinnlichkeit, wenn sie auch damals bloß eine untergeordnete Rolle spielten. Dies hängt sicherlich mit der oft antireligiösen Einstellung dieser Positionen und ihrer Rückführung aller Glücksgefühle auf physiologische Hirnzustände zusammen – ein Unterfangen, gegen das traditionelle Philosophen noch heute skeptischen Argwohn hegen. Die Anhänger sinnenfreudiger Geistesrichtungen begnügten sich nur selten mit dem sogenannten negativen Hedonismus, wie ihn Epikur vertrat, wonach die höchste Lust – hedoné – in der Vermeidung von Schmerz und Seelenunruhe, der Beseitigung von Spannungszuständen wie Hunger, Durst, Angst und sexueller Erregung, kurz: in asketischer Selbstgenügsamkeit liegt.

Im Gegensatz hierzu setzten sich der Sokrates-Schüler Aristippos von Kyrene (435–360) und der Materialist LaMettrie (1709–1751) mit großem Enthusiasmus für einen positiven Hedonismus ein, nach dem die Menschen unbesorgt körperliche Annehmlichkeiten auskosten sollten, zu denen der Genuß von Speisen und Getränken, Musik, Theater genauso gehörten wie erotische Spiele und wilde Tänze. Nur sinnliches Dasein sei gerechtfertigt in sich, weil die Menschen darin ausleben könnten, was ihnen am meisten Spaß bereite; dieser werde um seiner selbst willen gesucht und bedürfe deshalb keiner weiteren Begründung. Statt sinnliches Luststreben mit den Mitteln der Vernunft zu dämpfen oder zu bekämpfen, solle man lieber nach Wegen Ausschau halten, wie es allumfassend befriedigt werden könne.

Allerdings gebe es manchmal gute Gründe, Eß- oder Trinkgelage, sexuelle Ausschweifungen und andere Freuden zu verschieben, wenn nicht aufzugeben, sollte die Konsequenz für die Betreffenden sowie alle Beteiligten unannehmbar sein oder der Verzicht auf sofortige Befriedigung mittelfristig noch größeres Glück erwarten lassen. In diesem Zusammenhang sei an den Mythos von *Orpheus und Eurydike* erinnert, der deshalb tragisch endet, weil Orpheus sich nicht gedulden und seine Lust nicht länger aufschieben konnte: »Ach, ich habe sie verloren, all mein Glück ist nun dahin!« heißt es in der berühmten Abschiedsarie von Glucks Oper.

Hiervon abgesehen muß gerade heute, wo die Menschen verglichen mit früher über mehr Zeit, Geld und somit Möglichkeiten freier Selbstbestimmung verfügen, eine Wahl zwischen unterschiedlichen Glücksangeboten getroffen werden. Dies ist auch das Thema von Maupassants Novelle *Das Glück*. Darin verliebt sich eine hübsche, junge Frau aus besserem Hause, der die edelsten Freier zu Füßen liegen, in einen einfachen Unteroffizier, den sie dann tatsächlich heiratet. Anschließend verbringt sie mit ihm ein äußerlich armes, glanzloses Leben in einer kleinen Hütte am Rande eines dunklen, von Felsen eingeschlossenen Tals. Doch trotz dieser grauen Einöde kann sie nach mehr als fünfzig Jahren gemeinsamen Lebens immer noch sagen: »Ich hatte die richtige Wahl getroffen, er hat mich sehr glücklich gemacht.«

Wenn die letzte Stunde schlägt

Wir alle kennen zahlreiche Quellen des Glücks — satt zu essen und sexuelle Befriedigung gehören freilich dazu. Darüber hinaus gibt es aber eine Liebe, die mehr als nur aufreizende Erotik und dumpfe Trieberfüllung meint: eine gelungene Partnerschaft, Freundschaft, auch das Vergnügen an Büchern und Sport, jede Hingabe an übergreifende Aufgaben. Mag das irdische Glück durch sinnliche Lust, beruflichen Erfolg, gesellschaftliche Anerkennung und materiellen Wohlstand vergänglich sein — in einer Zeit, in welcher der Lebenssinn immer stärker auf die endliche Lebenszeit begrenzt wird, wollen es sich viele nicht mehr leisten, auch nur eine Gelegenheit zur Daseinserfüllung ungenutzt zu lassen.

Hierbei wird deutlich, wie sehr doch die Menschen am Leben als Voraussetzung ihres Glücks hängen; viele von ihnen ziehen das Leben selbst dann dem Tod noch vor, wenn ihr Dasein ihnen schwere Last geworden sein sollte. In einfacher Klarheit bringt diese ebenso banale wie bedeutsame Erkenntnis die äsopische Fabel *Der Greis und der Tod* zur Darstellung: »Ein Greis fällte einst Holz, lud es sich auf und ging eine lange Strecke. Der Weg ermüdete ihn. Er lud seine Last ab und rief nach dem Tod, um von seinem Elend befreit zu werden. Der erschien alsbald und fragte, weshalb er ihn gerufen habe. Der Greis antwortete: ›Um mir die Last wieder aufzuladen.‹«

Kunstvoller und hintersinniger noch als Äsop beschreibt Arthur Schnitzler in der Erzählung *Um eine Stunde*, wie sehr den Menschen vor allem anderen an ihrem Leben gelegen sei. Ausgangspunkt dieser Geschichte ist ein Mann am Sterbebett seiner Frau, der er seine Liebe gestehen möchte, nachdem er dies jahrelang versäumt hat. Darum erbittet er vom herannahenden Todesengel eine letzte Stunde für sie. Allerdings kann der Todesengel ihm diesen Wunsch nur erfüllen, wenn ein anderer Mensch auf seine bereits angebrochene letzte Stunde verzichtet. Bei der Suche nach solchen Zeitgenossen stoßen sie zunächst auf einen Philosophen, der wie der griechische Gelehrte Silenos und der

516 · Franz Josef Wetz

Dichter Sophokles oder Shakespeares Hamlet die Meinung vertritt, Nichtsein sei das einzig Wünschenswerte, dann auf einen Todkranken, einen zum Tode Verurteilten, eine Greisin und schließlich auf eine junge Liebende, die gern in den Armen ihres Geliebten sterben möchte. Doch als es nun ernst wird, ist keiner von ihnen bereit, seine letzte Stunde für einen anderen hinzugeben. Todesfurcht weckt Lebensdrang! Am Ende bleibt nur noch der Mann selbst übrig, da dessen letzte Stunde ebenfalls bereits begonnen hat. Verblüffenderweise schenkt er diese ohne Zögern seiner Frau. Als er ihr anschließend seine Liebe erklären möchte, schließt sie dennoch zuvor für immer die Augen. Er fühlt sich vom Todesengel betrogen, der sich mit den Worten rechtfertigt: »Armes Menschenkind! Glaubst du denn, daß es dir vergönnt ist, durch alle deine Liebe und durch allen deinen Schmerz hindurch in die Tiefen deiner Seele zu schauen, wo deine wahren Wünsche wohnen? Noch einmal wirst du mich sehen, da werde ich dich fragen, ob ich dich heute betrogen habe oder du dich selbst.«

Auf Glückserfüllung aus, ist der Mensch offenbar auch dann auf Selbsterhaltung bedacht, wenn er es gar nicht vermutet. Dabei läßt ihn die Last des Lebens zwar gelegentlich den Tod herbeisehnen. Der aber weckt häufig nicht bloß wieder die Lust zu leben, sondern manchmal überhaupt erst das bewußte Leben, wie der Römer Horaz meinte.

Nutze den Tag!

In seinen *Carmina* ermahnt Horaz die Menschen, bewußter zu leben, weil sie nach dem Tode doch bloß Staub und Schatten – pulvis et umbra – wären. Die beiden Lebensregeln: »Memento mori! Gedenke, daß du sterben mußt!«, deren Quelle im dunkeln liegt, und »Carpe diem! Nutze den Tag!«, die von Horaz stammt, gehören aufs engste zusammen. Noch im 20. Jahrhundert betonen Dichter wie Rilke und Denker wie Heidegger die besondere Verbindung beider Leitsätze: Erst die Begrenztheit des Lebens mache das Hier und Jetzt zu einem wertvollen Gut; allein die Sterblichkeit offenbare den Menschen ihre Einmaligkeit. Wie häufig ermahnten die alten Griechen und Römer die Menschen, ihre jeweilige Gegenwart als einzige Zeitspanne zu begreifen, auf die sie wirklich Zugriff hätten, weshalb sie ihre Jetztzeit auch mit Leben erfüllen und nicht ungenutzt verstreichen lassen sollten. Jedenfalls sei die Vergangenheit bereits im Besitz des Todes und die Zukunft ihrer Dauer wie auch Qualität nach unsicher. Jeden Tag so zu gestalten, als wäre er der letzte, das bedeutete für die antiken Griechen und Römer vor allem: ein Leben in tugendhafter Muße.

Anders verhält es sich hiermit im christlich-religiösen Deutungsrahmen, wo das eigene Dasein sinnvoll zu nutzen soviel besagt, wie den Augenblick zu ergreifen, der uns Gott näher bringt. Hierbei erlagen die alten Philosophen oft der Illusion, daß ein erfüllter Augenblick nicht nach Fortsetzung verlange, weil er als vollkommene Glückseligkeit sich selbst genüge, so daß nicht einmal der bevorstehende Tod zum Problem werden könne. Auch eine kurze Lebenszeit sei lange genug, um glücklich zu werden, wenn man nur sittlich gut und gottesfürchtig bleibe; jedenfalls könne größere Dauer einem glückseligen Dasein nichts wesentlich Neues hinzufügen. Dies sahen die Hedonisten seit jeher anders, denen zufolge das wahre Glück in dauerhafter Sinnenlust liegt. Treffend formuliert Nietzsche in *Also sprach Zarathustra*: »Und alle Lust will Ewigkeit – will tiefe, tiefe Ewigkeit«, die es allerdings in der Welt nicht gibt.

Obwohl die Momente intensiven Glücks, der Liebesrausch und Freudentaumel, nur von kurzer Dauer sind, unbeschwerte Stunden schnell vergehen, tun die Menschen doch fast alles, um jene flüchtigen Momente weltlicher Lust genießen zu können. Schon der alttestamentarische Prediger Salomo pries angesichts der Nichtigkeit und Vergänglichkeit alles Menschlichen die irdischen Freuden des Augenblicks. Bei all ihrer Mühe hätten die Erdenbürger nichts Besseres unter der Sonne, als zu essen, zu trinken, zu lieben und fröhlich zu sein.

Schöne Erlebnisse

Diese alte Lebenseinstellung stimmt mit der vergnügungsorientierten Erlebniskultur unserer Zeit aufs genaueste überein, in der die Menschen mehr nach gefühlsintensiver

Abwechslung und äußeren Zerstreuungen suchen als nach dem Glück der inneren Sammlung, Tugend und Gottesbetrachtung. Ihr Motto heißt: Reflexe statt Reflexionen! Über den Sinn ihres Lebens entscheidet heute vorrangig die Qualität ihrer Erlebnisse. Hierbei wurde aus dem »Carpe diem« des Horaz ein »Amüsiere dich – solange du kannst«! Noch die anspruchsvollsten Sinnangebote der Kultur verwandelt die Glücksjagd der heutigen Menschen, die aus jedem Augenblick möglichst viel herausholen möchten, in einen aufregenden Erlebnisreiz mit hohem Unterhaltungswert. Erst dieser scheint der Kultur eine Daseinsberechtigung zu geben und dabei den traditionellen Gegensatz zwischen hohem und niederem Geistesleben immer mehr auszuhöhlen. In der Wohlstandsgesellschaft sollen angenehme Empfindungen und schöne Stimmungen nicht mehr bloß das alltägliche Leben begleiten, inzwischen sind sie für viele sogar höchste Lebensziele geworden.

Körperkult und Abenteuerwahn

Zur lustbetonten Glückssuche unserer Zeit gehört von Anbeginn ein gesteigertes Körperbewußtsein. Im Gegensatz zu früher richtet sich der Blick unzähliger Zeitgenossen immer stärker weg von der Seele und hin auf den Körper, der inzwischen den gesamten Menschen darzustellen scheint. Hierbei verfällt dessen Entzauberung auf Ausdrucksweisen, die selbst wieder etwas Bezauberndes haben.

Noch nie zuvor wurden so intensiv Körperhygiene, Gymnastik und Sport betrieben. Fitneß, Wellness, Kleidermoden und Kosmetik, auch Diäten und Schönheitschirurgie, Tattoos und Piercings eingeschlossen, beweisen aufs deutlichste, welch große Bedeutung der heutige Mensch seinem körperlichen Aussehen beimißt. Der nackte Körper ist zu einer Fläche öffentlicher Selbstinszenierung geworden. Ein attraktiver Mann hat breite Schultern und einen Waschbrettbauch, eine schöne Frau feste Brüste und eine Wespentaille. Allerdings erfordert der Erhalt dieser wohlgestalteten Körper außer sportlicher Disziplin auch viel Zeit und Geld; das Glück der Schönheit ist eine in jeder Beziehung kostspielige Angelegenheit.

Bei alldem wird deutlich: Je überflüssiger der Körper beim Verrichten alltäglicher Aufgaben wird, um so stärker können sich die Menschen auf ihn selbst konzentrieren. Dazu paßt, daß mit abnehmender Bedeutung des Körpers für die Erwerbsarbeit nicht nur der menschliche Sinn für das Glück des schönen Leibes gewachsen ist, sondern auch die Lust auf Bewegung – sei es auf tägliches Joggen, exzessiven Tanz, Abenteuerurlaub oder Extrem- und Risikosportarten. Offenbar gibt es ein menschliches Bedürfnis nach körperlicher Verausgabung, das uns Streß als Glück empfinden läßt. Heutzutage sehnen sich immer mehr Menschen nach Grenzerfahrungen in Extremsituationen. Nachdem die höchsten Berge erklommen, die Pole erobert, die Wüsten durchwandert sind und die sexuelle Befreiung weitgehend abgeschlossen ist, klettern manche Mitbürger – notdürftig gesichert – an überhängenden Felsen, springen – an elastischen Gummiseilen befestigt – kopfüber von Brücken, Fernsehtürmen und Kränen in die Tiefe oder rauschen – mit einem schlichten Gummikissen unter dem Bauch – über Stromschnellen oder durch Gletscherrinnen, um bloß einige Extremsportarten zu nennen, die besondere Glücksgefühle hervorzurufen scheinen.

Evolutionsbiologisch betrachtet, gehört die Auseinandersetzung mit Extremsituationen zur Selbstbehauptung des hilflos in die Welt geworfenen Menschen. Erst in einer Wohlstandsgesellschaft, wo das Leben verhältnismäßig gut abgesichert ist, können körperliche Antriebskräfte, die ursprünglich der Selbsterhaltung dienten, in den Dienst der existentiellen Glückssuche treten. Nun wagt sich der einzelne an riskante Unternehmungen heran, um im Zustand höchster Anspannung und Wachsamkeit der eigenen Überlegenheit über die bedrohliche Welt und der eigenen Lebensangst innezuwerden. Gern spricht man in diesem Zusammenhang von »Thrill«: einer Mischung aus prickelndem Nervenkitzel, aufregender Angstlust, Spannungsreiz und Wagnis – ein Zustand, welcher in der philosophischen Tradition als »Gefühl des Erhabenen« bekannt ist. Hierbei kommt es zur Freisetzung von Beta-Endorphinen, heftigen Adrenalinausstößen, welche die Schmerzempfindlichkeit blockieren und intensive Glücksmomente auslösen können. Demnach werden Nervenkitzel und Risiko weniger um ihrer selbst willen angestrebt als des Spaßes wegen, den sie dem einzelnen bereiten.

In unserer von Anglizismen beherrschten Sprachkultur nennt man solche Glücksmomente »Kick« oder »Flow«. Hierunter versteht der amerikanische Glücksforscher Mihaly Cszikszentmihalyi (vgl. Cszikszentmihalyi 2000; 1999a, b und c) ein starkes Wohlgefühl, das dann entstehe, wenn die eigenen Fähigkeiten mit den jeweiligen Herausforderungen übereinstimmten und das Handeln durch Konzentration auf die anstehenden Aufgaben gänzlich mit dem Bewußtsein verschmelze. Dann würden vorübergehend fast alle Sorgen, ja selbst die Zeit vergessen. Doch damit nicht genug: Wer selbstversunken einer Tätigkeit um ihrer selbst willen nachgehe, wachse sogar über die eigenen Grenzen hinaus. Nun gibt es Flow-Erlebnisse der genannten Art selbstverständlich nicht bloß im Sport, sondern auch während der Arbeit, im Studium und bei vielen anderen Betätigungen. Der heutige Mensch, der den Sinn seines Lebens immer häufiger in schönen und aufregenden Erlebnissen sucht, findet darin manchmal das erstrebte Glück, das Forscher wie Csikszentmihalyi weniger als ausgeglichene Ruhe — vita contemplativa —, eher als gesteigerte Kräftebewegung — vita activa — beschreiben. Schon bei Nietzsche kann man lesen: »Das einzige Glück liegt im Schaffen.« Nur, stimmt das überhaupt?

Politik und Glück

»Wir halten diese Wahrheiten für selbstverständlich, daß alle Menschen gleich erschaffen sind, daß sie von ihrem Schöpfer mit gewissen unveräußerlichen Rechten ausgestattet wurden, daß hierzu Leben, Freiheit und das Streben nach Glück gehören« — so die amerikanische Unabhängigkeitserklärung vom 4. Juli 1776. Dieser zufolge soll ein Staat zwar die notwendigen Bedingungen für ein ungehindertes Glücksstreben seiner Bürger bereitstellen, nicht aber selbst versuchen, sie glücklich zu machen. Gleichwohl dürfen solche Voraussetzungen privater Glückssuche, zu denen eine politische Ordnung wie auch effiziente Wirtschaftsentwicklung gehören, nicht unterschätzt werden. Jedenfalls verfügt ein Leben am Existenzminimum in einem totalitären System über weniger Glückschancen als ein Mensch in einem sozialen Wohlfahrtsstaat mit freier Wohlstandsgesellschaft. Diese hat inzwischen viele Möglichkeiten individueller Lebensgestaltung geschaffen. Darüber hinaus hat der Wohlfahrtsstaat dem einzelnen die Sorge um seine Existenzsicherung durch die Übernahme zahlreicher Fürsorgeleistungen weitgehend abgenommen.

Jedoch ist die Forderung nach Chancengleichheit bislang erst teilweise erfüllt. Wie Howard Gardner (1996a und b; 1997; 1998) zeigt, geht es hierbei nicht bloß um gleiche formale Startchancen, sondern auch um die Gleichstellung unterschiedlicher Talente. In seiner »Theorie der vielfachen Intelligenzen« beweist er eindrucksvoll, daß die intellektuelle Begabung einer Person etwa auf logisch-mathematischem Gebiet keinerlei Rückschlüsse auf sprachliche, musikalische, körperliche oder zwischenmenschliche Fähigkeiten erlaube, die alle gleichermaßen förderungswürdig seien, da sie kreative Potentiale enthielten, von deren Entwicklung sowohl der einzelne als auch die Gesellschaft profitieren könnten.

Nun gilt aber: Je mehr der Staat steuernd in gesellschaftliche Prozesse eingreift, desto leichter gerät er in die Rolle einer Versorgungsmacht, auf die am Ende womöglich die Verantwortung für alle Lebensbereiche abgewälzt wird. Dann jedoch wäre der Staat nicht mehr bloßer Erfüllungsgehilfe individueller Glückswünsche, sondern zugleich auch deren Realisator. Sein allgemeines Ziel hieße nun ›Herstellung einer glücklichen Gesellschaft‹, in der es sich unbeschwert und sorgenfrei leben ließe, weil darin Solidarität statt Konkurrenz herrscht. Solche Sozialutopien finden sich in fast allen Religionen als Garten Eden oder Himmlisches Jerusalem, als Goldenes Zeitalter in Mythen, sagenhafte Insel Atlantis, Schäferland Arkadien, märchenhaftes Schlaraffenland oder als Sehnsucht nach exotischen Südseeinseln in Reisetagebüchern und als Zukunftsvisionen in politischen Utopien. Man denke etwa an Thomas Morus' *Utopia*, Campanellas *Sonnenstaat*, Bacons *Neu-Atlantis* oder an die klassenlose Gesellschaft von Karl Marx.

In der Verpflichtung der Politik auf das Glück stimmen selbst die sogenannten Utilitaristen mit den Kritischen

Theoretikern überein. Ersteren zufolge ist eine Handlung dann sittlich geboten, wenn sie das höchstmögliche Glück der größtmöglichen Zahl Menschen hervorbringt. Dementsprechend soll die Politik auf das subjektive Wohlbefinden und objektive Wohlergehen seiner Bürger hinarbeiten. Dieses sieht der Utilitarist John Stuart Mill — außer in der Vermehrung von Lustgewinn, wozu auch seelisch-geistige Freuden zählten, und der Vermeidung von Leid — gleichfalls in der liberalen Freiheit verwirklicht. Man soll tun und lassen können, was immer man möchte, solange man hierbei nicht auf Kosten anderer lebt.

Von den Vertretern der Kritischen Theorie forderte am stärksten Herbert Marcuse eine Veränderung der Gesellschaft im Namen des Glücks. Zwischen wahren und falschen Bedürfnissen unterscheidend, kritisierte er die bestehenden Verhältnisse, in denen die kulturellen Fähigkeiten der Menschen zusehends verkümmerten, noch immer eine zu starke Triebkontrolle herrsche und die Wunschweltfabriken der Unterhaltungs- und Konsumindustrie den Bürgern bloß imaginäres Glück zum Kauf anböten. Darin sah er reine Narkotika, vermittelt durch Werbung, Soap Operas und Groschenromane, die den einzelnen über die Repressionen seines Alltags hinwegtrösteten und mit bloßen Tagträumen einlullten. Es sei grundfalsch, das wahre Glück hinter verfeinertem Nahrungsgenuß, extravaganter Kleidung oder luxuriösem Wohnungskomfort zu suchen, meinte Marcuse — so sinnlich und lustbetont er sonst auch menschliche Lebensfreude ausmalte, von der Vereinbarkeit individueller Existenzbejahung mit gesellschaftlichem Engagement überzeugt. Das Glück der Moderne jedoch unterstehe einer zunehmenden Kontrolle und Normierung durch anonyme Disziplinarkräfte wie etwa die verselbständigte Konsumwelt.

Unabhängig von der Frage, wie weit seine kritischen Ausführungen zutreffen, bleibt die Unterscheidung zwischen »wahrem« und »falschem Glück« grundsätzlich problematisch, beinahe anmaßend, jedenfalls riskant, sollte sich der Staat wirklich der Aufgabe annehmen, seinen Bürgern das »wahre Glück« zu bringen. Von allen politischen Zielen ist der Wunsch, den Menschen glücklich zu machen, noch immer der gefährlichste. Denn tatsächlich brachten Politik und Religion, welche dieses hehre Ideal verfolgten, meist nur Unglück über die Menschen. Nach Karl Raimund Popper sollte sich aus diesem Grund staatliches Handeln auch weniger auf die Herstellung von Glück als vielmehr auf die Beseitigung von Leid und Ungerechtigkeit konzentrieren – eine Aufgabe, die allerdings schon ein gültiges Glücksverständnis voraussetzt. Trotzdem bleibt es sinnvoll, die öffentliche Politik auf den Ausgleich konkurrierender Glücksvorstellungen nach Maßgabe allgemeiner Gerechtigkeitsprinzipien zu begrenzen. Hierzu zählen vor allem die Menschenrechte, die einen mittleren Weg zwischen liberalem Nachtwächter- und sozialem Versorgungsstaat empfehlen.

Gerade in der modernen Wohlfahrtsgemeinschaft gibt es

überzogene Ansprüche von den Bürgern an die Politik — gewissermaßen eine Inflation der Bedürfnisse im Konsumgüterbereich wie auch auf dem Gebiet der staatlichen Absicherung privater Lebensrisiken. Solch überdehnte Glücksforderungen führen nicht nur schnell zu Enttäuschung und Staatsverdrossenheit, sie machen darüber hinaus auf allgemeine Grenzen des menschlichen Glücks aufmerksam.

Grenzen des Glücks

Vorübergehendes Glück ist manchmal möglich, dauerhaftes Glück dagegen nie. Solches mag zwar vorstellbar sein, unerreichbar bleibt es dennoch, wie schon Kant in seiner *Grundlegung zur Metaphysik der Sitten* betonte. Denn niemals lassen sich alle Beschränkungen und Widersprüche der Lebenswirklichkeit auflösen, die Konflikte der Menschen untereinander, ja schon zwischen den eigenen Neigungen beilegen. Gelegentlich wäre ein Aufschub oder Verzicht augenblicklicher Erfüllung eines größeren Glückes wegen angebracht, doch wie oft fühlen wir uns hierzu außerstande, selbst wenn wir aus tiefstem Glücksverlangen den richtigen Weg erkannt haben sollten. Dann ahnen wir zwar, daß der eingeschlagene Weg nicht zum wahren Glück führt, sind aber schon aus inneren Zwängen außerstande, so zu leben, wie wir es eigentlich sollten und selbst auch wünschen.

Wenn es uns einmal gelingt, Erkenntnis und Existenz in Übereinstimmung zu bringen, so gibt es dennoch keine echten Glücksgarantien. Mit Freud gesprochen: »Die Absicht, daß der Mensch glücklich sei, ist im Plan der Schöpfung nicht enthalten.« Hierfür sei das Elend in der Welt einfach zu groß, hervorgerufen von körperlicher Hinfälligkeit, zerstörerischen Kräften der Außenwelt oder den Unzulänglichkeiten der Mitmenschen. Deshalb komme es vorrangig auf eine Verringerung von Schmerz und Leid, eine Absenkung von Glücksansprüchen und eine bewußtere Freude über ein unversehrtes Leben an. Man solle sich bereits glücklich preisen, wenn man drohendem Unglück entrinnen konnte und wirkliches Leid einmal überstanden habe.

Zur Bewältigung dieser prekären Ausgangslage hätten die Menschen ihre Kultur erfunden, die sie teilweise vor sich selbst, ihren Nächsten und der unerbittlichen Natur schütze. Aber selbst noch in der besten und gerechtesten aller Gesellschaften müsse der einzelne ein mehr oder weniger großes Unbehagen verspüren, weil jede Kultur ihren Bürgern erhebliche Einschränkungen auferlegen müsse – Triebverzicht bezüglich Sexualität und Aggressivität. Dazu noch erstarrten ihre Regeln, Dogmen und Sinngebilde mit der Zeit auf eine den Lebensdrang der Bürger einengende Weise. Hierin liege geradezu die Tragödie einer jeden Kultur, wie Georg Simmel meinte, der wie Freud im kulturlosen Naturzustand allerdings keine echte Alternative sah.

Schon die Romantiker – ob Clemens Brentano, Novalis oder Friedrich Schlegel – waren skeptisch hinsichtlich der Möglichkeiten menschlichen Glücks. Erst recht aber meldeten sich Zweifel zu Beginn der literarischen Moderne – ob bei Flaubert, Baudelaire oder Rimbaud. Die heutige Literatur greift die allgemeine Sehnsucht nach Glück nur noch selten auf. Sie kennt bloß vereinzelte Glücksblitze, die so schnell vergehen, wie sie entstehen. Gleichwohl setzen die meisten Menschen fast alles daran, um auch jene flüchtigen Glücksmomente erleben zu dürfen. Hierbei gelangt das menschliche Sehnen im Augenblick der Erfüllung nur selten zur Ruhe. Wie häufig mischt sich in die Freude über das erlebte Glück eine panische Angst, es bald wieder zu verlieren, oder das enttäuschte Erstaunen: Was, schöner ist es nicht? Dies hängt mit der einfachen Tatsache zusammen, daß unsere Phantasie und Einbildungskraft oftmals intensiver sind, als die Wirklichkeit überhaupt sein kann. Denn auch wenn viele unserer Wünsche in Erfüllung gehen sollten, was selten genug der Fall ist, halten die Dinge doch lediglich, was sie uns versprechen, aber nur manchmal, was wir uns von ihnen versprechen! Bei Arthur Schopenhauer kann man lesen: »Ist der Charakter der ersten Lebenshälfte unbefriedigte Sehnsucht nach Glück, so ist das Kennzeichen der zweiten Hälfte tiefe Besorgnis vor Unglück. Wenn in meinen Jünglingsjahren es an meiner Tür schellte, wurde ich vergnügt, denn ich dachte: nun käme es. In den späteren Jahren hatte meine Empfindung bei demselben Anlaß etwas dem Schrecken Verwandtes: ich dachte – da kommt's.«

Welch große Sehnsucht in uns brennt, läßt sich tatsächlich gut daran erkennen, wie sehr wir beim Klingeln an der

Tür oder beim Leeren unserer Briefkästen die endgültige
Erlösung von aller Mühsal und die Erfüllung unserer geheimen Wünsche erhoffen. Doch »plötzlich und unerwartet«
kommt im Leben selten das große Glück, sondern eher der
Tod.

Trotz ständiger Verbesserung der Lebensverhältnisse
bleiben die Menschen weiter unzufrieden und fühlen sich
häufig nicht glücklicher; gelegentlich leiden sie sogar an
den verbliebenen Übeln fast genauso stark wie unter hand-
fester, materieller Not, wenn nicht selbst an den Gütern,
durch die es ihnen überhaupt erst gut geht – etwa der Medizin, dem Wohlstand, der Freiheit. Dies hat weniger mit
Undankbarkeit gegenüber dem eigenen Schicksal zu tun als
vielmehr mit einer allgemein-menschlichen Eigenschaft:
Jede Fortdauer schönen Glücksempfindens schlägt irgendwann in laues Behagen um, sobald man sich daran gewöhnt
hat. Dadurch ist das Glück gewissermaßen selbstverständlich geworden, weil der Kontrast hierzu verblaßt oder fehlt.
Wer die Krankheit nicht kennt, spürt die Gesundheit kaum!
Aus der Logik dieser Überlegung folgt, daß Befriedigung,
Erfüllung und Genuß um so intensiver erlebt werden, je
deutlicher die Erinnerung an die Mängel, Nöte und Entbehrungen sind, für deren Aufhebung sie stehen. Doch leider
wird uns eigenes Glück oft erst dann bewußt, wenn es
bereits schmerzlichem Unglück gewichen ist.

Hinzu kommt das Problem der Unersättlichkeit. Weit
davon entfernt, im Glücksempfinden ausruhen zu können,

stachelt der Augenblick der Erfüllung das Verlangen nach intensivierter Wiederholung oftmals an. In diesem Sinne kann jeder Glücksfall zur Glücksfalle werden: Man wird süchtig danach! So flüchtig die Lust ist, sie verlangt nach Ewigkeit – gemäß jener alten Bitte an den Augenblick: »Verweile doch, du bist so schön!« Denn die Befriedigung löscht die brennende Begierde häufig nicht, sondern heizt sie im Gegenteil manchmal erst richtig an. Hierbei gilt, daß das Streben der Menschen nach mehr Glückszuständen um so schneller wächst, je höher ihr Lebensstandard bereits ist. Diese Merkwürdigkeit läßt sich am besten mit dem Phänomen des abnehmenden Grenznutzens erklären: Ein Kind freut sich über das erste Spielzeug mehr als über sein fünfzigstes. Dieses beglückt es nur dann in gleichem Maße, wenn es um ein vielfaches »größer« ist als das erste, wodurch die kindlichen Ansprüche fast automatisch ins Unermeßliche gesteigert werden. Verallgemeinert gesprochen heißt das: Je besser es uns geht, um so mehr benötigen wir, damit wir uns auch besser fühlen.

So werden unseren Glücksgefühlen nicht allein dadurch bereits unverrückbare Grenzen gezogen, daß wir das Ersehnte häufig nur teilweise oder gar nicht erreichen. Aus dem Dargelegten wird deutlich, daß es selbst im Zustand unbegrenzten Glücks noch Grenzen des Glücks gibt.

Schwermütiger Leichtsinn

Zweifellos hält die Wirklichkeit für viele von uns mehr Härten bereit, als wir ertragen können. Daher werden alle Ferien von ihr bisweilen als beglückend erfahren, aber auch gern als Rückzug daraus kritisiert. Statt die Verhältnisse zu ändern, stehle man sich in eine Scheinwirklichkeit hinüber, um so leichter Glück und Trost zu erfahren. Aber nicht jede Abkehr von der realen Welt bedeutet Flucht oder Verweigerung, genausogut kann sie dem einfachen Bedürfnis nach äußerer Zerstreuung und besinnlicher Ruhe entspringen.

Auch nach dem Schwinden der großen Sinnerzählungen von Mythos, Religion und Metaphysik bleiben die Menschen empfänglich für Symbole, Rituale, Bilder und Geschichten, für Literatur und Kunst, um auf diese Weise mit ihren archaischen Ängsten, Verlorenheits- und Überforderungsgefühlen in der befremdlichen Welt besser leben zu können. Literatur und Kunst, die zugegebenermaßen vielfältige Bedeutungen und Funktionen besitzen, mögen mit dieser Aufgabe überfordert sein, zugleich tragen sie wie die Kultur insgesamt ihren Teil zur Entlastung des Menschen bei. Das gilt selbst für die Trivialkunst mit ihrem Hang zu Harmonie und Gemütlichkeit wie für die jugendliche Popszene mit ihrem Drang nach Action und Ekstase. Selbstverständlich ist auch die sogenannte hohe Kultur mit ihrem Anspruch auf Niveau, einschließlich der elitären Avantgarde, hiervon nicht ausgenommen. Sogar lebensverneinende, pessimistische Werke oder die als schwer, disharmonisch, atonal bewertete moderne Musik, Malerei und Dichtung bereiten ihren Liebhabern doch ästhetisches Vergnügen und helfen ihnen schon dadurch bei der Bewältigung ihres Daseins — sei es, daß sie dieses beruhigen, stimulieren, daß sie zum Nachdenken über Welt, Leben und Gesellschaft anregen oder einfach die Dinge neu sehen lehren. Obwohl also die Werke der Kultur immer wieder häßliche Wahrheiten aufdecken, läßt sich dahinter zugleich die menschliche Anstrengung auffinden, mit dem eigenen schwachen Leben und der äußeren starken Welt fertig zu werden.

Bereits der antike Theophrast fragte in den *Problemata* XXX,1: »Warum sind alle hervorragenden Männer, ob Philosophen, Staatshäupter, Dichter oder Künstler, Melancholiker?« — und legte hiermit das Fundament zu einer Sichtweise, nach der grüblerische Traurigkeit und Schwermut große Geister auszeichneten, weil sie die Härte der Welt und den Ernst des Lebens besonders stark empfänden. Diese Auffassung setzte sich insbesondere Ende des 15. Jahrhunderts durch, als der italienische Humanist Marsilio Ficino paradigmatisch Melancholie und Schaffensdrang aufeinander bezog. Im christlichen Mittelalter hingegen galt Schwermut noch als gotteslästerliche Sünde — als Undankbarkeit dem Erlöser gegenüber.

Im Unterschied dazu wird in der modernen Literatur die Frage nach dem Glück — eher aus Mangel an Tiefe, Niveau und Realitätssinn — tendenziell abgelehnt. Trotzdem bleibt sie bis heute für die Menschen akut und kehrt mittlerweile in den Humanwissenschaften und der Philosophie als Frage nach dem »Gelingen des Lebens« wieder. Robert Spaemann (1998a und b; 2001) etwa sieht das Glück in der gelungenen Integration der eigenen Antriebe und Kräfte, wozu die Verarbeitung von Schmerz und Endlichkeit ebenso gehörten wie vernünftiges Denken und sittliches Wohlwollen. Erst bei solch umfassender Perspektive, zu der überlieferte Deutungen, soziale Routinen wie auch originelle Prägungen gehörten, werde das Leben selbst als Grund unseres Glücks erfahrbar: eines Glücks, das mehr als nur maximales subjektives Wohlbefinden bedeute. Aber um solch weitgefaßtes Glück erleben zu können, müsse man wiederum Glück haben. Howard Gardner, Csikszentmihalyi und Burow lassen sich dagegen von der Vorstellung leiten, daß glückliches Leben mehr ein Produkt individueller Selbsterfindung als das Ergebnis persönlicher Selbstfindung sei. Der Mensch solle der Autor seines Lebens werden, aus dem er ein schönes Kunstwerk machen könne, sofern er seine schöpferischen Fähigkeiten entfalte. Sicherlich hängt die Möglichkeit hierzu von sehr handfesten politischen und materiellen Bedingungen ab, wie ein solches glückliches Leben überhaupt erst in einem liberalen Wohlfahrtsstaat denkbar ist.

Alles in allem wirkt der humanwissenschaftliche Optimismus in der Frage nach der Machbarkeit des Glücks genauso überzogen wie der literarische Pessimismus übereilt.

Hier, wie sonst, liegt die Wahrheit in der Mitte, weshalb es sinnvoll erscheint, ein ausgewogenes Gleichgewicht zwischen den Extremen anzustreben. Es mag richtig sein, daß Ruhe und Heiterkeit der Seele das größte Glück bilden, das noch am ehesten erreicht, wer sich von fast allem loszusagen vermag, zumindest den Wunsch nach Macht, Reichtum, Ansehen oder Schönheit bezähmen kann und so durch äußere Bedürfnislosigkeit innerlich unabhängig wird. Genauso richtig aber bleibt es, daß die Menschen von alledem nicht lassen wollen. Die Suche nach schönen Erlebnissen, angenehmen Reizen und aufwühlenden Abenteuern wird auch künftig ihr Leben bestimmen.

Innere Unruhe und äußere Rastlosigkeit sowie das elementare Bedürfnis nach aufregenden Gefühlen sind allgemeine Merkmale der menschlichen Existenz, die sich nicht ohne weiteres beseitigen lassen. Selbst die Einsicht in die unberechenbaren Launen des Schicksals, den Wechsel der Zeiten, die Vergänglichkeit aller weltlichen Reize und Güter, den Zerfall von Körper, Geist, Ruhm, Macht und Reichtum hat die Menschen nur selten gelehrt, alles Irdische als eitlen Dunst und harte Plage zu verachten. Im Gegenteil haben sie manchmal sogar die Trauer über die Flüchtigkeit und Hinfälligkeit alles Schönen noch in ein positives Erlebnis verwandelt. Denn daß auch dem Glücklichen eine Stunde, ja, seine Stunde schlägt, das Leben wie der Glücksmoment verfliegt, kann deren Genuß durchaus noch erhöhen und das Gefühl für die Kostbarkeit des Einmaligen steigern.

Gerade in der modernen Wohlstandsgesellschaft mit abnehmender Religiosität und dem Ende der Last nieder-drückend-schwerster Arbeit führt die Erkenntnis der Endlichkeit alles Menschlichen weniger zu Weltverachtung als zur Intensivierung des irdischen Glücksverlangens. Das ist einerseits verständlich und in Ordnung, andererseits birgt es eine Reihe gesellschaftlicher, moralischer und existentieller Gefahren in sich.

Man muß sinnliche Schönheit, leibliches Wohlbefinden und ruhelose Abenteuerlust nicht als Verrat des Körpers an Geist und Vernunft verurteilen, um zu erkennen, daß permanente Übersättigung und zunehmende Lustgewöhnung eine Sucht nach immer stärkeren Reizen auslösen können. Nun wäre aber selbst dieses ruhelose Umherschweifen kein Problem, wenn es den einzelnen, seine Nächsten und die Umwelt nicht auf Dauer überfordern würde. Unstillbarer Lebensdrang übersieht nur allzuleicht seine Grenzen. Hinzu kommt, daß mit unersättlichem Glücksverlangen oft ein Gefühl wachsender Leere einhergeht und auf Erfolg regelmäßig ein Absturz in ein emotionales Vakuum folgt, wodurch die erstrebte Erfüllung und Ausgeglichenheit wieder gefährdet, wenn nicht verhindert wird: »Himmelhoch jauchzend – zu Tode betrübt«. Außerdem scheint das egoistische Streben nach mehr Glückserlebnissen auch den Sinn des einzelnen für die Gemeinschaft zu schwächen, was für die demokratische Zivilgesellschaft, deren Fortbestand von der Bereitschaft der Bürger zu politischem und kulturellem Engagement abhängt, sich zu einem ernsthaften Problem auswachsen kann.

Hiervon abgesehen bleibt die Hoffnung auf ein Leben ohne Häßlichkeiten, Altersgebrechen und Krankheit eine Illusion, obwohl die Sehnsucht danach überaus verständlich ist. Aber nichts vermag unseren körperlichen Verfall dauerhaft auszuschalten oder hereinbrechende Schicksalsschläge und Kümmernisse wirklich aufzuhalten, die wir selbst dann noch tragen müssen, wenn wir nicht genau wissen sollten, wie wir sie aushalten können. Man sollte also den Augenblick genießen, ohne dessen Flüchtigkeit zu vergessen, günstige Gelegenheiten ergreifen, ohne sein Herz an die unverfügbare Kürze freudvoller Stunden zu hängen. Des eigenen Glückes wegen sollte man nicht dauernd auf Glückserlebnisse aus sein, weil man so mittelfristig an seinen Übererwartungen, an der rauhen Wirklichkeit, vielleicht sogar am Leben selbst scheitern muß, das eben auch aus trauriger Last besteht.

Um damit klarzukommen, empfiehlt es sich heute wie früher, einen mittleren Weg einzuschlagen. Schon bei Aristoteles war es die Mitte zwischen den einander entgegengesetzten Extremen, die ein glückseliges Leben zu garantieren schien. Seither beansprucht die Metapher der Mitte eine hohe Vernünftigkeit und Plausibilität für sich. Der Topos äußerer Grenzwege, die in die Irre führen, und eines mittleren Pfades, der sowohl Stabilität als auch Glückseligkeit im Leben verbürgen kann, besitzt nach wie vor nicht nur Sug-

gestivkraft, er hat auch bis heute nichts von seiner Überzeugungskraft verloren. Daher ist zu fragen: Zurück zum
Alten! — Könnte das ausnahmsweise mal ein Fortschritt
sein?

Jedenfalls sollte man nicht nur mit dem eigenen Elend,
sondern auch mit seinem Glück maßvoll umgehen, Unglück
und Wohlergehen gleichermaßen gelassen ertragen, um
sich so dauerhaft eine melancholische Heiterkeit zu bewahren — eine Aufgabe, die zugegebenermaßen nicht leicht zu
bewältigen ist. Aber nur mit solcher Grundstimmung bleibt
es möglich, sein Dasein auch dann noch als Glück zu empfinden, wenn man erfahren und am eigenen Leib gelernt hat,
daß Sorge, Schmerz, Ungenügen ebenso dazugehören wie
der Tod, der am Ende ohnehin den Sieg über alles Leben
davontragen wird.

Literatur

Benn, Gottfried: *Gesammelte Werke in vier Bänden*. Band III. *Gedichte*, Stutt-
    gart: Verlag Klett-Cotta 10. Aufl. 1996.
Cioran, Emile M.: *Der Absturz in die Zeit*. Aus dem Französischen von
    Kurt Leonhard, Stuttgart: Verlag Klett-Cotta 3. Aufl. 1995.
Csikszentmihalyi, Mihaly: *Flow: Das Geheimnis des Glücks*. Aus dem Ame-
    rikanischen von Annette Charpentier, Stuttgart: Verlag Klett-Cotta
    8. Aufl. 1999a.
— *Kreativität. Wie Sie das Unmögliche schaffen und Ihre Grenzen überwinden*.
    Aus dem Amerikanischen von Maren Klostermann, Stuttgart: Ver-
    lag Klett-Cotta 4. Aufl. 1999b.
— *Lebe gut! Wie Sie das Beste aus Ihrem Leben machen*. Aus dem Amerikani-

schen von Michael Benthack, Stuttgart: Verlag Klett-Cotta 3. Aufl. 1999c.

— *Dem Sinn des Lebens eine Zukunft geben. Eine Psychologie für das 3. Jahrtausend*. Aus dem Ameikanischen von Maren Klostermann, Stuttgart: Verlag Klett-Cotta 2. Aufl. 2000.

Gardner, Howard: *So genial wie Einstein. Schlüssel zum kreativen Denken*. Aus dem Amerikanischen von Ute Spengler, Stuttgart: Verlag Klett-Cotta 1996a.

— *Der ungeschulte Kopf. Wie Kinder denken*. Aus dem Amerikanischen von Malte Heim, Stuttgart: Verlag Klett-Cotta 3. Aufl. 1996b.

— *Die Zukunft der Vorbilder. Das Profil der innovativen Führungskraft*. Aus dem Amerikanischen von Ute Spengler, Stuttgart: Verlag Klett-Cotta 1997.

— *Abschied vom IQ. Die Rahmen-Theorie der vielfachen Intelligenzen*. Aus dem Amerikanischen von Malte Heim, Stuttgart: Verlag Klett-Cotta 2. Aufl. 1998.

Spaemann, Robert: *Glück und Wohlwollen. Versuch über Ethik*. Stuttgart: Verlag Klett-Cotta 4. Aufl. 1998a.

— *Personen. Versuche über den Unterschied zwischen ›etwas‹ und ›jemand‹*. Stuttgart: Verlag Klett-Cotta 2. Aufl. 1998b.

— *Grenzen. Zur ethischen Dimension des Handelns*. Stuttgart: Verlag Klett-Cotta 2001.

Tatarkiewicz, Wladyslaw: *Über das Glück*. Stuttgart: Verlag Klett-Cotta 1984.

Wetz, Franz Josef: *Die Kunst der Resignation*. Stuttgart: Verlag Klett-Cotta 2000.

Klett-Cotta
© J. G. Cotta'sche Buchhandlung Nachfolger GmbH, gegr. 1659,
Stuttgart 2002
Alle Rechte vorbehalten
Fotomechanische Wiedergabe
nur mit Genehmigung der Verlages
Printed in Germany
Gestaltung: Klett-Cotta Design
Gesetzt aus der 10,5 Punkt Prospera
von Offizin Wissenbach, Höchberg bei Würzburg
Auf säure- und holzfreiem Werkdruckpapier gedruckt
von Gutmann, Talheim
In Fadenheftung gebunden von Lachenmaier, Reutlingen
Einbandstoff: Regent-Leinen

ISBN 3-608-94222-X

Die Deutsche Bibliothek – CIP-Einheitsaufnahme
Ein Titeldatensatz für diese Publikation ist bei
Der Deutschen Bibliothek erhältlich